U1069747

走进“十三五”
国家发展改革委“十三五”规划重大课题研究丛书

大势

中国信息经济发展趋势与策略选择

阿里巴巴集团 著

中国计划出版社

图书在版编目（CIP）数据

大势：中国信息经济发展趋势与策略选择／阿里巴巴集团著．—北京：中国计划出版社，2015.11（2016.1 重印）
（国家发展改革委“十三五”规划重大课题研究丛书）
ISBN 978-7-5182-0154-9

Ⅰ．①大… Ⅱ．①阿… Ⅲ．①信息经济－经济发展－研究－中国 Ⅳ．①F49

中国版本图书馆 CIP 数据核字（2015）第 100228 号

大势：中国信息经济发展趋势与策略选择
阿里巴巴集团 著

中国计划出版社出版
网址：www.jhpress.com
地址：北京市西城区木樨地北里甲 11 号国宏大厦 C 座 3 层
邮政编码：100038 电话：（010）63906433（发行部）
新华书店北京发行所发行
北京汇瑞嘉合文化发展有限公司印刷

787mm×1092mm 1/16 24 印张 355 千字
2015 年 11 月第 1 版 2016 年 1 月第 2 次印刷

ISBN 978-7-5182-0154-9
定价：98.00 元

丛书编委会

本书课题组名单

组　长：梁春晓　高红冰

成　员：游五洋　孟　晔　曲柳莺
林　茜　张瑞东　谢周佩
盛振中　方德华　窦　伟
薛　艳　宋　斐

总序

国民经济和社会发展中长期规划是未来五年我国经济社会发展的宏伟蓝图，是全国各族人民共同的行动纲领，旨在阐明国家战略意图，明确政府工作重点，引导市场主体行为。新中国成立以来，我们已经编制和实施了 12 个五年规划（计划）。无论是在计划经济时期，还是在社会主义市场经济时期，中长期规划都对明确国家发展战略导向、推进重大战略任务落实、促进我国经济社会发展发挥了积极而重要的作用。

党的十八大以来，我国的发展进入了一个新阶段，面临的机遇前所未有，面临的风险和挑战也前所未有。以习近平同志为总书记的新一届中央领导集体审时度势，把握时代新要求、顺应人民新期待，对全面深化改革开放、推动科学发展、加快推进社会主义现代化进程、实现中华民族伟大复兴中国梦等重大理论和实践问题，进行了深刻阐述，为国家和民族的长远发展做出了战略谋划。这是未来一段时期我们经济社会发展的根本遵循。

即将到来的“十三五”时期（2016~2020 年）是我国现代化建设进程中非常关键的 5 年。推动“十三五”时期我国经济社会发展，必须高举中国特色社会主义伟大旗帜，全面贯彻党的十八大和十八届三中、四中全会精神，以邓小平理论、“三个代表”重要思想、科学发展观为指导，深入贯彻习近平总书记系列重要讲话精神，坚持全面建成小康社会、全面深化改革、全面依法治国、全面从严治党的战略布局，坚持发展第一要务，协调推进经济建设、政治建设、文化建设、社会建设、生态文明建设，确保如期全面建成小康社会，为实现第二个百年奋斗目标、实现中华民族伟大复兴的中国梦奠定更加坚实的基础。从这个意义上说，“十三五”规划具有极为特殊的历史地位，编制好“十三五”规划意义重大而深远。

经过多年探索，我国经济社会发展中长期规划的研究和编制工作已经形成了一整套规范的程序。在整个过程中，前期重大课题研究是一个重要环节，也是确保规划质量、提高规划科学性的重要保障。课题研究的深度、广度和质量对规划将产生重要影响，在判断发展趋势、形成广泛社会共识等方面都发挥着非常重要的作用；课题研究水平的高低，是影响“十三五”规划成功与否的重要基础和前提条件。

为提高“十三五”规划编制的科学性，从 2014 年开始，国家发展和改革委员会通过定向委托、公开遴选、合作研究等方式，动员组织各方面力量开展了“十三五”规划重大课题研究工作。参与研究的有国务院发展研究中心、中国社会科学院、中国科学院、北京大学、清华大学等科研机构，阿里巴巴集团、复星集团、香港恒生银行、华大基因等知名企业，以及亚洲开发银行、经济合作与发展组织等国际组织，共计 80 余家；研究内容涵盖国民经济和社会发展的主要领域，共完成了 80 余篇、500 余万字的研究报告。这些研究成果凝聚了各方智慧，对“十三五”时期经济社会发展基本思路的形成和“十三五”规划的编制具有重要参考价值。

“十三五”规划将提出未来五年中国经济社会的发展战略，这是在世界经济处于危机后的深度调整期、在中国迈向高收入国家关键历史阶段的重大战略，它不仅将指引中国全面建成小康社会、实现第一个百年目标，也将对全球经济平衡和人类福祉产生不可估量的影响。从其影响意义而言，凡是能够参与“十三五”规划的人，都是幸运和难得的，也是值得感谢的。借此机会，我谨代表课题委托单位，向参加国家“十三五”规划前期研究的有关单位和同志表示衷心的感谢。

为使大家更好地与我们分享“十三五”规划的前期研究成果，我们对这些研究报告加以整理，以《国家发展改革委“十三五”规划重大课题研究丛书》的形式陆续出版，供各方面研究参考。我们希望这套丛书能为更好编制“十三五”规划带来新的思考和启发，也希望社会各界继续关心、支持国民经济和社会发展中长期规划的编制实施工作，为我们多提宝贵意见。我们相信，在党中央的坚强领导和全国各族人民的共同努力下，我们一定能够圆满完成“十三五”时期经济社会发展任务，为实现中华民族伟大复兴的中国梦做出更大的贡献！

国家发展和改革委员会主任

前言

第一次技术革命，英国花了五十年时间，成为世界强国；第二次技术革命，美国花了五十年时间，成为世界强国；这一次技术革命会造就谁?

三次革命各有不同，第一次技术革命诞生的是工厂，第二次技术革命诞生的是公司，这一次会诞生什么样的商业组织架构?

第一次技术革命，是体能的释放，让人的力量更大；第二次技术革命，对能源的利用让人可以走得更远；这一次技术革命，从 IT 时代进入 DT 时代以后，真正改变人类的是什么?

答案就在我们身处的时代，我们身处的国家。

我们正在进入一个新的能源时代，这个时代的核心资源不是石油，而是数据。

未来，数据会成为生产资料，会成为像水、电和石油一样的公共资源；人类在懂得使用石油这种新能源之前，从来没有想象过可以踏上月球的土地；人类在懂得使用数据这种新能源之前，同样无法想象自己的思考能力能够企及何种程度。

今天我们已经是一个计算机大国，有一天我们会成为计算大国。

DT 时代，强大的计算能力最终释放的是人类的大脑。

因为思考能力从技术层面的解放，人类会迎来“第三次世界大战”——人类向疾病、贫穷和环境恶化这些问题发起的“战争”。因为人类获得了新的武器，有了新的能力——当最贫困的角落都有一台手机与世界相连时，我们相信人类战胜贫穷的可能性大大增加。

思考能力的解放，同样会改变企业的生存方式。小企业将获得和大企业一样的机会，创新和创造会成为企业成功与否的决定性因素。

思考能力的解放，同样会改变政府的服务方式。未来政府部门的监管和治理离不开大数据；政府在招商引资时，需要考虑的基础设施不是三通一平，而恐怕是有没有计算能力、有没有存储能力、有没有数据金融服务能力。

IT 是制造时代，DT 是创造时代。

DT 时代会更公平、更透明、更开放。

因为 DT 时代的思想，是你中有我，我中有你，DT 时代把所有人联结在一起，密不可分。

DT 时代的思想，是利他思想。只有让别人比你强大，让你的员工、客户、合作伙伴比你强大，你才能更强大。所以我相信，DT 时代会比现在更美妙，不是因为人和机器的关系变了，而是因为人和人的关系变了。

《大势》已在眼前，未来妙不可言。

阿里巴巴集团董事局主席 

目录

总报告

专题报告

总报告

第一章

全球信息经济演进态势

一、信息经济十大趋势

当前信息经济正在全球迅速兴起，并且显现出超乎想象的强劲发展势头。信息经济浪潮迎面而来，呈现出十大趋势，摧枯拉朽般改变着世界经济、社会的原有格局。

（一）趋势一：信息技术呈现指数级增长趋势

人类社会发展从来不是渐进的平稳过程，少数重大事件决定了历史新阶段的到来。信息技术的快速开发和广泛应用，正是当下时代变迁的决定性力量。信息技术的突破，体现在对旧有难点的攻破、应用层次的深化以及爆发式的增长速度三个方面。

1. 旧有难点的攻破

高难度模式识别、复杂沟通等领域一直被认为是信息技术难以逾越的高峰，模拟并接近人类智能的“奇点”似乎难以企及，而事实证明人类完全有机会扫除征途上的障碍。

数字模式识别的典范：

2010 年 10 月谷歌在其官方博客上宣布：改装后的丰田普锐斯汽车基本实现了无人自动化驾驶，行驶里程已达 14 万公里，仅有的一次事故还是被人类司机驾驶的汽车追尾；依靠谷歌地图和街景服务的庞大数据，摄像、雷达和光达先进设备，先进的模式识别软件，谷歌汽车实现了无人工干预的自动化控制，甚至比人类驾驶员反应速度更胜一筹。

复杂沟通的进步：

2011 年 1 月莱昂布里奇公司公布了与 IBM 公司合作完成的一项复杂沟通技术，只要输入一种语言写成的文字，就能准确快速地将其翻译成另一种语言的文字；测试中来自中国和西班牙的客户与说英语的员工进行沟通，借助计算机即时翻译，输入信息可以直接转化为接收方的母语，90%使用者认可翻译结果，商用化目标初步

达成。（埃里克·布林约尔松，安德鲁·麦卡菲，《与机器赛跑》，电子工业出版社，2014 年 9 月）

2. 应用层次的深化

工业互联网实践是信息技术应用层次在不断深化，最具代表性的例证。2012 年美国通用电器公司率先提出了工业互联网概念，它力图将复杂的机器同联网传感器、软件系统等紧密结合，综合利用云计算、大数据、物联网等技术获取机器产生的数据，通过分析有针对性地对机器运转进行相应调整，包括制造业在内的各行业推出产品或服务的速度将显著加快，生产效率将在系统层面得到优化。工业互联网实践标志着互联网技术从消费领域向生产领域的全面进军。

3. 爆发式的增长速度

技术能力方面：18 个月左右计算性能提高一倍、存储价格下降一半、带宽价格下降一半等等持续印证着摩尔定律的效果。网络效用方面：随着联网用户和设备数量的增加，对各方来讲联入网络的价值增加（梅特卡夫定律）。值得注意的是，联网用户和设备数量超过临界点之后，其成长速度将摆脱线性约束，呈现出指数级增长态势。由此可见在信息经济发展过程中，市场早期的培育尤为重要，只有突破临界点，才有后期市场的爆发式增长。

表 1-1　信息技术呈现指数级增长

信息技术的突破	具体体现
旧有难点的攻破	数字模式识别、复杂沟通
应用层次的深化	工业互联网、社会物理学
爆发式的增长速度	摩尔定律、梅特卡夫定律

（二）趋势二：云 + 网 + 端成为新的基础设施

经济活动的正常运作有赖于基础设施发挥其支撑功能。当前随着经济形态从工业经济向信息经济加速转变，基础设施的巨变也日益彰显。总体看，新的基础设施正叠加于原有农业基础设施（土地、水利设施等）、工业基础设施（交通、能源等）之上，发挥的作用也越来越重要。

新基础设施可以概括为“云、网、端”三部分。“云”是指云计算、大数据基础设施，生产率的进一步提升、商业模式的创新，都有赖于对数据的利用能力，而云计算、大数据基础设施将为用户像用水、用电一样，便捷、低成本地使用计算资源打开方便之门。“网”包含互联网、物联网等在内，网络承载能力不断得到提高、新增价值持续得到挖掘。“端”则是用户直接接触的个人电脑、移动设备、可穿戴设备、传感器，乃至软件形式存在的应用，是数据的来源、也是服务提供的界面。

新基础设施在推动商业模式创新上发挥了决定性作用。以2013年6月天弘基金与支付宝合作推出的“余额宝”理财支付产品为例，截至2014年6月底规模达5741.6亿元，为国内最大、全球第4大货币基金。产品良好的用户体验有赖于大规模计算能力的强力支撑。在阿里云计算平台上线后，实时请求处理高达11000笔/秒（传统架构为不足1000笔/秒），效率提升16倍，30分钟完成了之前需要8个小时的清算工作。

移动互联网快速普及，那么这类基础设施的投资是谁带来的呢？可以看出是数以亿计的普通用户。我国现有6.32亿网民，其中83.4%使用移动上网（中国互联网网络信息中心截至2014年6月的数据），按每部手机1000元，两年更换一部手机计算，人们在移动设备上投资额是巨大的，几年内即可达万亿级别。同样云计算基础设施也是由阿里巴巴、腾讯、百度等民营企业建设和运营，无论是用户规模还是技术水平均位于世界前列。

这样新基础设施的投资就由过去的政府或者国有大企业主导逐渐向民营企业和个人主导转向。由于投资主体的变化，服务模式和控制权也发生了显著改变，从事基础设施服务的民营企业，必须持续创新以扩大规模，获取潜在收益；消费者主导权增强，用手中的设备“投票”，直接决定企业的生死存亡。因此，信息经济的治理模式，也将从原有的集中控制向依靠大众创新、共同治理方向转变。

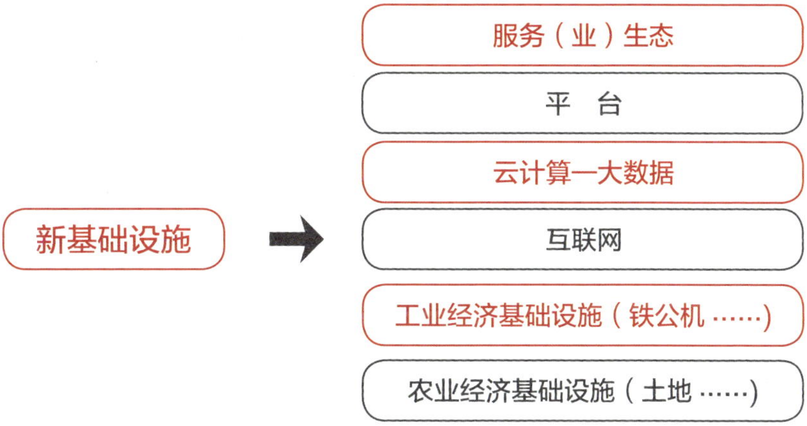

图 1-1　新基础设施的功能叠加

（三）趋势三：平台经济主导新商业生态

平台充分利用了信息技术优势、传播优势、规模优势，将相互依赖的不同群体集合在一起，通过促进群体之间的互动创造独有的价值（如电子商务平台集合了买方和卖方，搜索引擎集合了大众用户和广告商等）。

互联网平台，如美国的苹果、脸谱、谷歌和亚马逊，中国的百度、阿里巴巴及腾讯，它们通过其数以亿计的用户数量优势和在应用、社交、搜索及电子商务方面的业务特色，确立了在世界上的领先地位，成为全球信息经济发展中举足轻重的力量。

平台经济主导的新商业生态，成为信息经济不断发展壮大的中坚力量。作为创新业务的开拓者，平台主导了各自领域新业务的发展范式，通过与众多合作伙伴的“共同创新”，为最终用户提供了不断增强的功能和应用的新场景。如面向消费者服务的电子商务第三方交易平台淘宝网，在电子商务生态中发挥了重要作用。品牌商可以由代运营服务商帮助其在淘宝网上开店完成与消费者的交易，由 IT 服务商整合线上线下信息系统，由物流服务商负责货物运输和配送，由支付宝收回货款。淘宝作为交易平台，聚合了众多买方、卖方以及其他电子商务服务商，形成了“大平台、小前端、富生态”

图 1-2　淘宝网引领的电子商务生态系统

充满活力的生态圈。阿里巴巴以自身百亿收入支撑了更为巨大、万亿规模的电子商务市场，体现了平台经济所主导的商业生态价值。信息经济中商业生态演化呈现出开放、自组织等复杂系统的显著特征，因此其治理模式也应相应转变。

（四）趋势四：大数据的潜力得到了加速释放

在信息经济时代，必须从生产要素角度去看信息（数据）的作用。因此，当前大数据潜力的释放，实际上是反映了生产要素的一种升级，也就是所谓的从 IT 到 DT（从信息技术到数据技术）的升级。信息技术的不断突破，本质上都是在松绑数据的依附，最大程度加速数据的流动和使用。

信息（数据）成为独立的生产要素，历经了近半个世纪的信息化过程。从技术层面来看，支柱技术经过了电子技术、计算机技术、电子通信技术和大数据技术四个阶段，无一例外地以超常规速度发展，加速实现着信息（数据）量和处理能力的爆炸性增长。

大数据以数据量大、实时性强、类型多样、价值丰富为突出特征。数据采集、存储、处理、分析、展示技术的全面成熟，为人们挖掘这一宝藏提供了强有力的工具。除了作为必要信息驱动业务外（如

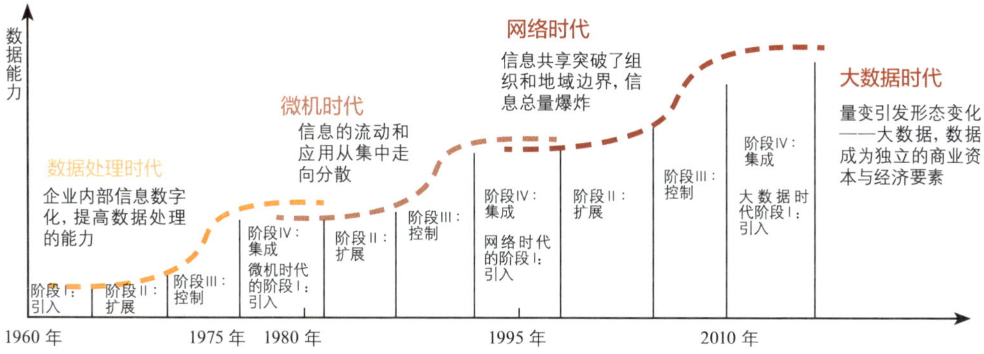

图 1-3　现代信息技术的四个发展阶段

金融交易数据、电子商务交易数据），数据产品的开发通过数据用途的扩展创造新的价值（如精准网络广告），更是为获取数据财富开辟了新的源泉。

（五）趋势五：大众创新不断涌现

"云 + 网 + 端"构成的新信息基础设施，为创新、创业降低了门槛，在强大的技术能力支撑下，在平台引领的商业生态不断演化中，大众创新的涌现具备了充足的条件。以 KICKSTARTER 为代表的众筹网站、3D 打印技术催生的创客运动，依托云计算平台蓬勃兴起的移动互联网产业，反映了大众创新的又一个高潮。

以诺贝尔经济学得主菲尔普斯为代表的经济学家们指出：经济活力对一个国家从跟随到领先，甚至引领世界经济发展具有至关重要的作用。经济活力一般来讲，包括四个方面，一是革新的动力（机遇与挑战并存），二是必要的能力（基础设施与人力资本），三是对新事物的容忍度（宽松的政策环境），四是有关的支持制度（战略导向）（埃德蒙·费尔普斯，《大繁荣》，中信出版社，2013 年 9 月）。美国作为世界头号经济强国，长期保持在高科技领域的优势，引领全球发展，正因为它在释放经济活力上不遗余力。

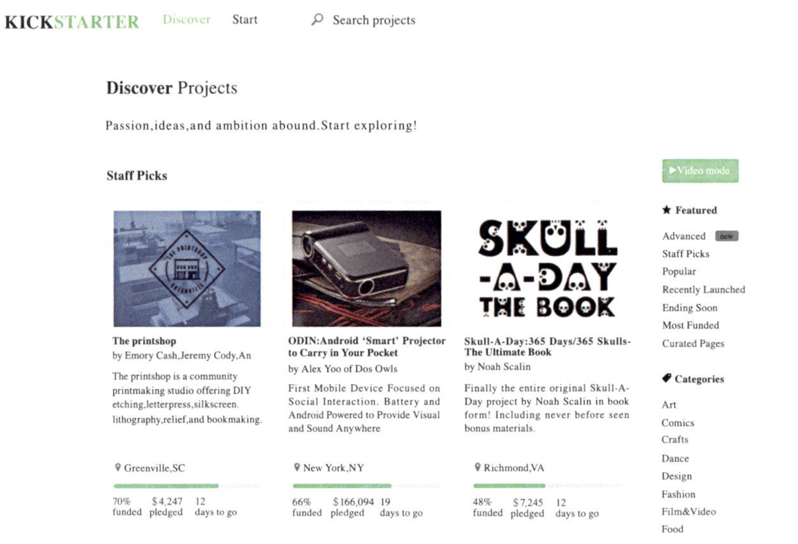

图 1-4　引领大众创新的众筹网站 KICKSTARTER

改革开放三十多年来，我国依靠“后发优势”，很好地利用了充足的劳动力供给、充分挖掘良好的人力资本积累、强化资源配置的优化、抓住了外需长期增长的机遇，取得了举世瞩目的经济和社会发展成就。

在经济总量跃居世界第二位，但同时也遭遇了人口红利消失、外需增长乏力，进一步提高劳动生产率就成为我国经济持续成长、人民生活稳步提高的关键，善用新基础设施、激活大众创新、发展信息经济就成为必由之路。

（六）趋势六：大规模协作走向主流

工业经济重视对资源的独家占有，信息经济讲求对资源的使用和共享；工业经济强调价值链上下游的分工，信息经济提倡价值网络上的交互与协同；工业经济注重内部研发，信息经济拥抱众包的力量。因此大规模协作实际上包含了共享经济、网络协同和众包合作这几方面的内容。

以云计算、大数据为代表的新基础设施，为创新的跨越式发展提供了可能，当单独一家企业无法掌握其所需资源时，共享成为所有企业不得不遵循的原则。以亚马逊为例，其云计算业务最初发展是为了更好地利用其闲置计算能力，对外提供公有云服务开辟了新业务种类，实现了成本节约，对使用该服务的数十万用户而言，减少了总体的 IT 投入、加强了灵活性，因而共享为全社会实实在在的增加了福利。

以韩都衣舍 C2B 电子商务为例，网购客户的个性化需求拉动了服装的设计、生产，品牌商与制造商充分交流信息，以最精细化的管理和最快的反应速度来应对顾客需求，既提升了客户购物体验，又保证了企业的生产效率，充分显示了网络协同的价值。

众包理念愈发深入人心，不管是亚马逊旗下众包网站 Mechanical Turk，还是国内的猪八戒网、做到翻译网站，通过任务的众包，发包企业减少了支出，接报的个人也获得了灵活工作的机会。

从信息经济正在生成的趋势上看，大规模协作正逐步走向主流，它对原有的生产组织体系、企业边界以及劳动雇佣关系形成了新一轮的冲击。

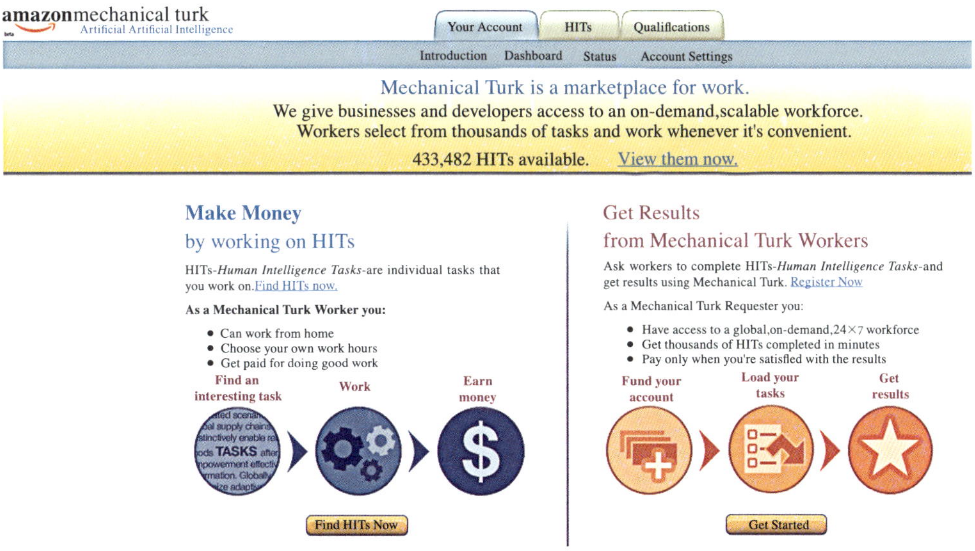

图 1-5　亚马逊众包网站 mechanical turk

（七）趋势七：互联网经济体崛起

互联网经济最开始只是被认为是一个很小的部门经济，与实体经济相比，也更为虚拟化，对经济总量的影响很有限。但实际上通过近年来电子商务以及其他相关产业的飞速发展，量变已成质变。作为增量部分，在国民经济中的比重越来越高，其创新活力和增长潜力日益受到关注。

经济体，原是基于地域概念所产生的国家或地区经济的集合。然而互联网所具有的泛在性——时间泛在、空间泛在和主体泛在，使得分布式的资源配置、协同型的价值网络和跨越空间的经济集合成为可能，从而打破了实体地域的经济集合概念。互联网经济以技术为边界，将资源、要素、市场与技术整合，已在全球范围内俨然涌现为一个巨型经济体——互联网经济体。

互联网对 GDP 的贡献，尤其是对 GDP 增长的贡献，占比逐年增加，互联网经济体正在成为全球经济增长新的驱动力。在互联网发达的国家，1995—2009 年这 15 年间，互联网经济对 GDP 增长的贡献率平均达到 10%；而在 2004—2009 年间，互联网经济对 GDP 增长的贡献率更是高达 21%。

到 2016 年，仅二十国集团的互联网经济就将成为仅次于美国、中国、日本和印度的第五大经济体，毫无疑问互联网经济体已经崛起。面向 2020 互联网经济体正在成为全球新的增长极。

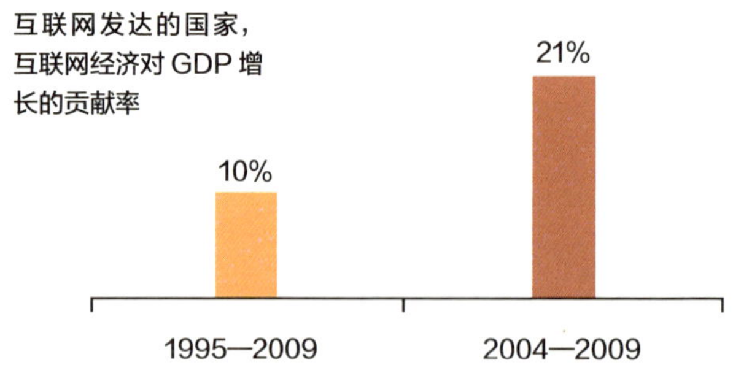

图 1-6　互联网发达国家，互联网经济对 GDP 增长的贡献率

资料来源：麦肯锡报告。

（八）趋势八：互联网跨界渗透

从表 1-2 我们可以看到，全球范围内互联网跨界渗透现象相当普遍，连接思想、连接人体、连接物体、连接环境的一系列创新正源源不断地产生，并显示出对传统产业的颠覆性影响。

互联网的跨界渗透能力，体现在互联网的一整套规则和观念对其他产业的改造上。在互联网技术体中，使各种技术协同完成功能的机制是 TCP/IP 协议，因此互联网思维正是根源于这种合作机制，去中心化、重视连接、无边界、开放共赢的做法，更能发挥面向互联网的信息技术的巨大威力。互联网跨界渗透对各领域的冲击，反映了信息经济时代的风尚。

表 1-2 互联网跨界渗透实例

跨界范围	实例	具体功能
连接思想	奈飞视频网站（Netflix）	了解观众喜好的大数据
连接人体	可穿戴设备（ZEO）	获取用户健康数据
连接物体	特斯拉汽车（Tesla）	实现汽车在线化
连接环境	温控器（NEST）	调节环境温度

（九）趋势九：跨境经济重塑全球经济格局

近年来以电子商务为突出代表的信息经济实践，充分体现了在重塑全球贸易格局中“跨境经济”兴起的态势。

信息技术的进步、沟通效率的提高以及商业功能的拓展，让交易匹配、跨境支付、国际物流，更大程度上由数据驱动，打破了地理空间的限制，从国内的统一大市场，逐渐延伸至“无国境”的全球市场。

目前全球领先的平台企业（电子商务领域的亚马逊、阿里巴巴，社交网络领域的脸谱、腾讯，搜索领域的谷歌、百度等），通过加强国家和地区覆盖，已成为“跨境经济”的重要枢纽。

以我国的电子商务为例，通过第三方交易平台（批发及零售平台），不但实现了“卖全球”即促进外向企业出口的目的，而且达成了“买全球”即扩大进口、提振消费、平衡外汇的效果。通过“卖全球”，让我国的生产能力利用更充分，通过“买全球”，让国外企业发现我国市场的巨大价值。更重要的是建立了国内外企业之间的联系纽带，国外企业更了解当地的需求，从出口商品到我国，进而发展为从我国进口商品到该国或地区，进出口将实现良性的正反馈。

由此可见依托信息技术变革的“跨境经济”将重塑全球贸易规则，体现出旺盛的活力。

（十）趋势十：信息空间主导权争夺愈演愈烈

经济学研究认为，尽管存在国家之间的比较优势差别，自由贸易似乎对大家都有好处，但“大国经济”显然是例外。由于大国容易在多个产业上取得突出优势，因此容易与其他国家在贸易领域频繁产生摩擦，依赖资源投入的增长更是会在能源等领域形成争夺。与实体空间的争斗不同，未来的争执正呈现出一种向信息空间延伸的趋势，也就是从对土地的索求，向经济领域推进，再到对信息空间的控制。对于中国这样一个力图实现超越的后发大国，信息空间的主导权更为重要，因此与其在实体空间上过多的纠结，不如在信息空间上加紧布局。应加强这一领域的制度创新，鼓励信息经济领军企业切实发挥“国家企业”作用，参与国际竞争、输出技术能力及服务，实现规则主导、创新制胜。目前在云计算、大数据等互联网基础设施上展开的新一轮较量迫在眉睫。

“云计算”服务平台可以为海量数据的存储、处理、分析提供基础能力，平台之上存储与处理靠近、数据交换更为便利等是难得的优势，通过资源集中方式解决了计算能力问题，即从依赖“计算机”向依靠“云计算”服务转变；软件的开发难度持续降低，其功用更多地体现在对后台数据的利用上，用户必然从看重“软件”向看重“数据”转变。信息技术发展的格局正面临重大转向，将从“计算机+软件”向“云计算+数据”演进。要抓住主导这种格局的历史契机，大力发展“云计算”服务、布局和控制“数据”资源就变得相当重要。

二、信息经济概念的界定

（一）信息经济内涵与外延

我们可以从对工业化的认识着手，延伸思路逐渐得出对信息经济的理解。

工业化社会并非只是一个有工业存在的社会，农业国家仍有可能有工业企业，工业化的关键是工业组织的社会与技术渗透到了所有活动领域（曼纽尔·卡斯特，《网络社会的崛起》，社会科学文献出版社，2006 年 9 月）。我们可以用同样方式去揣摩信息经济，信息无疑在各个时代均发挥着重要作用，而只有在信息经济时代，信息技术、相关的思维方式和组织原则才真正在经济各领域实现了全面渗透。

从信息经济研究的发展来看，各时期的关注点有所不同，从最初描述认知不对称的信号，之后逐渐扩大到信息产业，最终聚焦在生产要素性质上。从要素角度理解信息，因而成为理解当前信息经济发展趋势的关键。

从涵盖范围上看，我们认为信息经济体包含了互联网经济体，而互联网经济体又包含了电子商务经济体。

电子商务经济体，是指具有电子商务属性的经济活动的集合，包含电子商务应用和电子商务服务。互联网经济体，是指以互联网为基础的经济，有时也称为网络经济、数字经济或新经济，包含了互联网应用和互联网服务。信息经济体，则包括四部分，即经过改造的原有基础设施、新的信息基础设施、互联网经济体和全面利用信息技术、思想及组织原则转型升级后的传统产业。随着原有基础设施不断用信息技术加以改造，传统产业逐渐转型升级，信息经济体的体量也会不断扩大，体现出信息技术的全局渗透性。

（二）认识误区：从传统信息化的角度看信息经济

对于信息经济的认识存在一定的误区。首先信息经济不是信息产业，也不是经济信息化，按照信息化的思路总会从第一、二、三次产业，甚至更细分的行业加以理解。或者从整个企业价值链，它的各个部分的分解去看如何进一步的完成信息化。这种传统信息化的思路，仅从技术实现的角度出发，没有考虑到信息经济对传统产业和原有基础设施从组织层次、商业模式等方面引发的深刻变革，已经不能适应信息经济发展的步伐。

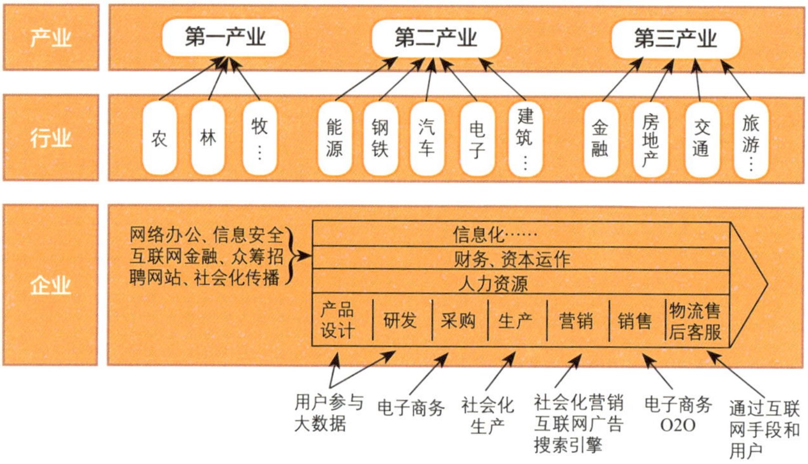

图 1-7 认识误区：从传统信息化的角度看信息经济

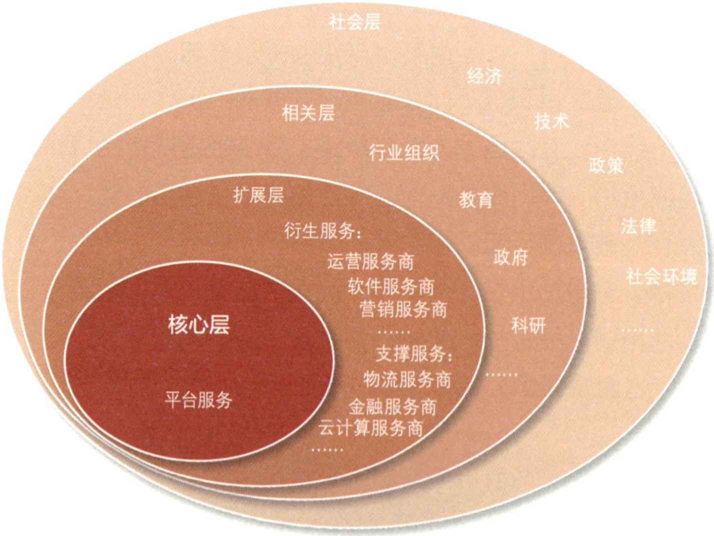

图 1-8 正确认识信息经济

实际上我们更应该看到，要从平台、从扩展的衍生服务、相关的支撑服务等维度去打通不同产业之间的藩篱，这样才能触及整个信息经济发展的大趋势。

（三）信息经济的主体、载体和交互作用的变化

经济的主体和载体也在发生显著变化。从主体方面来看，消费者的力量得到了进一步增强，当前像 C2B 商业模式倒逼式的传导（消费者从消极被动到积极参与，扭转产消格局占据了主导地位，不断参与到企业的各个商业环节中）对制造业，乃至对整个经济都将产生深远的影响。并且像属于“数字原住民”的 90 后消费者，从小就浸在信息设备、网络购物、社交网络等环境之中，他们成为工作和消费的主力军之后，对现有商业模式和社会治理模式都将带来非常大的冲击。

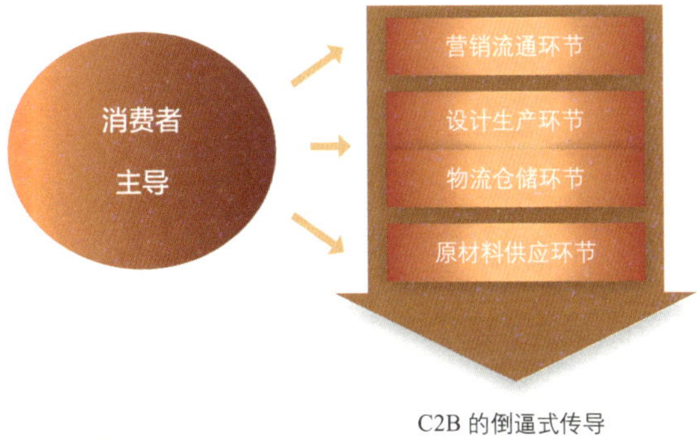

图 1-9 C2B 倒逼式传导的影响

从载体上看，出现了中间商服务化（信息流动方式的转变，使原来依靠信息不对称赚取差价的传统中间商逐步让位于拥有更强信息能力的服务商）、生产商多元化（生产商之间的竞争规则被改写，原有以规模效应和资金为主的竞争要素逐步让位于利用信息和灵活协同）的改变。

在交互作用上，是从串行到并行，并从链式到网状演进。从流通模式的转变去看这种交互作用的变化，能看到横向的中介被去除，在整个网状协同的基础上，生产商、服务商和消费者形成了新的关

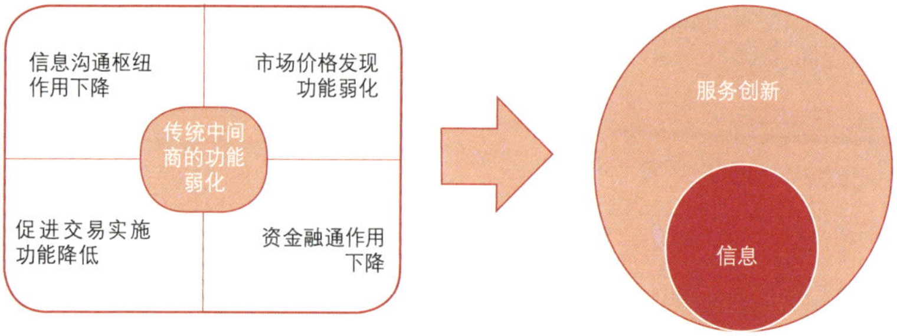

图 1-10　中间商服务化示意

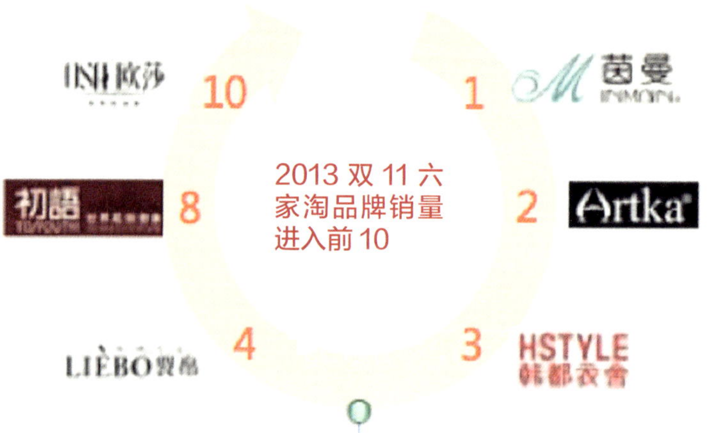

图 1-11　生产商多元化示意

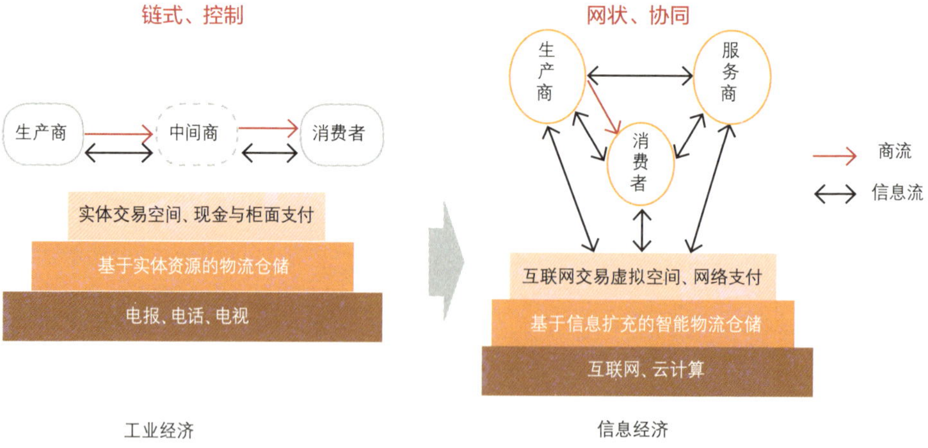

图 1-12　交互关系的变化（以流通模式的转变为例）

系，经济全局赖以生存的基础设施发生了变化，从过去的通信、电视网络，向互联网、云计算转移，从完全基于实体的物流仓储向智能物流转变，从实体交易、现金向虚拟空间、网络支付转变。

三、信息生产力的变革

在信息经济学理论探索上，信息生产力与生产关系的研究非常重要。信息经济在生产力方面体现出了不同于工业经济的新特点。

（一）生产力变革推动经济、社会变迁

全球经济历史演变的本质是科技突破所带来的生产力与生产关系的变革。从农业生产力到工业生产力，再到信息生产力，每一次生产力的升级和变革都会引起经济和社会发生质的飞跃。

从历史的角度看经济和社会变迁，理解社会变迁背后的科技推动力及其作用，对比农业经济、工业经济和信息经济的成因不难发现：

农业社会创制人力工具，扩展人的体质功能；工业社会制造动力工具（如发明蒸汽机），超越人类体力极限；信息社会制造智能工具（如发明电子计算机），超越人类智力极限。因此，人类社会的演化是通过科技发展不断拓展自身体力和智力极限，从而提升生产力，进而形成与生产力相适应的生产关系，充分发挥个人与社会能量，推进经济、社会和文明发展的进程。

（二）信息生产力的内涵

信息生产力不是单一生产要素，或者某个生产要素的子集，而是整个社会生产力进入一个新阶段的重要标志，并且正在成为信息时代的核心生产力体系。

信息生产力主要是由信息或知识劳动者，信息技术和信息（处理、传输、监测、协调、控制、管理）网络，以及适应各行各业生产、服务和

人们生活需要的信息资源形成的新型的、社会化的生产能力所组成，与现代的能量、材料、机械系统密切配合，构成了信息时代的生产力。（参见信息社会 50 人论坛杨培芳等人的研究）

（三）我国信息生产力发展面临的问题

对信息生产力的重要性缺少深刻认识。现代生产型服务业发展离不开信息技术及其网络的支撑，可是在这个问题上，我国遇到了很大的思想阻力。有人认为发展重化工业和制造业仍是当务之急，更有一些学者认为，人类社会根本不可能存在一个信息化的社会阶段。

现代服务业和工业制造业的关系没有理顺。主要表现在三个方面：一是只重视工业，不重视服务业；二是 GDP 主义严重；三是企业办社会的思想和制度因素根深蒂固。历史一再证明，产业结构从重到轻，产品结构由粗向细，劳动结构从体力向智力发展不可逆转。

宽带信息承载能力发展缓慢。国际上信息化基础设施经过了模拟阶段、数字化阶段，目前已经发展到宽带阶段。在宽带信息化阶段，主导企业改革动力不足，将直接影响我国信息经济建设的全局。

信息孤岛普遍存在，缺少共建共享的长效机制。信息孤岛带来的直接问题就是信息重复多次的输入、冗余、不一致性；由于信息不能及时共享，部门之间难以协调配合，管理效率低下，高层领导无法形成科学、全面的决策。未来的信息社会应当是多方合作共赢的社会，而信息数据的共享是其中重要的部分，必须树立信息共建共享的观念，这样才符合信息社会新产业链分工的大趋势。

（参见信息社会 50 人论坛杨培芳等人的研究）

四、信息经济的特征

（一）显著特征

曼纽尔·卡斯特在《网络社会的崛起》中概括提出信息经济呈

现出几个显著的特征：

第一，通过数码语言在不同技术领域中创造出一个共同的界面，可以看到数字技术或者信息技术在各行业之间协同发展的基础性的作用和强大的渗透能力，如生物工程产业，相关的研究已经是在收集大量数据的基础上，通过大规模计算从而取得新突破。

第二，信息技术贯穿了人类活动的所有场域，它不再只是一个部门经济。对我们的生活和工作，几乎所有场景都实现了全面渗透。

第三，信息经济实现了创新和运用之间的一种正反馈机制。信息设备性能不断提升，软件技术以其为基础不断取得突破，反过来加强了对信息设备的研发能力，形成了良性循环。

第四，新的信息技术不单是应用工具，而且是有待发展的过程。使用者和操作者变成同一群人。像最开始的时候，也许微信只是一个即时通信的工具，后来随着办公的需要，商家的加入，它就向商务工具、协同软件方向进行着演变，这实际上是使用的人群改变了原有技术的面貌，并且在不断地促进技术水平的提高和应用范围的拓展。

第五，信息经济呈现生态化发展态势， 复杂系统中新形态（传播方式、组织方式、商业模式）不断涌现。如自发形成、遍及全国各地的商盟，网商以其为依托，结成了紧密的合作互助关系，在交流经验、开拓市场、维护声誉、抵抗风险等方面取得了突出成效。

第六，信息经济不断进化，从技术向经济、社会层面持续延伸。以“沙集网商群落”为例，淘宝网凭借强大的技术能力，为沙集农民简易家具行销全国提供了低门槛的交易支持。在销量和网商规模取得突破后，物流、通信、营销等电子商务服务商纷纷入驻该地，高效的电商生态得以形成。在经营规模化、规范化的同时，当地从事电子商务蔚然成风，过去资源贫瘠、外出打工的贫穷乡村正在成为居家就业、共同富裕的新型城镇。

（二）理论探讨

关于信息经济的特征，各界也在不断进行理论探讨。如马克思·博伊索特在《知识资产》（上海人民出版社，2005 年 4 月）中提出的信息经济中生产函数的变化，对于认识信息经济发展方向具有启示作用。

从生产要素投入的逻辑及历史路径上来看，人们起初尝试用资本投入替代部分劳动，在效果达到极限之后，转而求助于信息化应用，考虑用数据的投入去替代部分物质要素。在数据应用足够多的情况下，又考虑怎么样去提高数据的使用效率，云计算、大数据等技术都是在一步一步体现生产函数的这种变化，不断提高人类的生产能力和劳动效率。

布莱恩·阿瑟在《技术的本质》（浙江人民出版社，2014 年 4 月）中提出了关于技术的进化论。作为一个有机协同的技术体，其力量远胜于其中的单一技术。互联网对于其他行业的跨界渗透，正是体现了这一技术体的强悍力量。历史上火车的发明和改进本身，在经济上未得到经济上的热烈回应，但当包括铁路在内的一个技术体开始形成时，经济不但回应，而且随之发生巨变。很显然，不是经济采用了一个新的技术体，而是遭遇了一个新的技术体。经济对新的技术体的出现做出反应，它会改变活动方式、产业构成以及制度安排，乃至发生影响深远的颠覆性改变。由此可以预见面向互联网的信息技术体，对其他行业的改变才刚刚开始，信息经济的前景值得期待。

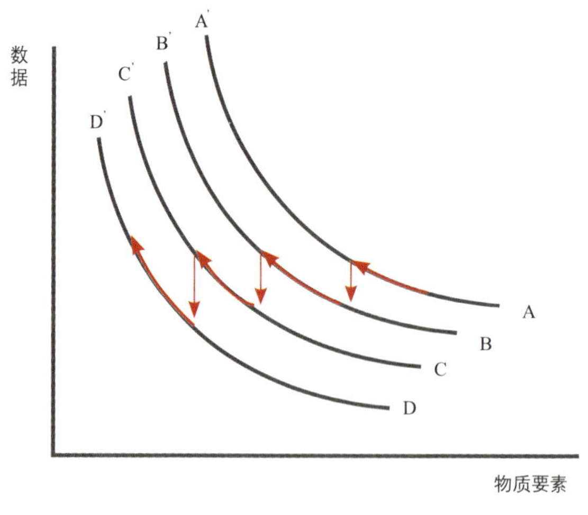

图 1-13　信息经济中的生产函数（引自马克思·博伊索特的《知识资产》）

第二章

中国发展信息经济的战略意义

一、中国经济面临转型

自 1978 年中国共产党第十一届三中全会召开以来，中国坚持改革开放取得了举世瞩目的成就——经济高速成长，民生普遍改善。但近年来国内经济增速有所放缓，世界经济复苏不确定性加大，中国经济被认为将进入一个新的稳定而非高速增长的轨道（从 10% 过渡并稳定在新的均衡点如 7% 左右）（刘世锦等，《中国经济增长十年展望（2014—2023）》，中信出版社，2014 年 3 月），无疑走到了转型的重要关口。

（一）原有经济增长动力面临挑战

要顺利实现转型，摆脱经济增长困境，稳住经济增长的“新常态”，必须对关键动力因素及其作用加以分析，从而发现问题，寻找出路。

• 动力一：需求因素（包括出口、投资和消费）；

• 动力二：要素投入因素（劳动力、资本和资源）；

• 动力三：影响全要素生产率的因素（新技术革命、制度变革带来的要素升级和结构优化）；

• 动力四：中国特色因素（扭曲生产要素价格、增加建设支出、刺激政策、政府企业化和压低福利保障支出）。

中国通过深化改革，充分利用自身的资源禀赋、抓住全球化机遇，经济能量得到极大释放。但面对当下的国际经济局势，作为增长动力的需求因素、要素投入因素、中国特色因素陷入不同困境，原有经济增长方式面临严重冲击。

1. 需求因素问题

（1）外贸形势严峻。2014 年外贸形势严峻，一季度中国出口 4913 亿美元，下降 3.4%；贸易顺差 167 亿美元，下降 59.8%。出

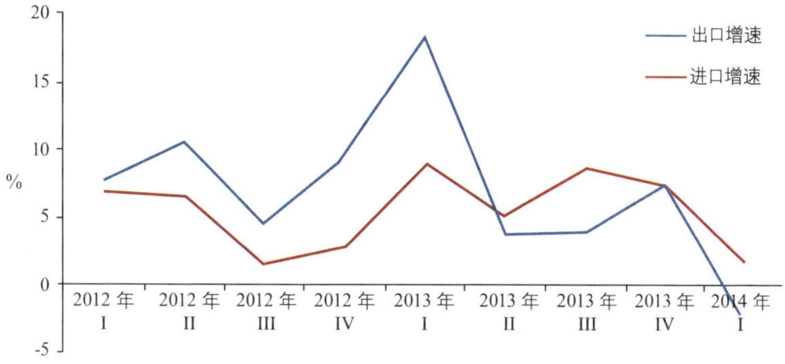

图 2-1　中国进出口 2012 年以来季度增速

资料来源：商务部《中国对外贸易形势报告（2014 年春季）》。

口各区域分化明显，一季度中国对美欧日出口增长 4%，对东盟出口增长 6.8%，对其他金砖国家进口下降 7%。

（2）内需拉动乏力。中国国内居民消费面临约束。居民收入差距大，加上有利于企业盈利、对家庭收入进行隐形征税的政策，造成工资在国民收入比重下降。2005—2012 年间，我国城镇居民可支配收入复合增速 13%，同期全国财政收入复合增速高达 21.9%。高质量的服务严重供给不足，教育、医疗和养老等行政管理多。中国居民消费率明显低于世界平均水平。

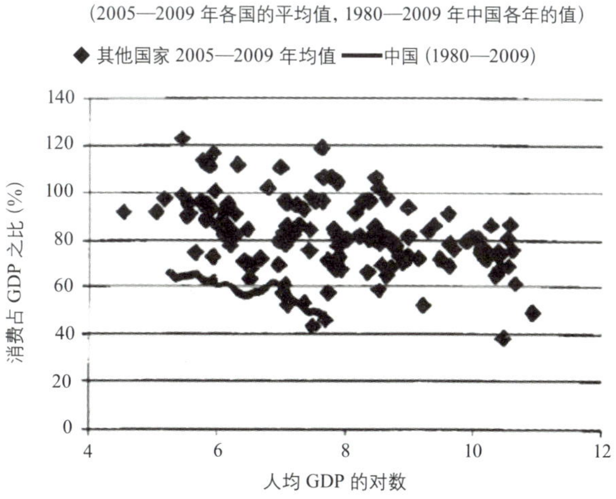

图 2-2　中国消费率偏低

资料来源：中国统计年鉴、世界发展指标（2012 年）。

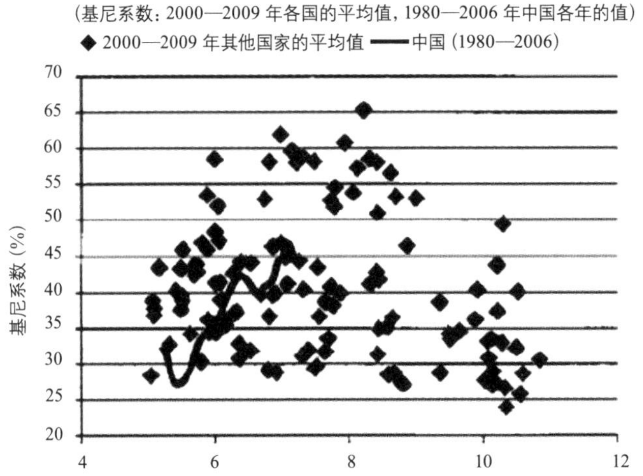

图 2-3 中国收入差距扩大

资料来源：中国统计年鉴、世界发展指标（2012 年）。

2. 要素投入因素问题

（1）人口红利消失。根据二元经济理论，当对劳动力的需求增长速度快于劳动力供给增长速度，以致典型二元发展时期的不变工资现象不再存在时，“刘易斯拐点”就到来了。2004 年已出现民工荒以及随后持续的工资上涨为经验证据，中国达到了“刘易斯拐点”（蔡昉，《破解中国经济发展之谜》，中国社会科学出版社，2014 年）。

2010 年中国 15—59 岁劳动年龄人口的增长达到峰值，2011 年起该年龄段人口出现负增长，2012 年 15—59 岁人口减少了 345 万，劳动人口占总人口的比重也比前年下降 0.6 个百分点。相应地人口抚养比开始上升，人口红利正式告罄。

（2）资源压力加大。中国是人均资源稀缺国家，工业化所需要的 45 种主要能源与矿产资源中，除了煤炭，其他人均拥有量都排在世界 80 位以后。人均耕地水平也仅是世界平均水平的三分之一。

国际能源署发布的《世界能源展望 2011》报告，在未来 25 年，中国对能源的需求就将增长 30% 以上，成为全球最大能源消耗国之一。能源和自然资源高消耗的增长模式将严重制约经济的增长。

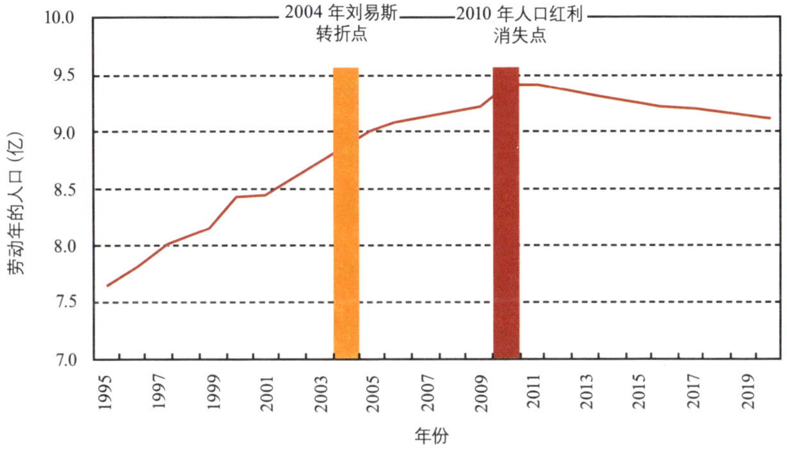

图 2-4　中国刘易斯转折点、人口红利消失点相继到来

资料来源：蔡昉，《破解中国经济发展之谜》，中国社会科学出版社，2014 年。

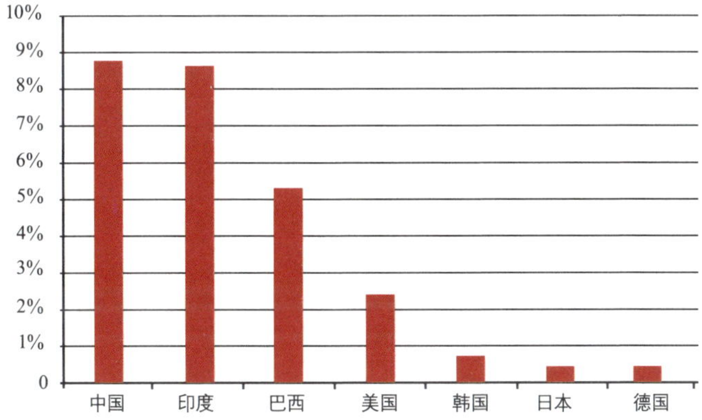

来源：世界银行（2012 年）

图 2-5　各国环境与自然资源退化和枯竭占国民总收入百分比

3. 中国特色因素问题

发展中国家政府的角色相对明了：提供能源、交通等基础设施以补充民营部门投资的不足，为发展本国比较优势的产业实施相对应的产业政策。但随着中国步入中等收入国家、接近前沿国家，政府直接介入经济活动事实上可能阻碍而不是促进增长。

金融风险加剧——杠杆率持续上升，大大增加金融风险的烈度。

地方政府债务危机将进一步导致杠杆率的提升和风险长期积累；产业结构扭曲——政府主导的固定投资大量流向了基础设施、房地产以及采矿、制造等重化工业，同时生产性投资机会匮乏，第三产业比重提升缓慢，严重扭曲了产业结构；产能严重过剩——地方间形成恶性投资竞争，使产能扩张难以抑制。

在不同增长阶段，经济依赖的主要动力有所不同，相应的发展方式也要进行调整。当一种动力从作用显著到式微时，为了开发新动力，发展方式转变才具有紧迫性（蔡昉，《破解中国经济发展之谜》，中国社会科学出版社，2014 年）。中国经济已进入到仅依靠“直接推动需求扩大”、“加大原有要素投入”和“政府过多介入经济”（动力一、二、四）这类手段，难以驱动的阶段。只有将发展方式从“主要依靠投入扩张”转向“主要依靠生产率提高”，近期“经济增长的新常态”才能达成，长期可持续的新繁荣才有可能到来。

在人口红利消失后，同所有发达国家一样，驱动经济增长的最有效动力，正是依靠新技术革命和制度创新，切实提高全要素生产率（动力二）。

（二）技术进步驱动经济长期增长

1. 经济周期即技术进步周期

回顾世界经济发展史和产业革命变迁史，经济周期或经济波动与新兴技术两者间的路径关系被清晰验证——经济周期即是技术进

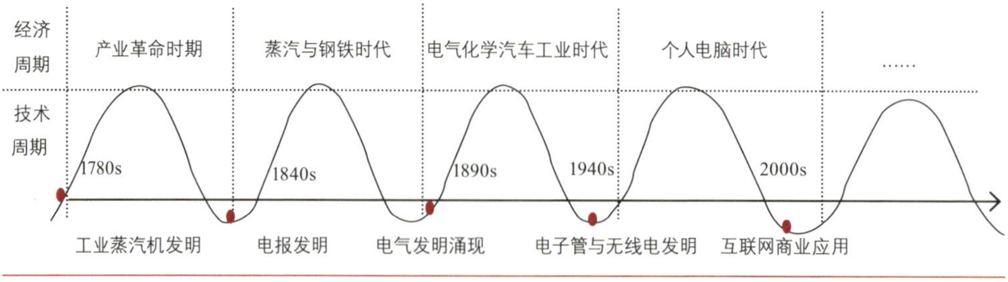

图 2-6　技术周期与经济周期的关系

资料来源：阿里研究中心报告。

步周期。每一次技术革命都带来新兴产业的出现，并主导完成对传统产业的更新改造，生产率的全面提高进而启动下一轮经济扩张。

2. 通用目的技术驱动经济增长

自第二次工业革命开始，科学与技术之间的联系变得紧密，形成了共创局面，这使技术无论是从应用广度、开发深度，还是扩散速度上都实现了前所未有的突破，成为先行工业化国家经济增长的主要动力，通用目的技术（General Purpose Technologies）发挥的作用尤其重大，直接引发了产业革命，促进了经济高速增长。

表 2-1　技术革命对经济增长的贡献（% / 年）

	时期	总计
蒸汽机—英国	1780—1860	0.51
铁路—英国	1840—1870	0.23
	1870—1890	0.23
铁路—美国	1839—1870	0.21
	1870—1890	0.56
电力—美国	1899—1919	0.41
	1919—1929	0.98
信息技术—美国	1974—1990	0.69
	1991—1995	0.79
	1996—2000	1.86

资料来源：Crafts（2001），转引自林毅夫、董先安，《信息化、经济增长与社会转型》。

林毅夫、董先安在《信息化、经济增长与社会转型》中指出：一是历次技术革命对经济增长的贡献程度呈现加速扩大的趋势。二是在历次技术革命过程内部，技术革命对经济增长的影响趋势不断加速。

3. 新时代的技术动力：面向互联网的信息技术

近年来面向互联网的信息技术，作为新时代的通用技术，已引发新一轮技术进步，通过信息经济的形态，在全世界范围内爆发出强大的经济能量，其对经济增长的贡献将超过以往的技术变革，并且对经济增长的影响将越来越显著。

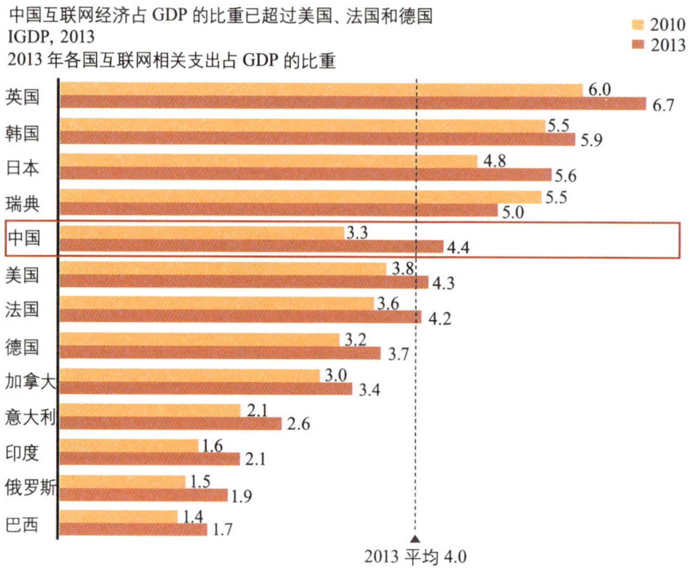

图 2-7 各国 2013 年互联网经济在 GDP 中的比重

资料来源：麦肯锡全球研究院，《中国的数字化转型：互联网对生产力的增长与影响》。

根据麦肯锡全球研究院的研究报告《中国的数字化转型：互联网对生产力的增长与影响》，2010 年，中国的互联网经济占 GDP 的 3.3%，落后于很多发达国家。到 2013 年，中国的互联网经济已占 GDP 的 4.4%，跻身全球领先行列。若将 C2C 类电子商务包含在内（其他发达国家此类电子商务规模较小），中国的互联网经济将占到 GDP 的 7.0%，远远超出七国集团（G7）的水平。

二、发展信息经济实现增长与转型

经过近五十年的发展，面向互联网的信息技术带来了全球信息经济的兴起。大力发展信息经济，相关的技术进步和制度创新将促进全要素生产率的显著提升（动力三），这对于深处经济转型关键时期的中国意义重大。

有了这种新动力，就可以突破“直接推动需求扩大”、“加大原有要素投入”和“政府过多介入经济”（动力一、二、四）的能力极限，加速中国经济发展方式向“以提高生产率为核心”的转型。

（一）新动力：新基础设施、新生产要素和新分工网络

新动力由三个方面构成，即新基础设施（云＋网＋端）、新生产要素（信息〈数据〉）、新分工网络（实时网络协同）。

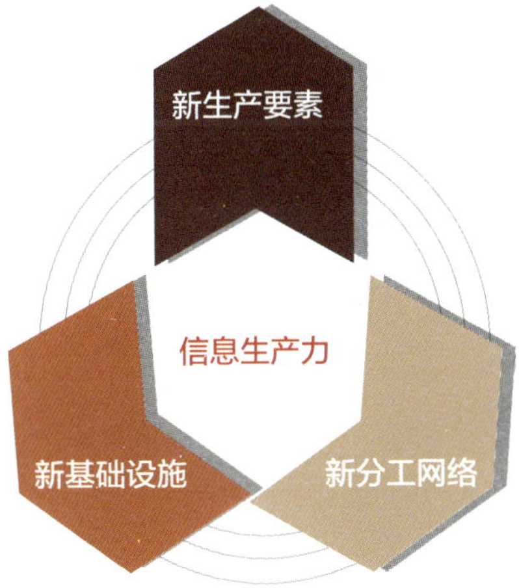

图 2-8　新动力的构成：新基础设施、新生产要素和新分工网络

1. 新基础设施：“云＋网＋端”基础设施

基础设施是一个时代经济发展的先行资本，承载了经济与社会活动的方方面面。新基础设施可以概括为“云、网、端”三部分。“云”是指云计算、大数据基础设施；“网”包括了互联网、物联网等；“端”则是用户直接接触的个人电脑、移动设备、可穿戴设备、传感器，乃至软件形式存在的应用。新的基础设施正叠加于原有农业基础设施（土地、水利设施等）、工业基础设施（交通、能源等）之上，发挥的作用也越来越重要。

（1）新基础设施——“云”。随着通信网络的大规模建设，带宽不再成为网络计算的瓶颈，人们有动力运用网络的力量，提升自身的能力，获得竞争优势。“云计算”正是在这种情况下应运而生的。商业企业对竞争优势的追求，技术的不断进化，让“云计算”服务成为信息时代的电力和经济发展的引擎，让“云计算”平台成为这个时代最重要的基础设施。“云计算”服务，为众多行业的企

业提供了突破性的发展契机，催生了新经济创新发展的良好氛围。

（2）新基础设施——“网”。

• 互联网规模领先

中国互联网络信息中心（CNNIC）第 34 次《中国互联网络发展状况统计报告》显示，截至 2014 年 6 月中国网民规模达 6.32 亿，其中，手机网民规模 5.27 亿，互联网普及率达到 46.9%。

根据工业和信息化部电信研究院报告发布的数据，固定宽带用户：截至 2013 年 12 月达到 1.89 亿户，普及率约为 14%，高于全球平均约 10% 的水平；移动宽带用户：截至 2013 年 12 月，3G 用户超过 4.02 亿，占全球 17.2%；2014 年我国 LTE 用户预计将达到 6000 万—8000 万；公共 WiFi 接入点超过 587 万个。整体看我国宽带速率近年来增长较快，国际排名也不断提升，但与日韩欧等发达国家还有一定差距。

• 物联网蓬勃兴起

表 2-2　2013 年世界宽带普及率比较

国家和地区	固定宽带普及率	移动宽带普及率
中国	14.0%	29.7%
发达国家	27.0%	74.8%
发展中国家	6.0%	19.8%
全球	10.0%	29.5%
欧洲	27.0%	67.5%
美洲	17.1%	48.0%
独联体	13.5%	46.0%
阿拉伯国家	3.3%	18.9%
亚太地区	7.6%	22.4%
非洲	0.3%	10.9%

资料来源：工业和信息化部电信研究院研究报告。

物联网就是把传感器装备到各种真实物体上，通过互联网连接起来，进而运行特定的程序，达到远程控制或者实现物与物的直接通信。射频识别标签（RFID）、传感器、二维码等，经过接口与无线网络相连，从而给物体赋予“智能”，可实现人与物体的沟通

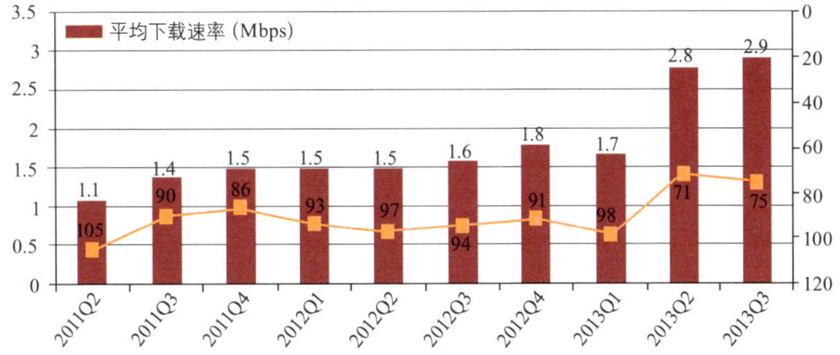

图 2-9 近年来中国宽带下载平均速度及国际排名情况

资料来源：工业和信息化部电信研究院研究报告。

和对话，也可以实现物体与物体互相间的沟通和对话。物联网的发展有了新兴的“云计算”服务作为支撑，将提升过去在数据存储、处理和分析上能力欠缺的问题，焕发出新的活力。IDC 研究报告显示，全球物联网解决方案市场规模将从 2013 年的 19 亿美元增长到 2020 年的 71 亿美元。全球物联网装机量从 2013 年到 2020 年的复合年增长率将达到 17.5%，增长到 2120 亿台。

（3）新基础设施——“端”。以智能终端为代表的用户设备，在云计算、大数据设施和应用软件服务的助力下，正成为大数据采集的重要源头和服务提供的重要界面。

中国已成为全球智能终端增长的绝对主导力量，并引领全球移动市场智能化演进。2012 年中国智能手机出货量 2.58 亿部，份额超过全球 1/3，并以 167% 的增幅远超全球水平，一举超越 2012 年之前历年之和。2013 年中国智能手机出货量更达到 4.23 亿部，全球份额贡献逼近 50%。2012 年二季度中国手机出货中，智能手机占有率已超越功能手机达 52%，领先全球整一年时间完成历史更替（全球在 2013 年二季度首次超越 50% 达到 52%），而至 2013 年四季度，中国新出货手机的智能化比例已高达 75%。

以智能终端为接入界面，互联网内容逐渐从门户网站主导的网页形式向异彩纷呈的 APP 应用程序转变。APP 应用程序更多以云计算服务为支撑、通过后台丰富的数据驱动，开发和发布的门槛降低，创意受到极大激发。2013 年年底，苹果 App Store 与谷歌 Google Play 应用下载规模均达到 500 亿次，应用规模均超过 100 万个。腾讯、阿里、百度等企业，探索通过深度挖掘移动即时消息、手机支付、地图等能力，在自身核心应用领域搭建超级 APP 平台。

2. 新生产要素：信息（数据）

人类社会的各项活动与信息（数据）的创造、传输和使用直接相关。信息技术的不断突破，都是在逐渐打破信息（数据）与其他要素的紧耦合关系，增强其流动性，以此提升使用范围和价值，最终改进经济、社会的运行效率。

信息（数据）成为独立的生产要素，历经了近半个世纪的信息

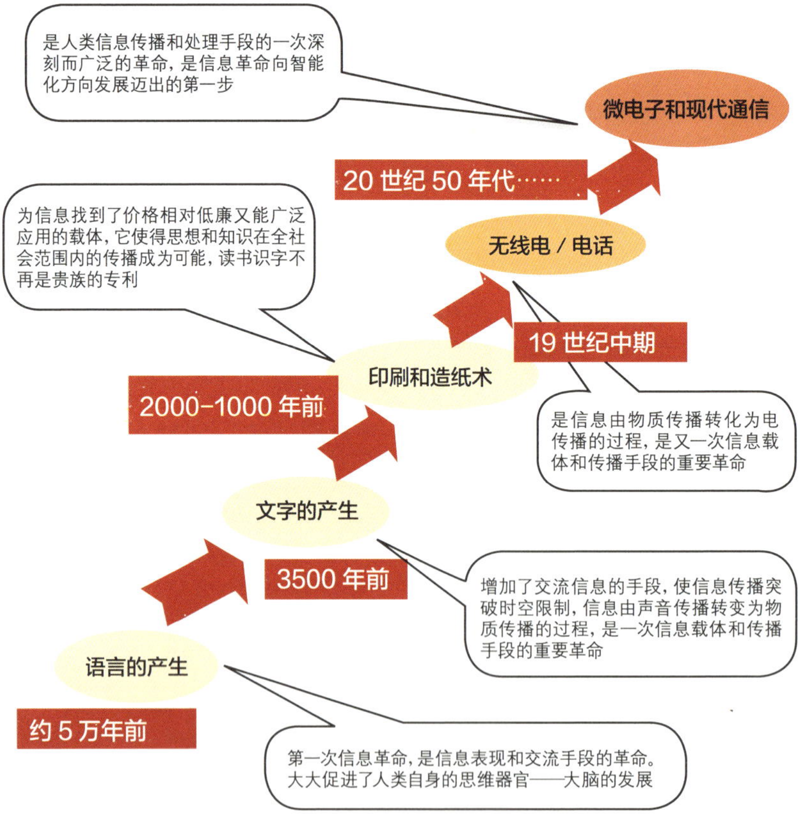

图 2-10　人类社会的历次信息革命

资料来源：阿里巴巴集团研究报告。

化过程，信息技术的超常规速度发展，促成了信息（数据）量和处理能力的爆炸性增长，人类经济社会也进入了“大数据时代”。

IDC 于 2012 年 12 月发布了研究报告《2020 年的数字宇宙：大数据、更大的数字阴影以及远东地区实现最快增长》。数字宇宙是对一年内全世界产生、复制及利用的所有数字化数据的度量。从 2013 年到 2020 年，数字宇宙的规模每两年将翻一番。2012 年中国总体数据量占世界的 13%，而到 2020 年将提高到 21%。

如前所述，数据除了作为必要成分驱动业务外（即 Data-Driven Application，如金融交易数据、电子商务交易数据），数据产品的开发（即 Data Product，通过数据用途的扩展创造新的价值，如精准网络广告）更是为攫取数据财富开辟了新的源泉。经济领域海量数据的积累与交换、分析与运用，产生了前所未有的洞见和知识，极大地促进了生产效率的提高，为充分挖掘数据要素的价值提供了超乎寻常的力量。

3. 新分工网络：实时网状协同

信息基础设施建设和能力提升，加速了信息（数据）要素在各产业部门中的渗透，直接促进了产品生产、交易成本的显著降低，从而深刻影响着经济的形态。

信息技术革命为分工协同提供了必要、廉价、高效的信息工具，也改变了消费者的信息能力，其角色、行为和力量正在发生根本变化：从孤陋寡闻到见多识广，从分散孤立到群体互动，从被动接受到积极参与，消费者潜在的多样性需求被激发，市场环境正在发生重大变革。

以企业为中心的产消格局，转变为以消费者为中心的全新格局。企业以客户为导向、以需求为核心的经营策略迫使企业组织形式相应改变。新型的分工协同形式开始涌现。

信息经济中分工网络将体现出如下特征：

• “小而美”是企业常态：由于节约了信息成本，交易费用降低令外包等方式更为便捷，企业不必维持庞大臃肿的组织结构，低效、冗余的价值链环节将消亡，而新的高效率价值环节兴起，组织的边

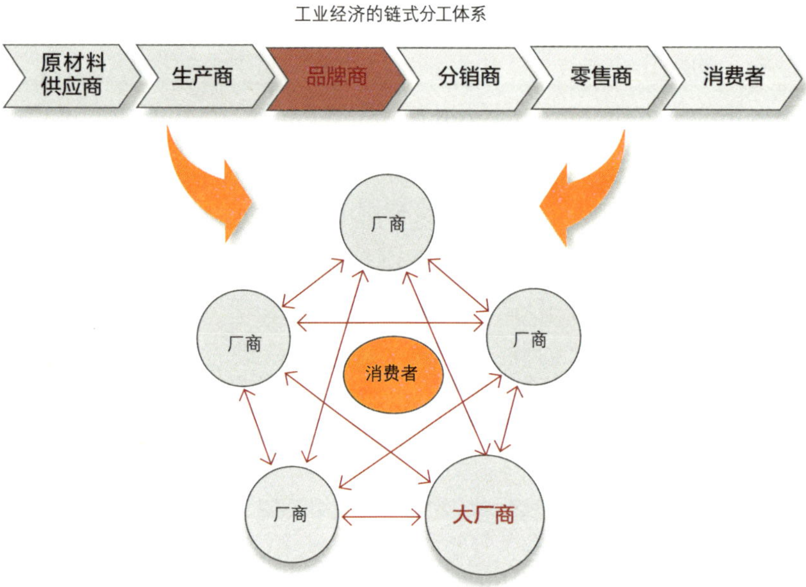

图 2-11 信息经济的网状分工体系

资料来源：阿里巴巴集团。

界收缩，小企业成为主流。

• 生产与消费更加融合：信息（数据）作为一种柔性资源，缩短了迂回、低效的生产链条，促进了 C2B 方式的兴起，生产与消费将更加融合。

• 实时协同是主流：技术手段的提升、信息（数据）开放和流动的加速，以及相应带来的生产流程和组织变革，生产样式已经从"工业经济"的典型线性控制，转变为信息经济的实时协同。

• 就业途径更多样：信息技术为灵活的工作方式提供了可能，就业形式多样化。信息经济条件下，由于沟通、协作的门槛降低，评价和信用制度的完善，专业技能的价值进一步凸显，个人的能力可以得到充分发挥，就业的灵活性进一步提高。年轻一代经由网络、利用外包方式，可以充分安排自己的时间和工作的地点，为多家企业提供服务，比如翻译、设计、客户服务等工作，企业的雇佣方式和组织形式、人们的就业方式和收入结构，都将出现改变。

综上所述，由新基础设施（"云 + 网 + 端"）、新生产要素（大数据）、新分工网络（大规模、社会化的全新分工形态）构成的中国经济增长新动力，在经济的供给面（要素升级、结构优化，以及相应的制度变革）上确实体现了新特点、新能力与新前景，反映了“信息技术革命和制度创新”推动“生产率跃升”的强劲力道，从而可以提高中国经济的潜在增长率，在需求面（消费、投资和进出口）上产生长期可持续的繁荣。因此全面发展信息经济（即夯实新信息基础设施、提升原有工农业基础设施、创新互联网经济、渗透传统产业）是中国经济实现转型与增长的正途。

（二）中国正在发生的信息经济转型

1. 信息经济新进展：推动形成“巨市场”

企业对需求的认识和把握、政府对宏观经济的调控、产品数量与质量、供求价格等因素之间的联系，始终依赖于市场自发产生的经济信息，通过信息的充分传递，市场体系得以实现各种资源的有效配置。

（1）巨市场形成。借助面向互联网的信息技术，全国统一的大市场逐步形成，高效的流通体系使生产商的资源有效转化为消费，而不是形成无效库存或是消耗在冗长的供应链中，最大程度释放消费需求，放大经济流量。

根据商务部发布的《中国电子商务报告 2013》，2013 年中国电子商务市场交易规模达到 10.28 万亿元，相比 2012 年的 8.1 万亿元增长 26.8%，五年翻了两番。2013 年中国网络零售交易额达到 1.85 万亿元，同比增长 41.2%，占当年社会消费品零售总额的 7.8%。中国网络零售交易额已跃居全球第一，占全球网络零售市场（1.25 万亿美元）的 23.9%。2013 年中国 B2B 交易额达到 8.43 万亿元，同比增长 24.2%。跨境网络零售交易额达到 214 亿美元，同比增长 43.3%。

（2）巨市场提高流通效率。对比线上、线下流通体系，可以发现同样在运营成本上投入 1 元，互联网所能支撑完成的销售额是纯线下模式的 7 倍（2012 年数据），两者之间的差异正从 2009 年

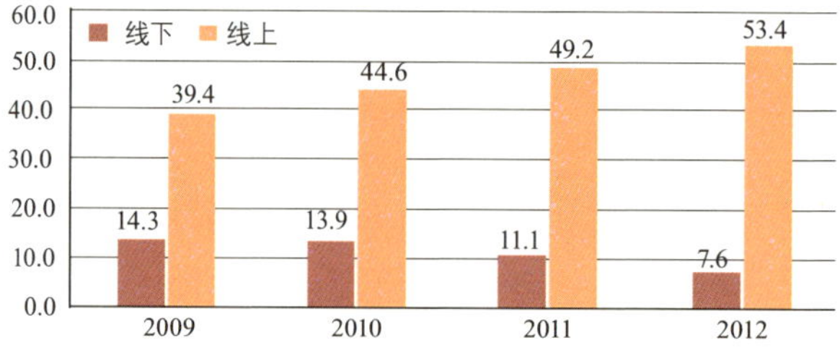

图 2-12 投入 1 元所能实现的销售额线上、线下比较

注：线下数据取苏宁、国美、银泰为代表的均值；线上数据以淘宝、当当、唯品会为代表的均值计算。

资料来源：阿里巴巴集团。

的 2.7 倍逐步扩大。

（3）巨市场拉动消费。麦肯锡发布的研究报告显示：约 61% 的线上消费是对线下零售的替代，剩余的 39% 则是新增消费，没有网络零售则不会产生这部分消费，这一比例在三四线城市更高达 57%。按照 2012 年 1.3 万亿交易额计算，网络零售带来的新增消费达到了 5070 亿元。网络零售加速渗透，已经延伸到全国各地，2013 年县域网购消费额同比增速比城市快 13.6 个百分点。

2013 年，中国已经成为世界上最大的网络零售市场，据估计到 2020 年中国网络零售交易额将突破 10 万亿元，占社会消费品零售总额的比例将达到 16.3%，这表明互联网完全有可能成为我国长期扩大居民消费的重要渠道。

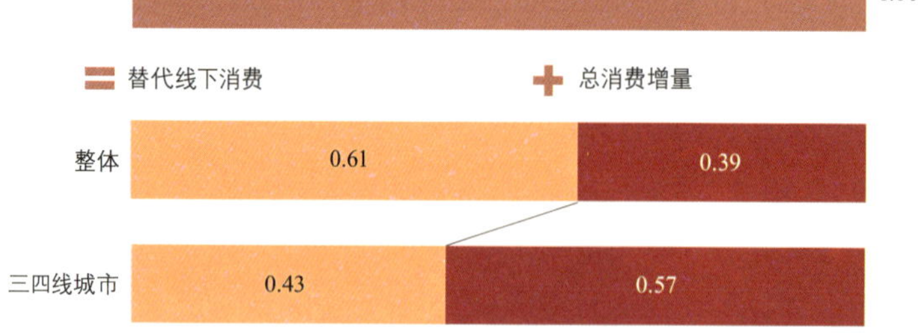

图 2-13 中国网络零售对消费的拉动

资料来源：麦肯锡全球研究院。

2. 信息经济新篇章：传统产业优化升级

“产品 = 信息 + 介质”，将企业间每天所生产、交换的产品视为“产品设计的信息（或知识）融入原材料即介质以后的产物”（参见《能力构筑竞争》一书）。可见，信息技术的变迁具有为产业升级提供动力的潜能。

不同时期信息技术的成熟度不同，另一方面各产业处在不同的生命周期，供需力量对比、人才储备等不尽相同，对信息（数据）的处理、分析依赖程度也有高下之分。这样现代信息技术对实体经济的改造，以传媒业、流通业为起点，然后逐步向上下游渗透，最后整个经济活动都会迁移至互联网，从只是应用最新信息技术的“适应性延展”，向深度渗透互联网思想、原则的商业模式“全面转型”演进。

以信息技术在传统制造业中的应用为例，家居定制的先行者“尚品宅配”，体现了如何运用面向互联网的信息技术，满足消费者个性化需求（C2B）、改造传统作业流程（柔性化制造）、提升劳动生产率（大规模定制）的显著成效。附加值的大幅度提升，为企业长期经营开辟了新“蓝海”。

设计方面：“尚品宅配”旗下家居设计平台，覆盖全国主要楼盘，提供超过 40000 个房型图；通过互联网将“房型库”与“产品库”匹配；从消费者咨询和在线搜索数据中发现新需求来调整、开发产品；通过实地测量，实时传递个性化需求和数据。

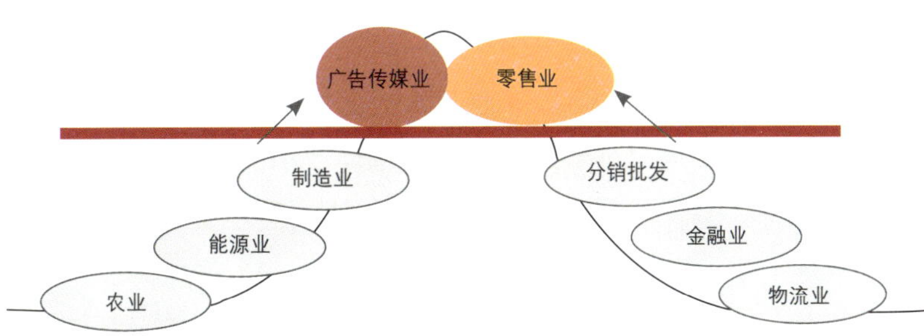

图 2-14　各产业部门向互联网迁移

资料来源：阿里巴巴集团。

生产方面：计算机辅助设计与数控机床无缝衔接，以工艺信息（数据）驱动设备实现了加工自动化，应用条码标签，从加工、包装、物流到安装，减少了不必要的人工干预。实现家具在产品规格之内（如，鞋柜 90—120 厘米之间）无级定制，可以精确到 0.5 厘米。

四年间企业产能提高 6—8 倍，原材料使用率从 70% 提高至 93%，差错率也由原来的 10% 下降到 3% 左右，交货周期从 30 天缩短到 10 天左右，年资金周转 10 次以上，并且实现了零库存。

3. 信息经济新突破：提高全社会福祉

（1）提高全社会福祉——促进充分就业。国务院总理李克强指出：中国网络创业制造了一个消费时点，成为拉动就业的巨大推动力。

信息技术在替代传统劳动力的简单劳动投入同时，也在创造新的就业形式。麦肯锡研究报告指出，互联网每摧毁 1 个就业岗位，便新创造 2.6 个就业岗位。2013 年 2 月中国人力资源和社会保障部发布的《网络创业促进就业研究报告》则显示：

• 在我国仅网络零售带来的创业就业已累计制造岗位超过 1000 万个，有力缓解了近几年的就业压力，并日益成为创业就业新的增长点。

• 网络创业就业运营状况方面，“创新”特质明显。生产经营链条上，已形成了小前端、大平台、富生态的“信用、支付、物流”电子商务生产经营链条。

• 年轻人是绝对的主力军，以男性居多，占 76.6%。教育背景方面，高中、技校、中专占 33.4%；大专占 29.2%；大学本科占 19.7%。

• 网络创业就业有四个鲜明特点：灵活性，即就业方式灵活，就业弹性大、门槛低，创业成本小、范围广、不受城乡地域限制；公平性，青年、妇女、残疾人等弱势群体皆可创业就业；衍生性，带动了网销、客服、美工等职业，新创了软件、物流、支付等网商服务业岗位，带动了其他生产、加工、包装等行业快速发展；自治性，即网商进行自我约束和自我完善、各类商盟自定网规和网民参与评价相结合的机制已开始确立。

网络创业增加了就业市场选择的自主性、多样性和个性化，将工作家庭化变为现实，使人们纷纷从工厂和办公室走出来，带来了就业方式的革命。

从网络零售创业和用工趋势来看，网络就业创造就业岗位、吸纳劳动力的能力仍在进一步增强。

（2）提高全社会福祉——新型城镇化形成。城镇化的传统发展思路，是立足于“工业经济”，通过物质聚集的方式达到集中配置资源的目的，众多的城市实质上是物质资源的聚集地。而基于信息经济的城镇化思路，是以信息聚集为突出特征，强化分布式配置资源。

信息经济中，电子商务天然适合新型城镇化思路。目前已经形成的可资借鉴路径为：先有“市”后有“城”——以市场化的方式来帮助、引导和鼓励部分农民加入电子商务网络，通过互联网连接的大市场发展特色产业，形成繁荣的商品交易，促使农民生活和生产状态显现城镇化特征。电子商务帮助农民低成本对接大市场——通过电子商务交易平台加入到大规模协同价值网络，直接对接全国和全球大市场，发展商业、制造业和服务业。带动服务业及就业，形成良性循环的商业生态——产业形成之后，服务业随之兴起，形成由电子商务驱动的地方特色产业的新生态，带来大量就业机会，并促进新型城镇化发展的良性循环。

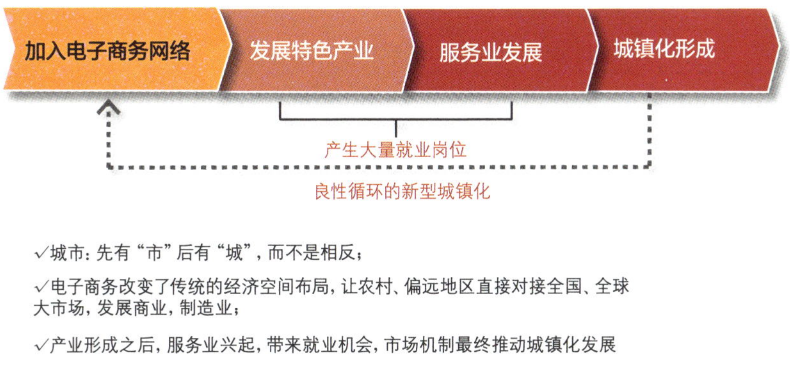

图 2-15　电子商务促进新型城镇化的路径

“沙集模式”堪称这一路径的范本。沙集镇地处苏北睢宁县，过去自然资源贫乏、产业基础薄弱。2006年东风村的年轻人孙寒开起了第一家网店，从事拼装家具的加工及网络销售。而到2011年全沙集镇就涌现出600户网商和2000余家网店。他们互帮、互带地快速复制，带动了当地家具产业链从无到有、快速扩张。2013年销售额约30亿元，三年增长了10倍左右，带动区域内形成经济生态系统。沙集网商的产业链上，包括了家具网销、生产、物流快递、原材料供应、配件购销、相关IT服务等。沙集农民离土不离乡，通过开设网店，不仅提高了收入，还解决了就业和创业难题。曾经外出务工的年轻人基本都已返乡，还出现了上千人的劳动力缺口，小村子也呈现出小城镇特征。像沙集镇这样的贫困地区，信息化都可以发挥这么大的作用，说明农村并不一定非要等到工业化完成才可以信息化，而是可以采取信息化带动工业化方式，快速发展农村经济，推进城镇化。

截至2013年11月30日，国内已经发现的淘宝村数量增加到20个，淘宝网（含天猫）上正常经营的注册地在农村（含县）的网店比2012年年底增长了24.9%。电子商务对新型城镇化建设的推动作用日益显著，这种模式的快速可复制性得到了印证。

（3）提高全社会福祉——城市竞争力提升。城市外在表现的健康与活力，是由其内涵的管理能力决定的。为满足高效、可持续的运转，城市的管理者需要在基础设施、公共服务、城市环境和经济促进方面不断应对新挑战。

从世界范围来看，城市管理水平的高低，已经越来越取决于该城市信息技术应用的广度与深度。在城市节能领域，浦东通过利用工业物联网网关对366栋主要公共建筑进行了能源审计和分项计量监控。在城市交通管理领域，前海利用物联网平台和大数据分析技术在城市商业区实施智能停车解决方案，这是中国第一个这种类型的方案。在城市食品安全领域，成都通过利用一个物联网平台建立起了一个肉类和蔬菜的可追溯系统。浦东新区建立食品药品安全诚信信息系统，从食品药品的行政审批入手，搭建了食品药品企业质量档案和监管信用信息库，同时利用基础地理数据平台，掌握新区食品药品监督管理的突发应急事件以及相关的资源配置，为行政监管、领导决策提供依据。

从促进经济发展来看，转型信息经济将为城市带来新的经济增长点，有利于获得可持续的进步和长期的竞争优势。以传统意义上的旅游和商贸城市杭州为例，它不具备北京、上海、深圳这样得天独厚的地理位置优势和政策优势，但依靠企业对信息技术及应用的不断探索和创新，政府对有利于信息经济发展的市场环境营造，杭州市实现了地方经济结构的优化、发展方式的转变，其面向互联网的信息产业，总体收入已大幅度超越旅游业，并被誉为“中国电子商务之都”。预计到2015年杭州市云计算产业年收入超过800亿元，带动产业链经营收入超过3000亿元；物联网产业年产值超过1000亿元，网络零售交易额超过20000亿元，电子商务服务业总收入超过1000亿元。

（4）提高全社会福祉——弥合数字鸿沟。数字鸿沟是指不同社会群体在拥有和使用现代信息技术方面存在的差距。数字鸿沟问题不仅关系到国家信息化战略目标的实现，也将对统筹城乡和区域发展产生深远影响，日益成为和谐社会建设过程中必须面对的重要课题。

“信息技术应用技能”在人力资本中的地位日渐重要，脱离网络的人群将感到严重的无力感，在经济、社会各方面存在被边缘化的可能。

随着近年来信息经济势如破竹的发展，信息技术应用的导向逐渐明确，能够为人们在生活、工作上带来直接的帮助，而不只是技术人员的开发工具。我国“数字鸿沟”正呈现出弥合趋势，具体体现为三个方面：

其一，信息经济的良性发展，降低了接入信息基础设施的成本，增强了信息服务的便利性，拓宽了人们获取信息知识的渠道，信息技能（Ability）普遍增强，尤其是年轻一代同父辈相比技能更胜一筹，很难看出地区之别、城乡之分。

其二，以电子商务平台为代表的新信息基础设施降低了人们从事交易的门槛和成本。即使身处偏远及农村地区，人们也可以通过交易平台便捷地实现销售和消费，获得实实在在的经济福利。同传统“自上而下”的信息化普及工作相比，目前的方式更见成效，人们“自下而上”参与信息经济的动机（Motivation）被发掘出来。

其三，随着使用信息服务的经验积累，人们通过“干中学”，学习能力不断强化，其使用信息服务的目标（Objective）更为明确和个性化，也越能获得效用的提升。从对农村网商的调研来看，他们尽管起点不高，但长期奋战在电子商务交易第一线，对于如何利用信息技术推广产品、扩大销量、塑造品牌、改善服务等都形成了独到的见解，其综合运用信息技术的能力令人敬佩。

（5）提高全社会福祉——改变能耗结构。信息经济中，信息（数据）作为新的生产要素，越来越多地进入产品生产和市场交易过程中，在很大程度上转变了传统的经济增长方式，减少了物质资源消耗，降低了环境污染，提高了经济增长质量，促进了经济的可持续发展。

电子商务在生产、流通和消费过程中的广泛应用，能够提高物质资源的使用效率，减少物质资源的消耗水平，降低对环境的影响。

在工业生产中，计算机辅助设计工具的引入，能够优化设计过

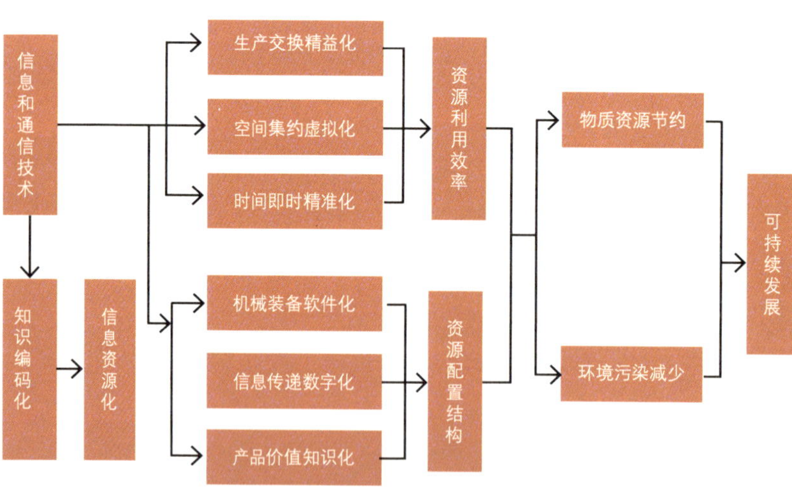

图 2-16 发展信息经济，促进可持续发展

资料来源：阿里巴巴集团、中国社科院中国循环经济与环境评估预测研究中心。

程，节省人力和物力投入；引入信息技术的生产制造过程，能够达到更高的精密度、更低的故障率和废品率，同时能够实现对能源的精准控制和优化，达到能源的高效利用。此外，信息化在建筑、交通等领域的推广应用，也能够提高资源使用效率，降低这些部门的材料和能源消耗水平，节约物质资源。

对工业生产中应用电子传感技术的研究表明，信息技术的应用有助于实现清洁生产和物耗、能耗的降低。

在市场流通中，信息和通信技术，尤其是互联网的广泛应用，实现了许多信息传递的电子化，节约了物质资源。

在节约生产和流通环节物质资源的同时，信息化时代将有越来越多的产品不再以物质形式表现出来，而是以无形的信息产品形式出现，进一步降低了物质资源的消耗。因此，信息经济的增长将是以知识和信息的生产、加工、传输和使用为基础，以信息要素投入为前提的可持续、高度集约型的增长。在这种方式下，经济增长更多地依赖信息资源的传递和加工，以及信息技术的采用和信息系统的运行。可以说现代经济增长方式将发生一场新的革命，赋予经济集约增长方式以新的含义。

三、中国发展信息经济的机遇与挑战

（一）中国发展信息经济的机遇

1. 信息化驱动新型工业化、城镇化和农业现代化

党的十八大报告提出要“坚持走中国特色新型工业化、信息化、城镇化、农业现代化道路，推动信息化和工业化深度融合、工业化和城镇化良性互动、城镇化和农业现代化相互协调，促进工业化、信息化、城镇化、农业现代化同步发展”。

在具体实现“新四化”的过程中，不可避免的是对切入点的选取。四化中，信息化显然发挥着更为基础的驱动作用。

世界范围内，“工业化”的发展已经进入新阶段，不论是“第

三次工业革命”、“工业互联网”，还是“工业4.0”的观念与实践，均离不开对互联网的重视和对新一代信息技术的依赖。发挥对信息（数据）深层利用的价值，带动工业生产能力的提升、产品附加值的增加、创新速度的加快和能耗水平的降低，都是各国工业发展的核心追求。我国的新型工业化也不例外，只有强化工业的信息技术含量，才能走出一条提升劳动生产率形成持续增长的成功之路，才能将中国的制造业“优势”转化为未来世界制造业基础设施的“胜势”。互联网形成的C2B模式，为中国工业企业指明了定制化、柔性化、智能化的新发展方向。

一方面以云计算、大数据、物联网为依托的“智慧城市”建设，为集中式城镇规模的扩大提供了前所未有的管理和控制能力支撑；另一方面通过电子商务交易普及和电子商务服务分工深化，广大农村地区可以实现分布式的以产业为支撑的另一种形态的城镇化。“信息化”将为新型城镇化提供多种可选择的路径。

农业现代化，意味着农产品质量的提升、数量的保证，以及对剩余劳动力的进一步释放。综合运用前沿信息技术的“智慧农业”，将提高农业生产的精细程度，即更好地感知和控制农作物生长的条件，拉近消费者与农产品的距离，增强供需关系的匹配等。由此可见“农业现代化”也离不开信息技术的深层渗透及其带来的组织和管理方式的变革。

可见“信息化”将驱动“新型工业化、城镇化和农业现代化”的进步，从根本上解决我国经济不均衡问题。这无疑为我国信息经济发展提供了难得的历史机遇。

2．避免中等收入陷阱、步入发达经济体的迫切要求

2011年中国按官方汇率计算的人均GDP已经超过4000美元，已经进入中上等收入国家行列。国际货币基金组织统计的184个经济体中，目前仅有35个位列发达经济体中。世界银行增长与发展委员会的研究中，只有13个发展中国家（地区）在第二次世界大战以后保持了高增长（7%以上增速），其中只有6个国家一路发展到高收入阶段。

1880—1930年，阿根廷与美国同是全球经济增速最快的国家，

20 世纪初期阿根廷人均收入曾与德国不相上下。阿根廷经济发展的动力源自初级产品出口和外国资本进入。两次世界大战前后，阿根廷经济延续既有发展模式，延缓了向工业化的转变。

爱尔兰原来被称为“欧洲的乞丐”。1987 年以后，爱尔兰实行选择性的产业政策，政策优惠只针对信息、电子、化工和制药四个产业，很快就形成了几个非常有竞争力的产业集群，经济快速起飞，成为欧洲经济增长最快的国家，也是世界人均收入最高的国家之一。

爱尔兰、阿根廷迥异的经验表明，一个国家一旦进入中等收入阶段，之前的政策和发展战略就不再适用。如果没有新的手段和战略，将难以应对这一阶段独有的挑战，经济将面临停滞或呈现下滑状态，从而难以迈入高收入国家的门槛。伴随深远技术革命的增长潮头最有可能将有关国家推入最发达经济体之列。中国为了避免陷入“中等收入陷阱”，就必须转变经济发展方式，以提高生产率为核心，通过技术深化和制度变革，求得经济新的长期增长，成功跨越这一阶段。由此可见，发展信息经济与中国力图避免“中等收入陷阱”，迫切要求进入高收入国家行列步调一致。

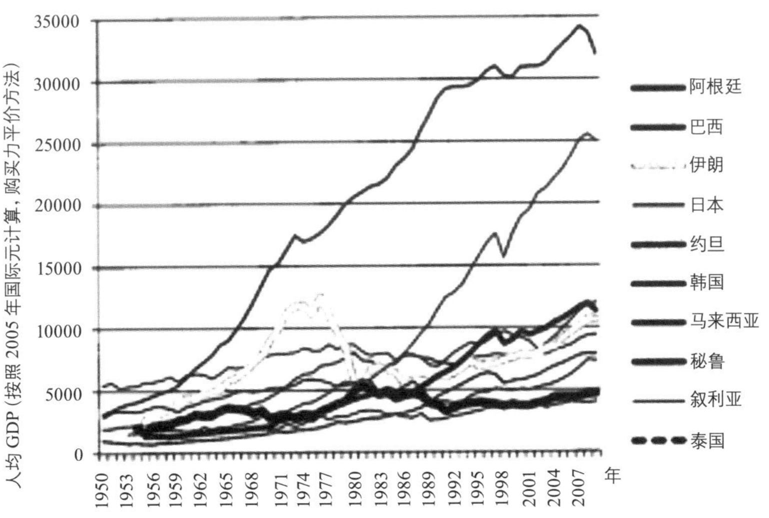

（a）　　来源：世界银行报告

图 2-17　只有少数国家跨越“中等收入陷阱”（1）

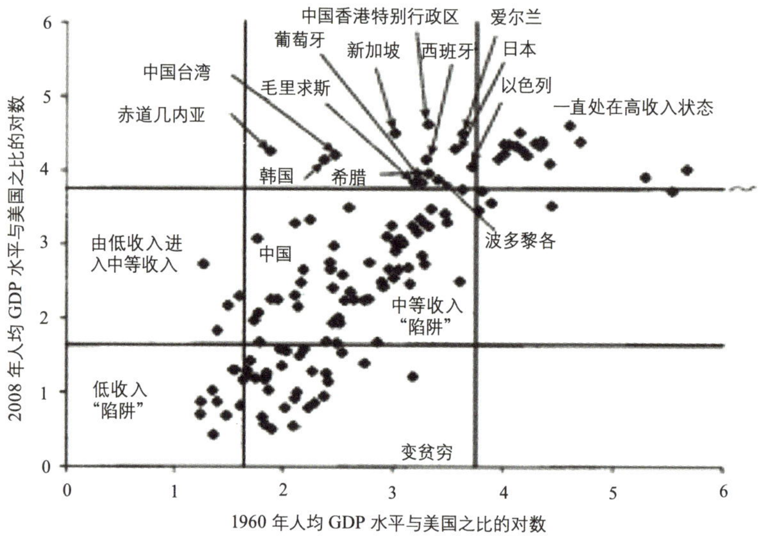

图 2-18 只有少数国家跨越了“中等收入陷阱”（2）

资料来源：世界银行报告。

3. 对冲人口红利减少，降低对人口数量依赖

早期中国工业化经历了粗放增长与出口导向阶段，劳动力供给逐渐呈现出紧缺状态。前面已经提到，2004 年已出现民工荒以及随后持续的工资上涨为经验证据，中国达到了其“刘易斯拐点”。2010 年中国 15—59 岁劳动年龄人口的增长达到峰值，2011 年起该年龄段人口出现负增长，人口红利正式告罄，两个节点之间的时间非常短，因而人口红利消失带来的冲击也更大。

信息经济发展为削弱人口红利消失带来的影响提供了可行的方案。我们注意到：在信息技术进步驱动产业依次向互联网迁移的过程中，产业结构由“信息密集型”替代“非信息密集型”，进而促进整个社会生产率水平的提高，由此带来的“信息红利”、“分工结构红利”的增加将对冲“人口红利”的减少，维持经济的持续增长。

以美国为例，从 20 世纪 60 年代末到 21 世纪初，美国企业在软件上的开支上升了 100 倍。1995 年以后的美国 44 个产业中有 31 个产业对经济加速增长做出贡献。4 个信息技术生产产业虽然仅

占 GDP 的 2.9%，但却占到美国经济复苏的 1/4。17 个使用信息技术的产业占另外的 1/4 增长值，占 GDP 大约同样的份额。由此，可以看出信息经济对于产业升级和经济发展将带来切实的红利。

4. 制度供给的需求

技术变迁与制度创新之间存在着清晰的双向关系，一方面制度会影响技术变迁的进程，技术创新的能力受到制度的约束；另一方面技术变迁可以导致制度创新。

制度的供给方除了政府部门之外，还包括身处经济发展潮头的创新型企业。信息经济过程的发展也是如此。面对这一崭新的经济形态，企业通过不断试错，努力创造着新的规则和制度，解决了旧有治理体系难以克服的问题，最终达成了社会的普遍共识。

以网络治理规则为例：相对于实体空间，虚拟的网络空间具有自身的特点，最初并没有可资借鉴的方案。而网络的发展与规则、法规的发展演变又密不可分。互联网平台企业主导了网络规模的实践。其间有适应与调整，也有互动和摩擦。与此同时，来自网络经济内部规则的演变也在悄悄发生，从交易到支付、从网商到平台、从信用到消费者保护、从量变到质变，形成了一套不同于现有政策法规体系的内生和自治的规则。目前的网规已逐渐取得共识，为中国互联网的健康发展发挥了巨大作用。

以信用体系为例："信用"和"支付"、"物流"并称为中国电子商务发展初期难以逾越的"三座大山"。信用的缺失，直接制约着电子商务被大众接受的进程。当时人们更多期盼政府部门建立一套"自上而下"的信用评价体系，但由于难度很大，进展缓慢。在这种局面下，电子商务平台企业通过建立买卖双方的评价制度和第三方支付方式，"自下向上"建立了可靠的信用体系，为中国电子商务的爆发式增长创造了良好的信用环境。

以面向小微企业的小贷业务为例：政府对小微企业在经济发展和解决就业方面的贡献深感重要，对于其资金融通困难的问题也很重视，但推进的办法不多。互联网企业依靠其掌握的大量真实交易数据，通过测算可以将风险控制在合理的水平，从而激活了整个小贷市场。通过数据积累和分析为金融服务助力，已逐渐成为业内共识，为整个行业的进步提供成功的制度范例。

信息经济不仅从技术层面革新了社会和经济的面貌，而且也不断地满足着新时期对制度变革的需求。

5．经济主导权的交替

2010 年中国超过日本成为世界第二大经济体，体量上仅次于美国。中美两国互联网经济体的规模也居于世界前两位。

伴随信息技术的扩散，中国各个行业将实现全面升级，不断提高在国际分工价值链上的位置。旧的经济格局正在改变，但目前主导全球经济规则的仍是发达国家。而在信息经济的竞争中，中美位于相同的起点。信息经济体的形成，开辟出了新的经济空间，经济主导权的交替成为可能。

在前两次以个人计算机、互联网为代表的信息技术变革中，中国与欧美相比差距很大，而到云计算、大数据为代表的第三次信息技术变革阶段，中国与世界先进水平几乎同步。并且由于中国的巨市场效应，应用场景最为丰富，对技术研发帮助很大，中国有可能在云计算、大数据基础设施建设和应用上实现弯道超车。以“阿里云”为代表的国内互联网企业凭借自主知识产权和运行维护经验，已经成为世界领先的通用公有云计算平台。百度在搜索引擎以及深度计算方面、腾讯在即时通信技术方面在世界上也是各自领域的领军企业。

如前文我们提到的作为一种生产要素的数据，正在各个国家，特别是在中国这样的国家快速成长，2012 年中国总体数据量占世界的 13%，而到 2020 年将提高到 21%。世界各国的竞争已从实体空间向网络空间延伸，数据资源被认为具有战略意义，各国已经加强了布局和控制。美国的爱国者法案、经济审查制度都对信息技术领域，特别是数据的控制有所涉及。存放于国外企业信息平台上的数据，面临被全面监控的风险。斯诺登事件爆发后，这一担忧被全面升级。数据资源的掌控，已经被一致认为是国家维护经济安全的必要。

从历史上来看，西方发达国家通过国内立法、联合国渠道、同盟等多种形式，对我国开展了高精尖技术的贸易限制措施。前沿信息技术作为未来经济发展的最核心驱动力也难逃相应的控制。因此发展具有自主知识产权的信息技术和服务意义重大，事关国家经济安全。

掌握了核心信息技术，以此推动新信息基础设施建设，强化原有基础设施的升级，利用巨市场继续扩展互联网经济体优势，全面推进传统产业的改造升级，中国的信息经济将在国民经济中占据越来越大的份额，从而牢牢抓住经济主导权交替的机遇。

（二）中国发展信息经济面临的挑战

中国发展信息经济面临的挑战，主要体现在如下六个方面：

1．制度不适

由信息（知识）劳动者、信息技术和网络、信息（数据）资源共同构成的信息生产力，已经显现出改变社会和经济格局的决定性力量。

目前信息生产力还未最大限度地发挥作用，主要是受到了原有基于“工业经济”的生产关系的束缚，具体体现在制度安排上的落后。

（1）没有促进信息（数据）的流动与共享。长期以来，我国的政府部门处于条块分割的状态，反映到信息系统的建设和信息（数据）资源的管理上，就是众多信息孤岛的出现。即便云计算、大数据概念和实践兴起，不同地区、不同部门建设“私有云”、“专用数据平台”的行为仍屡见不鲜。计算资源不能规模利用，数据利用效率不高，仍较为普遍。

（2）相应的法律、规章滞后。不管是云计算服务的提供，还是数据资源的共享，都没有对权责的相应认定和划分，导致企业经营和用户使用均存在不确定性，妨碍了数据的有序流动和云计算服务的快速普及。

（3）金融制度跟进不及时。致力于信息经济的企业，以“信息密集”、“轻资产”、“服务化”著称，不同于众多工业企业，现有制度下，贷款、上市等融资要求很难满足，这也限制了这些企业的快速成长和发展壮大。

（4）治理思路应转变。应从集中管理向依靠社会治理转变，从局部判断向全球化视角转换。在信息经济中，企业之间更多地体现为生态化发展倾向，在复杂的系统中，不同企业主体之间的频繁交互，促进了创新的生成，因此很难再采取集中管理的措施，而要依靠社会大众共同参与，实现更有效的治理。信息经济是无国界的竞争，因此各国都非常重视从全球视角审视行业的发展。

2. 观念落伍

目前我国的传统产业存在较为严重的观念固化的现象，具体体现在因袭原有的信息化老路，对云计算、大数据等基础设施服务缺乏必要的了解和应用，也没有适应消费者作为主导的商业格局的转变。

比如有些金融企业面对“互联网金融”的冲击，只是从维护自身原有利益出发排斥竞争，而没有在新的技术和模式的探讨上体现出探索的精神，没有将发挥资金融通作用，更好地促进经济发展作为开展业务的宗旨。

比如有些企业仅将互联网看做一种技术上的工具，购置了昂贵的软硬件，而没有从流程优化、组织调整、商业模式改进的角度出发，短时间内可能处于“延展性适应”的状态，长期来看难以跟上信息经济发展的步伐。

当然，像海尔等一批先进企业看到了信息经济发展的大趋势，积极从技术和管理上进行着应变。海尔正在努力把自身变成一个新的制造基础设施，海尔的每一名员工都在向创意化发展。随着在制造基础设施上能力的积聚，它就有可能实现制造业的真正转型，成为信息经济体最富活力的部分。目前来看，这样的企业仍属于少数，传统企业观念的变革任务仍很艰巨。

3．基础设施滞后

近年来我国通信建设取得了非常大的进步，但宽带等基础设施建设上与美国、欧洲、日本、韩国等发达国家和地区的持续进步相比，还存在不小差距。通信行业资费过高、能力不足，曾经只局限于部门经济，影响消费者福利的提升，但在进入信息经济发展的新阶段，通信基础设施上的差距有可能成为制约国民经济全局发展的瓶颈。

在云计算发展中，地方政府重视有形数据中心建设而轻视公有云服务的采购和推广。工信部《关于 2011 年以来我国 IDC 规划建设情况的通报》指出："全国数据中心整体布局尚不够理想，重建轻用的现象依然存在"，"政府部门不自建数据中心转而采购云服务的探索刚刚开始，引领作用尚未充分显现"，等等。地方政府没有认识到采用和推广"公有云服务"，有可能对当地园区竞争力提升、传统产业转型、创新环境营造带来的巨大机遇。

4．技术创新体系陈旧

当前我国的技术创新体系仍然倚重传统的高校、科研机构及国有企业，相关的产业扶持资金也没有得到很好的利用，一些依赖补贴的企业创新动力不足，技术进步效果不佳。

而中国的平台型互联网企业以其用户众多、场景丰富、业务复杂著称。它们的技术发展也获得了持续发展的动力和创新迭代的机会，因此在一些信息技术核心领域已处于世界领先地位，适应了信息经济新走向，可以在一定程度上替代国外的同类产品和服务。除了自身的技术进步，平台型企业技术的突破，为数量众多的小微企业、个人开发者打开了快速发展之门，突出的技术水平和创意，可以迅速得到推广，从而可以突破自身资源的瓶颈，与大中型企业一较高低。

因此，我国的技术创新体系应关注平台型基础设施的技术进步，关注自主知识产权的开发，关注小微企业和个人开发者的新突破，促进传统机构的研发与市场紧密结合，从而在信息经济时代焕发出新风采。

5．小微企业环境欠佳、经济活力不足

尽管小微企业在解决就业、促进创新和经济增长上做出了重大贡献，但政府扶持措施仍难落地，体现为负担较重、资源不足。在中国 GDP 经历了多年的高速成长，已经居于世界第二位之后，“大众创新”愈发受到重视，而承担“大众创新”的主体正是小微企业，其经营条件的改善在发展信息经济的当下更具深意。

实际上，作为跟随者，落后国家可以通过与领先国家的贸易，加速利用这种差距带来的机会，以提高自身的发展速度。中国长期以来的经济增长和赶超正是如此。但是对于经济发展的引领国家，原来的办法显然是行不通的，特别需要“大众创新”的拓展来激发经济活力，中国也走到了这一关键路口。众所周知，中国企业普遍模仿惯性强、创新能力不足、人力资本储备有限、社会缺乏容忍失败的环境、总体创业门槛过高，只有克服这些难题，经济的活力才能勃发，引致更有成效的“大众创新”。

6．人才匮乏、教育体系落后

目前，与低技能的劳动力相比，适应信息经济发展的相关专业人才非常短缺，人才结构不尽合理。中国要在引领信息经济和技术发展上有所作为，应该加大教育投资的力度。

当前的教育培训与从事信息经济企业的需求是脱节的，比如众多网商企业反映，现在高等院校虽然有电子商务、信息技术等相关专业，但课程设置不合理，与企业实际业务的运作差别较大。人才的培养不能适应信息经济发展的迫切要求。上海、广东等电子商务发达地区的电子商务培训服务商看到了这种困境背后的商业机会，已经开始与院校合作，培养适用性人才。这对于解决当前人才匮乏局面具有很好的示范作用。

当然，在云计算、大数据等前沿技术的开发上要始终保持前沿地位，就需要互联网领军企业与优势科研机构和院校加强互动和合作，共同促进尖端创新。

第三章

二〇二〇——中国信息经济发展与升级

一、面向二〇二〇

（一）信息经济全景

如前文所述，信息经济已不再拘泥于特定的信息产业部门，而是体现出国民经济的整体性变化。面向二〇二〇，信息经济发展的规模与质量，将直接决定中国经济的全局。

信息经济体包括四部分，即经过改造的原有基础设施、新的信息基础设施、互联网经济体和全面利用信息技术、思想及组织原则转型升级后的传统产业。

从涵盖范围上看，信息经济体包含了互联网经济体，而互联网经济体又包含了电子商务经济体。电子商务经济体是指具有电子商务属性的经济活动的集合，包含电子商务应用和电子商务服务。互联网经济体是指以互联网为基础的经济，有时也称为网络经济、数字经济或新经济，包含了互联网应用和互联网服务。

随着原有基础设施不断用信息技术加以改造，传统产业逐渐转型升级，信息经济体的体量也会不断扩大，体现出信息技术的广泛渗透性。

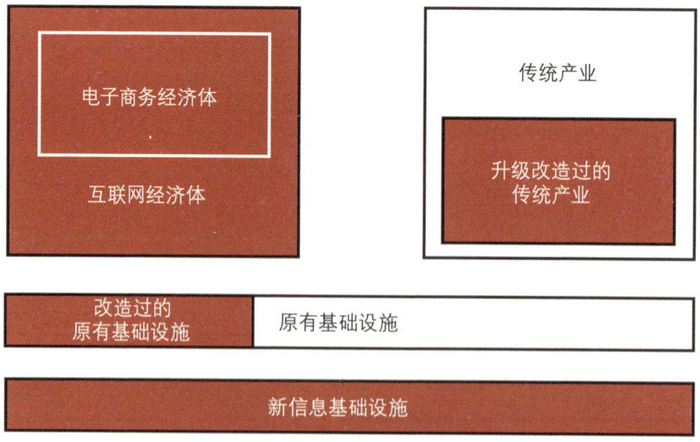

图 3-1 信息经济体示意图

注：图中红色部分为信息经济体构成。

（二）从“外需 +WTO”到“内需 + 互联网”

进入新世纪，许多中国企业快速成长，一个重要原因是我国于2001年加入世贸组织后，能全面融入全球产业链，拥有国内、国外两个市场和两种资源。但这种“WTO+外需”模式的弊端也日益凸显，如“过度依赖海外市场导致需求不稳”、“技术含量不高、产业低端化，导致企业无品牌、无渠道”等。为应对这种挑战，十八大报告强调要牢牢把握扩大内需战略基点，加快建立扩大消费需求长效机制，释放居民消费潜力，这对推进经济结构战略性调整、转变经济发展方式具有重要意义。

在拉动内需增长上，互联网发挥出越来越重要的作用。IDC曾预测到2015年中国网络购物交易额将占社会消费品零售总额约8%，从目前趋势来看，仍显保守。

互联网之所以能帮助企业在挖掘消费潜力中发挥重要作用，是因为它在采购、生产、营销、推广等方面，有着传统商业模式难以企及的优势。在营销环节，打破了买卖双方的信息沟通不对称；在生产制造环节，能够帮助企业凭借数据等可记录追溯优势，对生产环节进行改造；实现生产者与消费者高效、个性、精准地互动。

“互联网 + 内需”模式，正在帮助大量中国企业实现从“外”向“内”的转型。从长远来看，传统商业流程将被数据驱动改变，新商业模式和分工协作体系将被确立。中国经济转型将面临一次难得的机遇。

（三）互联网构建统一大市场

电子商务产生了跨地域、分布式、协同的价值网络，是一种全新的、更低交易成本的制度供给。当中西部地区的制度创新遭遇旧制度的“路径依赖”而举步维艰的时候，电子商务这种自然演化的商务形态，由于其“距离无关”的天然属性，将东、中、西部地区无差别覆盖。不同区域间巨大的制度落差和天然禀赋差异被抹平，形成了全国统一大市场。

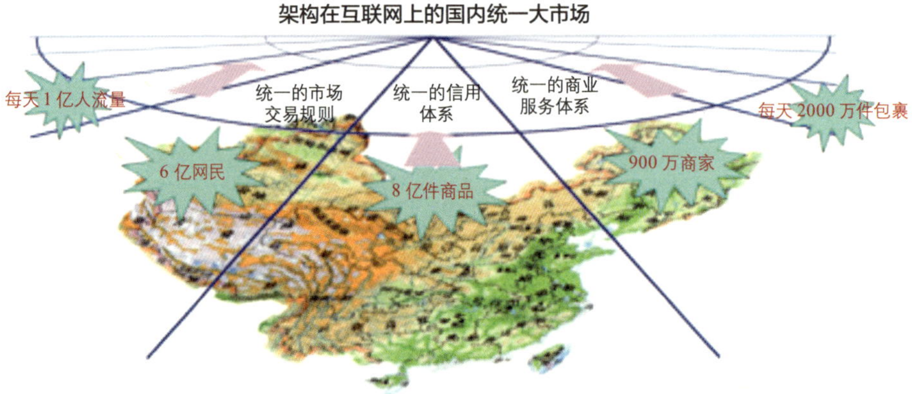

图 3-2 互联网促进国内统一大市场形成

全国统一大市场，包括统一的制度政策环境、交易规则、信用体系、金融及物流体系等。每天上亿次、24 小时不间断的电子商务交易行为，使海量需求和供给实现了高效的全局匹配，也驱使各类生产要素在市场平台上自由流动。这种要素流动不再以地域为坐标，而是以创新和需求满足为指向。

（四）技术－经济范式转移：从工业经济到信息经济

从工业经济到信息经济，不仅是信息技术的应用，更是整个经济社会范式的转变。不同层面的变革应运而生。

首先，互联网新技术需要建立一整套服务体系，包括互联网金融、电子商务、智能物流、大数据、云计算等。没有这些配套的网络体系，互联网经济的扩散就会受到阻碍。

其次，是人才的培养和观念的变革。管理者、工人和消费者都必须大量学习关于新产品生产和使用的知识。这不仅意味着学习使用设备和服务，还意味着理解创新的方向。观念的变革也很重要，从企业开始逐渐扩展到非经济活动中。

最后，则是范围更为广泛的一批制度条件，包括规则、管制、标准和金融创新等。

（五）信息经济支撑中国“新常态”

国际金融危机之后，随着彻底告别两位数的传奇增长，中国经济增速放缓，进入了改革开放后一个新的发展阶段，学界和决策层对此已有共识，一言以蔽之：经济“新常态”。

经济“新常态”并非偶然，其深刻的形成背景是，世界经济的持续深度调整与国内经济日益迫切的转型需求相叠加，旧有的发展红利正逐渐衰退乃至丧失，新的驱动力尚未成型。“新常态”的核心议题是中国经济降速转型，从传统的“三驾马车”投资、出口、内需中摆脱出来，要从经济增长供给边“三大发动机”（制度变革、结构优化和要素升级）上寻找新出路（李佐军，《中国改革新思维》，电子工业出版社，2013 年 4 月）。

“制度变革”的主题是以政府简政放权、破除行政性垄断、促进竞争为重点，加快基础产业领域改革，激发大众创新活力。“结构优化”则包括三次产业的结构变化、城镇化、区域经济一体化、国际化等，工业化里又包括产业转型升级等。“要素升级”包括技术进步、人力资本增加、信息化、基础设施改善等。

信息经济正符合“制度变革、结构优化和要素升级”的所有特征，并有力地支撑着经济的“降速转型”。首先，信息经济以扩大内需消费增长为主动力，并带动合理的健康的投资规模，支撑经济增长保持在一个合理的区间内。同时，信息经济以服务业为主要特征，就业弹性大，以利于保证在 GDP 增速降低时，就业不会出现大的问题。实际上，2012 年我国消费对经济增长贡献率首次超过投资。从 2014 上半年数据看，消费对 GDP 增长贡献率达 54.4%，投资为 48.5%，而出口则为 –2.9%。在外贸出口增长熄火的情况下，消费增长很好地支撑了经济增长。其次，信息经济中的电子商务、互联网产业都有强烈的服务业属性，并且在带动传统产业转型过程中，不断增加传统产业的服务业属性，比如流通业的服务化、制造业的服务化等。第三，信息经济促进要素升级，信息经济，特别是互联网加速了信息和数据的流动性，使得数据和信息成为一种独立要素投入生产经营，大大提升了经济增长的效益和水平。

（六）新国际竞争空间中，中国实现“变道超车”

2014年10月28日，阿里巴巴市值超过沃尔玛。在交易额方面，以目前淘宝网40%—50%的持续增长率和沃尔玛2%—5%的增速预计，2016年淘宝网将超越沃尔玛，成为全球最大零售平台，并将进一步向着“服务全球20亿消费者，成为人类历史上第一个万亿美元的零售平台”的目标快速迈进。

淘宝网和沃尔玛的竞争，不仅仅是两个企业之间的较量，它还从一个侧面折射出了中观层面上一整套商业体系的转移和升级，以及宏观层面上信息时代的“中国模式”对工业时代“美国模式”的一种超越。与传统的工业经济相比，信息经济的基础设施、发展模式、国际竞争规则都在发生重大转变。在信息经济条件下，中美经济社会发展路径出现“分叉”，中国或将借助互联网实现跨越式发展。比如，仅淘宝网交易总额就超越了美国电商总和，伴随电子商务发展起来的互联网支付工具——支付宝用户数和交易笔数也远超美国最大网上支付工具PayPal，对传统的国际支付巨头维萨和万事达也构成了有力的挑战。再比如，在跨境电商领域，中国“速卖通”走出国门，在海外获得迅猛发展，已经成为俄罗斯第一大电商平台。随着阿里巴巴等企业“买全球、卖全球”的国际化战略推进，中国有可能成为互联网时代国际贸易的中央枢纽，并有可能构建一套与之相适应的“互联网WTO协议”并占据主导地位。这对于中国抢占互联网时代国际竞争新空间的制高点意义重大。

二、基础设施升级

（一）以“云网端”为核心的新基础设施

如前所述，“云”是指云计算、大数据基础设施；“网”包括了互联网、物联网等；“端”则是用户直接接触的个人电脑、移动设备、可穿戴设备、传感器，乃至软件形式存在的应用。

新基础设施——“云 + 网 + 端”基础设施，使经济活动摆脱了对空间的依附，表现出极强的通用性和流动性；使利用前沿技术的门槛显著降低，赋予了更多企业和个人开拓创新的机会；使商务交易成本大幅度减少，提升了企业盈利的空间；使应用场景日趋丰富，催生了业务流程变革和商业模式创新；使研究开发有了更坚实的基础，促使科技迭代速度加快。新基础设施的拓展，同时推动了原有基础设施的改造升级，有力地支撑起互联网经济体的成长和传统产业信息经济化的转变，展现了技术变革的力量，直接通过提升生产率，引发中国经济新一轮的长期增长。

（二）传统基础设施升级

1. 金融基础设施升级

2013 年以来，我国互联网金融发展迅速，尽管仍处于产业发展初期，但中国互联网金融在很多方面已经领先全球，并显现出了巨大的社会经济价值。

（1）以移动支付、第三方支付为基础的新型支付体系正在逐渐兴起。截至 2013 年 8 月，第三方支付机构中提供互联网支付服务的有 97 家。2013 年支付机构共处理互联网支付业务 153.38 亿笔，金额总计达到 9.22 万亿元。互联网支付已与银行卡一起成为促进支付去现金化的最重要方式。互联网支付业务的应用范围从网上购物、缴费等，逐步渗透到基金理财、航空旅游、教育、保险、社区服务等领域。

（2）P2P 网络借贷发展迅速。截至 2013 年末，全国范围内活跃的 P2P 网贷平台已超过 350 家，累计交易额超过 600 亿元。

（3）非 P2P 的网络小贷取得显著成效。网络小贷凭借电商平台和网络支付平台积累的交易和现金流数据，评估借款人资信状况，在线审核，提供方便快捷的短期小额贷款。如阿里小贷，截至 2013 年末累计发放贷款 1500 亿元，累计客户数超过 65 万家。据测算，传统信贷模式下单笔信贷操作成本约 2000 元，而借助互联网技术仅约 2.3 元。

（4）众筹融资取得了一定发展。众筹融资目前约有 21 家平台，如“天使汇”和“点名时间”。其中“天使汇”自创立以来累计有8000个创业项目入驻，通过审核挂牌的企业超过1000家，创业者会员超过20000人，认证投资人达840人，融资总额超过2.5亿元。

2. 社会信用基础设施升级

大数据信用依靠机器对海量信息进行收集和分析，从而产生更加客观的信用体系。

以阿里巴巴的诚信体系为例，由用户信息认证体系、信用等级评价体系、业务流程保障体系、惩恶体系、扬善体系、平台外开放合作体系及大数据底层信息体系等七大体系组成。阿里巴巴对用户在各平台上留下的所有行为数据进行专业数据分析，计算出个人、商家的信用指数。根据这个信用指数小贷公司开展针对小微企业的信用贷款业务，无须抵押或担保，在短短数秒内便能精确判定用户信用情况及授信额度，并能在几秒钟内发放贷款。

3. 物流基础设施升级

与国外物流发达国家相比，我国物流水平仍偏低，运行效率不高、设施布局不合理、组织化程度不高等问题较为严重。

电子商务的兴起为物流开启了新发展空间。2013年中国快递服务企业累计完成业务量92亿件，市场规模升至世界第二位，同比增速高达61.6%。电商企业纷纷进军物流领域、物流企业反向涉足电商，出现了电商与物流融合互补的新格局。

如“中国智能骨干网”等物流基础设施项目致力于构建适应信息经济发展规律的智能物流体系，主要工作包括：在核心及主要城市，整合现有仓储物流资源，建设多功能、集约型、成网状的电商物流骨干仓储体系；通过大数据分析、云计算、物联网等先进互联网技术，带动传统物流产业技术升级，建立一个开放、透明、共享的数据应用平台，对接各运输企业、快递公司、铁路货运、航空公司等信息系统，实现全链路信息透明、共享；向供应链各环节开放，使得所有的制造商、网商、快递物流企业、第三方服务商、消费者都可以利用该平台开展和获得电商服务，与产业链中的各个参与环节共同发展。

三、模式升级

（一）平台经济兴起

尽管平台模式在电信、媒体、娱乐等领域的出现已有时日，但今天的互联网则是彻底地改造和充实了平台模式的形态与内涵，平台企业已经成为经济增长的新引擎，同时也是信息时代最为突出和重要的产业组织形态，并开始实质性地重塑当代市场经济的微观基础。

就中国电子商务领域来看，阿里巴巴、支付宝等平台企业以及京东和当当等具有平台属性的企业，自身就是电子商务服务业的重要主体，它们同时集成了 IT、金融、物流、信用体系、商品体系、咨询、营销等众多服务流程、模块与服务商，在过去十多年来它们已经成为推动电子商务发展最为重要的驱动力。

平台的发育，正在演化出一种朝气蓬勃的生态化格局，从而在巨大的范围内促进了小微企业的持续创新。

（二）创客经济涌现

创客是指将互联网技术、设计思维、动手能力聚合起来，经 3D 打印等技术、设备制造出模型样品，经互联网开源社区分享成果并完善设计，再通过现今已非常发达的制造业做出产品。创业者可以通过互联网平台实现产品销售与吸引投资。即便短时间内未能获得外部投资、产品销量也没有显著提升，这样的新型创业活动也不至于给创业者带来破釜沉舟般的风险代价，有助于调整方向重新上路。如 3D Robotics 公司借助创客模式，利用 3D 打印技术生产出了全自动的侦察直升机，震惊业界。

目前“创客”经济所需的技术支持、产业支撑、社会环境等必要条件已趋齐备。首先，基于互联网平台，可在计算机及移动硬件上运行的数字桌面工具，已经可以帮助创客设计新产品，完成“数字 DIY”的基础工作。其次，互联网开源社区当中，松散而高效的合作秩序已得以稳定，换言之，创业者、创新者可以借助开源社区与其他人开展高效合作，通过共享自己的技术成果，获得“免费”或极其廉价的集体智慧，比大企业实验室更高效地进行创新改进。第三，3D 打印技术等新技术及相应设备的发展，已经到了相当精益的水平。第四，美国、日本、中国等国已形成了完全有能力承接创客“数字 DIY”样品或模型，使之转化为一定规模生产的成熟制造能力。中国成熟的制造能力是创客经济兴起极为重要的一环，创客经济兴起潜力巨大。

（三）从 B2C 到 C2B

信息时代的组织模式变革尚处于起步阶段，而商业模式已经初具雏形：以厂商为中心的 B2C 模式，正在逐步被以消费者为中心的 C2B 模式所取代。

随着互联网在商业领域的持续扩散，新商业景观日益清晰：在社交网络平台上，展开低成本、高效率、精准互动的个性化营销；在巨型零售平台上，完成覆盖长尾市场的个性化销售；在基于互联网的、大规模实时协作的供应链平台上，完成以消费者为中心的社会化分工与协同。同时生产体系的柔性化也得到了进一步的加速。

（四）从实物经济到数据经济

大数据已经深深地渗透到人类经济社会的许多角落，通过互联网、物联网收集遍布于世界各地、形形色色的人与事物的数据信息，以按需分配的云计算方式进行高效处理，从海量的数据中发现新的知识，创造新的价值。根据美国学者对 179 家大型企业进行的研究，采用“数据驱动型决策”模式的企业生产力普遍可以提高 5—6 个百分点。数据经济相对于传统的实物经济愈发显示出其价值增值。

以面向商家的“数据魔方”服务为例，2010 年 4 月，淘宝网正式推出“数据魔方”，基于海量数据，数据魔方为商户提供一系列的数据服务。商家可以了解淘宝平台上的行业总体情况、自己拥有品牌的经营状况、消费者行为动态等，据此进行生产、库存和营销决策，目前已有40万商户使用这一服务。

（五）从独占经济到分享经济

分享经济，运用互联网等信息技术让个人、公司、非营利机构以及政府掌握大量信息，令他们可以分配、共享及再利用过剩的商品和服务。

Altimeter Group的一份报告提到，近年来这股新兴的“分享经济”（sharing economy）浪潮，已催生了200余家新企业，并得到了20亿美元风险资本的注资，如座驾分享企业Zipcar、房屋分享企业Airbnb和图书分享企业BookCrossing等。这些企业正在帮助消费者迅速有效地找到需要的物美价廉的服务和商品。分享经济对传统企业来说不啻是一种挑战。任务众包也是分享经济的另一个表现形式，众多的技能分享者获得了灵活性更高的工作，发包企业也显著降低了成本，扩大了创意来源。

四、产业升级

（一）互联网作为通用技术会渗透到所有行业

1. 内生动力

（1）改造的动力源于消费者权力的崛起。厂商与消费者间的供需关系决定着产业双方的议价能力，但企业对市场信息的掌握程度要远高于每一个单独的消费者，从而使厂商具有额外的议价优势。而电子商务等互联网应用的出现和发展，增强了消费者获得市场信息的能力，从而不断打破市场双方的信息不对称，使消费者的选择权得以真正地释放出来。

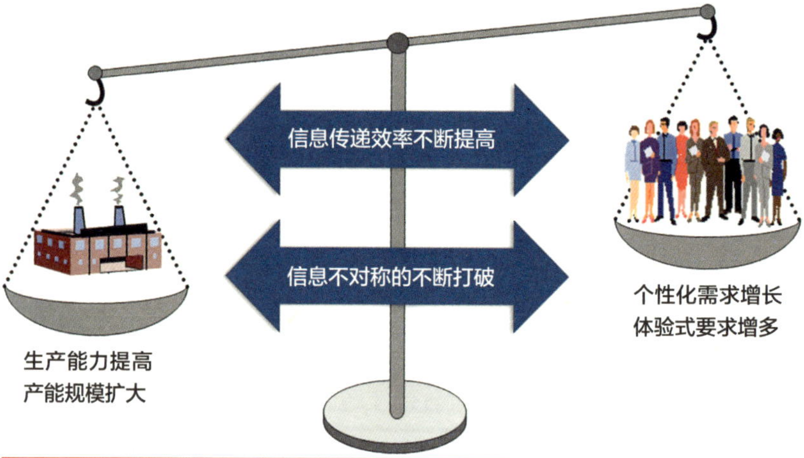

图 3-3　电子商务等互联网应用对传统产业供需关系的改变

资料来源：IDC, 2014。

同时，由于传统生产工艺已较为成熟，产量规模的持续增长，造成产品的相对过剩，从而进一步强化了消费者的选择权。此外，消费者已不满足于以往标准化、功能化的基础产品，对于个性化和体验式的消费诉求不断增强。但电子商务并不是简单地通过互联网将产品和服务价值传递给最终消费者，而是需要一个商业生态来支撑网上交易的最终实现。

图 3-4　以电子商务为基础的全新商业平台

资料来源：IDC, 2014。

（2）需求驱动（C2B）必将成为消费市场的产业方向。消费者在电子商务的帮助下，满足个性化产品购买的难度持续降低，日益增长的个性化消费主张和对产品议价能力增强，必然导致需求驱动（C2B）成为未来的产业方向。同时中国移动电子商务的快速发展也将加快这一趋势的到来。由于手机或移动终端能够追溯到每一个消费者，移动电子商务市场的发展不会是简单地由 PC 端向移动端的迁移，而是以个人消费者为中心，提供更加个性化的产品和服务，对个人消费者本身的争夺将逐步替代流量入口之争，成为产业各方获得竞争优势的关键。

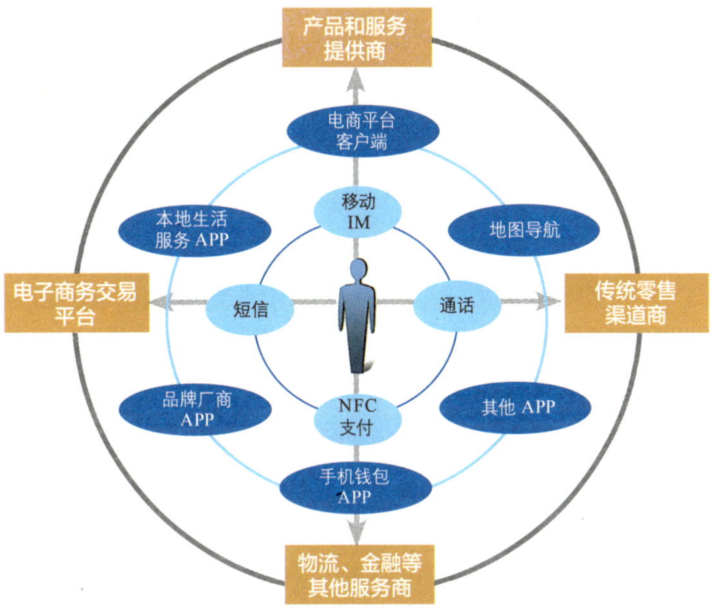

图 3-5 以个人消费者为中心的移动电子商务重构

资料来源：IDC, 2014。

（3）主流消费人群的迁移将让变革浪潮势不可挡。从年龄结构上看，90 后的崛起和 00 后的增长潜力或将决定中国互联网产业的未来。2013 年，互联网在 90 后人群中的覆盖率接近 32%，预计 2014 年此项数据将超过 40%。随着未来 90 后和 00 后逐步成为消费核心，电子商务所带来的产业变革趋势将会愈发不可阻挡。

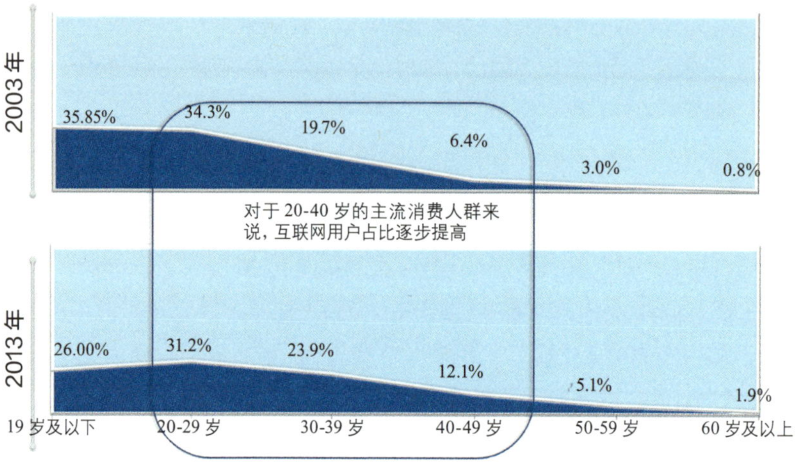

图 3-6　中国网民的年龄段分布（2003 年与 2013 年对比）

资料来源：IDC, 2014。

2. 传导机制

互联网和电子商务在全球已经改变了一个又一个的商业环节与产业。从商业环节来看，“零售—批发—生产—设计—采购”等商业环节以倒逼之势，陆续实现互联网化。

目前比较明显的趋势是流通业倒逼制造业转型升级。基于电子商务的生产方式是需求拉动型的生产，网络将生产企业和消费者联系在一起，使需求信息得以迅捷地传达给生产者并据此组织生产，由大批量、规格化的典型工业化生产向小批量、定制化的需求导向型生产转变，在生产过程中实现柔性化管理。

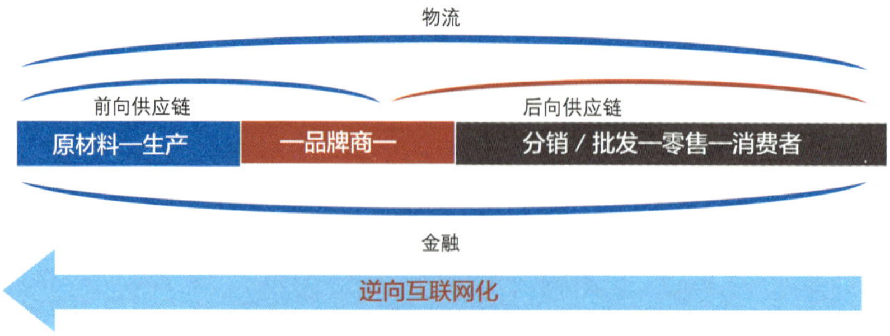

图 3-7　传导机制：逆向互联网化

以服装业为例：淘宝网上固然有单款销售数万件的，另一方面长尾效应显著，一款女装销售百余件也很普遍。企业生产体系必须适应“多品种、小批量”的要求，才能接得住蓬勃的个性化需求。在生产端，适应于柔性化生产的设备开始加大了引入力度；服装自动排料服务以软件即服务方式走向普及；服装企业大都采取的捆包制向单流制转变。

3．表现形式

中国当前传统产业转型升级表现在：产业运营和资源使用效率的提升、产品和服务的业务创新和向产业链高附加值环节转移三个方面。通过转变，将促进资源的合理利用，以及劳动力的有效配置。

（二）新兴产业涌现、传统产业转型升级

1．电子商务服务业涌现

电子商务服务指为电子商务应用提供的服务，即面向企业或个人的电子商务应用的服务。所有提供电子商务服务的企业即电子商务服务提供商的集合，即为电子商务服务业，也即电子商务服务网络。以服务特征来划分，电子商务服务可分为电子商务交易服务、电子商务支撑服务和电子商务衍生服务三类。

2013 年我国电子商务服务市场总体规模首次突破万亿大关，达到 10880 亿元，同比增长 40.4%。未来三年电子商务服务市场规模有望保持 30%—40% 速度持续增长。

电子商务交易服务：2013 年，第三方 B2B 电子商务交易服务商收入达 210.2 亿元，同比增长 25.8%。我国网络零售交易额达 1.85 万亿元，同比增长 42%。据统计我国约 90% 网络零售交易由网络零售交易服务平台支撑完成。此外，团购和海外代购服务也得到快速发展。

电子商务支撑服务：2013 年，我国第三方电子支付交易额达 5.37 万亿元，同比增长 46.8%。全国规模以上快递服务企业业务收入累计完成 1441.7 亿元，同比增长 36.6%，其中网购带动的业务已

经占总收入的一半以上。电子认证服务业总体市场规模达到38亿元。

电子商务衍生服务：2013年，我国电子商务运营服务商托管的网店交易额首次超过千亿元，达到1050亿元。侧重数据分析的电子商务信息技术服务业，以及电子商务营销服务业也取得了较快增长。

电子商务服务网络通过强化社会分工，极大地激发了我国电子商务交易的爆发式增长，促进了传统产业面向互联网的转型升级，开辟了服务贸易新的增长点，是新时期连接企业、消费者等利益相关者，挖掘潜在商业价值的核心商务网络。

2．广告传媒业升级

2013年互联网的广告媒介花费已占到广告总花费的23.8%，并持续保持远高于媒介总花费的高速增长。广告传媒业的升级改造提升主要体现在：

（1）扩充媒介资源，增加媒体的表现形式：门户网站、电子商务平台、APP客户端和社交媒体平台都成为新兴的媒体平台，页面广告、植入广告、广告搜索联盟等新形式涌现。

（2）广告的投放更精准：新广告模式则先通过精准的数据分析，筛选出目标客户群，再精准投放。

（3）投放效果直接、全程可追溯：由于整个过程都在网络平台上完成，广告投放的效果监测可以做到全程追溯，详细地显示出广告投放对浏览量的影响和实际促成销售达成的效果。

（4）营造新的广告体验：基于网络化和数字化平台的媒体广告形式上创新更多，给消费者带来更好体验。

3．流通业升级收益

电子商务对批发零售行业冲击是最为明显的，从变革历程来看，种类繁多的线下实体渠道正与电子商务平台相互渗透，形成以O2O融合为主线的新流通体系构建。

（1）改善了流通渠道资源分布的不均衡：各地区流通渠道资源分配严重不均衡，使得一些区域，尤其是相对落后的地区，会因为

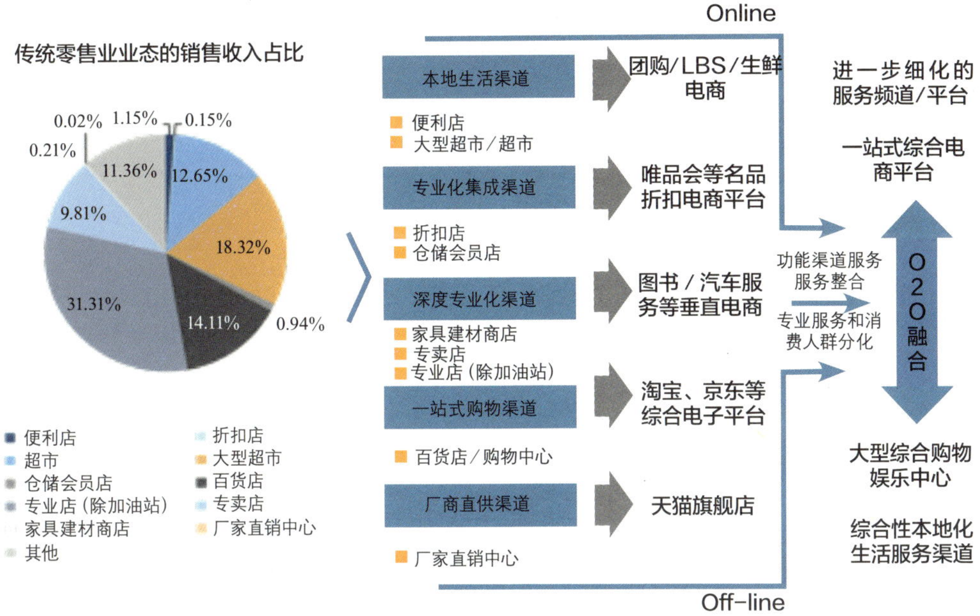

图 3-8　批发零售业的变革历程

资料来源：国家统计年鉴、IDC 分析，2013 。

这种限制抑制消费需求正常增长。阿里研究中心的研究显示，中西部商业基础设施明显不足，商业基础设施比东部差 2—3 倍。电子商务平台的出现很好地改善了实体流通渠道资源分配不均衡的问题。网络零售中跨省交易占据了重要地位，并且近期呈现出上升态势。以淘宝网平台的交易额数据计算，2012 年、2013 年、2014 年跨省交易的比例分别为 79.02%、82.03% 和 83.71%，中西部省份名列前茅。

（2）提高了流通业的整体效率：交易技术的创新不仅降低了零售成本，而且形成了强大的市场集聚效应，交易效率进一步得以突破。据阿里研究中心测算，网络零售的交易效率是实体零售的 4 倍。

（3）电子商务还带来了诸如丰富产品选择、便捷购物体验、个性化需求定制和社区交流等新价值服务，为流通业创新提供了强有力支持。

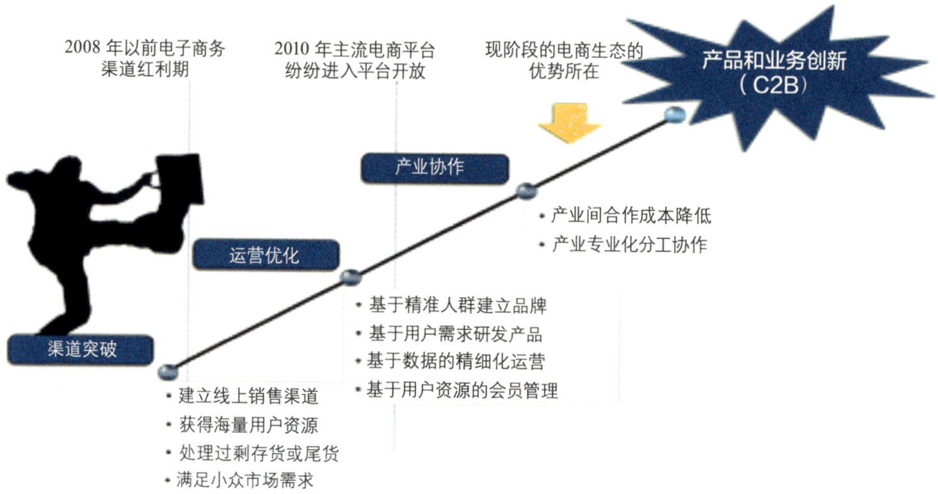

图 3-9　制造业升级历程

资料来源：IDC, 2014。

4．制造业升级

制造业转型升级主要从以下几个方面着手：

（1）产业运营和资源使用效率的提高：O2O 渠道整合、客户关系管理提升、产品服务全程溯源、产业分工和内部运营体系优化；

（2）产品和服务的业务创新：用户参与的产品设计和改造，聚集长尾需求，开辟小众市场及 C2B 定制；

（3）向产业链高附加值环节转移：传统渠道突破，开创个性品牌，网络渠道专家涉足产品设计，开展全新的营销推广方式。

以阿卡女装为例，其个性品牌理念，对长尾需求的聚集，以及多样生产模式的采用，展示了制造业升级转型的新动向。

阿卡女装是一家 2005 年成立的原创复古设计的女装品牌。2007 年在淘宝开店，2010 年入驻天猫，现有员工 380 人，全部通过线上销售。对于一家针对小众人群的电子商务服装品牌，其创新升级的思路有几个方面值得关注：

• 个性品牌理念：阿卡是一家极具个性的女装品牌，崇尚手工，追求开放包容、原创复古的完美设计。在广阔的电子商务市场，阿卡鲜明的品牌理念可以通过网络获得广泛的宣传。

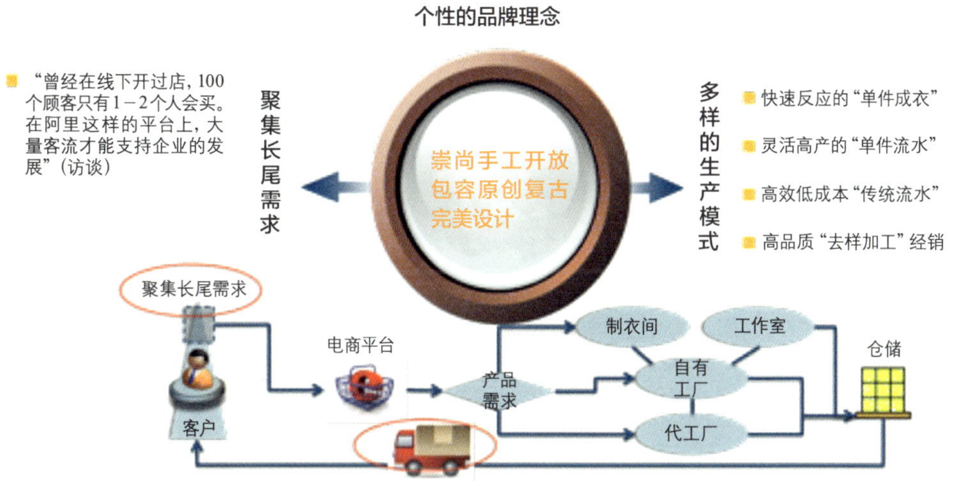

图 3-10 阿卡女装的升级转型之路

资料来源：调研访谈，2013。

• 聚集长尾需求：对于这样一个具有鲜明个性的女装品牌，客户群体是相对的小众人群，在实体渠道经营，往往难以找到足够多的客户。阿卡也曾经在线下开过实体店面，但平均 100 个顾客只有 1–2 人会购买他们的产品，只有借助大规模的电商平台，才能聚集到足够多的客户维持企业经营。

• 多样生产模式：阿卡具备多样化的生产模式，如快速反应的"单件成衣"生产、灵活高产的"单件流水"、高效低成本的"传统流水"和高品质的"去样加工"经销。不同生产模式的组合可以让阿卡更好地适应市场需求的变化。

5. 仓储物流业升级

（1）与电子商务企业合作促增长：据《电子商务服务业蓝皮书》统计，90% 以上的电子商务企业在产品配送上都选择与第三方物流公司合作，从 2006 年到 2013 年中国快递业务量的增长情况看，电子商务的拉动作用十分明显。

（2）以用户体验为导向促服务水平提高：随着电商市场的日益成熟，对仓储物流服务的反应速度和支撑能力都在不断提高，如满足"多品种、小批量、多批次、短周期"的服务要求，支持货到付款、退货等物流增值服务。

（3）社会化仓储物流体系的构建：2013年菜鸟物流等大型物流项目的建设，标志着由电子商务企业参与构建社会化物流体系的开始，预期在提高物流资源使用效率的同时，也将引导社会资金流入以支撑行业的全方位发展。

6. 金融业升级

金融服务业在互联网影响下的变革历程，有“金融产品服务的互联网化”和“互联网金融服务创新”两条主线，并由此诞生出一系列新金融业务。

（1）为商业交易活动提供更加便捷且有保障的支付服务：第三方支付产品通过与银行签约，利用自身的实力和信誉保障为交易双方提供安全、便捷且有保障的支付服务，正逐步替代银行信用卡或借记卡，成为用户享受金融服务的新账户形式。

（2）利用电商平台数据降低为中小企业提供金融服务的成本：电子商务平台的出现，使从事电子商务的企业信息高度透明化，从而降低了对其信用评价的难度和成本。

（3）创新融资方式、丰富企业融资渠道：除了支持传统银行信贷业务之外，基于电子商务及互联网的金融服务创新持续发展，诸如P2P融资、众筹等新的互联网金融模式让企业融资和贷款的方

图3-11 金融业变革历程

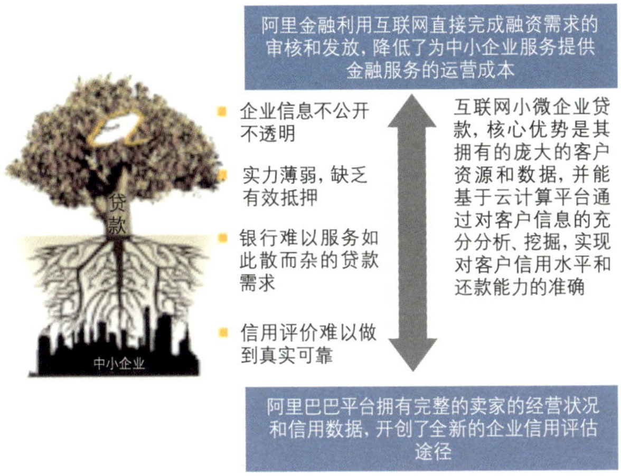

	传统银行&小贷公司	阿里金融
客户实际年化利率成本	15%以上	6.7 % (2012年底数据)
贷款额度	平均 150 万元	户均 4 万元
单笔信贷成本	2000 元	2.3 元 (2012年底数据)
审批周期	最快 3 天	最快几分钟
不良贷款率	2% -3%	〉1%

截至 2013 年 6 月末，阿里金融投入贷款总额已超过 1000 亿元，客户超过 32 万户，户均贷款额度 4 万元，不良率只有 0.84%，低于商业银行的平均水平

图 3-12　互联网小贷业务的发展

资料来源：阿里研究中心，2013。

式日趋丰富，网络循环贷、网络联保贷、供应链融资等各式各样的服务形式不断翻新，企业的融资渠道更加广阔。

7. 产业升级的总体态势

（1）在传统产业层面上，电子商务会让社会化协作大生产成为新的产业规范。电子商务市场的持续发展将不断优化生态系统规则体系，从而更好地支持以消费者为中心的产业重构与转型。产业

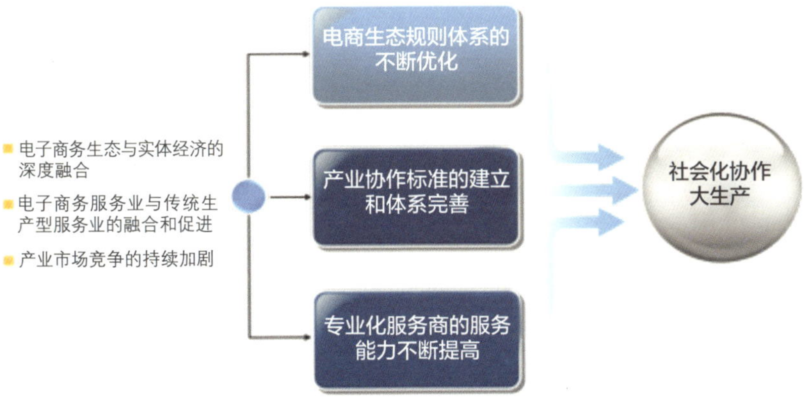

图 3-13　社会化协作大生产将成为规范

相关各方将会以开放的心态、广泛的合作来共同面对变革。新的产业协作标准和运营体系将不断完善，催生出更多专业化服务商。通过社会化协作来获取竞争优势将成为必然，电子商务生态系统将成为承载基础。

（2）在微观企业层面，基于数据分析的业务管理运营优化将逐步成为未来企业竞争的核心能力。电子商务生态将成为传统企业蜕变过程中的助手，提供交易信息、云存储和大数据分析等新型服务。

（3）对于传统产业企业来说，变革的本质会是一场以消费者为中心的传统产业重构，随着移动互联网的深入发展而日趋明显。

第四章

中国与美国：信息经济发展路径与比较

一、互联网经济体的双子星座

俄罗斯工程师将全球196个国家的35万个网站数据整合起来，制作出美轮美奂的“互联网星球图”，其中浅蓝色代表美国，黄色代表中国，绿色代表印度，紫色代表日本，红色代表俄罗斯。

“互联网星球图”直观展示了美国和中国的互联网企业在全球竞争中的位置，我们可以看到在互联网经济中，中美称霸全球、欧洲难阻没落、非洲仍无起色。根据2014年麦肯锡全球研究院的研究报告《中国的数字化转型：互联网对生产力的增长与影响》，2013年美国互联网经济占本国GDP比重为4.3%，中国互联网经济占本国GDP比重为4.4%（考虑C2C部分则为7%，全球第一）。鉴于两国的GDP规模，未来若干年中美两国互联网经济体的规模将稳居世界前两位。

在全球25大互联网公司中，美国和中国互联网公司所占席位比例是14 ：6（数据来自KPCB）。美国的互联网公司如苹果、谷歌、亚马逊和Facebook仍然是领导者，但中国互联网公司如腾讯、

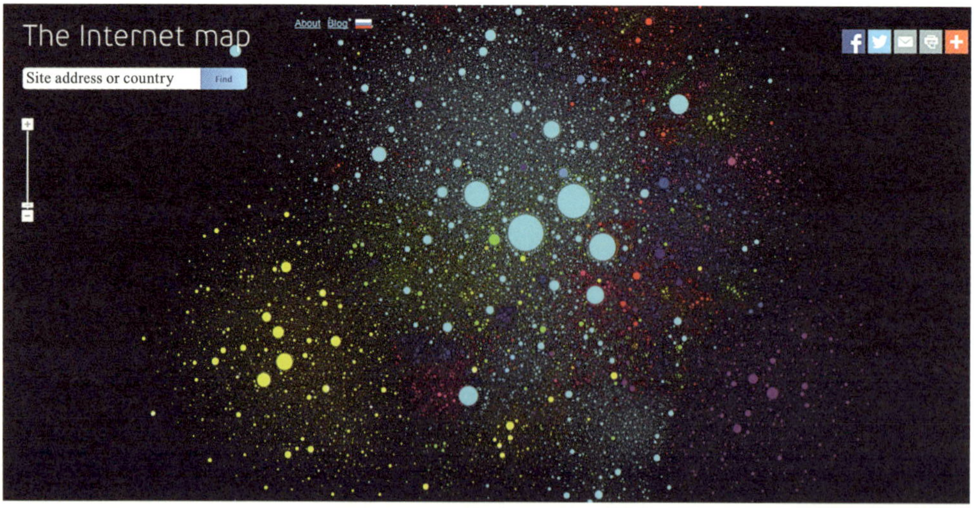

图4-1　全球互联网星球图

资料来源：internet-map.net，2014年8月。

图 4-2　美国引领全球 IT 产业革命

资料来源：阿里巴巴集团。

百度、阿里巴巴、新浪、网易和携程等势头颇猛，正在迎头赶上。中美两国互联网经济体不但在体量上逐年拉近距离，而且各具特色、各有优势，堪称全球互联网经济体中最耀眼的“双子星座”。

（一）美国优势：创新、中枢与国家战略

20 世纪 50 年代以来，美国引领了历次全球 IT 产业革命，而每一次 IT 产业革命都进一步巩固了美国经济全球霸主的地位。从 PC 革命、互联网革命到云技术革命，美国始终扮演着信息经济全球发动机的角色。美国互联网经济体能够长期引领全球，主要取决于持续创新能力与体制、对互联网中枢的掌控，以及清晰有力的国家战略。

1. 持续创新能力与体制

美国信息科技企业的创新能力一直居全球领导地位。自 20 世纪 70 年代 PC 革命开始，微软和英特尔两大公司从芯片到软件的创

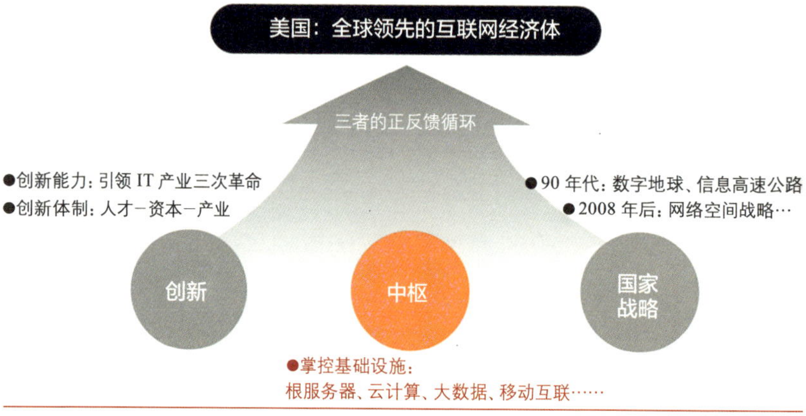

图 4-3　美国称雄互联网经济的原因

资料来源：阿里巴巴集团。

新形成了 Wintel 全球生态，基本垄断了全球计算机软硬件市场。90 年代开始的互联网革命，美国企业在互联网领域继续引领创新，产生了新的全球巨头如谷歌、Facebook 和亚马逊等，在互联网领域缔造和拥有了新的全球生态和用户市场。面向未来的移动互联网时代，抢先接棒引领创新从而占据移动互联网发展核心通道的依然是苹果、谷歌等美国公司。

美国持续不断的互联网创新得益于人才、资本和产业的集聚，而保证这三者高效协同运作的则是非常有利于创新公司发展的完善的创新体制。

硅谷是全球公认的互联网科技的最佳孵化器。硅谷地区集中了近万家大大小小的高科技公司，其中约 60% 是以信息技术为主的集研发、生产和销售为一体的实业公司，其他约 40% 是为研发、生产和销售提供各类配套服务的第三产业公司，如金融和风险投资。硅谷的高端人力资源丰富，集结了美国及世界各地的 IT 科技人员百万人以上，为 IT 产业发展提供了不可或缺的人力资本和智力支撑。

创新服务是硅谷不可或缺的一部分。完善的金融体系和制度保证了创意、创新和创业的每一个环节都有利益，一个相对成熟的创新成果，就能让参与者享受到丰厚的市场回报。大部分好的创意从一开始就被企业“认领”或被风险投资高度关注并提前介入。以技术股为主的纳斯达克股票交易市场成为高科技产业发展的助推器，其上市条件之宽松和快捷为众多高科技企业所青睐，许多 IT 企业在发展的关键时刻上市融资，以突破企业发展的瓶颈。

2．对互联网中枢的掌控

美国历来高度重视互联网基础设施建设和投入，从根服务器、云计算平台到移动互联网生态系统，美国始终保持着对互联网中枢的掌控。

互联网起源于美国。全世界仅有的 13 台根服务器中有 10 台放置在美国，包括 1 台主根服务器和 9 台辅根服务器（另外 3 台辅根服务器分别放置在英国、瑞典和日本）。所有根服务器均由美国政府授权的互联网域名与号码分配机构 ICANN 统一管理，负责全球互联网域名根服务器、域名体系和 IP 地址等的管理。每天域名主根服务器列表会被复制到位于世界各地的其他 12 个辅根服务器上。任何形式的标准域名要想被实现解析，按照技术流程，都必须经过全球“层级式”域名解析体系的工作才能完成，而“层级式”域名解析体系第一层就是根服务器。

类似工业时代的公用电厂，云计算中心是信息时代最具代表性的商业基础设施，亚马逊和谷歌则是云计算服务领域的巨头。亚马逊云服务的互联网使用流量已占整个北美互联网流量的 1%，有约 1/3 的互联网用户每天会至少使用一项亚马逊云服务功能。亚马逊所提供的公用计算服务，其角色正如工业时代的水、电、气等基础设施。亚马逊公司预言：20 年内云计算中心将会取得绝对的主导地位，企业自行拥有或运营数据中心的时代即将终结。

随着移动互联网基础设施的发展，美国又迅速在移动互联网领域取得优势地位。到 2012 年初，以苹果 ios 和谷歌安卓生态系统为代表的智能手机操作系统已占据了全球个人计算平台操作系统 65% 的份额。

3．清晰有力的国家战略

美国政府围绕信息技术产业的战略布局早已全面展开，不断出台国家战略、行动计划和政策，加强对信息技术产业之关键领域和关键环节的掌控。美国的信息战略大致分为两个阶段：

第一阶段：20 世纪 90 年代，美国政府相继实施“信息高速公路计划”、提出“数字地球”概念、发布《浮现中的数字经济》报告。

1993 年，美国政府宣布实施一项新的高科技计划——“国家信息基础设施”（National Information Infrastructure，简称 NII），旨在以互联网为雏形，兴建信息时代的高速公路——“信息高速公路”，使所有美国人方便地共享海量信息资源。计划认为，“信息高速公路”将永远改变人们的生活、工作和相互沟通的方式，产生比工业革命更为深刻的影响。而将 NII 寓意为信息高速公路，更令人联想到 20 世纪前期，欧美国家兴起的高速公路建设在振兴经济中的巨大作用和战略意义。

1998 年，时任美国副总统的戈尔在题为《数字地球：对 21 世纪人类星球的认识》的演讲中，首次提出“数字地球”的概念，指出人类需要一个“数字地球”，一个可以嵌入海量地理数据的、高分辨率的、真实地球的三维表示。“数字地球”涉及的技术包括以建模和数字模拟为特征的计算科学、海量数据存储技术、高分辨率卫星影像技术、高速宽带网络、互操作规范、元数据标准以及卫星影像自动解译等。“数字地球”概念对美国高科技产生了非常积极的影响。

1998 年，美国商务部公布了美国政府第一部研究信息技术对经济影响的报告——《浮现中的数字经济》（The Emerging Digital Economy）。该报告系统阐述了美国官方的数字经济理论，是一部里程碑式的重要文献。报告指出，“在过去五年中，信息技术在实际经济增长中的贡献率已超过 1/4，计算机和通信业的增长率超过经济平均增长率的两倍。”

第二阶段：2008 年金融危机之后，美国政府连续发布“国家创新战略”、“国家宽带战略”、“网络空间国际战略”、“联邦云计算战略”和“大数据研发计划”。

2009 年，美国政府发布“国家创新战略”。该战略的一个重要组成部分就是“发展先进的信息技术生态系统”，认为正如美国实体基础设施为其几十年的经济增长奠定了坚实基础一样，美国信息技术生态系统亦将促进未来几十年的经济增长。通过投资宽带和现代化电力电网，确保网络空间，并确保无线频谱的使用效率，美国为可持续的经济增长、高薪工作和全球竞争力的提高奠定了基础，也使人们今天还无法想象的创新成为可能。

2010 年，美国“国家宽带战略”提出“至少 1 亿美国家庭应能使用平价宽带，实际下载速率至少达 100Mbps，实际上传速率至少达 50Mbps，每个美国社区都应能获得至少 1Gbps 的宽带服务”等目标，并指出：“就像一个世纪前的电一样，宽带是经济增长、创造就业、全球竞争以及更好的生活方式的基础。”美国联邦通信委员会预测，未来六年，宽带计划将为美国带来 500 亿美元的经济增长，创造约 50 万个就业机会。

2011 年 2 月，美国政府和军方发布“联邦云计算战略”，首次明确了云计算在国家政策中的战略地位，实施“云优先”政策，并投入 800 亿美元，以云计算技术整合政府数据中心。

2011 年 5 月 16 日，美国出台“网络空间国际战略”，阐述美国“在日益以网络相连的世界如何建立繁荣、增进安全和保护开放”。文件称：美国希望打造“开放、可共同使用、安全、可信赖”的国际网络空间，并将综合利用外交、防务和发展手段来实现此目标。

2012 年 3 月，美国政府公布“大数据研发计划”，美国国家科学基金会、国防部等六个联邦部门和机构共同投资 2 亿美元，致力于提高和改进人们从海量和复杂的数据中获取知识的能力。

（二）中国力量：规模、增长与后发优势

从三十多年来的改革开放到近十多年来的互联网革命，中国以极大的热情、决心和投入，不断学习、变革和发展，创造了举世瞩目的奇迹。与绝大多数国家不同，中国互联网几乎所有领域的领导者都是本土公司，不少互联网公司开始具有无可争议的全球领先水平和国际竞争力。中国互联网经济体能够快速发展、追赶和部分超越，主要取决于庞大的网民基数和消费市场、经济高速成长，以及后发优势。

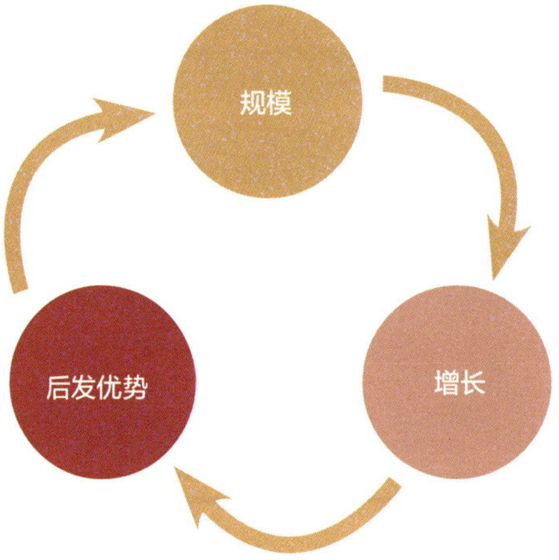

图 4-4　中国互联网经济赶超的原因：规模、增长和后发优势

资料来源：阿里巴巴集团。

1. 庞大的网民基数和消费市场

中国互联网络信息中心第 33 次《中国互联网络发展状况统计报告》显示，到 2013 年 12 月底，中国网民规模为 6.18 亿，手机网民数达到 5 亿；网购人数为 3.02 亿，网购使用率为 48.9%。预计未来 15–20 年，中国网民人数将超过 10 亿，是美国的 4 倍左右。

中国的消费市场潜力巨大，具有“巨国效应”。由于有了巨大的规模，企业可以享受产业的规模经济，从而获得成本优势和竞争

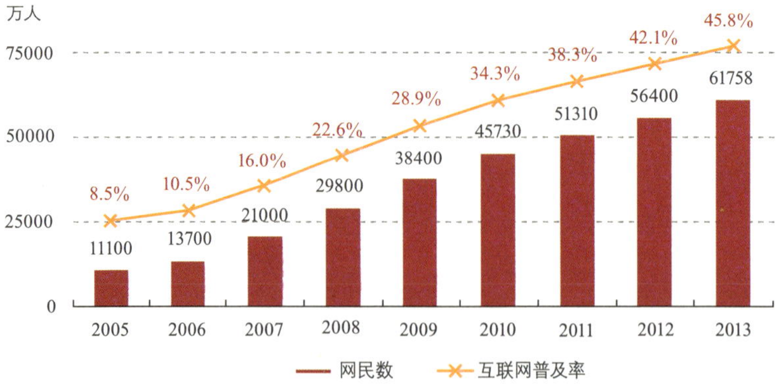

图 4-5　中国网民规模及互联网普及率

资料来源：中国互联网络信息中心第 33 次《中国互联网络发展状况统计报告》。

优势，从基本的生活必需品到消费品，中国都是全球第一大市场。2013 年仅天猫平台双十一网络零售额即高达 350.19 亿元（远超 50 亿美元）。与此相对照，2013 年 12 月 2 日美国“网购星期一”的网络零售额为 17.35 亿美元。中国网络促销日交易额远胜美国同行。

2013 年中国网络零售交易额达到 1.85 万亿元，占当年社会消费品零售总额的 7.8%，而仅仅五年前的 2008 年中国网络零售交易额仅为 1257 亿元，占社会消费品零售总额的比例约为 1.3%。

2．经济高速成长

1978 年至今，中国经济一路高速成长。1979—2007 年，国内生产总值年均实际增长 9.8%，不仅明显高于 1953—1978 年平均增长 6.1% 的速度，也大大高于同期世界经济年平均增长 3.0% 的速度。与日本经济起飞阶段国内生产总值年平均增长 9.2%，以及韩国经济起飞阶段国内生产总值年均增长 8.5% 不相上下。2010 年，中国超过日本，成为仅次于美国的第二大经济体。世界银行预计，即使未来中国经济的增速降低 1/3（即年均 6.6%，过去 30 年为 9.9%），中国仍将在 2030 年前的某个时刻成为一个高收入国家，并在经济规模上超过美国。

中国整体经济实力和人均 GDP 的快速提升，将为包括互联网行业在内的各个行业带来前所未有的繁荣。

3．后发优势

与发达国家相比，中国的互联网基础设施仍不完善，城乡及东西部经济发展仍不均衡，传统工业和流通业仍不发达。然而，这些相对的不完善、不均衡、不发达，也为互联网创造新商业价值提供了绝好机会，新型工业化、信息化、城镇化和农业现代化的同步发展，更为社会生产力的跨越式发展开辟了巨大的想象空间。相比之下，美国现代零售业非常发达，美国企业在进入互联网时代之前就实现了较高水平的信息化，互联网要在此基础上创造新的价值，空间相对较小。

以城乡和东西部发展不均衡为例，尽管与城镇相比农村互联网普及率依然较低（约 28.6%），但从 2011 年开始农村互联网的普及速度开始超越城镇，结束了城乡互联网普及差距持续扩大的趋势，显示了中国广大农村地区和三四线城市网络经济发展的巨大潜力。

（三）中美互联网经济将继续领先全球

1. 美国互联网经济继续领先全球的原因

（1）硅谷优势。硅谷是全球最负盛名的科技创新中心（尤其是面向互联网的信息技术创新中心），拥有斯坦福大学、加州大学伯克利分校等国际知名的教育与科研机构，这些机构不但为硅谷科技企业培养了所需的高端人才，同时产生了世界顶尖的技术，等待被产业化。同时，硅谷拥有容忍失败的创业氛围，“大众创新”受到推崇，充满着经济活力。

（2）全球化人才积聚。美国拥有灵活的移民政策，有充足的高科技职位需求，吸引了来自全球不同国家和地区的科学家、工程师和商业、法律人才，正是这种多样性，促进了知识的推陈出新。

（3）法律体系有利于中小企业创新。美国于 1980 年通过了支持科技成果转让的拜杜法案，规定：科研机构转让科技成果后可以继续拥有知识产权、可继续利用科研成果进行非营利研究，企业可独家享受科技成果产品化的收益，即不转让专利，而是转让独家商业权益。相对于大公司由法律顾问完成专利收购，小公司聚焦于特定领域的企业家，对有潜在价值的科技成果更敏感，因此中小企业可以基于先进科技成果，以更低成本进行创新，摆脱了大公司的压制，创新的范围更大，国家的经济发展也受益更多。正是这样的知识产权法律体系，促进着源源不断的创新和商业化。

（4）完善的投融资体系。美国针对科技产业的特点，形成了包括风险投资、商业并购及资本市场在内的完整投融资体系，实现了发现创新、创业辅导、推动商业化和分散技术创新风险等多重职能，为包括互联网领域等高技术、高风险行业提供了强有力的支持。

（5）政策落实具体。对居于战略意义的发展方向，美国政府的政策是有倾向性的，落实得很具体。比如对汽车厂商都有生产清洁能源汽车的配额，实际上是从政策导向上保证新能源汽车的开发和试用。比如政府部门通过设立首席数据官及具体规定，保证了数据开放战略的落实进度。

2．中国互联网经济继续领先全球的原因

（1）全新一代。数字原住民一代逐渐成为消费的主力军，据调查90后比较热爱移动购物，尽管他们可能并不是长时间在相关网站停留，但是转化率很高。他们喜欢参与社交网络，并且是在中国信息经济创富氛围下成长起来的，百度、腾讯、阿里巴巴的商业领袖为他们带来了有冲击力的榜样效应。另外，90后有灵活就业的倾向，他们可能有不止一份工作，可能同时拥有几份兼职，尽情追求自我人生价值的实现。

（2）势能转换。大多数三四线城市仍有待开发，传统企业还没有被上一代信息技术和模式锁定且急于转型，因此新一代信息技术和服务有很大普及空间。当前中国网络消费大约50%左右新增交易，都出现在三四线城市，充分反映了这些地区的开发潜力。

（3）应用为王。中国互联网企业动辄拥有千万乃至上亿用户，这在其他国家，甚至在美国都是无法想象的。尤其是在大数据运用中，场景繁多、数据丰富，造就了中国企业非常突出的技术实力。曾经有经济学家提出，信息技术的演进路径是不是体现了发展中国家在为发达国家服务？实际上，当我们场景丰富、用户众多的时候，国外企业也在围绕中国市场需求进行开发。如国外一家著名的支付机构，目前正在帮助国有商业银行开发针对中小企业的贷款系统。

（4）技术积累。比如阿里云，现在是国际上少数能提供超强能力的通用计算，同时又是以公有云方式服务大众的企业，在国际上只有像亚马逊这样的领军企业可以做到。由于技术上的路径锁定，像谷歌这样的信息技术巨头，通用计算能够做到，但是由于系统开发的时候主要是为内部服务设计的，所以再转向为公众提供服务也存在难点。

（5）制造的优势。中国制造业经过长期发展与积累，已经形成了固有的竞争优势。虽然近年来由于人工成本上升，同周边国家相比成本较高，但产品品质、生产管理和基础设施等更胜一筹，是值得信任的高性价比制造集群。依托国内云计算和大数据平台，形成事实标准，众多生产厂商可以在可穿戴设备、移动终端等信息设备的生产上进一步取得优势。同时电子商务平台借助外贸全流程数据的积累，可形成供应链上的组织优势，向国外买家输出强大的制造能力。

二、中美信息经济发展路径分叉

基于中国国情并充分利用互联网对信息经济生产力的释放，在信息经济发展路径上，中国完全可以不再紧随美国亦步亦趋，而是走出一条跨越发展的新路。

（一）"国情＋互联网"打开信息经济发展新路径

如前所述，与世界头号经济强国——美国相比，改革开放初期，我国的工业、农业及商业无论是体系的完整性、管理的现代化水平还是技术的先进性均处于明显的劣势。当时工业企业以国有重化工业为主，其他种类的工业不发达，也没有形成围绕核心企业的集群发展态势。改革开放后加工贸易的兴起带动了制造业的发展，但仍处于企业规模小、分布较为分散的状态。农业劳动力冗余，生产效率低。商业设施不发达，尤其是三四线城市和广大农村地区，能力

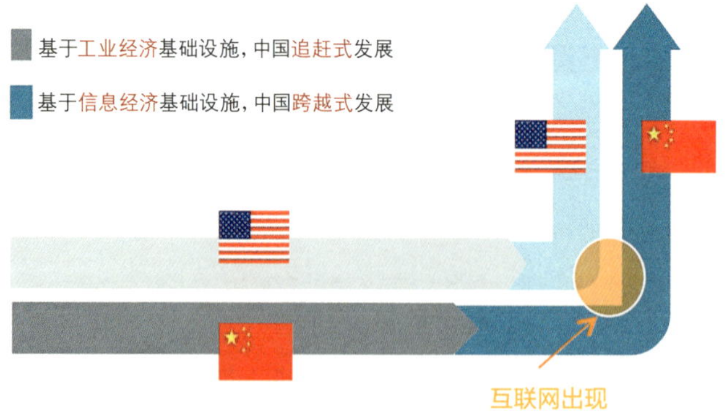

图 4-6　中美信息经济发展路径分叉

资料来源：阿里巴巴集团。

更为薄弱。此外，我国经济城乡之间、东中西部之间差距显著，地方利益也造成市场割据，资源难以优化配置、市场流通不畅。

随着改革开放的深入推进，我国经济增长迅速，民生得到显著改善，基础设施水平也得以提高，基于很大的人口基数，消费能力逐渐被释放，形成了举世瞩目的巨市场。

20 世纪 90 年代以来互联网在我国蓬勃兴起，在国民经济各领域间快速渗透，让原有的劣势在信息技术改造下，携巨市场效应，转变成真正具有潜力的后发优势。

工业体系不完善，为内外贸 B2B 电子商务发展带来了契机；商业基础设施薄弱，引爆了网络购物的兴起；金融设施服务范围有限，让互联网金融找到了应用的广阔天地；早期软硬件设备投资不多，令云服务应用更容易被接纳，等等。美国的信息经济发展受其完备的经济体系左右，而中国的信息经济发展受“国情 + 互联网”影响更大，未来必将呈现为不同的走势和路径。

（二）中美流通发展路径出现了分叉

回顾中国和美国的流通发展路径，不难发现，两个国家处于不同的历史发展阶段。美国自 1840 年后的 200 多年中，伴随着工业化和信息化的技术革新，消费品流通先后经历了工业化和信息化，形成了成熟高效的大流通格局。而中国自 20 世纪 90 年代后，工业化和

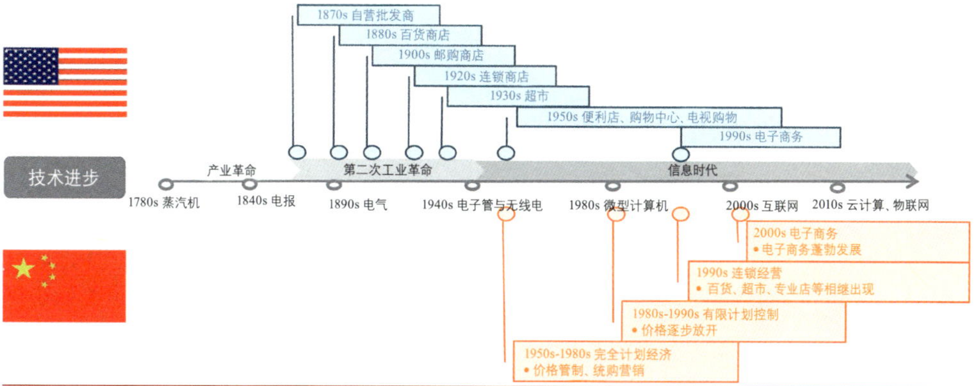

图 4-7　中美流通业演进的不同历史阶段

资料来源：阿里巴巴集团。

信息化交织进行，零售业态紧密相接地出现，用 20 多年的时间走完了美国一个半多世纪的零售业态变革，整体行业处于初级发展阶段。

1. 美国：工业经济下的大流通

（1）充分吸收工业经济基础设施的溢出效应。20 世纪 30 年代，基于铁路和电报基础设施，美国完成了于 19 世纪 60—70 年代由百货公司开始的零售业革命，形成了分店网络遍布各地的连锁商店。当时，美国的消费品流通结构基本演进到了其现代业态。此后基于电视的大传媒技术，基于计算机的信息化，都是在不断地加固“大生产、大流通、大品牌、大物流”的商业格局。

（2）涌现高效的大型化、连锁化和集团化流通组织。美国大型化的流通组织在工业化时代的流通变革中已经基本成形。全国最大的纺织品经销商亚历山大・T・斯图尔特，1870 年销售额超过 5000 万美元，雇用了 2000 名员工。19 世纪 60 –70 年代建立的百货公司在一个世纪以后纽约最主要的百货公司中几乎占了一半。

大型化的流通组织形成了足够高的消费品流通效率。自铁路出现之后，现代批发商得以兴起，库存周转的概念就开始盛行于美国的商业界。之后相继出现的百货商店、邮购商店、连锁经营、超市等大型零售组织，同样沿袭了通过维持高速的库存周转来确保其利润。1878 年，马歇尔・菲尔德公司批发业务的平均库存周转是 5.9，以后除了有一年以外，直到 1883 年一直都维持在 5.0 左右。

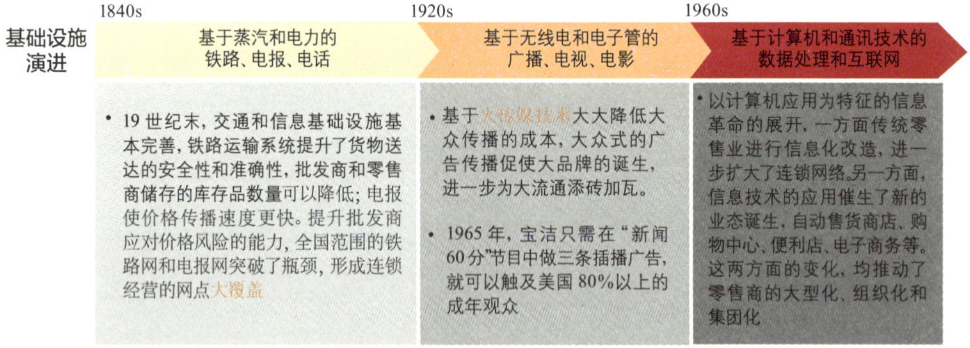

图 4-8　美国流通业充分吸收工业经济基础设施的溢出效应

资料来源：阿里巴巴集团。

梅西公司在1887年的周转数字达到可观的12次。

成立于1962年的沃尔玛一直以充分利用信息技术而享有盛誉，一跃成为全球最大的零售商。从其发展历程来看，沃尔玛领先于竞争对手，先行对零售信息系统进行了非常积极的投资，最早使用计算机跟踪存货（1969年），最早使用条形码（1980年），最早采用EDI（1965年），最早使用无线扫描枪（1988年）。这些投资都使得沃尔玛可以显著降低成本，大幅提高资本生产率和劳动生产率。

（3）形成了美国国内的统一大市场。高效的大型化流通组织在美国市场悄然兴起，各地之间的商业贸易蓬勃发展，推动美国统一大市场的形成。19世纪晚期，如果按照商品和服务的销售量来衡量，美国市场的规模在当时已经达到了英国市场的2倍多，比德国市场则大了大约4倍。

正如美国经济学家保罗·罗默指出，统一而庞大的国内市场是美国19世纪经济增长的独特要素之一，庞大的市场通过规模效应和技术收敛促进了美国的发明创新，并联同资源丰富这另一独特要素之间的交互作用创造了技术领先优势，从而奠定了美国崛起的基础。

2. 中国：信息经济下的新流通

（1）实体批发零售基础设施不均衡。中国中西部的商业基础设施明显发展不足。西部的人均收入是东部的一半，但其人均批发零售营业面积只有东部的1/3至1/4。

美国最大的零售商沃尔玛在美国扎根于中型城市，所到之处无不刺激了当地的消费。而中国的中小型城市却没有足够的实体商业基础设施，其消费在一定程度上受到抑制。

（2）实体批发零售整体效率较低。改革开放以来，中国的消费品流通经历了20多年的市场化经营。虽然发达国家的所有零售业态在这一时期内的中国市场都得到实践，但由于流通企业缺乏信息技术和现代管理技术的深度应用，整体交易效率处于较低水平。2012年美国1元的批发零售业增加值所支撑完成的最终居民消费值是6.04元，其交易效率是中国的1.56倍。

（3）网络零售改变中国零售格局。如前文引述，2013年中国

互联网零售企业	排名
Amazon.com	11
Ebay.com	17
Newegg.com	71
销售额之和占 TOP100	3.7%

互联网零售企业	排名
阿里巴巴网络零售平台	1
京东商城	7
腾讯网络零售	10
亚马逊中国	60
当当网	69
唯品会	79
1号店	87
凡客诚品	88
销售额之和占 TOP100	39.3%

图 4-9　中美 TOP100 零售商中互联网零售企业比较

资料来源：阿里巴巴集团。

网络零售交易额达到 1.85 万亿元，同比增长 41.2%，占当年社会消费品零售总额的 7.8%，而同期美国网络零售交易额占社会消费品零售总额的比重为 6.3%（根据 ComScore 发布的数据计算得到）。据保守估计，中国网络零售规模在 2020 年将超过 10 万亿人民币，在社会消费品零售总额中的占比将超过 16%。

网络零售的蓬勃发展，重新建构了中国前 100 零售商的位次。在中国前 100 零售商中，有 8 家互联网公司入围，其销售额占前 100 总销售额的 39.3%。而在美国，我们会发现只有 3 家纯互联网公司进入前 100，销售额之和只占到 3.7%。这充分显示当美国的网络零售尚只是整体商业的补充时，网络零售已经成为中国零售业的中坚力量。

在中国的网络零售市场中，大约 90% 的成交是在开放的网络零售平台完成，这是不同于美国网络零售的又一特点，美国该比例只有 24%，其绝大部分成交来自于独立网络零售商。开放平台在中国成为主角则与国情密切相关，中国大量的小微流通企业和制造企业的信息化几乎一穷二白，他们急需借助网络零售开放平台提升信息能力和交易效率。

3. 淘宝网超越沃尔玛，中国流通实现从追赶到跨越

美国在 20 世纪初工业经济基础设施形成之际，自百货业开始的连锁零售革命形成了成熟高效的大流通格局。而中国的流通错失产业革命和第二次工业革命的发展契机，在进入 90 年代后一直进行追赶式发展。

美国	中国
• 基于雄厚的工业经济基础设施形成成熟高效的大流通格局。	• 实体批发零售处于初级发展阶段，依托于互联网的电子商务突飞猛进。
• 美国的电子商务只是原来实体商业的补充	• 电子商务是中国面临的第二次零售革命，改变的是批发、零售、物流、生产、金融等整体商业形态

图 4-10　电子商务对中美流通的不同作用

现在中国正面临 20 世纪初美国面临的机遇，基于信息经济基础设施而建立的互联网消费品流通，将脱离工业经济下“大生产、大品牌、大流通、大物流”的发展路径。美国的今天就是中国的明天，美国公式开始失效，中美发展路径开始分叉，中国有机会借助互联网实现跨越式发展。

2014 年 10 月 28 日，阿里巴巴市值超过沃尔玛，而在交易额方面，以目前淘宝网 40%—50% 的持续增长率和沃尔玛 2%—5% 的增速预计，2016 年淘宝网将超越沃尔玛，成为全球最大零售平台，并将进一步向着“服务全球 20 亿消费者，成为人类历史上第一个万亿美元的零售平台”的目标快速迈进。

沃尔玛的崛起与时代背景和信息技术密不可分。一方面，二战后美国经济繁荣，大量消费的时代真正到来。另一方面，IT 技术对于沃尔玛提高效率、降低成本发挥了重要作用。而淘宝网具有分享和流动特性，能帮助他人成功而不只是提升自身效率的数据技术（DT）等，是淘宝网成长的主要技术支撑。

大生产、大流通、大物流这样一套商业体系持续演化催生了沃尔玛的出现。而从“WTO+ 外需”转向“互联网 + 内需”，互联网极大地推进了我国内需统一大市场的形成和发展，淘宝网应时而生。

从“产销关系”来看，沃尔玛是一种零售商控制生产商、主导供应链的模式，带来了产品价格和质量、零售商和生产商、发展中国家和发达国家、企业和内部员工关系的失衡。而淘宝网作为零售平台和大数据平台，则为大量中小卖家、制造商提供了直接面对消费者、快速反应并布局生产的可能，使价值分配更为平衡。

沃尔玛所构建的，在很大程度上仍然是一个核心企业主导的、具有很强自利倾向的巨型供应链，而不是一个生机勃勃、具有较强共赢属性的生态系统。淘宝网的发展，则体现了互联网时代较强的生态系统属性。还在 2007 年，淘宝网就提出了“共建开放、协同、繁荣的生态系统”的理念，并努力推动和实践至今。

淘宝网和沃尔玛的竞争，提供了一个观察和思考信息时代的企业竞争与国家竞争的典型样本。这不只是在微观企业层面上的成败得失，它还从一个侧面折射出了中观层面上一整套商业体系的转移和升级，以及宏观层面上信息时代的“中国模式”对工业时代“美国模式”的一种超越，这将是中国对全球商业制度和商业文化创新的一大贡献，也将给中国带来引领制定信息时代商业新规则的可能。

（三）“云＋网＋端”新基础设施助力中国信息经济跨越式发展

如前所述，“云”是指云计算、大数据基础设施；“网”是连接利益相关者的增值网络，既包括互联网、物联网等技术网络，也包括以电子商务平台为代表的电子商务服务业等商务网络；“端”则是用户直接接触的个人电脑、移动设备、可穿戴设备、传感器，乃至软件形式存在的应用。

在“云”（云计算、大数据）基础设施建设上，我国的互联网企业以“阿里云”为代表，已经实现了基于自主研发的核心技术来提供通用公有云计算服务，在技术先进性、安全性和经济性上均处于世界领先地位，与亚马逊、谷歌共执牛耳。

云计算平台作为强大的信息基础设施，使国内企业和消费者可以像用电、用水一样，灵活、低成本、快速接入计算资源。我国云计算、大数据基础设施的建设，正在创造巨大的经济和社会价值：

• 强化了计算资源的专业化提供水平，提高了企业的生产效率；

• 将国际 IT 巨头主导的起源于“工业经济”的“计算机＋软件”模式向适应信息经济特点的“云计算＋数据”模式转变；

• 带动了“网”（物联网、移动互联网等技术和产业）的发展，撬动了我国在“端”（移动设备等和软件应用）上的市场潜力和无限创意；

• 在数据的存储、处理和分析上发挥越来越重要的作用，从而成为社会的神经中枢，与物联网、移动互联网一起联手打造系统级智能；

• 打破了大企业在计算能力上的垄断，成为这个时代中小企业创新、创业的温床；

• 推动传统企业加速拥抱互联网，加快了传统产业转型的步伐；

• 加强了政务处理效率，提高了社会治理能力；

• 发展具有自主知识产权的“云计算”技术，维护了国家经济安全；

• 有助于降低能耗，助力可持续发展。

我国宽带和移动互联网的建设近年来有所进步，但与国家信息经济发展的潜在需求还存在差距。电信运营业在国家的积极推动下，成立了资源共享的“铁塔公司”（中国通信设施服务股份有限公司），并逐步向民间资本开放，可以预期我国互联网设施建设也将迎来新的发展局面。

我国的“云＋网＋端”新信息基础设施，其中的自主知识产权技术不断涌现，服务能力已经是世界级水平并不断提升。我国应有理由相信新的基础设施将快速促进传统基础设施的升级，支撑互联网经济体的成长和传统经济的深层转型。我国在中国特色的信息经济发展过程中，应确立“技术自信”与“道路自信”。

三、中美信息经济政策比较

（一）美国信息经济政策特征

如前文所述，美国发展信息经济的重要方法之一，即在于前瞻性战略的制定与实施，部分内容如下：

• 1993 年，美国政府宣布实施一项新的高科技计划——“国家信息基础设施”（National Information Infrastructure，简称 NII），旨在以互联网为雏形，兴建信息时代的高速公路——“信息高速公路”，使所有美国人方便地共享海量信息资源。

• 1998 年，时任美国副总统的戈尔在题为《数字地球：对 21 世纪人类星球的认识》的演讲中，首次提出“数字地球”的概念。

• 1998 年，美国商务部公布了美国政府第一部研究信息技术对经济影响的报告——《浮现中的数字经济》（The Emerging Digital Economy）。

• 2000 年克林顿政府提出《信息系统保护国家计划》(NIPP1.0)。

• 2009 年，美国政府发布“国家创新战略”。该战略的一个重要组成部分就是“发展先进的信息技术生态系统”。

• 2009 年奥巴马政府发布《国家网络安全战略报告》、《网络空间政策评估》、《四年防务评估报告》、《国家军事战略报告》。

• 2010 年，美国“国家宽带战略”提出“至少 1 亿美国家庭应能使用平价宽带”。

• 2011 年美国总统奥巴马发表了国情咨文，提出把增加基础设施建设投资作为提高美国竞争力的重要策略。

• 2011 年 2 月，美国政府和军方发布“联邦云计算战略”，首次明确了云计算在国家政策中的战略地位。

• 2011 年 5 月 16 日，美国出台“网络空间国际战略”，阐述美国“在日益以网络相连的世界如何建立繁荣、增进安全和保护开放”。主要内容是网络保护、网络治理和网络对抗。

• 2012 年 3 月，美国政府公布“大数据研发计划”，美国国家科学基金会、国防部等六个联邦部门和机构共同投资 2 亿美元。

从美国政府颁布与实施的重要战略来看，体现出以下几点特征：

• 重视基础设施建设（国家信息基础设施、国家宽带战略、基础设施建设作为提升竞争力国策等）；

• 强调基础性研究（数字地球、数字经济、大数据研发等）；

• 在重要的技术创新关键节点均有战略涉及政策实施（国家信息基础设施、数字地球、云计算、网络安全、大数据等）；

• 重视大数据资源的战略地位及加速数据流动的重要性（大数据研发、政府数据开放平台、设立首席数据官等）；

• 重视从全球视角进行战略设计（美国的应对策略与国际规则制定并重）；

• 注重从宏观上把握和推进发展信息经济的政策，而不对企业微观行为过多干预。

（二）中国信息经济政策特征

1994 年 4 月 20 日，中国通过一条 64k 国际专线，全功能接入国际互联网，揭开了中国互联网发展的篇章。

• 法律法规体系的建立

20 年来中国政府在互联网法律体系方面做了很多工作，涵盖了互联网信息服务、网络知识产权、电子商务、信息安全、信息化、电子政务、计算机软件、电信服务、政府信息公开和无线电管理等多个方面，制定了一系列法律、法规及政策，实行了较为全面的监管。

• 有利于释放“信息生产力”全国性政策的制定

我国政府出台了一些有利于“信息生产力”释放的全国性政策。如 2005 年的 2 号文件《国务院办公厅关于加快电子商务发展的若干意见》、全国电子商务发展历次五年规划等。

• 对信息经济领域新生事物的理解和宽容

我国政府部门在过去几年实际上是奉行了“放水养鱼”的策略，对于信息经济领域的新生事物给予了理解和宽容，所以像第三方支付（支付及交易信用体系）、微信（传统通信服务的替代业务）、以余额宝为代表的互联网金融产品（对传统金融业务的补充）都在初期获得了成长空间，从而实现了规模增长和世界级创新。

• 近年来许可制度显著增多

随着信息经济的快速发展，相关的许可制度也显著增多，创新活力受到一定程度的束缚。

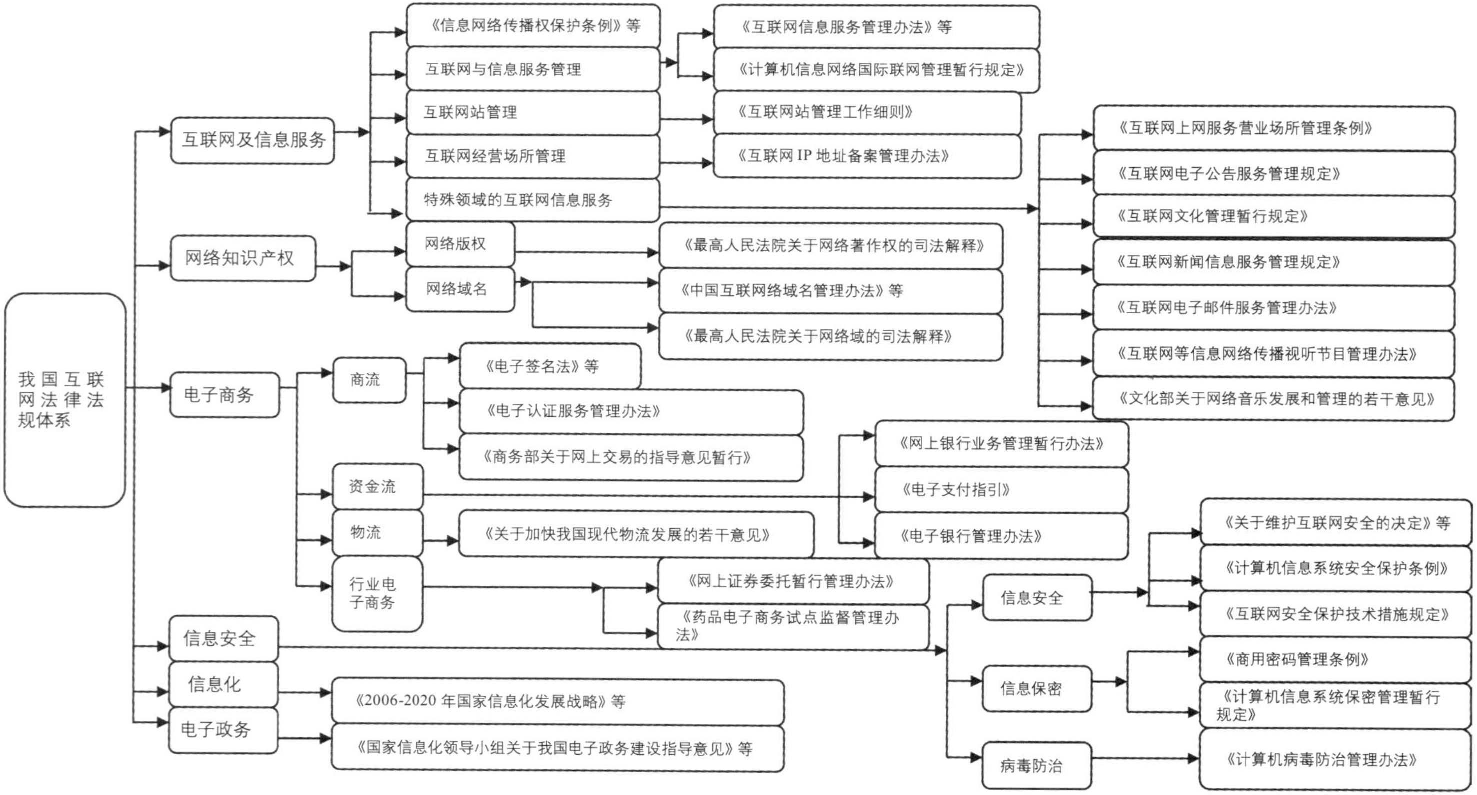

图 4-11　我国互联网法律法规体系

资料来源：阿里巴巴集团。

第五章

中国信息经济发展策略选择

一、“十三五”信息经济的发展目标

“十三五”期间全球信息经济将进入快速发展期，互联网对传统产业的改造更加深入，信息经济体将不断壮大。加快发展信息经济是我国在已经具备良好的发展条件和先发优势的基础上，进一步抓住新一轮科技革命和产业变革机遇，深入实施创新驱动发展战略的必然要求，也是加快转变经济发展方式，建立现代产业体系，促进经济社会转型升级的重要途径。

“十三五”信息经济发展目标包括基础设施的发展目标、电子商务发展目标、传统产业改造目标以及制度创新的发展目标。

（一）基础设施目标

• “云网端”的信息基础设施基本形成，云计算在企业中的渗透率达到 50% 以上（目前是 21%）；宽带网络覆盖城乡，数字鸿沟明显缩小；连入互联网的个人智能终端数达到 8 亿；

• 互联网金融服务（包括互联网支付、互联网小微贷、互联网理财等）覆盖 6 亿多消费者以及超过 1000 万家以上企业；

• 基于大数据的互联网信用体系基本形成，并且在社会消费、公共服务中得到广泛应用；

• 基于大数据的社会化、智能物流仓储系统覆盖全国城乡，全国 24 小时货物可达；大数据促进中国物流行业效率明显提升，物流费用占 GDP 比重降到 15% 以下。

（二）互联网经济和电子商务发展目标

• 互联网经济：各行业积极引入新的互联网应用，并打造数字产品和服务的新市场，互联网经济对 GDP 的贡献率达到 15% 以上。

• 电子商务：到 2020 年，全国电子商务交易额会达到 43 万亿，这其中包括 B2B 的 33 万亿元，零售 10 万亿元。

• 电子商务服务业：电子商务服务业规模达到 4 万亿元，支撑 43 万亿元的交易规模。

• 跨境电子商务：利用第三方跨境电商平台，力争到 2020 年使中国成为全球在线贸易枢纽，并主导建立与之相适应的“互联 WTO”国际规则，占领互联网时代国际贸易格局的主导权。

（三）传统产业转型发展目标

• 互联网、云计算和大数据在零售—批发—制造等传统行业得到广泛应用，其中，电商占社会消费品零售总额的比重达到 20% 以上；

• 在线批发交易额大幅度提升；中小企业制造业的网络化、数字化明显提升；

• 本地市场的吃、住、行、游、购、娱等服务行业在线化程度大幅度提升，基于大数据的应用创新显著；

• 物流、研发设计、金融等生产型服务业互联网化程度大幅提升，生产—消费与服务业的基于互联网的大规模协同普遍采用。

（四）其他发展目标

• “新四化”（工业化、信息化、城镇化、农业现代化）中，互联网所重构的信息化发挥主要驱动作用，带动其他三化明显提升；

• 初步形成适应信息经济特点和规律的、自下而上的、生态化的、服务而非控制的政策制度和政府治理模式。

二、战略路径：增量崛起—存量变革—整体转型

中国信息经济的发展大致会经历三个阶段：首先是在工业经济的边缘，出现了以电子商务为主体的互联网经济，并且逐步发展壮大；其次就是互联网对整个产业的蔓延，对主要产业部门的解构、

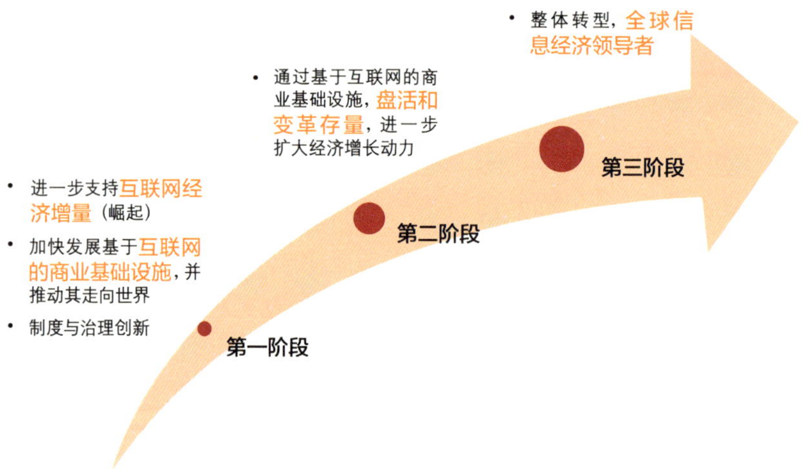

图 5-1 信息经济的发展路径

重构和再造，完成存量的改革；最后是信息经济基础设施的形成，所有产业部门、管理制度、文化和人都适应信息经济进行塑造，即范式转移的完成。

（一）第一阶段：增量崛起

目标：大力发展信息生产力，以信息经济促进结构调整，拉动内需，释放产能，拓展投资空间，稳定经济增长。

• 着力发展新兴信息经济：如网络零售及电子商务流通体系、信息消费、电子商务服务业、小微企业、互联网金融。

• 建设信息经济基础设施：宽带、云计算、大数据、物流网络。

• 推动信息经济制度创新。

进一步支持互联网经济增量，加快发展基于互联网的商业基础设施，并推动在世界范围提供服务。

近年来，中国互联网经济的迅猛发展表明，信息消费、信息经济的进程正在中国加速推进。与传统的工业经济相比，信息消费、信息经济的生产要素、商业模式、基础设施、经济形态都在发生重大转变。因此，我们建议着力发展新兴信息经济，如电子商务流通体系、信息消费、电子商务服务业、互联网金融。

在工业经济体系下，市场竞争的规则基本上被发达的欧美国家制定，其基本特征就是“大生产 + 大供应（发达国家对国际大宗商品的控制）+ 大品牌 + 大零售”；国际规则是 WTO+ 知识产权。我国如果再遵循这条路走下去，只能始终处于跟随状态，处于价值链的低端。

在信息消费、信息经济体系下，市场竞争的形态、规则被重新改写，其基本特征是“新空间 + 巨市场 + 碎片化”。在新型的经济体系下，中国完全有可能实现弯道超车（阿里巴巴平台的交易量超过 ebay 和亚马逊的总和就是一个例证），甚至成为规则的制定者。

因此，建议国家将信息消费、信息经济作为新时期的国家经济战略，并出台明确的扶持促进政策和措施，予以大力推动。建设信息经济基础设施，如宽带、云计算、大数据、物流网络。

目前，宽带建设与运营实行严格的许可证准入制度，牌照只发给国有的三大电信运营商。而各国实践证明，市场竞争是促进宽带建设提速、价格下降，普及率提升的有效途径。建议通过放开市场准入、允许民间投资的方式，推进宽带网络基础设施建设和运营服务，激活基础设施投资和服务市场的创新发展。

同时，加快现代物流基础设施建设。支持有条件的企业构建全国性的物流仓储体系。优先解决电子商务较活跃的一线城市建设物流体系的用地指标问题。通过税费减免等措施努力降低电子商务物流行业的运营成本，提高物流服务质量。

（二）第二阶段：存量变革

目标：通过信息经济增量带动和基础设施支撑，盘活和变革经济存量，进一步调整经济结构，强化经济增长动力，转变经济增长方式。

- 推动传统产业升级，包括：制造业升级、流通业变革、服务业变革、金融业变革；
- 传统基础设施优化升级；
- 完善信息经济制度和治理模式。

通过基于互联网的商业基础设施，鼓励并支持小微企业创新，盘活和变革存量，进一步扩大经济增长动力，并进行信息经济制度和治理模式的创新和完善。

发展小微企业，推动传统产业升级，尤其是制造业升级和服务业变革。

中小企业决定一国经济活力和实力，进而决定国家命运，是众多国家发展经验反复证明的规律。OECD 高度评价中小企业的重要性："中小企业在所有国家的经济中都发挥着重要作用……在就业、经济增长、提高生产率、创新、减少贫困和增加社会机会等领域，中小企业都做出了重大的贡献。"

在中国，根据第二次经济普查数据测算，目前中小企业占全国企业总数的 99.7%。中小企业提供了 80% 的城镇就业岗位，其中小微企业占 55% 以上；创造了 60% 的国内生产总值、59% 的税收和 60% 的进出口；完成了 65% 的发明专利以及 75% 以上的新产品开发。

小微企业是中国互联网创新的主力军，更是千万年轻人、农民、弱势群体创业和就业的最重要平台。因此，在这个关键性的发展阶段，建议对小微企业在工商登记、市场监管、税收征管等方面，采取更加宽松的管制政策。建议按照《国务院办公厅关于加快电子商务发展的若干意见》中"本着积极稳妥推进的原则，加快研究制定电子商务税费优惠政策"的要求，对应用互联网的小微企业出台税收优惠政策。

（三）第三阶段：整体转型

目标：信息生产力成为经济主导力量，持续制度和治理创新，全面促进信息（数据）要素的流动，建成全球领先的信息经济基础设施和制度体系，实现工业经济向信息经济的整体转型，成为全球信息经济领导者，赢得全球经济主导权。

目前，我国市场经济体制的建立、全球化进程的加速、科学技术的发展、大众消费社会的来临、虚实空间的互动及相互影响，都使得今天的经济社会生活日益复杂化。这种复杂化的经济社会生活，客观上要求政府具备更有效的治理能力。

信息时代既不同于农业社会，也不同于工业社会。农业社会对法律的需求很小；工业社会由于经济和科技的快速发展，社会关系极为复杂，人类对法律的需求急剧增加。信息社会则不同，人们从一元世界进入二元世界，现实和虚拟，海量与个性化，对治理的快速响应要求，多样性、生态化与跨区域性，以及低成本等，都使得传统的治理模式不能很好地适应电子商务，客观上呼唤一种与之相适应的治理模式。因此，我们建议以促进发展作为一切政策的出发点和归宿，以实践为检验治理的唯一标准，形成适应中国信息经济发展需求的制度体系。

三、战略支撑——电子商务经济体

预计在 2020 年中国的电子商务规模（包括 B2B 在线交易）将达到 43 万亿元，成为全球第一大电子商务经济体。其中，到 2020 年，网络零售交易额将约占整个社会消费品零售总额的 16%，达到 10 万亿元，平台型电子商务交易仍是主流，中国电子商务服务业规模将超过 4 万亿元。

四、策略选择

（一）处理好几大关系

我国信息经济的发展过程，是新的经济形态与传统经济形态此消彼长的过程，也是市场化与政府计划的博弈过程，要推动信息经济顺利发展，特别要注重处理好几大关系：

1. 增量与存量的关系

利用信息经济促进中国经济转型升级，必须首先处理好信息经济“增量”与传统产业“存量”的关系。存量是增量必要的基础，也是做大增量的前提，而在一定时期内，存量的提高要靠增量的发展。一手抓盘活存量、优化存量，一手抓谋划增量、做大增量，才有利于实现结构调整优化。我国在信息经济发展过程中，必须坚持盘活存量与扩大增量并举。一方面，要加大用互联网改造提升传统产业的力度，通过改造流通业、制造业、服务业，做到淘汰一批、整合一批、转型升级一批，区分不同情况实施差别化政策，向存量要增量。另一方面，要大力发展互联网产业和电子商务，增大增量规模，积极培育和壮大现代电子商务服务业体系。

2．互联网企业与传统企业的关系

以BAT为代表的互联网企业确实冲击了传统的通信、广告、零售、金融、手机制造、软件、影视等各行业，所以有人将此称为互联网对传统产业的革命，甚至可能置传统产业于死地。但实际上，这是一种深深的误解。互联网企业与传统企业并不是你死我活的关系，也不是革命与被革命的关系。互联网企业和传统企业只是在产业生态中扮演了不同的角色，各有优势，完全可以合作。互联网企业更多的是扮演传统企业转型服务商的角色，互联网企业提供的基础设施和工具完全可以为传统企业所用。传统企业完全可以利用互联网企业提供的基础设施和工具，实现自身经营模式的转型升级。比如，利用百度开展互联网精准营销、利用微信实现对客户的CRM管理和客户互动；利用阿里巴巴的交易平台实现网络销售，等等。根本的问题是，传统企业要认清互联网是技术变革引发的商业变革，要积极拥抱互联网，看得懂，学得会，跟得上。

3．政府与市场的关系

改革开放以来，政府主导下经济发展模式虽然取得了显著的成绩，但在这种发展模式中，政府与市场的边界没有合理确定，“政府之手”总是在进退反复中难以拿捏合适的度，经济运行中行政对经济的干预过多，一些本来由市场和企业承担的职能却由政府主动地承担了，市场配置资源的基础性作用难以发挥，进而导致经济结构的扭曲。经济的结构失衡其实是政府与市场定位失衡的间接反映。信息经济又是高度市场化、生态化的经济体系，要求必须发挥市场机制的基础性作用，必须合理界定政府和市场的分工。因此，发展信息经济，政府应改变“保姆心态”和包办式思维惯性，切实简政放权、放松管制、减少审批，激发大众创新活力。对于信息经济领域出现的问题，要提高容忍度，相信市场，依靠平台化、生态化的方式去治理。当然，在推动传统产业转型升级的过程中，政府不能袖手旁观，要大力支持产业创新，优化发展环境，同时做好信息经济基础设施的建设。

（二）制度创新、优化治理

我国信息经济过去十年快速发展的一个重要原因，是政府在发展初期干预较少，客观上创造了一个较宽松的发展环境，而目前，电子商务等却面临多个部门、多头管理，管制大于促进的局面。未来，建议国家在信息经济治理上明确“先发展、后管理、在发展中逐步规范”的管理思路，尊重市场自身规律和企业家的首创精神，注重用市场手段、行业自律来引导和规范行业发展。例如，对于电子商务发展中存在的一些问题，消费者会通过奖优罚劣、通过市场竞争的手段去解决，要相信技术专家、网民、网商、电商的集体智慧、创造力以及解决问题的能力能够超过任何政府监督和管理者。再比如，电子商务平台是电子商务生态的基础设施，要鼓励其自主探索网络治理、网络规则的新思路，不宜过度行政干预。

（三）积极应对信息经济时代的“复杂治理”问题

无论互联网经济体还是电子商务经济体，均为复杂系统或复杂体系，复杂性特征日益突出，不可以比照工业时代的机械的、线性的、确定的、单向度的、控制式的、二元论的世界观和思维方式进行治理。

传统治理模式受限于僵化的程序，无法在复杂性日益增强的情况下确保治理效果。而网络规则（网规）、互联网治理、自发社会秩序、现代社会治理理论、软法、“代码即法律”等现代治理思想，体现了以复杂性世界观和思维方式应对复杂治理的崭新理念，且行之有效，是信息经济和信息社会治理的基础。

未来治理应以复杂化、市场化、法制化和数据化为特征，需要建立信息时代的经济规则以及与之相适应的行政管理规则。我国也应该在政府数据公开、信息社会治理模式研究、政府治理结构优化、大数据治理等方面积极探索，打实基础。

（四）完善信息经济基础设施

信息经济要发展，必须完善宽带、物流等基础设施和相关的支撑服务。

我国宽带基础设施落后，“数字鸿沟”问题依然十分严重。OECD 国家的宽带普及率为 25.66%，我国仅为 OECD 国家平均值的一半；我国东部地区 35% 的人口占有全国 56% 的宽带，而西部地区 27% 的人口只拥有 19% 的宽带。目前，宽带建设与运营实行严格的许可证准入制度，牌照只发给国有的三大电信运营商。而各国实践证明，市场竞争是促进宽带建设提速、价格下降、普及率提升的有效途径。我们建议通过放开市场准入、允许民间投资的方式，推进宽带网络基础设施建设和运营服务，激活基础设施投资和服务市场的创新发展。

加快现代物流基础设施建设。支持有条件的企业构建全国性的物流仓储体系。优先解决电子商务较活跃的一线城市建设物流体系的用地指标问题。通过税费减免等措施努力降低电子商务物流行业的运营成本，提高物流服务质量。

未来十年，中国基础设施的投资和建设重点应由“铁公基”转向智能手机、云计算、大数据。在充分发挥市场机制的前提下，希望国家能够给予自有云计算及智能移动操作系统更多政策上的支持，包括：将云服务纳入政府采购目录，推进政府及国有企业对国内云服务的使用；扶持国产移动智能操作系统的智能终端推广和应用；积极推广阿里云“去 IOE”的做法和经验，对于外资云采取较高级别的审查力度。

（五）重点发展电子商务

近年来中国信息经济，特别是电子商务的迅猛发展表明，信息消费、信息经济的进程正在中国加速推进。与传统的工业经济相比，信息消费、信息经济的生产要素、商业模式、基础设施、经济形态都在发生重大转变。

在工业经济体系下，市场竞争的规则基本上被发达的欧美国家制定，其基本特征就是“大生产 + 大供应（发达国家对国际大宗商品的控制）+ 大品牌 + 大零售”；国际规则是 WTO+ 知识产权。我国如果再遵循这条路走下去，只能始终处于跟随状态，处于价值链的低端。

在信息消费、信息经济体系下，市场竞争的形态、规则被重新改写，其基本特征是“新空间 + 巨市场 + 碎片化”。在新型的经济体系下，中国完全有可能实现弯道超车（例如，阿里巴巴平台的交易量超过 ebay 和亚马逊的总和就是一个例证），甚至成为规则的制定者。

因此，建议国家把以电子商务为代表的互联网经济放在国家战略层面，制定国家级战略规划，并出台明确的扶持促进政策和措施，予以大力推动。

（六）积极发展互联网金融

出台具体政策支持互联网金融服务小微企业和消费者；放宽相关准入条件、支持互联网企业利用大数据开展消费信用、企业信用服务等方面的创新；建议积极推进移动支付，支持第三方支付机构应用二维码支付、条码支付等创新技术先行先试；金融监管机构对第三方支付个人用户账户的转账和消费额度进行调整的，应当有利于电子商务的发展和提升消费者的体验；加快支付清算领域的市场化改革，允许符合条件的国内企业设立新的支付清算组织，促进市场竞争、激发市场活力，提高中国支付清算行业的国际竞争力。

（七）大力扶持小微企业和创业者

基于信息经济的进入门槛低以及创业灵活性、公平性、智能性、衍生性和自治性等特点，以淘宝集市为代表的电商平台已经成为年轻人寻找合适职业位置的平台，对未来职业人口的素质养成扮演着孵化器的角色。小微网商的生存问题有关社会和谐大局，当前及今后一段很长的时期，社会就业压力将越来越大，网商作为通过网络实现创业而不断壮大的新群体，正受到越来越多的重视，也越来越多地发挥着扩大消费、区域均衡、经济转型等重要社会作用，国家应该予以鼓励和保护。考虑到小微企业是电子商务创新发展的主力军，同时小微企业税源占比低，征管成本高，优惠税收或者免税对总体税收影响不大，建议按照《国务院办公厅关于加快电子商务发展的若干意见》中“本着积极稳妥推进的原则，加快研究制定电子商务税费优惠政策”的要求，对电子商务小微企业出台税收优惠政策，至少保障不出台专门针对电子商务征税的歧视性政策。

应对现代制造业的税收管理重新定义，并提供税收支持，即对于利用电子信息、计算机、互联网以及现代管理技术等方面的高新技术成果，并将这些先进制造技术综合应用于制造业产品的研发设计、生产制造、在线检测、营销服务和管理的全过程的制造企业，给予税收优惠政策，或参考现代服务业税制执行。从税收政策上引导传统制造业转型升级。

（八）建立大众创新体系

到2020年，中国的工业化将基本实现，各行各业都将深度关联或者介入互联网业。如果制度创新跟得上，互联网将托起各行各业不断创新。这是自下而上的大众创新，意味着大众不需要转化为精英，在草根状态就直接创新。带来这种变化的契机，在于互联网上的分享型经济，而主体是目前二三十岁的年轻人。互联网的未来，很可能是互联网大国的大众创新竞赛，比谁的创新门槛低，比谁的创新发展快。中国需要创造更加适合的制度条件，鼓励更低门槛的大众创新。从整体看，美欧创新正在趋缓，可供中国模仿的创新越来越少，中国越来越需要自己创新。因此，建议国家出台专门的支持和鼓励“大众创新规划和政策”，放松市场准入，宽松监管，培育市场服务体系，让年轻人的潜力得到充分释放。

（九）支持互联网时代的“国家企业”，抢占国际竞争主导权

获取和控制网络海量数据，正在成为世界各国在未来20年争夺信息社会控制权的重要战略手段。近期，美国出现强烈的圈占“网络空间”的动向，除了出台被奥巴马总统称为“美国第一次针对网络空间制定全盘计划”的《网络空间国际战略》外，其推出的O3b (other 3 billion, 另外30亿)计划，旨在把美欧以外的其他30亿人口，统统圈进美国的“新大陆”势力范围。此举势必将对中国未来经济和社会生存空间构成极大影响，也将有可能使中国失去互联网人口第一大国的优势。电脑是脑的延伸，互联网关系未来最主要的生存空间，没有稳定的网络空间，未来的稳定将无处可放。我国能否驾驭控制信息网络，能否安然度过21世纪的危机，当前情况极不乐观。

互联网平台企业在未来的全球竞争中将成为决定国运的重要砝码，通过对大数据的获取，进而为国家间政治、经济、军事的相互博弈提供基础。这一点美国拥有着领先全球的战略意识，积极发展起如苹果、谷歌、亚马逊等一批世界级互联网企业。未来，没有这样的重量级的先进企业做支撑，即使靠传统产业像产油国家那样获得一时的繁荣，也必将是不可持续的。因此，我国应该培养互联网时代的“国家企业”，代表国家的利益，积极参与信息经济时代的“国际数字空间”竞争。

到目前为止，以阿里巴巴集团打造的电子商务平台为代表，中国电子商务生态已经形成了一定的规模效应。阿里巴巴电子商务平台体系是中国唯一能够在全球范围内在信息空间/互联网生态平台领域与美国的竞争中具有“比较优势”，能够保持话语权、控制权

和规则制定权，具有典型代表性的互联网平台。未来，依托我国已建立起的在全球具有竞争力的电子商务平台和生态体系，将为国家应对和主导更为激烈的全球“比特战争”打下更为坚实的基础。因此，建议国家从产业政策、国家信息安全高度积极支持国内互联网平台参与国际竞争。

专题报告

专题报告一

云计算：信息经济基础设施

信息技术领域向来热词不断，不断吸引着各界人士的注意力，以至于相关活动也被认为是炒作成分居多。热度褪去，真正有价值的技术和服务才会浮出水面，获得厂商扎实推进、用户广泛采用，进而实现巨大的经济价值。“云计算”正是经受了考验，愈发显示出战略意义的重要领域之一。

一、“云计算”是什么

“云计算”究竟是什么？技术专家的专业词汇、营销人员的绚丽包装，对“云计算”概念解读众多造成了人们认识上的困扰，突出表现为将“服务模式”与“技术实现”混做一团。

通常谈到的 SaaS、PaaS、IaaS（即软件即服务、平台即服务、基础设施即服务），是从“服务模式”上看如何提供“云计算服务”。SaaS 模式，即让用户摆脱购买软件自行安装、维护、升级的困扰，只要接入互联网就可使用，比如我们经常使用的电子邮件服务、企业使用的在线客户关系管理软件等；PaaS 模式，主要面对软件开发者，他们不必自行购买开发软件、测试软件、数据分析软件、服务器等，只要接入互联网就能使用，从而实现轻松开发、快速发布供用户使用，比如开发手机 APP 程序，最短时间内在应用商店上架；IaaS 模式，则更侧重于为拥有较强技术实力的企业服务，它们不必自行购买和配置计算、存储、网络设备，只要接入互联网就能使用这些资源，企业只需专注于部署自己的系统软件、应用软件。不管是 SaaS、PaaS 还是 IaaS，用户均可按照自身需要随时调整购买数量（软件账户数、资源使用时间、资源使用量等），避免了过高的一次性投入，同时省却了在软硬件维护上雇用员工的负担。“云计算服务”用户规模越大，显然每个用户分担的成本就越低。成本更低、灵活性更高、技术水平更强，“云计算服务”受到追捧，也就不足为奇了。

要获得不同“服务模式”云计算带来的好处，归根结底还要有扎实的“技术实现”作为保证，不然就容易沦为“过度包装”、

“新瓶装旧酒”的商业炒作。从“技术实现”上来讲，“云计算”是对互联网时代用户访问量激增（用户数量几何级数增长乃至数亿用户同时访问一个网站）、数据日益膨胀（全球范围内两年中数据量4倍增长）、系统功能愈加复杂（实现不同功能的系统不断涌现）等挑战给予的有力回应。互联网公司率先受到了这些挑战，能否成功应对直接关系到它们的生死存亡，分布式计算、虚拟化、负载均衡等“云计算”关键技术，在这些公司率先得到开发也就势在必行。随着“云计算服务”提供商在技术上的进步和运行维护经验上的积累，广大用户将享受到超强的计算能力和更为便捷、低成本的服务。

二、“云计算”平台为什么会成为基础设施

“云计算”平台之所以会成为互联网时代的基础设施，强力驱动信息革命，是技术进化的结果，也是经济发展的必然要求。

100多年前发端的工业革命中，电力的发明和应用发挥了核心作用，释放了巨大的生产力，改变了人类文明的进程。回顾电力发展史，可以让我们窥见基础设施的威力，理解“云计算”可能给我们带来的变化。

在工业革命中，工厂间的竞争主要体现为生产规模之争，而规模扩张的关键又在于如何更好地获取动力。早期阶段的工厂为了利用改良水车作为动力，也为了商品运输便利，通常缘河而建，工业水车带动传动系统，进而驱动多部机器开展生产。

效率更高的蒸汽机随后出现，工厂主有了新选择，地理位置局限被弱化，成本上也有所降低。

相对于水车、蒸汽机，电动机可以驱动一台台单独的机器，而不必依赖过于复杂、故障频出的传动系统，因此发电机、电动机得到了广泛采用，这为工业生产打开了一扇进步之门。规模较大的工厂都购买了发电机自行供电，走上了电力驱动之路，这种分散供电的局面让提供发电设备的厂商赚得盆满钵满。

网络供电最初是为了实现规模化的家庭照明，但由于直流电传输距离有限，分散在城市各处的小型电厂还是彼此独立，只为附近几个街区供电。

随着发电机功率的提升、交流电的采用以及变压器的使用，供电的总体规模、地理范围、应用行业不断扩展，规模经济显现、成本直线下降。集中供电的中央电厂逐渐取代了各工厂的自行发电成为主导。众多工厂主也乐见用电成本下降、维护人员减少，而专注自身业务的经营。

电力作为一种通用性技术，与多种技术结合，为各行业的创新增长赋能，改变了经济的原有面貌。用电需求与供应链条呈现了正反馈增长态势，电力愈发成为经济发展的核心引擎。

动力的升级，让人的体力得到了延伸；而计算能力的升级，让人的智能不断拓展。交通的便利化、电力的普及逐渐削弱了企业通过获取原材料、动力取得的竞争优势，从信息获取、处理、利用上获取新的竞争优势就在所难免。

现代的计算设备，从打孔计算机开始，到以电子管、晶体管、集成电路为基础的大型机、小型机不断演进，软件的作用也愈加显著，由于价格昂贵，只有大型企业和政府机构有实力购买，对经济的整体影响受到制约。

直到个人计算机出现，计算机软硬件才飞入千家万户、走进企业一线，实现了爆炸式增长。

互联网的兴起，让客户机／服务器架构成为主流，人们真正感受到了网络应用带来的价值。

随着通信网络的大规模建设，带宽不再成为网络计算的瓶颈，人们有动力运用网络的力量，提升自身的能力，获得竞争优势。“云计算”正是在这种情况下应运而生的。

前网络时代的大型机、小型机和个人计算机，正像工业水车、蒸汽机、发电机一样，提供着分散且有限的计算能力；通用的网络协议，就像采用交流传输和变压器，让计算机之间的沟通和计算能力的分享成为可能；网络时代的客户机／服务器模式，近似于分散的小型电厂，能在一定程度上分享网络计算能力，但规模和功能受限；而“云计算”服务平台，则可以像中央电厂一样提供成本更低、灵活程度更高、通用性更强的“计算服务”。

正是商业企业对竞争优势的追求，技术的不断进化，让“云计算”服务成了信息时代的电力和经济发展的引擎，让“云计算”平台成为这个时代最重要的基础设施。

三、“云计算”对中国经济的巨大价值

“云计算”从全球来看处于产业化与广泛采用的关键阶段。与以个人计算机为核心的第一次信息技术浪潮、以互联网为核心的第二次信息技术浪潮不同，在以“云计算”为核心的第三次信息技术浪潮面前，中国与世界先进水平同步，抓住这次难得的机遇，中国经济的发展将大为受益。

（一）深化社会分工，提高生产效率

通过专业化深化社会分工，进而提高生产效率、促进经济发展水平，已经成为各界共识。“云计算”服务的专业化，为经济增长提供了新的可能。

如前文所述，互联网的爆发式增长，带来了用户访问量的激增、数据量的膨胀和系统复杂性的空前提高。互联网企业首先感受到了这种态势的冲击，最初他们也只是通过扩张硬件设备的数量疲于应付，运营维护耗费了大量的人力、物力，业务的创新受到了抑制。为了应对这种局面，他们在“云计算”技术上寻求突破，成功地破解了这一难题。为了更好地利用闲置计算能力并获取经济收益，“云计算”服务得以专业化输出，新的分工由此形成。

由于计算资源集中，规模经济带来成本降低；由于能力按需提供，信息系统的灵活性得以提高；由于运行维护经验积累，安全性、

可靠性更有保障。“云计算”专业化服务的提供，让企业能够安心地减少 IT 相关人员和资金投入，卸掉沉重的运行维护负担，专注于核心竞争力的建设。

（二）主导信息技术发展格局的新契机

信息技术发展的重心之一，就是充分利用计算能力。在信息技术领域，由于先发优势，发达国家的企业始终主导着整个技术范式和发展格局。信息技术的走向与这些国家的 IT 知识积累、企业需求紧密相关。我国的信息技术发展始终处于跟随状态，在满足我国企业的需求上略显不足。

发达国家的 IT 巨头，凭借“计算机 + 软件”的模式，长期以来控制着全球市场的绝大部分份额。在“云计算”时代，我们看到他们在极力推销仅为企业内部资源整合服务的“私有云”，而在提供服务公众的“公有云”上踯躅不前。这是因为“私有云”模式，仍然陷入在旧有的“计算机 + 软件”的模式中，无论是在软硬件设备的购买、升级还是运行维护上，企业都将付出持续而巨大的费用。这也有利于他们原有商业模式的延续和现有知识遗产的利用。如果继续跟随其步伐，我国的 IT 产业就仍将处于附庸地位，对国内经济发展很难发挥重要作用。

要发挥“云计算”服务在集中资源、灵活调整、降低成本方面的突出作用，“公有云”的推进势在必行。近两年来“大数据”现象异军突起，人们充分认识到了数据资源的重要性及其蕴含的商业价值。而支撑“大数据”资源积累和利用的基础，正是“云计算”服务平台。“云计算”服务平台可以为海量数据的存储、处理、分析提供基础能力，平台之上存储与处理靠近、数据交换更为便利等是难得的优势，计算资源的集中提供，将为大数据潜力的释放助力。

云计算服务通过资源集中方式解决了计算能力问题，即从依赖“计算机”向依靠“云计算”服务转变；软件的开发难度持续降低，其功用更多地体现在对后台数据的利用上，没有网络连接的海量后台数据支持，软件的能力将大打折扣，用户必然从看重“软件”向看重“数据”转变。我们可以认为，信息技术发展的格局正面临重大转向，将从“计算机＋软件”向“云计算＋数据”演进。要抓住主导这种格局的历史契机，大力发展“云计算”服务、布局和控制“数据”资源就变得相当重要。

“云计算”要像水和电一样普惠大众，最终改变技术、经济和社会的全貌。上文提及的面向公众，为所有互联网企业和用户提供服务，而不受限于少数大企业，即“公有云”是最终目标。此外通用性也很重要，“通用”意指适用领域广泛，不拘泥于少数几类应用。

“云计算”技术不断推陈出新，能真正做到提供“通用”“公有云”计算服务的企业屈指可数（以亚马逊、阿里云为代表）。原因是云计算技术开发之初，有的企业仅考虑内部使用，为大量外部用户提供服务的能力欠缺；有的企业受自身业务及能力所限，专注为具备某类特点的垂直行业客户提供服务（如游戏行业等），适应不了一般性的需求。技术发展具有明显的路径依赖性，转变具有难以想见的难度。因此通用公有云服务的提供极为难得，有赖于研发人员的不懈努力、企业幸运且艰难的摸索以及运维经验的持续积累。

在广义的“云计算”产业中，“通用的公有云计算”服务商是主导，服务于特定行业的“垂直公有云计算”服务商为补充，硬件厂商（服务器、模块化数据中心、瘦客户端、移动终端等）、基础软件厂商（虚拟化软件、资源管理软件、数据处理、存储及分析软件等）、应用软件厂商（行业应用、个人应用等）等作为支撑和提供具体的应用场景。因此抓住了“通用公有云服务”这一主线，整个“云计算”产业将会获得爆发式增长。

（三）带动物联网、移动互联网等技术和产业的发展

“云计算”服务的重要性，不仅体现在提供计算能力的革命性影响上，更体现在作为一种通用技术，对带动其他技术和产业发展的基础性作用和辐射能力上。“云计算”服务将像电力一样为其他技术和产业的发展带来新契机。

物联网着眼于对物体和环境信息的采集、处理和利用，其在智慧城市、智能物流、智能家居等方面的应用上充满了丰富的场景，对传感设备、控制设备等有很大需求，因此备受瞩目。但目前来讲发展速度低于预期，瓶颈之一即体现在数据的存储和处理跟不上。

随着手机、平板电脑、可穿戴设备等移动设备的普及率逐渐提高，移动应用种类日益丰富、数量指数级增长，移动互联网服务成了互联网产业新的增长点。正像我们提到的一样，移动应用的成败越来越取决于后台数据的采集、存储、处理和分析。

“云计算”服务平台，将在数据的存储、处理和分析上发挥越来越重要的作用，从而成为社会的神经中枢，与物联网、移动互联网一起联手打造系统级智能。物联网、移动互联网技术及产业的发展，因为有“云计算”服务作为支撑，在新的技术层次上解决了困扰已久的持续增长问题，焕发了新的活力。“云计算”服务的基础性作用和辐射能力将日益显著，成为其他技术和产业的赋能者。

（四）成为新时期创新和创业的温床

正如集中供电改变了大企业在电力使用上的优势，促进了工业革命中中小企业的发展，在互联网时代，“云计算”服务的横空出世，也打破了大企业在计算能力上的垄断，从而成为这个时代中小企业创新、创业的温床。

“云计算”服务能够让中小企业解除在IT设备和软件上大量投资的制约，以低成本享用计算服务，因此可以通过信息系统改善经营管理，加强与合作伙伴的关系，及时获取市场需求信息，通过电子商务渠道拓宽销售范围，同大企业开展更为公平的竞争。

中小企业可以更有效地迎接业务成长：互联网时代，好的创意、产品、服务，经过有效的传播，一是可能出现惊人的峰值需求，二是在获得消费者认可后可能呈现加速增长的态势。尤其是依托互联网开展服务的文化创意、电子商务等，其用户数量和业务量在短时期内变化迅猛、成长惊人。企业没有能力和时间依靠传统的自行购买“计算机＋软件”的方式迅速拓展IT资源，应对峰值和增长的需求。如果需求不能及时满足，难得的增长机遇就可能丧失，甚至会使用户体验变差，导致全局失败。而“云计算”服务按需提供的能力，可以及时满足企业的这方面需要。在“云计算”的协助下，即使员工数量很少，资源储备并不丰富的企业也可能异军突起，成为巨富企业。

“云计算”公共服务还为科研机构和企业提供了和大企业同等的计算能力。在研究开发尤其依赖数据分析的情况下，强大的计算能力，让创意和发现更有价值，更能发挥对生产的促进作用，这为中小企业的创新发展又提供了源源不断的新动力。

在总量上成为世界经济的领航者之后，经济活力的重要性与日俱增，全民创新正在成为国家创新体系的核心组成部分。“云计算”服务将为这种努力做出基础性贡献。

（五）加快传统产业转型的步伐

中国经济的持续健康发展，迫切要求传统产业加快转型的步伐。为适应市场环境的变化，走上以效率驱动替代投资驱动的新型道路，信息化将起到引领作用。即企业要主动联网，从线下转为线上，与消费者、合作伙伴对接，主动建立长期关系，作为企业长期发展的基础。企业要在联网的基础上，加强与消费者、合作伙伴的互动，了解市场需求，把握供应链的变化，从而做到供给与需求相匹配，资源与能力相契合，真正做到个性化定制、柔性化生产。企业要与不同行业的企业加强数据交流和合作，形成价值网络，为消费者提供全方位的增值服务，从而不断引发新需求、创造新价值。互联网正在从“消费互联网”向面向生产领域的“产业互联网”加速渗透。

而这种转型，背后是对数据的采集、存储、处理、分析、交换，只有“云计算”服务与物联网、移动互联网等技术密切配合，才能加速推进传统企业的转型。“云计算”服务对传统产业的现代转型，其决定性地位可见一斑。

（六）加强政务处理效率，提高管理能力

随着经济活跃度的不断加大，社会管理的难题不断涌现：就业问题、新型城镇化问题、城市竞争力问题、医疗问题、教育问题、交通问题、人口管理问题、行政审批问题、维稳问题，等等。这对政府部门政务处理的效率，发动全民力量开展公共治理的能力提出了严峻挑战。如何在预算约束下，高效完成经济和社会管理任务，是政府部门必须直面的挑战。

“云计算”服务的出现，为解决政务难题提供了可行的方案。首先，政府从自建数据中心、信息系统，向采购“云计算”服务转变，可以节省大量的财政经费，同时便于打破原有的信息系统建设中条块分割、信息孤岛的现状，促成政府数据的合理流动和开放，以对社会产生更大价值。其次，政府利用“云计算”服务平台，开展大数据分析、强化决策支持，可以更科学地制定政策和实施宏观调控。再次，政府利用“云计算”服务平台，结合移动互联网等应用，可以形成众包方式，调集全民力量开展大规模数据采集以及数据价值的开发，形成社会治理的新态势。

（七）维护经济安全

世界各国的竞争已从实体空间向网络空间延伸，数据资源被认为具有战略意义，各国已经加强了布局和控制。

美国的爱国者法案、经济审查制度都对信息技术领域，特别是数据的控制有所涉及。存放于国外企业信息平台上的数据，面临被全面监控的风险。斯诺登事件爆发后，这一担忧全面升级。数据资源的掌控，已经被一致认为是国家维护经济安全的必要。

（八）降低能耗、助力可持续发展

我国经济要持续健康发展，高投入、高能耗的惯性必须纠正。在信息经济中，信息技术对经济领域的全面渗透，呈现出高知识密

集度、高技术、高效益、低排放、低能耗的特性，因此促进信息经济的快速成长是改变这种局面的正确举措。

“云计算”服务平台作为释放强大计算能力的核心，在信息经济中具有举足轻重的地位。除了推动各行业提高生产效率，降低排放和能耗外，“云计算”服务平台也为减少排放、降低能耗提供了新的实验领域。数据中心技术升级，能耗标准不断下降。“云计算”产业的区域分工，将开发管控与实体数据中心相对分离，地质优势突出、能源丰裕的地区承接了实体数据中心部分，既避免了东部地区能源紧张的状况，也充分利用了中西部地区难以外送的富余能源、清洁能源，在减少排放、降低能耗上做出了新的探索。

四、阿里云的实践和启示

阿里云成立于 2009 年 10 月，致力于打造公共、开放的以数据为中心的云计算服务平台，借助技术创新，不断提升计算能力与规模效益，将云计算变成真正意义上的公共服务，为下一代信息经济构建新的基础设施。

目前的主要“云计算”服务有：云服务器（用户在线按需配置，即刻开通，及时调整），负载均衡（帮助用户处理访问量激增的情况），云安全（防止网络攻击、实时了解云服务器状态），存储服务（面向海量的各类数据存储），大规模计算服务（向普通用户敞开的大规模数据处理服务），网络软件开发与发布（协助程序员开发与发布在线软件）等。

（一）成为全球领先的“面向公众的通用计算服务”平台

阿里云从成立起就重视云计算核心技术的自主知识产权开发，是世界领先的“云计算”服务平台，目前拥有 85 项专利、服务 10 万家中小企业客户、单集群服务器规模达到 5000 台，与美国亚马逊、谷歌能力相当，处于全球顶尖水准。阿里云在安全性上也表现突出，成为全球首家获得云安全国际认证金牌（CSA STAR Certification）的云服务供应商、ISO27001信息安全管理体系国际认证的云安全服务供应商和全国首个通过公安部等级保护测评（DJCP）的云计算系统。

目前国内外“云计算”服务平台提供的服务仍存在专业性限制，不同类型的业务难以在一个平台上完成，这大大限制了“云计算”服务像电力一样，提供给各行业的用户，完成不同的功能。

而阿里云的“云计算”服务平台，从成立之初就以向公众提供通用的计算服务为己任，阿里巴巴淘宝、支付宝等多套核心系统，用户搭建的各种系统都运行在同一平台上。这样阿里云的“云计算”才真正实现了提供“通用计算”的目标，堪比电力供应中的中央电厂。国际上掌握这种技术，且拥有自主知识产权的屈指可数，国内仅阿里云一家。而即使如谷歌这样的领军企业，多项业务能够同时运行于同一平台，但是其建设开发之初就只是面向内部服务，不能提供同类的面向公众的“公有云”服务。因此可以说阿里云在提供“面向公众的通用计算服务方面”处于绝对的领军地位。

（二）引领从“计算机＋软件”模式向“云计算＋数据”模式转变

从国际IT巨头控制的“计算机＋软件”模式向“云计算＋数据”模式转变，阿里云正是最有力的推动者。其从内部掀起的用自主知识产权、开源技术替换IBM\ORACLE\EMC（原有的小型机、数据库、存储国际巨头）的运动，也得到国内企业界的热烈响应。与简单地以国产设备和软件替代不同，阿里云的实践证明，国内自主知识产权的“云计算＋数据”服务模式，不仅是为了摆脱原有控制，在性能上更要有极大的提升。阿里云“云计算”服务平台，在实践中经受了严峻考验，显示了强劲实力。

2013年，淘宝和天猫“双十一”单日交易额超过350亿元。这一天在阿里云平台上处理了全部商家75%的订单，全天服务过程中做到流量剧增零故障、零订单遗漏。当有一些商家因未使用阿里云平台而出现服务器能力不够时，立即协助商家在 5 分钟内迅速迁移至阿里云计算平台以确保其高速运营。这一切均源于云计算的超级调度与强大的弹性服务能力。

阿里金融承担阿里巴巴集团为小微企业和网商个人创业者提供互联网化、批量化、数据化金融服务的使命。阿里金融基于阿里巴巴 B2B 业务、淘宝和天猫三个平台上的数据沉淀，向在这三个平台上无法通过传统金融渠道获得贷款的小微企业、个人创业者提供纯信用小额贷款服务。而阿里云正是阿里金融的云计算平台，在过去两年多的时间里，实时地为 17 万家小微企业发放了 400 万笔贷款。为了把商家的数据变成商家的信用，在云计算平台上，每天需要处理数个 PB（PB 为 petabyte 缩写，1PB 等于 100 万个 G）的数据，花去超过 8 万个 CPU 小时（相当于 5000 台 16 个 CPU 的高端服务器共同工作 1 小时以上），这是传统的“计算机 + 软件”方式不可能完成的任务。

天弘基金与支付宝在 2013 年 6 月 13 日，合作推出了“余额宝”理财支付产品，上线短短几个月内资金规模便突破 2000 亿元，用户数突破 5000 万，成为中国基金史上第一个规模突破千亿元的单只基金。截至 2014 年 1 月 15 日余额宝规模突破 2500 亿元，客户从 6 万猛增到 4900 万，成为中国最大单只基金，全球货币基金排至第 14。余额宝在阿里云“云服务”平台上线后性能超出期望，实时请求处理高达 11000 笔 / 秒，远超原基于传统架构的不足 1000 笔 / 秒能力。系统效率提升 16 倍，30 分钟完成了以前要 8 个小时的清算工作。

中国药品电子监管网（www.drugadmin.com）收集了中国境内每盒药从生产、批发、零售环节的所有流通信息。阿里云计算服务帮助客户去掉了 8 年以来由于后台系统能力不足制约其业务发展的瓶颈，每天监管码被读写的次数近 10 亿次，关键业务处理的平均延时从 60 分钟降低到 2.7 秒，效率提升了 1333 倍，目前药品监管码个数超过 800 亿，并以 1.6 亿 / 天的数量新增，2014 年预期监管码达到 1500 亿条。

（三）打造“云计算”产业生态体系

“云计算”服务作为新生事物，对它的熟悉与接纳需要一个过程。阿里云在同政府部门、合作伙伴的共同创新中，逐渐打造出一个创新的生态体系。

业界开发者：博客园网站的 CEO 杜勇，在 12 个月内，写了超过 70 篇博客，指出与探讨在阿里云服务中的技术问题，正是众多业界开发者对云计算的追求，推动着中国“云计算”应用水平的提高，帮助阿里云“云服务”平台在技术、运行维护水平上不断提升。中国拥有海量的网络用户，拥有众多的开发者，这也是中国“云计算”不断取得突破的源泉。

系统集成商：浙大网新作为一家信息系统集成服务的领军企业，尽管在传统架构下有着丰富的经验，但仍勇于尝试向“云计算”服务转向，把负责项目的政府系统从传统 IT 架构变成“云计算”架构，在实施中克服了众多困难，进行了新的探索和创造。

投资者：杭州银杏谷是一家投资机构，它的特别之处是将投资对象锁定为在“云计算”上创业的公司，尽管其资金来源于成功的传统产业企业。这类投资机构，向“云计算”这一行业的率先转型，为“云计算”引发更多的创新、创业提供了养分。

园区管理者：杭州转塘的云栖小镇是全国第一个聚集了众多采用“云计算”服务，借此开展业务的企业园区。这个园区的管理者，始终以服务好使用“云计算”的企业为目标，他们的这种支持是产业链条上至关重要的合作创新，为“云计算”服务的普及和创新奠定了坚实基础。

国家政府主管部门：2010 年 10 月，五个云计算示范城市作为国内先行开展云计算创新发展的试点示范城市，这也标志着我国的云计算开始在国家主导下，从概念逐渐走向应用层面，杭州位列其中。正是由于政府对“云计算”的支持和背书，众多的企业从亚马逊迁出，选择了阿里云的“云计算”服务平台。

（四）催生创新的奇迹

阿里云“云计算”服务，为众多行业的企业提供了突破性的发展契机，催生了新经济创新发展的良好氛围。

1．小企业快速成长

北京玩蟹科技是专注于移动互联网游戏产品开发和运营的创新企业，其产品《大掌门》在苹果 AppStore 和各大 Android 市场位居前列。80 后年轻人领导的 100 余人的团队，在经营了两年之后，以 17.39 亿元被掌趣科技并购，创造了游戏行业的一个奇迹。对游戏行业来说今天刚上线，明天有 10 倍的需求，今天上线 1 台服务器够了，明天可能就需要 10 台服务器，用户快速涌入。计算资源准备少了压力大难以应付，投入多了又可能造成大量浪费。在阿里云的“云计算”服务协助下，迅速地解决了难题。正是“云计算”低成本快速满足需求、高可靠性的特质，支撑了中小企业的异军突起。

2．创意产业实现突破

《昆塔传奇》中国第一部按照好莱坞标准制作的原创 3D 动画电影，制作周期长达 3 年，由迪士尼《狮子王》团队完成英文版配音，2013 年暑期档中国、美国同期上映，是国产动画从量变到质变的里程碑之作，其 3D 动画渲染，使用阿里云渲染服务完成。其计算量是《阿凡达》的十多倍，使用 6000 台渲染服务器，共 14.9 万核，累计计算量超过 1000 万核 / 小时。全片渲染投入成本仅为原计划自建渲染农场的 1/3，且不存在硬件成本回收困难、维护烦琐的问题。3 个月完成原计算自有渲染农场 40 个月的渲染任务，时间效率提升 13.3 倍。“云计算”提供的强大计算能力，引爆了创意产业发展的美好前景。

3．低门槛提高工作效率

吴磊是陕西铁路局安康工务段的一名养路工人，常年奔波在秦岭附近上千公里的穿山铁路之间。这位养路工人利用阿里云的“云计算”服务，也可以低门槛地实现工作效率的大幅度提升。他所在的铁路工务段，负责上千公里的铁道养护工作，分成5个班在不同的地方作业。很多工人一年到头都在外面作业，铁轨哪里坏了就要换哪里。而吴磊的职责，是把部门下达的紧急文件和通知及时传达给每个铁路段的工人们。过去的做法，是在办公室里下载打印文件，再送到这近千公里的铁路段中，读给工人们听。一般要花上两三天的时间。在跟一些懂技术的网友交流后，吴磊在阿里云计算平台上搭建了一个机修车间文件签收系统。每天有任何会议通知或者工作安排，都可以通过这个系统上传到阿里云的服务器上，给各路段的负责人开通权限后就可以下载下来，直接打印文件送到铁路工人手中。当收件人通过阅读并点击签收按钮之后，会出现“签收完毕”的状态。这样能够一目了然地知道对方接收的情况，既节省了时间，也避免了使用网络通信工具和邮箱传递的不安全性和烦琐操作。安康铁路段有大量的隧道，当某个地段出现塌方等险情时，铁路工人们就能够通过手机拍照快速将信息回传至阿里云服务器，让不同路段的负责人、总部都能第一时间登录网站查看。“云计算”服务渗透到工作、生活的每个角落，计算能力就像电力一样，正在全方位改变经济和社会的面貌。

4．高效的政务“单一窗口”

2014年6月25日“浙江政务服务网”正式开通运行。通过这个运行在阿里云计算平台上的政务门户，省市县三级政府6万余个审批事项均可办理，并使用支付宝缴费。这是我国首个淘汰自有数据中心、运行在云端的省级政务网站，也是中国目前访问速度最快的政府网站。依托阿里云计算的海量数据处理能力，浙江政务服务网整合了40余个省级部门、11个地市和90个县（市、区）政务服务资源，实现了省市县的数据直连。针对老百姓办理频率最高的婚育收养、教育培训、纳税缴费、就医保健、社会保险、证件办理等14类主题，浙江云计算“政务超市”汇聚了2.4万项服务资源，提供15万条便民服务信息。公众可以在线使用预约结婚登记、预约诊疗挂号、报考各类职业资格以及查询高考成绩等各类服务。该网站还集成了电子地图服务，汇聚全省 14 类近 5000 个办事场所和服务场馆信息，形成了全省便民服务一张图。浙江政务服务网还公布了全国首张省级政府权力清单。未来，更多的政府权力将在这里晒出，包括三公经费、考试招生、征地拆迁、工程建设等社会关注的领域。各级政府部门每一笔审批业务的办理信息将在网上公告，接受公众监督。淘汰自有数据中心，采用云计算架构，这是浙江省政府对云计算、阿里云投下了信任的一票，将在全国范围内形成巨大的示范效应。与传统 IOE（IBM 服务器，Oracle 数据库，EMC 存储设备）架构比，云计算架构可以为政府降低 80% 以上的 IT 成本，减少数据中心的重复建设和资源浪费。更为重要的是，只有通过云计算，政府机构才能真正运用大数据的手段提升便民服务的效率。阿里巴巴相继与海南、浙江、贵州、广西、宁夏等省份达成了云计算方面合作。率先应用阿里云计算的政府部门，还包括中国气象局等。

专题报告二

互联网经济体的崛起与影响

一、互联网经济体的兴起

全球经济已经进入信息经济时代，过去20年，信息技术和互联网飞速发展，如果把互联网看成一个经济体，那么其已经位居全球第五大经济体。

20世纪90年代，电脑及互联网的普及令美国达到前所未有的繁荣及全球科技的领先地位。进入21世纪，互联网对世界经济的影响开始越来越显著，它不仅创造了新的经济发展模式，更对传统的经济模式和产业起到了革新改造的作用。互联网正逐步成为信息社会发展的战略性基础设施，深刻地推动着生产和生活方式变革，影响着社会经济的发展。

信息、互联网正延伸到实体经济，信息化与工业化的深度融合形成的新型信息生产力将释放前所未有的能量，成为驱动全球经济新一轮大发展、大变革的动力引擎。面向2020，互联网经济体将继新兴市场国家之后成为全球新的增长极。

（一）信息经济的演化

全球经济结构历史演变的本质是科技突破带来的生产关系与生产力的变革，从农业生产力到工业生产力到信息生产力，每一次生产力的升级都会引起经济与社会发展质的变化。

从历史的角度看经济社会的变迁，理解社会变迁背后的科技推动力和作用，对比农业经济、工业经济、信息经济的成因可以发现，农业社会创制人力工具，扩展人的体质功能；工业社会制造动力工具（如发明蒸汽机），超越人类体力极限；信息社会制造智能工具（如发明电子计算机），超越人类智力极限。

从历史角度看，农业经济、工业经济、信息经济长期共存，只是随着生产力、生产关系的变革新的主导力量在转换。从工业革命开始至今，全球经济结构经历显著变化，农业、制造业和信息业的比重逆转。1800年工业革命初期，农业经济占较大的比重；到

表 2-1 社会的变迁：从农业社会到信息社会

分类	社会形态	资源	工具	经济形态
古代	农业社会	物质资源（主要是土地等自然资源）	创制人力工具，扩展人的体质功能	农业革命的结果→农业社会
近代	工业社会	物质和能量两种资源（特别是资本和动力资源）	制造动力工具，解放人的体力劳动	工业革命的结果→工业经济
现代	信息社会	利用物质、能量和信息三种资源（把信息资源提到重要的战略资源的高度）	制造智能工具，解放人的脑力劳动	信息革命的产物→信息经济

资料来源：阿里研究中心，2014 年 2 月。

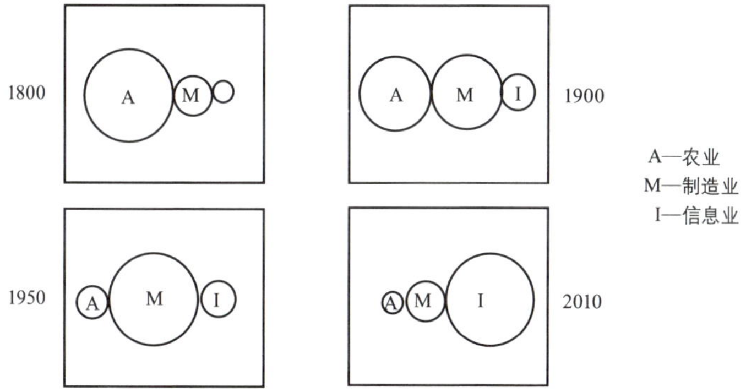

图 2-1 1800—2010 年全球经济结构的变化

资料来源：阿里集团政策研究室，2013 年 11 月。

1900 年制造业的比重上升到与农业相当的规模，工业经济占据主导地位；进入 20 世纪 50 年代，制造业比重占较大的比例，而到 2010 年，全球信息经济已经开始占据主导地位。

从世界范围来看，以 G7 为代表的发达国家经济结构已经转变为以信息经济为主导。中国和拉丁美洲大部分国家仍然是以工业经济为主导，而经济上最为落后的非洲依然是农业经济占主导地位，制造业和信息业均处于落后态势。

2008 年以来的全球经济危机使全球经济深陷泥潭，复苏乏力。表面上经济危机是金融危机引起的，实质上金融危机只是诱发因素，本质是工业经济的生产方式已经与互联网新经济下的大众生活与社会方式脱节，一方面是互联网的普及，新的需求、海量个性化需求

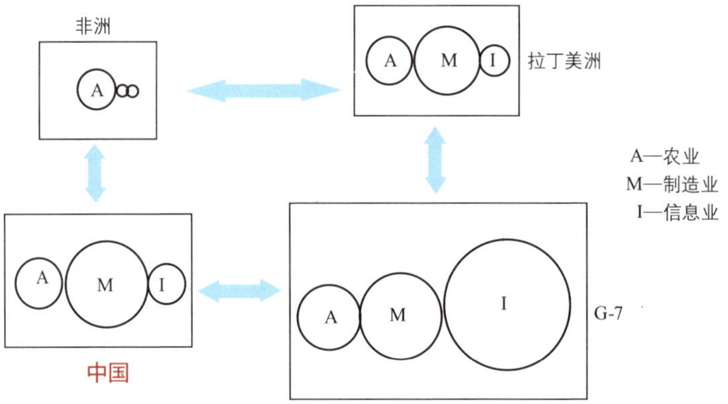

图 2-2　2010 年全球经济结构

资料来源：阿里集团政策研究室，2013 年 11 月。

和新的生活方式产生，但是得不到充分满足，另一方面则是传统工业体系下生产过剩以及生产环节的浪费，批量生产和大工业的生产方式已经过时，实体经济增长乏力，造成虚拟经济与实体经济的不匹配。

归结来说，经济危机的本质折射的是规模经济的式微、集中控制的式微和化石能源的式微，这意味着传统工业经济已经越来越难以适应今天的社会，需要新的变革甚至颠覆。资源三大要素：物质、能源、信息正在重新平衡，信息科技的发展不仅使得信息产业自身过去 20 年迅猛发展，更关键的是信息技术的发展使得互联网信息产业日益成为全产业的基础设施。

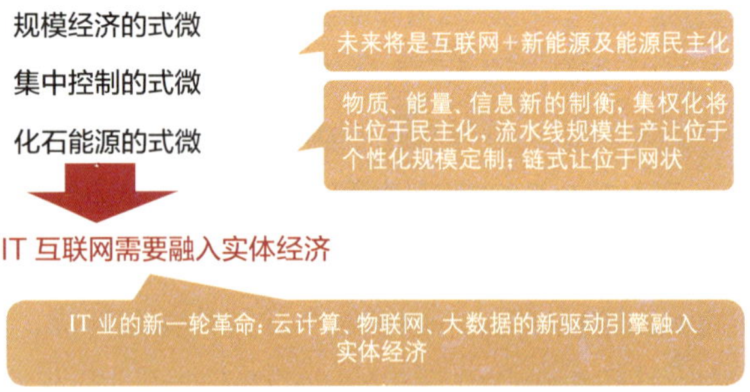

图 2-3　全球经济增长新动力：IT 互联网融入实体经济

资料来源：阿里研究中心，2014 年 2 月。

信息经济重新塑造了生产力和生产关系，信息经济的演变将促成发展范式的转变，信息经济不是互联网或信息产业本身狭义的范围，而是信息成为基础设施带来的经济与社会全方位的转型，由此释放的信息生产力将推动社会发展进入新的阶段。前沿理论已经发现，除了市场竞争和政府干预这两只手之外，信息网络正在发挥第三只手的力量。

（二）互联网经济体及其影响

1. 互联网经济体定义

互联网是自工业革命以来影响最为深远的变革，互联网通过给计算机添加通信功能而改变了世界。互联网催生新技术、新业务，进而催生新经济增长。不仅如此，互联网对实体经济有明显的拉动作用，加速传统产业转型升级，服务平台作用日益凸显。此外，互联网在公共服务领域发挥了越来越重要的作用，成为人民大众工作、生活不可或缺的工具和平台。

互联网经济：互联网经济是指以网络、信息技术为基础的经济。互联网经济有时也被称为网络经济、新经济、数字经济。早期的互联网经济指互联网产业本身，即互联网产业的经济规模。随着互联网对人们的工作方式、生活方式的改变越来越显著，互联网经济的概念扩大为基于互联网所产生的经济活动的总和。

原本经济体的概念是指对某个区域的经济组成进行统称和划分。经济体可以指一个地区，如台湾地区，或地区内的国家群体，如欧盟、东盟等。

然而互联网具有泛在性（时间泛在、空间泛在、主体泛在），互联网打破了边界。在研究互联网经济时，为了能够更清晰地界定互联网经济，更好地说明互联网的深远影响，我们提出互联网经济体的概念，将一个国家或地区与互联网、信息技术相关的全部经济组成称为该国 / 地区的互联网经济体。

互联网经济体有广义和狭义之分，狭义的互联网经济体由以下四部分构成：互联网应用、互联网相关服务、网络基础设施、硬件设备制造（如图 2-4 所示）。而广义的互联网经济体则除了包含上述的四个层次外，还包含被互联网网络化的实体经济体部分。

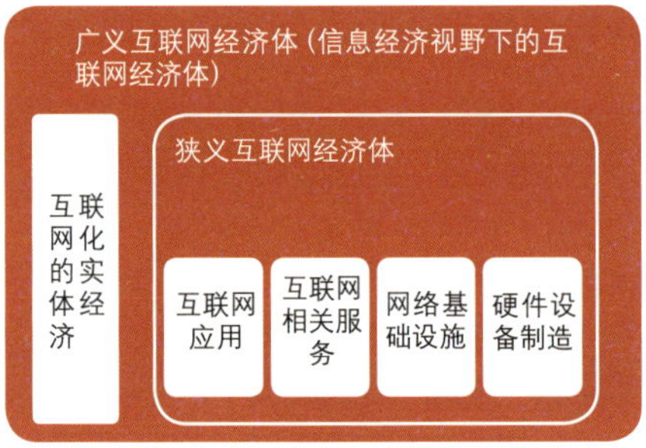

图 2-4　互联网经济体的构成

资料来源：阿里研究中心。

互联网应用：包括网络媒体、网络广告、网络游戏等各类互联网应用。

互联网相关服务：包括电子商务、软件、IT 咨询、教育培训等各类互联网服务。

网络基础设施：互联网相关电信（例如宽带）。

硬件设备：网络设备制造业，例如电脑、智能手机、服务器等。

互联网化的实体经济：互联网向周边产业扩展，带动、促进了传统工业、农业、服务业等的转型升级，实体产业通过被网络化，而被吸纳入互联网经济体。

2．信息经济视野下的互联网经济体

（1）互联网引发生产、生活领域深刻变革。互联网的诞生给人们的生产、生活带来了革命性的改变。从商业到社会，互联网以不同方式在不同领域进行加速改造、革新取代、创新创造。

互联网解决了交易过程中的信息不对称问题，为消费者赋能。解决信息不对称的最有效方法就是找到获取信息的途径。互联网上信息充分共享，消费者能够没有任何成本地查看其他消费者对产品的评价、商家的信用记录，并使用搜索引擎进行多方比价，可以说，消费者的决策基于充分的信息基础。

互联网是中小企业进行营销推广的首选渠道。中小企业利用各种互联网手段吸引消费者，包括网站、在线广告、博客、社交网络、电子商务。据 CNNIC 统计，在各类营销推广渠道中，互联网已超越报纸、杂志、电视、电台，成为中国中小企业进行营销推广的首选渠道。

互联网在信息传播领域得到充分应用。互联网为人们享有知情权、参与权、表达权和监督权提供了前所未有的便利条件和直接渠道。以微博为代表的社会化媒体兴起，将传播结构由单向改变为互动传播、自媒体传播。据 CNNIC 统计，截至 2012 年 12 月底，中国微博用户规模为 3.09 亿，网民中微博用户达到 54.7%。

互联网帮助工业产业改变生产方式。互联网帮助厂商收集消费需求，驱动柔性化生产，从 B2C 的模式向 C2B 转变。以消费者需求为起点，在商业链条上一个一个环节地进行波浪式、倒逼式的传导。

互联网改变组织模式。分布式协同网络、众包的方式正在取代传统的自上而下的金字塔式组织架构。

互联网改变了人们的生活习惯。根据 eMarketer 统计，年龄在 19—30 岁的用户在线的时长几乎是观看电视的两倍。中国数字用户在移动设备和电脑设备上观看视频的时长多于电视。

互联网已经颠覆了出版、传媒、邮政、通信、零售、娱乐等领域，不远的将来，互联网还将以更快的速度去改变金融、教育和制造业。

（2）互联网：从工具到基础设施。普适计算之父马克·韦泽说过“最高深的技术是那些令人无法察觉的技术，这些技术不停地把它们自己编织进日常生活，直到你无从发现为止。”

互联网正是这样一种技术，它逐步下沉为基础设施，与实体经济渐渐融为一体，从人们的视线中消失，但又无处不在。人们将能够在任何时间和任何地点获取和处理信息。

作为一种通用技术，信息通信技术除具有基础性、高渗透性和通用性的特征之外，还具有两个很重要的特点：一是技术创新的快速、连续和系统，可以持续提供更快、更好、更便宜的产品和服务；二是信息通信技术通过提高全要素生产率和促进资本深化，提高平均劳动生产率，进而提升经济增长率。信息通信技术的生产率和资本深化的贡献不但发生在信息技术部门，而且可以向非信息部门溢出[①]。

互联网是所有信息通信技术中影响最深远的一个。如今任何公司或国家都无法忽视互联网的发展，每个企业都需要走向数字化。互联网是全球性的、普遍存在并实时共享的。随着智能终端的普及，人们更加难以忽视互联网，因为它不再只是从 PC 实现，移动互联网正以更快的速度渗透。用不了多久，“人均带宽”和“人均信息占有量”将成为衡量国家经济实力的核心指标。

互联网不仅仅是一种通用技术，它更是现代社会重要的信息基础设施，它推动生产和生活发生重大变化，重塑经济社会发展模式。

第一，互联网加速普及，2020 年全球人口的一半都将是网民，网络改变了人们生活的方方面面，人们的生产、生活已经离不开互联网。

第二，互联网与传统产业日益交融，促进工业转型升级。高效协同供应链管理和营销管理体系，促进工业转型升级。只有到了互联网时代，“以消费者为中心”才有了大规模实现的可能性。

第三，互联网在农业、农村的应用。为农业现代化和农民的生产生活提供有力的信息化支撑。

第四，互联网在服务业普及及深化应用，推动金融、商贸、物流、旅游、娱乐等服务领域的信息化改造和网络化经营，延伸拓展服务产业链，促进服务业高端发展和向现代服务业优化、升级。

第五，通过先进的互联网技术，可以不断提升社会管理和公共服务的水平，互联网在教育、医疗、社保、人口等民生领域广泛应用。

第六，互联网最大的优势，在于它可以支撑大规模、社会化、实时化的分工与协作。这将对国民经济产生重大影响，互联网将会改变现实产业，开创一种新型的制造经济——创客运动——运用互联网和最新的工业技术进行创造。这一经济的形成更像是网络本身：自下而上，分布广泛，高度企业化。

第七，在拉动内需发展的各个因素中，互联网开始发挥出它的巨大作用：它既提供了诸如云计算等代表性的商业基础设施，也发

① 引自陈湛匀《中国经济向何处去》，中国金融出版社，2013。

挥出了促进企业全方位创新的赋能作用。

互联网已经不再是一种可有可无的工具，它是人们生产、生活时时刻刻离不开的基础设施。像其他的基础设施那样，它将给社会带来根本性的变革，互联网技术和云计算、大数据、物联网等新商业基础设施的发展将使信息知识和数据能够如水、电、煤般随需取用，并且能够高效高质地流向传统工业与实体。

从产业中观和企业微观层面的发展实践来看，规模化大生产、层级制组织模式、自上而下的单一生产方式的工业经济模式，已经或正在被今天随需取用的互联网新基础设施所改变，今天的企业正在广泛应用互联网新的基础设施重新塑造自己的生产方式、商业模式和组织模式。C2B 消费者驱动的柔性化生产、小而美（小前端、大平台、富生态）、异质化、分布式协同网络、轻公司的模式特征，长尾经济和范围经济、众包的方式正在取代传统的规模经济。

（3）互联网与实体产业从平行发展到融合。21 世纪第二个 10 年开始，信息经济的演变迎来了新的节点：互联网发展迎来了第二个发展阶段——从过去 20 年信息和互联网产业本身的发展，到逐

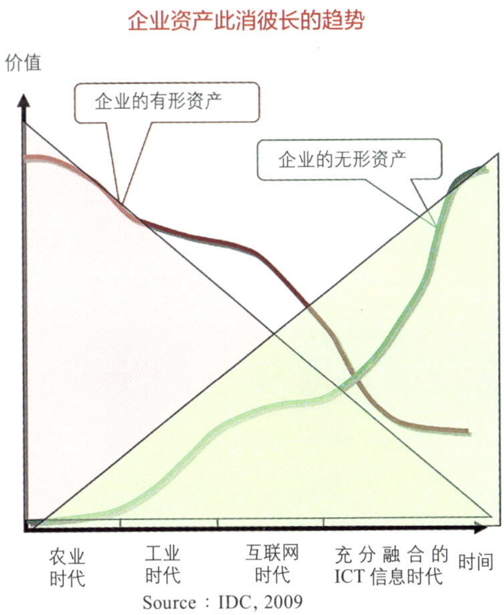

全球市值超过 1000 亿美元的公司的构成

行业	公司数量	市值(US $B)	比例
能源	8	1417	28%
金融	8	1127	22%
科技	5	715	14%
消费必需品	4	577	11%
电信	3	444	9%
医疗	2	268	5%
消费非必需品	2	259	5%
材料	1	155	3%
工业	1	130	3%
总计	34	5092	100%

有形资产为主的公司市值占比：50%

无形资产为主的公司市值占比：50%

注：在全球 34 家市场超过 1000 亿美元的公司，美国有 16 家，占 47%，中国有 5 家，占 15%，位居数量的第二位

Source：Business Week, July6,2009

图 2–5　企业有形资产与无形资产此消彼长的趋势

资料来源：IDC，2009 年。

步向实体经济渗透，实体产业通过被网络化，而被吸纳入互联网经济体。这便构成了信息经济视野下的互联网经济体，即广义的互联网经济体。

大企业的无形资产占比逐渐超越有形资产。据 IDC 的研究，我们可以看到，从农业时代到工业时代到互联网时代以及今天 ICT 充分融合到传统经济的互联网信息时代，企业资产呈现出此消彼长的趋势，企业无形资产的价值超越有形资产的价值，信息与知识的比重超过了物质。2009 年全球市值超过 1000 亿美元的公司，有形资产为主的公司市值占比超过了 50%。

以互联网为代表的新技术为小微企业赋能。一方面是大企业信息和知识在企业价值中的比重增加，另一方面，今天小微企业的沃土正在形成，新的商业演化方向将是：小前端、大平台、富生态，一个前所未有的小而美的沃土正在产生，而其核心因素也是互联网基础设施使得个人应用信息技术与工具的门槛降低，以互联网为代表的“新技术赋能”，信息和知识的获取平等便捷，从而赋予个人、消费者和企业以更大的商业能量与自由，促进人们生活的回归、融合、自由和自然，这将使人的创造力得到巨大释放。

以 IT、互联网和电信为核心的信息技术的发展与融合已经形成了驱动互联网与实体产业融合发展的信息经济动力引擎。其核心技术云计算、大数据和物联网，使得信息和数据广泛应用于电子商务、金融、公共服务和传媒、教育领域，并且进一步向工业制造业的供应链延伸，实现传统行业的转型升级。进而，互联网将催生新能源与新制造业。

从中国发展的现状来看，在互联网与实体融合的进程中，电子商务起到了连接器的作用，可以说，电子商务是信息经济形成的桥梁，因其连接互联网和物理世界，电子商务正在从前端营销和零售逐渐渗入到实体产业供应链环节，并且形成了庞大的从消费者到零售商到渠道商并包括服务商的生态体系。

电子商务经济体为核心的信息经济将释放实体能量，实现实体的快速成长，原因是信息经济将重构生产方式、沟通交流方式释放信息生产力。

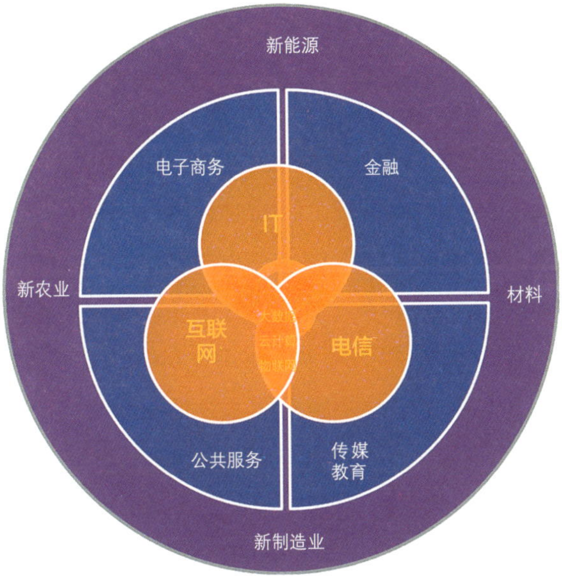

图 2-6　互联网为核心驱动的信息经济演化

资料来源：阿里研究中心。

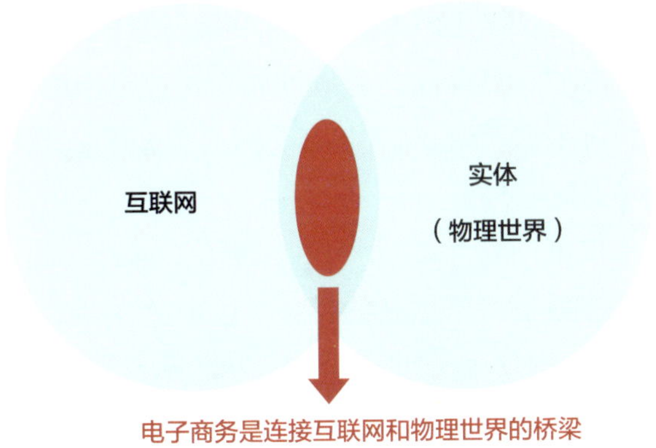

图 2-7　电子商务是连接互联网和物理世界的桥梁

资料来源：阿里研究中心，2013 年 2 月。

互联网、电子商务与实体产业发生融合，信息与代表物质的原子一旦结合产生的则是裂变效应，互联网、电子商务延伸到物理世界并正在以信息和知识的特性使得传统线性供应链发生变化，未来是生态成员参与的分布式实时协同价值网，信息生产力将得到充分巨大的释放，生产关系也将发生改变。

（三）互联网经济体对国民经济的贡献

互联网经济体对国民经济的贡献越来越大，已被各界广泛接受，但如何量化互联网经济体以及互联网经济对国民经济的影响，学术界及互联网业界并没有一个统一的统计计算方法。

近年来，麦肯锡、波士顿咨询、野村研究等研究咨询机构先后展开了对本国或更大范围经济体的互联网经济价值的研究，大部分研究对互联网经济体规模的测算是采用宏观经济核算的支出法来计算互联网对 GDP 的贡献。从这些研究结果可以部分反映互联网经济体对国民经济的影响。

2014 年 7 月，麦肯锡全球研究院发布的《中国的数字化转型：互联网对生产力与增长的影响》表明：2010 年，中国的互联网经济只占 GDP 的 3.3%，落后于大多数发达国家。而到了 2013 年，中国的 IGDP 指数升至 4.4%，已经达到全球领先国家的水平。

考虑到互联网的发展速度和各行业的运用程度，预计 2013 年至 2025 年，互联网将帮助中国提升 GDP 增长率 0.3—1.0 个百分点。这就意味着，在这十几年中，互联网将有可能在中国 GDP 增长总量中贡献 7% 到 22%。到 2025 年，这相当于每年 4 万亿到 14 万亿元人民币的年 GDP 总量。

互联网不仅可以成为未来几年中国经济的新引擎之一，更加重要的是，它还将改变经济增长的模式。过去 20 年来，中国依靠巨额资本投资和劳动力扩张的增长方式，从长期看是不可持续的。而互联网能够在生产力、创新和消费等各方面为 GDP 增长提供新的动力。由于互联网加快了有效市场机制的形成，加强了竞争，最具效率的企业得以更快地胜出。同时，互联网让信息更为透明，有助于优化投资决策，让资本配置更为有效。它还可以推动劳动力技能提升，提高劳动生产率；通过降低价格，让人们获取信息更为便捷，带来各种各样的便利创造消费者剩余。上述转变会带来某些风险和冲击，但最终将有助于中国实现更为可持续的经济增长。

互联网对 GDP 贡献，尤其是对 GDP 增长的贡献占比逐年增加，成为推动经济增长最重要的因素之一，继金砖五国之后，互联网经济体已然成为全球经济新的驱动力。

（四）互联网经济体的双子星座

1．美国策略：占据全球第一互联网经济体地位

进入 21 世纪，美国模式可归结为战略性占据全球第一互联网经济体地位，以引领全球信息经济的发展，通过市场化主导结合国家战略投入发展互联网全球基础设施，牢牢把持美国全球霸主地位。

自 20 世纪 50 年代至今，美国引领了每一次 IT 信息产业革命的发展，从 PC 电脑革命，到互联网革命，再到正在进行的 IT 信息第三次革命，即宽带、云计算、大数据、物联网和移动互联的革命。互联网深化发展成为全球的基础设施，一方面创新商业服务模式，全球化输出信息服务标准、知识、产品服务和文化价值观，占领包括美国在内的全球用户市场，一方面深刻渗入美国实体各行各业，释放出信息生产力，驱动经济与社会的全面升级与发展，面向 2020 走出过去几年的危机泥潭，再迎新黄金十年的春天。

IT 互联网已经成为驱动美国经济与社会发展的主导力量。互联网、通信业、信息业（包括设计、储存、传递和处理信息）及其相关产业和服务业在美国国民经济中已占主导地位。

不仅仅在 IT 互联网产业自身领域，互联网已经发展成为美国新的商业基础设施渗入实体产业，改变美国的经济与社会，驱动美国经济与社会的发展与变革。

不仅仅是在美国国内，互联网已经成为美国信息知识服务全球化的工具与舞台，美国互联网经济体实际上是全球化运营的互联网经济体，通过信息技术和资本全球化手段来占领全球市场。

2．中国：跻身全球领先互联网经济体之列

（1）庞大的消费市场和网民基数。与美国相比，中国有美国两倍的互联网人群，但普及率只及美国的 60%，小企业互联网的渗透率也是如此，因此未来增长潜力巨大。

虽然中国网民普及率相比于互联网发达国家还有相当的差距，

图 2-8 美国：互联网驱动的信息经济

资料来源：阿里研究中心，2013 年 2 月。

但是北京、上海、广东的互联网普及率分别达到 72.2%、68.4% 和 63.1%，已经非常接近发达国家的平均水平。据推算，中国的网民人数在未来 15—20 年可能达到 10 亿以上，将是美国的 4 倍左右，网络在中国的价值比美国可能要高出 16 倍左右。网络空间产生各种经济社会效益的高潮，在中国还没有到来。随着互联网的普及，也随着互联网加速与传统产业融合，其作为服务平台的作用将日益凸显。

移动互联网方面，2012 年底，中国手机网民数超过 5 亿，中国智能手机出货量超过美国，占全球市场份额的 25%，同期美国的市场份额占全球的 21%，且这种超越将不可逆转。同时 IDC 还预测到 2016 年，中美之间的这种差距将继续扩大。那时中国将占有 20.2% 的市场份额，美国则降为 15.3%，印度 9.3%，巴西 4.7%，英国 3.7%。

（2）不断增强的企业实力和创新能力。中国互联网企业实力和创新能力不断增强，有数据显示，互联网行业产值 10 年增长 350 倍。对于这一点，业内专家表示："中国在互联网这场信息革命中，正走向世界的前列。信息平台对于信息经济的意义，不亚于货币资本对于工业经济的意义。从工业平台到信息平台，欧洲正在衰落，其中最重要的原因就在于欧洲没有强大的信息平台，表现在互联网前 25 强中被清零。现在赢家只剩下美国和中国，目前在全球互联网前 25 强中，

2013			
消费者	互联网使用		
	▪ 用户，百万人	618	277
	▪ 普及率，%	46	87
	网络零售		
	▪ 规模，10 亿美元	295	270
	▪ 占零售业百分比	7～8	6
	电商平台	淘宝/天猫	eBay
	▪ 商品数量，百万	800	550
	▪ 活跃买家，百万	231	128
	智能手机普及率，%	34	58
	互联网用户中社交网状普及率，%	60%	73%
企业方	云服务渗透率，%	21[1]	55～63[2]
	中小企业运营中互联网使用率，%	20～25[3]	72～85[4]

图 2-9　中国庞大的消费市场

资料来源：麦肯锡全球研究院 2014 年 7 月

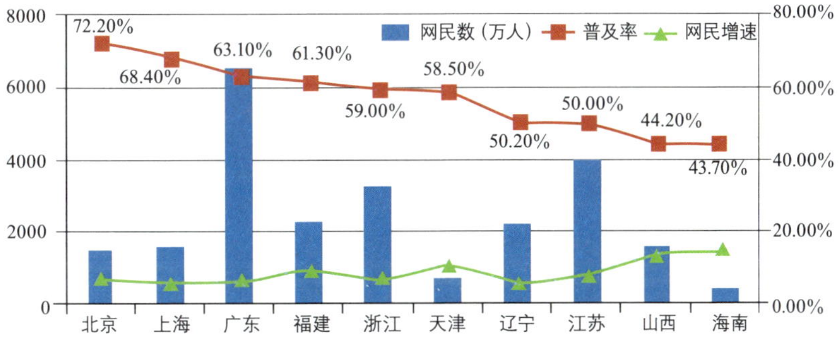

图 2-10　2011—2012 年中国互联网普及率前 10 位的省（市、自治区）网民规模和互联网普及率、网民增速

数据来源：CNNIC，阿里研究中心整理。

中美力量对比为 6 ∶ 14，正好是两国 GDP 之比。”

二、电子商务经济体：来自中国的故事

继新兴市场国家之后，互联网经济体成为引领全球经济复苏的新的增长极，这一浪潮势不可挡，并已超出地理的界限，而在中国最引人瞩目的则是电子商务经济体的出现。在美国等发达国家，电

子商务兴起于工业化高度成熟之后，电子商务只是传统零售业的补充渠道。而在中国，工业化基础设施、流通体系尚不完善，电子商务恰恰成为连接传统工业与信息技术的纽带，电子商务经济体生态体系的形成，进一步带动制造业的转型升级。因此，中国电子商务经济体成为中国推动信息化和工业化深度融合的关键。

（一）从电子商务到电子商务经济体

互联网应用于多个层面，从中国的发展情况来看，电子商务是互联网应用中最活跃的部分。

电子商务在互联网与实体经济融合的进程中，起到了连接器的作用。中国经济社会的独有特征，为电子商务的发展提供了独特的空间，使得电子商务从单纯的应用，经过十多年的发展演变成中国的“电子商务经济体”，成为中国互联网经济体中最活跃的部分。

中国的消费市场潜力巨大，具有“巨国效应”。据调研公司 Forrester Research 预计，2013 年全球网民数将达到 22 亿，其中 17% 来自中国，是全球网民人数最多的国家。另一方面，十八大报告提出，到 2020 年城乡居民人均收入比 2010 年翻一番。据麦肯锡预测，到 2020 年，中国的主流消费群和富裕消费群将分别占到整个消费阶层的 51% 和 6%。

网民数量的巨大规模以及城乡居民的人均收入提升，都将带来电子商务规模的急剧增长。

中国的传统商业基础设施相对落后，这给中国电子商务一个创造新商业价值的机会。美国现代零售业是非常发达的。80 年代沃尔玛就在用全球卫星体系做整个物流管理、供应链管理。沃尔玛的覆盖模式和高信息化，已经把美国的零售做得非常高效率。也就是说，美国的企业在进入互联网时代之前就完成了信息化。在这个基础之上，电子商务要再创造新的额外的价值，其实不是那么容易。因而，电子商务仅仅成为传统零售的一个补充。

而在中国，现代零售其实是一块空白。虽然过去的十几二十年连锁零售，包括所谓的 Category Killer，类似苏宁、国美这样的发

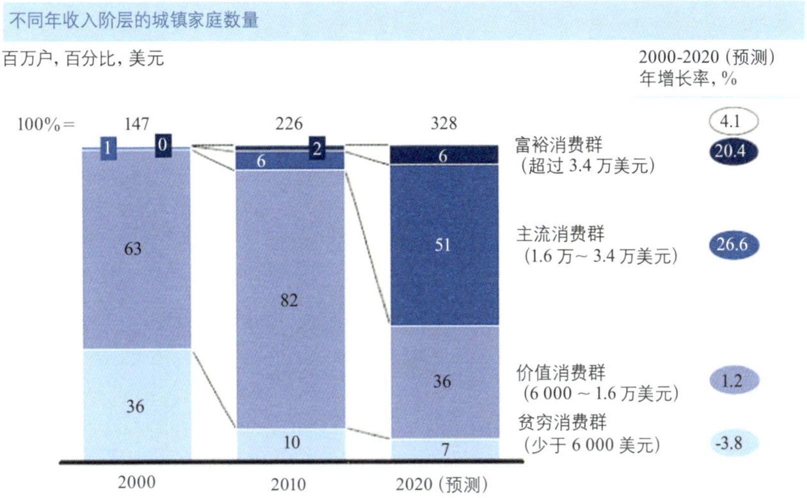

资料来源：麦肯锡咨询，“会面 2020 中国消费者”，2012 年 3 月。

图 2-11　不同年收入阶层的城镇家庭数量

展模式也非常快，但是毕竟也只覆盖到中国的二三线城市，主要以二线城市为主，在绝大部分的中国地区，现代零售还未能覆盖。因而，在中国，电子商务是和现代零售同时向中国的三四线城市以及农村地区渗透，而且前者的速度会高于后者。

从 BCG 的分析中发现，中国的实体零售整合仅达到发展中国家水平，而中国城市的互联网覆盖范围却已经接近发达国家水平。这恰恰表明，中国实体零售的相对落后为中国的电子商务发展开启了新的机会。

中国作为制造业大国，制造业从外贸向内销转型也促进了电子商务的发展，使得互联网向实体经济的渗透加快了脚步。2010 年，中国制造业产值占全球制造业总值的比重已经达到 19.8%，超过美国成为全球第一制造业大国。不仅如此，中国的制造业还形成了产业分工、规模经济、范围经济以及“百公里实现采购”，产生相对完整的制造产业链。但 2008 年国际金融经济危机以来，国内众多的贴牌加工企业处于无品牌无渠道的困境，转型实体销售的国内市场成本又过高，很多企业选择借助电子商务作为打开国内市场的窗口，这使得互联网向实体经济的渗透加快了脚步。

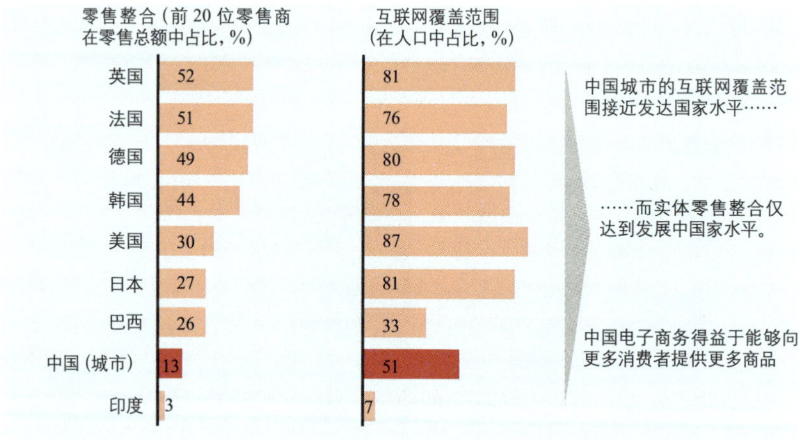

注：对 2010 年互联网覆盖范围的计算基于 3.33 亿城市互联网用户和 6.54 亿城市人口。前 20 位的零售商占中国零售业销售总额的 10%。假定前提为中国零售业销售额的 76%来自城市地区（基于 2010 年城市与农村人均可支配收入的比例），并且所有顶级零售商的销售收入来自城市地区。

图 2-12 零售整合与互联网覆盖范围 9 国家比较

资料来源：BCG。

（二）电子商务经济体的界定和体量

自 1995 年中国黄页创立、1997 年中国化工网（英文版）上线，中国已广泛存在各种 B2B 电子商务交易服务类型[①]。同时，面向消费者的网络零售也获得极大发展，从 2008 年网络零售规模突破 1000 亿元，到 2012 年网络零售规模突破 1 万亿元。

随着交易规模的急剧增长，电子商务的应用主体也越来越多样化。从最初应用 B2B 电子商务的中小企业，到面向个人消费的个体卖家，再到目前上游的制造商、品牌商，中游的经销、代理商，渠道终端的零售商，各种各样的传统企业纷纷加入电子商务行业。

交易规模爆发，电子商务应用主体的数量和类型变多，随之迸发的是对电子商务服务的多样化需求。多样化的需求催生了走向专业化的纵向分工。首先是作为电子商务服务核心的平台开始繁荣，B2B 平台从信息服务向交易服务转型。在 2C（面向消费者）领域，由开放式平台支撑的交易规模占据了大概 90% 的份额，自营 B2C

① 荆林波、梁春晓主编：《中国电子商务服务业发展报告 No.1》，社会科学文献出版社，2011 年。

也开始走向开放式平台，比如京东商城、当当、亚马逊中国等。其次是支撑电子商务的网上支付、物流、信息服务。再次，基于电子商务业务流程和信息技术外包的第三方服务，比如：营销服务、网拍服务、视觉服务、运营服务等，也相继蓬勃发展。在电子商务应用和电子商务服务之间，逐渐形成“正反馈机制”，双方在产生需求和满足需求之间形成良性互动，各自又进一步催生规模的增长。

电子商务应用和服务，离不开基础的互联网设施，比如计算机、手机、服务器设备，宽带接入设施等。同时，电子商务应用和服务的发展，进一步对基础的互联网设施提出更高的要求，比如云计算中心，云一管一端的需求。

以网络零售为例，从电子商务应用到电子商务服务，又到互联网基础设施形成了如图（2-14）的互动关系。

我们可以发现，电子商务已经不能局限于电子商务应用本身。电子商务服务和互联网基础设施，已经成为应用主体要完成电子商务活动的必要组成部分。因而，在中国，电子商务经历十多年的发展后，演变成“电子商务经济体”。

经济体原本是基于地域概念所产生的国家或地区经济集合，而互联网使得分布式的资源配置、协同型的价值网络成为可能，从而打破了实体地域的经济集合概念，使得跨越空间的经济集合成为可能。

“电子商务经济体”是指围绕电子商务而进行的企业或个人经济活动的集合。由以下四部分构成：

电子商务应用：指商品拥有者（包括个人和企业）利用互联网的手段而进行的商品信息服务或交易活动。

电子商务服务：为电子商务应用而提供服务的各行业集合，比如电商开放平台、互联网支付行业等。

互联网运营/基础设施：为电子商务提供互联网宽带接入。

设备制造：为电子商务提供硬件设备制造。

电子商务经济体有广义和狭义之分，广义的电子商务经济体包含上述的四个层次，而狭义的电子商务经济体则包含电子商务应用层和电子商务服务层。

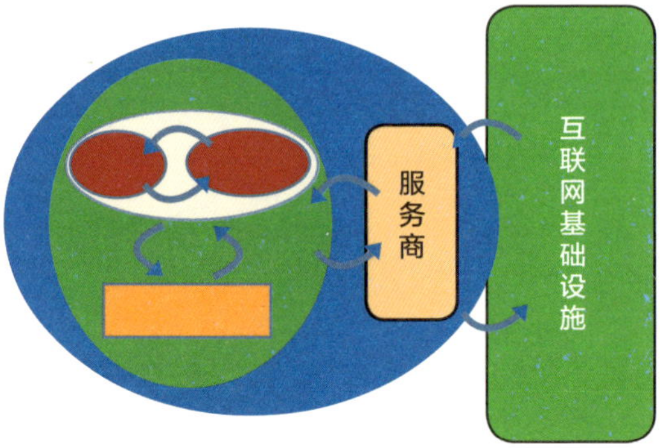

图 2-13 网络零售的应用层、服务层、互联网基础设施的互动关系图

资料来源：阿里研究中心。

1. 电子商务经济体应用层的构成和规模测算

电子商务经济体应用层的主体主要是指网商，即持续运用电子商务方式从事商务活动的个人和企业，其中，个人包括企业负责人、商人、个体经营者和业务操作者。根据商品的面向对象和商品拥有者的类型，我们可以将电子商务应用主体进一步分为 C2C 网商、B2C 网商、B2B 网商。[①]

截至 2012 年底，中国的网商数量达到 8000 万个。电子商务经济体应用层的规模则采用网商的市场成交规模来计算。按照艾瑞咨询的数据，2013 年中国电子商务交易规模达到 10 万亿元人民币，

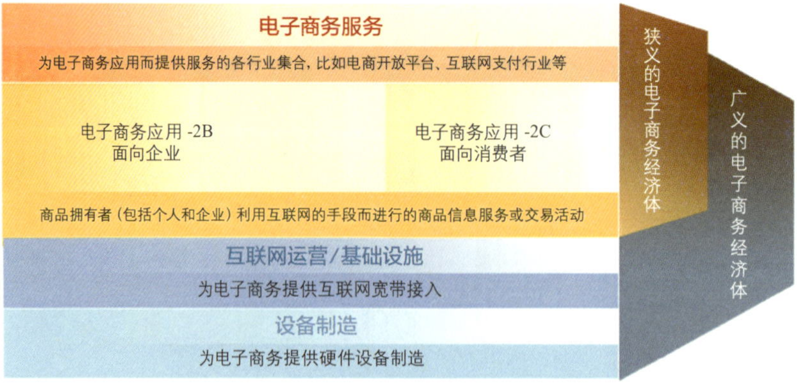

图 2-14 电子商务经济体的四个层次结构图

资料来源：阿里研究中心。

① 本文中电子商务经济体的应用层不包含政府、网络教育、网络炒股等。

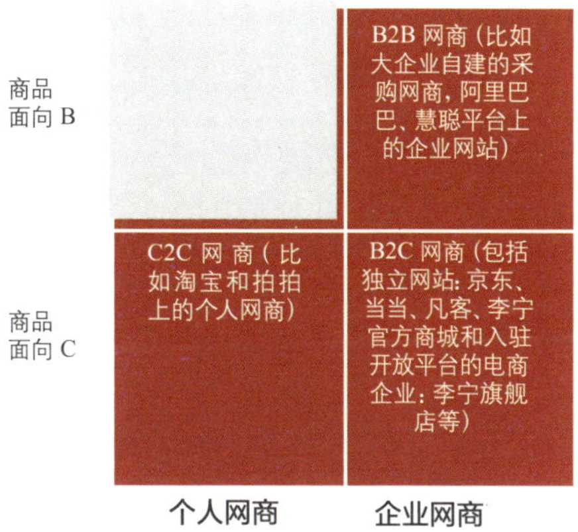

图 2-15 电子商务应用主体的类型

资料来源：阿里研究中心。

工业和信息化部发布的《电子商务“十二五”发展规划》提出到2015 年突破 18 万亿元人民币。

2. 电子商务经济体服务层的构成和规模测算

电子商务经济体服务包括核心层、支撑层、衍生层与相关层。

- 电子商务交易平台（核心层）：主要指经济网络服务中的交易平台，是电子商务整体生态中的链核，对于降低交易成本、提高交易效率，具有不可替代的协调、规制作用。
- 电子商务支撑服务（支撑层）：主要指经济网络服务中围绕电子商务三流（物流、资金流、信息流）的物质网络服务、资本网络服务、基础数据服务。支撑整个企业、个人电子商务应用的基础性服务体系，降低电子商务应用的成本。
- 电子商务衍生服务（衍生层）：主要指基于企业、个人电子商务的业务流程和信息技术的外包服务。实现电子商务应用效率的提升。比如：IT 系统外包、运营服务、营销服务等。
- 电子商务相关的社会服务（相关层）：主要指和电子商务活动相关的社会服务，包括电子商务园区、质检、培训、金融、保险等行业。

在四个层次中，电子商务平台是电子商务服务的核心，正是开放平台的发展，催生了电子商务服务的迅猛发展。根据电子商务平台是否能够让商品的拥有者（即个人或企业网商）自由进驻，可以把电子商务平台分成自营平台和开放平台。开放平台允许个人或企业网商自由进驻平台，而自营平台本身是商品拥有者，即商品的销售或采购方，限制其他网商进驻平台。2012 年是 B2C 自营平台的开放年，许多自营平台都开始开放性的平台业务。目前京东商城、苏宁易购、亚马逊中国、当当网、1 号店、V+ 等十余家企业均有开放平台业务。另一方面，也出现了 B2C 自营平台入驻 B2C 开放平台的合作方式（比如当当入驻天猫）。

2012 年，中国电子商务服务业规模大约为 2400 亿元，同比增长 72%。2000 亿元的电子商务服务支撑了 8.1 万亿元电子商务应用。

从上述电子商务经济体的发展过程来看，电子商务经济体的清晰出现经历了两个阶段。萌芽阶段：电子商务应用出现，电子商务平台开始崭露头角。而电子商务经济体真正的形成，是在电子商务服务出现爆发增长的时候。可以说电子商务服务是电子商务经济体的核心部分。

到 2013 年，狭义的电子商务经济体规模达到 10 万亿元。未来 5—10 年，电子商务服务将会呈现比电子商务应用更快的发展速度，服务的发展反过来又催生应用的更快增长。

3. 电子商务经济体的特点

广义的电子商务经济体包含电子商务应用、电子商务服务、互

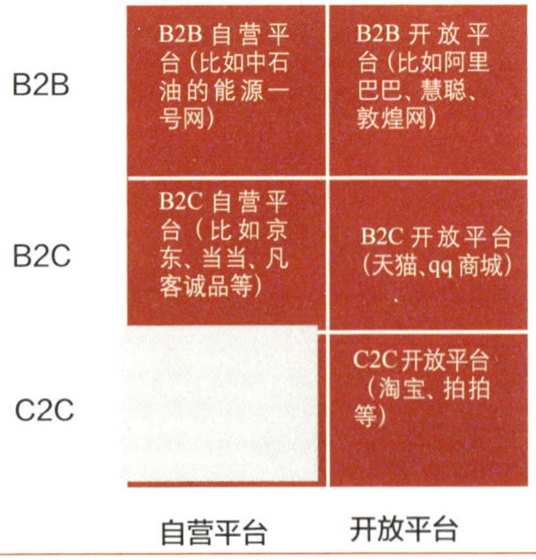

图 2-16　电子商务平台类型

资料来源：阿里研究中心。

图 2-17 电子商务经济体服务构成及规模（2012 年）

资料来源：阿里研究中心。

联网宽带接入等基础设施和设备制造。电子商务经济体具有以下三个特点：

（1）基础性：电子商务经济体从电子商务应用开始，随着电子商务服务的加入，汇聚了海量的生产信息、交易信息与消费者信息。信息是信息经济时代下最核心的生产要素，能应用于金融、工业和农业等各种产业。另一方面，电子商务经济体隐含了物流、支付等基础服务业。因而，电子商务经济体具备了作为现代经济的基础设施的特征。

（2）高渗透性：电子商务经济体并不是一蹴而就的，是随着互联网对传统工业经济的改造而逐步形成和发展的。互联网对传统经济的改造从广告和流通业（电子商务应用）开始，然后逐步向上下游渗透，继而将物流业、金融业、制造业、能源业等行业全部碎片化、网络化、在线化，最后整个经济活动都会迁移至互联网，并完成流程再造，最终形成全社会范围的分布式、协同价值网络。电子商务经济体量的增长也就是互联网对其他行业改造的结果。

（3）网络连接性：电子商务经济体本身是应用、服务和 ICT 的集合，是高度专业化的纵向分工体系。在电子商务经济体中，并不是仅仅把原来的工业经济中企业间的单向的供应链管理模式简单地搬到网络上，互联网对各个行业的改造，是价值链重塑。因而，在电子商务经济体中，任何工业社会“垂直分工”的经济结构都将被改造成信息社会的“实时协同价值网”。

工业社会，商业活动围绕少量的重要数据展开，企业之间的协

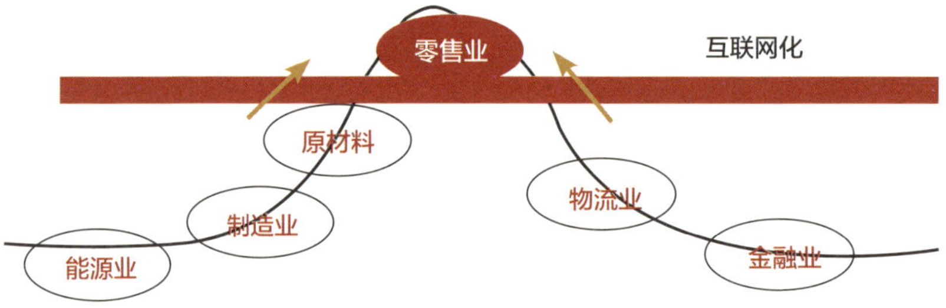

图 2-18 互联网对工业经济各行业改造的示意图

资料来源：阿里研究院。

同是单向的、线性的、紧耦合的控制关系。品牌商处于价值链核心，对供应链实施控制。信息社会，当数据是全方位、实时、海量的时候，企业间的协作就必须像互联网一样，要求网状、并发、实时的协同。实时协同价值网不再要求大集中和规模经济。价值创造的核心在于联网，而不是规模。

电子商务经济体拥有基础性、高渗透性、网络连接性，在商业社会中成为拉动整个经济链条走向网络化的最重要环节。因此，在电子商务经济体基本清晰可见的时候，观察它的发展趋势和内在特点，非常有意义。

三、趋势、挑战与变革：面向 2020

（一）互联网经济体将成为世界经济的新增长极

回溯世界经济发展，人类社会经历了三个不同的历史阶段，分别呈现出以农业经济为主、以工业经济为主、以信息经济为主的经济结构，呈现出时间上的递进关系。从空间位置上看，各国政府、企业、消费者等经济主体应用信息技术的程度不同，相应的信息机构[①]的表现形式也不同，信息经济有着不同的内涵。互联网经济体

① 张翼成，《信息选择与自然选择》。

则反映了在线的信息机构以互联网为纽带进行交互，其中以消费者为核心的网络零售尤其反映出商业社会巨变的潮头。

从技术、经济与社会这三个视角来阐述互联网经济体的核心特征可以得出三个结论：互联网经济体是信息经济的核心构成，互联网经济体是实体经济的神经系统，互联网经济体是面向信息社会的新经济形态。

1．技术视角：互联网经济体是信息经济的核心构成

信息技术在信息经济演化中发挥着重要作用。新一轮信息革命推动 IT、互联网和电信进一步发展与融合，构建成信息经济的新基础设施。互联网经济是构建在互联网这一基础设施之上的信息经济。全球主要国家重视互联网经济体的发展，体现在研发方面，并应用信息技术渗透到各行各业，推动新的信息基础设施形成。

美国是全球最大的信息生产国和消费市场，美国政府从网络空间战略的高度来看数据的价值。继 2006 年“云计算”以来，各行各业乃至各政府部门积极推动信息技术基础设施走向整合、标准化、安全之路。自欧债危机爆发以来，欧盟加大了信息化的工作力度，以“欧洲数字化议程”为中心，在一切可能的领域应用信息技术。2012 年年底，十八大报告也提出“新的四化建设”，而“信息化”即信息产业发展的实质内容有三个部分：下一代信息基础设施，现代信息技术产业，信息技术应用。

2．经济视角：互联网经济体是实体经济的神经系统

信息经济的高速发展，形成了一种有别于以工业经济为核心的实体经济的新经济形态。数字经济构成了实体经济的神经层：“这些正在感知、计算和做出适当反应的庞大全球数字网络——正开始构成我们经济的神经层。”[①] 信息技术革命构建了新的信息基础设施，而新基础设施之上形成了商业世界里新的生态关系。如果说数字经济与实体经济的关系表现为“机体与神经的关系”，那么互联网经

① 麦肯锡，《第二经济：数字技术引发新经济革命》，2011 年。

济体则是实体经济的神经系统。

在互联网经济与实体经济的融合过程中，电子商务是连接互联网和物理世界的桥梁。在电子商务经济体的发展过程中，组织边界消失和形态转变，数据成为新的生产资料。“大平台、小前端”的网状组织才能更好地实现资源配置。伴随“大平台”和“小前端”的发展，海量不同类型的电子商务服务商大爆发，新型服务业正在形成信息社会新的基础设施。相对工业社会的“大企业和小企业”按照规模进行区分，新经济形态不再强调“大规模、标准化、低成本”的价值诉求，而追求“大范围、个性化、高价值”。“小前端、大平台、富生态（包含小而美）”阐明了电子商务经济体组织演化的主要特征。

3．社会视角：互联网经济体是面向信息社会的新经济形态

理解互联网经济体的本质，可以从人类对于信息社会共识中发现其特点。2003 年，世界信息社会高峰会议发布的《原则宣言》和《行动计划》认为，“信息社会是一个经济和社会体制，知识和信息在其中构成了社会幸福和进步的源泉”。[①] 从历史的角度看经济社会的变迁，信息社会的特征是利用物质、能量和信息三种资源，制造智能工具，解放人的脑力劳动。“信息革命催生信息社会，信息社会不是工业社会的高级阶段，而是与工业社会有着本质区别的新的社会形态和新的发展阶段。”信息经济不是互联网或信息产业本身狭义的范围，而是信息成为基础设施带来的经济与社会全方位的转型。

互联网经济体的出现，是经济社会发展面向信息社会引发的新一轮制度变迁。工业时代由于消费者与厂商的信息不对称，导致了消费市场区域分割与生产模块化。在这个背景下，全球分工协作体系出现了“不同区域之间”和“大小企业之间”的不平衡。旧制度不再适应信息生产力[②]发展，互联网经济体的出现破除了生产大规

① 《信息社会共识》中国信息社会 50 人论坛启程发布，2011 年。
② 陈湛匀，《中国经济向何处去》，中国金融出版社，2013。

模化。在新的信息基础设施之上，将延展出更大范围和更大价值的劳动的信息分工。新技术赋能形成了“分布式、协同商业价值网”，而在信息网络之上生长出新的商业生态系统。

（二）未来互联网经济体的发展主要体现为中美之争

由于已往的互联网政策，仅有美国和中国的互联网和科技企业成为世界互联网经济的领头羊[①]。欧洲正在衰落的重要原因就在于没有强大的信息平台，表现在互联网企业的前25强中被清零。

互联网不仅仅引发了信息技术革命，更是一种战略性基础设施。在美国，随着信息技术革命广泛而快速地波及各行各业，美国互联网经济体的主要特征是持续引领技术创新，第三次工业革命驱动实体经济发生剧烈变革。相比较而言，中国互联网经济体的发展思维是发挥数字红利优势。中国互联网创造了新的经济发展模式，更对传统的经济模式和产业起到了革新改造的作用。个性化定制、众包、制造业网络、区域电子商务生态、农村电子商务正在涌现，并不断发展。因此，在人类迈向信息社会的进程中，中国互联网经济发展可以有别于美国互联网经济持续引领技术革命发展的思维，走出发挥数字红利优势的新道路。

1．美国互联网经济发展思维是引领技术革命发展

美国模式可归结为战略性占据全球第一互联网经济体地位，以引领全球信息经济的发展。通过市场化主导结合国家战略投入的良性循环，美国持续引领全球互联网基础设施的发展，通过信息产品、服务、文化价值观和标准的全球化输出及全球用户市场占领，来巩固美国经济全球霸主的地位。

（1）美国驱动技术革命旨在抢占信息产业制高点。20世纪50年代以来至今，美国引领了每一次IT信息产业革命的发展。目前，IT与互联网已经成为驱动美国经济与社会发展的主导力量。互联网、

① comscore在2012年12月的排名。

通信业、信息业（包括设计、储存、传递和处理信息）及其相关产业和服务业在美国国民经济中已占主导地位。同样，美国是世界上制定国家信息产业战略最早、颁布国家信息产业政策最多的国家。作为这些政策的直接结果，美国面对全球互联网生态的现在与未来都居领先地位：从 PC 电脑时代和互联网时代的 Wintel 联盟到面向现在与未来的移动互联网生态：安卓、苹果，从 PC 到移动互联网，巨头都在美国。

（2）美国经济是互联网基础设施之上的信息经济。美国已经从工业经济转向信息经济，信息经济在美国经济结构中占到了绝大部分的比重。今天的美国经济是由以互联网为内核驱动，核心层由云计算、大数据、物联网以及宽带与移动互联等信息经济新的基础设施构建，为实体经济注入信息和知识要素，正在改变和塑造更加强大的经济体，不仅互联网和信息产业本身飞速发展，形成了强大健康的互联网经济，而且已经与实体经济紧密结合并向全球化扩展，渗入到高科技、现代服务业、工业、能源、农业等实体领域，使经济和社会运行模式发生了根本上的改变。

（3）美国仍将引领第三次工业革命的潮流。美国拥有最佳的互联网生态系统，只有美国建立了合理的混合型互联网经济结构。美国仍是互联网领域的全球领导者，在互联网发展的各项指标中综合排前，美国在互联网领导力供应指数上全球第一。美国已经抢占智能终端、搜索引擎和社交网络控制大数据重要源头。此外，互联网成为美国信息知识服务全球化的工具与舞台，美国互联网经济体实际上是全球化运营的互联网经济体，通过信息技术和资本全球化手段来占领全球市场。互联网基础设施对接新型制造技术将使得传统制造和能源生产方式发生根本变革。这说明，美国仍在推动新一轮信息经济演化，引领第三次工业革命的潮流。

2. 中国互联网经济发展思维是发挥数字红利优势

相比美国，中国互联网经济体并没有建立起合理的混合型互联网经济结构，但互联网持续影响中国商业社会的结果，是形成了电子商务经济体的雏形。中国电子商务经济体推动了信息技术在中国的应用，对于提升居民收入和改善商品流通体系都起到了显著作用。下文从移动互联网、涉农电子商务、C2B 新模式和制造业转型这四个方面描述中国如何发挥“数字红利”优势。

（1）数字红利之一：作为后发优势的移动互联网。中国移动互联网生态将成为填平“数字鸿沟”之后的“数字红利”，首先脱胎于在 PC 端形成电子商务经济体。中国移动互联网将弥补中国互联网经济结构不完善的劣势，从 PC 端到移动端的大迁徙，将真正发挥中国人口基数庞大的战略优势。从移动终端的数量来看，2012 年我国移动终端数量已达到 5 亿量级，这预示着把握移动智能终端引领的技术变革和产业模式创新已成为我国重要的机遇。在以云计算和移动智能终端等新型领域坚持创新，将发挥通信业对经济社会发展的战略性、基础性和先导性的作用[①]。从技术革新的广度来看，中国移动互联网的发展从用户规模、产品演进、商业模式和创业投资等角度来看较完备[②]。从应用市场来看，很多垂直型电商或将开始向 O2O 演变，本地化生活领域创新迭出，这催生了全球最大的 O2O 实践场。以上三点，都是中国移动互联网爆发式增长，成为中国数字红利的主要原因。预计到 2020 年，中国移动互联网将在“社交 + 本地化 + 移动”领域迎来大爆发，服务市场的规模将超过万亿元。

（2）数字红利之二：独特的涉农电子商务。中国特有的庞大的农村人口已经在经济社会发展上表现出“城乡二元分布”的特征，决定了涉农电子商务将是数字红利之一。涉农电子商务包括涉及农村、农民和农业的电子商务。信息化成为现代农业发展核心，涉农电子商务在不同的服务类型的交易平台中蓬勃发展，是中国跨越鸿沟之后的数字红利之一。以淘宝网（含天猫）为例[③]，截至 2012 年，正常经营的注册地在农村（含县）的网店数为 163.26 万个，其中注册地在村镇的为 59.57 万个；经营农产品类目的网店数为 26.06 万个，涉及农产品商品数量 1004.12 万个。2012 年阿里平台上共完

① 2012 年工信部发布的《移动终端白皮书（2012）》。
② 李开复，《渗透与价值——2012 年的中国移动互联网》。
③ 来自阿里研究中心的数据。

成农产品交易额（GMV）约200亿元。根据2012年1月发布的《社会转型中的农村电子商务》研究显示，到2020年，涉农电子商务的总体规模将超过万亿元。涉农电子商务，不仅在提高农民收入、促进农村经济转型和“两化深度融合”上具有重大的经济意义，而且能够破解“三农”难题，推动农村社会转型。

（3）数字红利之三：创新的C2B新模式。首先，中国团购市场独具特色，满足主流消费人群的需求。经过两年发展，中国团购市场整体市场规模超过100亿元人民币，形成了独立团购网站，电商网站内的团购频道、复合型团购交易平台等新型业态。

其次，“小而美”网商不断推动C2B实践创新。在淘宝等电子商务交易平台上，长尾网商的网店跳出做大规模的常规路径，回归到产品品质、个性化、多样性以及消费者黏性。由于互联网上“多品种、小批量、快翻新”的消费需求越来越走向主流化，大量“小而美”的网商推动柔性化制造系统改造，来满足大量分散的个性化需求。

天猫、苏宁、国美等电子商务平台都主推定制，积极探索C2B电商模式。在网络零售领域，天猫等电子商务交易平台，不仅仅是从营销端进行C2B探索，而且帮助商家更精准锁定消费者，提前备货，更有效地管理上下游供应链。通过定制模式来销售的商品包括稀缺品、集采商品等根据消费者个性定制的商品。

（4）数字红利之四：抓住转型机遇的制造业。中国虽然是制造大国，但仍不是工业强国，大多数产业尚未占据世界产业技术制高点。2008年国际金融危机之后，相当数量的外贸型企业开始转向内包，由于普遍缺乏国内销售渠道和品牌，电子商务成为很多企业的普遍选择。

中国制造业成为数字红利之一，源自工业社会与信息社会价值体系的差异。电子商务将工业时代的“垂直分工”的经济结构改造成信息社会的分布式的“实时协同价值网”。企业之间的协作也从线性的控制型的供应链逐步转化为实时协同的商业价值网。更为重要的是，电子商务提升消费者和企业的沟通效率，尽量使得以销定产、逼近“零库存”理想，提升企业运营效率。因此，未来中国的数字化制造业，不仅仅有助于应对全球数字化制造业的威胁，而且能真正摆脱“内需与外需”的二元分割，从不断扩大的市场空间中提升自身的产业价值。

3．未来中国电子商务经济体的规模

综上所述，预计在2020年，中国的电子商务规模（包括B2B在线交易）将达到30万亿元，成为全球第一大电子商务经济体。其中，到2020年，网络零售交易额将约占整个社会消费品零售总额的16%，达到10万亿元，平台型电子商务交易平台仍是主流，中国电子商务服务业规模将超过3万亿元。

新商业基础设施将满足10万亿元消费，解决1000万个小微企业的生存问题，推动1亿人就业。预计2020年，以C2B模式为核心的电子商务经济体，将支撑起新经济社会的“中国梦”。2020年，中国电子商务经济体将为制造业新创造1000亿元的增加值，拉动整个“营销、流通与生产”的经济链条走向网状协同的价值网络。

（三）面向2020：挑战与变革

1．人类经济社会发展碰到的两大挑战

（1）人类社会面临复杂治理难题。将互联网经济体看做未来引领全球经济增长的新锐力量，无论是从美国发挥技术革命优势不断茁壮成长的互联网经济体，还是中国从强势的信息平台出来发挥四大数字红利优势而构建的电子商务经济体，网络规则和复杂治理将成为世界性难题[①]。

互联网经济体，以及其中核心的经济主体交互而构成的电子商务经济体，均是一个复杂系统。从工业时代留下来的治理思维来看，首先，从信息的角度发展和治理电子商务交易本身是个难题；其次，传统立法手段受限制于复杂的程序，无法在复杂性日益增强的情况下确保治理效果。数字时代呼唤现代治理思想。数字时代，网络规则（网规）与互联网治理、自发社会秩序、现代社会治理理论、软法、

① 阿里巴巴集团政策研究室，《生态化治理——2012年网规研究报告》。

“代码即法律”等现代治理思想是信息社会治理的理论基础。网络规则挑战了人类关于自由、权利等基本概念。

政府治理应以市场化、数据化、法制化为特征，建立信息时代的经济制度以及与之相适应的政府行政管理制度，迎接第三次工业革命的挑战。奥巴马政府一上台就颁布《信息公开法案》，从设立第一个美国政府首席信息官开始，体现了美国社会管理向大数据思维转变。中国要成为信息经济领域的创新者，全球经济发展的规则制定者，需要政府形成治理新思维。

（2）世界经济增长遇到第三次工业革命的挑战。在信息技术与能源体系相融合的时代，互联网信息技术与可再生能源的出现让我们迎来了第三次工业革命。在“能源互联网”[①]的构想中，分布式技术的广泛应用将支撑社会经济和政治体制发生变革。由于传统的现代社会进程面临自然资源已枯竭的威胁，生态环境遭受巨大破坏，迫切需要人类创新发展模式和发展途径，创建新的生产方式和生活方式。

在美国出现的“3D 打印和创客”则代表了这种新的生产方式和生活方式。美国《时代周刊》将 3D 打印产业列为“2012 年美国十大增长最快的工业”。“3D 打印和创客”描绘了一个美国制造业分布式布局的图景：在属于定制制造、“自己动手”的时代，百万车库发明家和爱好者的集体潜力即将喷薄而出，美国制造业也由此复苏。

未来，接受大规模生产的产品并非成为唯一选择，而定制将是一般大众的个性化需求。个性化生产和自动化生产的未来工业生产方式越来越清晰，这将挑战劳动力成本对于工业的重要性。中国完全有能力承接创客“数字 DIY”样品或模型，使之转化为一定规模生产的成熟制造能力。目前，我国面临节能减排、产业转型升级的紧迫压力，应该高度重视第三次工业革命带来的挑战并制定对策。

① [美] 杰里米·里夫金，中信出版社，《第三次工业革命》2012 年。

2．中国呼唤新的制度创新与变革

就像30多年前，中国面临着“工业化鸿沟”，中国积极推动了改革开放，主动融入全球分工协作体系，推动制度建设以适应经济社会转型。面向信息社会走向“中国梦”的新经济社会，中国需要建立新思维避免“数字鸿沟”，发挥移动互联网、涉农电子商务，C2B新模式和制造业转型机遇这四个“数字红利”优势，持续保持中国经济社会发展的活力。为此，中国需要建立网络化、服务化、个性化等经济发展目标。

30多年前中国改革开放圈定了“以深圳为代表的经济特区”，持续推动制度创新迈入了工业化、现代化的进程。今天中国需要以信息经济为增长极来加速迈向信息社会的进程。

（1）税收政策：政府应该推动“免税政策”促进网络经济的发展，建立新经济体制。电子商务经济体，客观上促进了传统经济的转型升级发展。通过促进电子商务经济体发展，以进一步推动税收增长。

（2）金融政策：政府应立足电子商务生态的发展，构建完整的信用体系与信用制度，推动经济与社会管理创新。

（3）数据政策：政府应从网络空间战略的高度，对大数据、云计算和物联网等新技术、新产业的发展予以重视。大数据产业发展过程，即是传统的经济社会改造过程，同时有助于政府创新社会管理模式。数据政策应该是中国经济社会转型关注的核心政策之一。

（4）政府应加大对物流、宽带等基础设施的投资，并进一步开放这些资源，更加有效地促进电子商务经济体的发展。对已有的电信、物流、金融等基础设施不足的部分，应当允许社会各方资金进行投资，并进入市场，参与运营。

（5）信息技术与互联网络是促进电子商务经济体形成的核心引擎。政府应推动自主、核心的信息技术发展，如云计算、移动智能终端操作系统、大数据的发展。

（6）政府应确立电子商务经济体的发展战略，制定推进电子商务经济体形成和发展的战略规划。鼓励有条件的地方，如浙江、广东出台区域电子商务经济体发展战略。

（7）通过体制改革和管理创新，政府应建立公开、透明的电子商务经济体发展环境。电子商务经济体的建设，要与政府行政管理体制改革同步进行。

（8）政府应与企业紧密合作，并以企业为主体依托，推进电子商务经济体的发展。全社会应当尊重企业家，特别是那些在电子商务经济体建设中的小企业家的首创精神。

（9）人才政策：政府应积极培育那些有利于电子商务经济体发展的人才，并制定相关的促进政策。

（10）政府应加强农村电子商务基础设施建设，根据实际情况推进电子商务的应用发展，形成以建立新型农村电子商务经济体来推进农村新型城镇化建设发展的新思路。

专题报告三

互联网金融的创新、发展与展望

2013年以来，我国互联网金融发展迅速，引发了社会各界的高度关注。尽管仍处于产业发展初期，但中国互联网金融在很多领域已经初步领先全球，并显现出了巨大的社会经济价值。目前，这一领域正在进入发展观察期和战略机遇期。建议把互联网金融上升到国家战略层面，创造更加开放的政策和市场环境，制定提升互联网应用和金融普惠的战略措施，尊重、鼓励一切服务于实体经济的金融创新，以更宽容的态度去包容、鼓励、呵护互联网金融的创新发展。

一、现状：目前处于初始发展阶段

随着工业时代向信息时代的快速演进，金融生态系统正在从一个相对区隔的、静态的、模块化的工业时代，逐步迈向一个融合的、动态的、分子化的数据时代。在转型初期，大量的崭新物种正在诞生，物种进化速度不断加快，生存和竞争的法则也正在发生改变。

互联网给金融业带来的变革才刚刚开始，世界各国都面临着同样的挑战和机遇，当前应密切关注、深入研究。

（一）概念界定

国内的学者和金融从业者高度关注互联网金融的发展，但至今还没有出现对互联网金融公认的定义。

互联网金融的概念最早由中投公司副总经理谢平等于2012年提出。谢平等研究者认为：互联网金融是受互联网技术和互联网精神影响，介于传统银行、证券公司、保险公司、交易所等金融中介和市场，到瓦尔拉斯一般均衡对应的无金融中介或市场情形之间的所有金融交易和组织形式，是一种谱系的概念。

学术界的另一角度采取了描述性的定义方式，描绘出互联网金融所应具备的五个特征。第一，互联网金融是一种新型金融业态，是对传统金融的有益补充；第二，互联网金融具有“平等、开放、去中心化、分享、创新”等互联网精神；第三，互联网金融是对传统金融的继承与发展；第四，互联网金融以大数据为基础，以云计算为核心；第五，互联网金融降低了交易成本，提高了资金配置效率。

综合各种观点，人们普遍认为，互联网金融既是对传统金融的传承，更是一种创新性的发展，是传统金融与互联网技术、互联网精神深度融合后的产物。

（二）主要模式

按照谢平等研究者的分类方法，结合各种互联网金融形态在支付方式、信息处理、资源配置三大支柱上的差异，可以将互联网金融分为八种主要类型：

（1）金融互联网化。金融互联网化体现了互联网对金融中介机构物理网点、人工服务等的替代，包括网络银行和手机银行、网络证券公司、网络保险公司等。

（2）移动支付和第三方支付。以美国的 Paypal 和中国的支付宝、财付通为代表。

（3）互联网货币。如比特币、亚马逊币等。

（4）基于大数据的征信和网络贷款。基于大数据的征信，以美国的 ZestFinance 和德国的 Kreditech 为代表。基于大数据的网络贷款，以美国的 Kabbage 和我国的阿里小贷为代表。

（5）P2P 网络贷款。P2P 网络贷款是互联网上个人之间的借贷。以美国的 Prosper、LendingClub 和我国的拍拍贷、人人贷为代表。

（6）众筹融资。众筹融资是互联网上的股权融资，以美国的 Kickstarter 和我国的天使汇为代表。

（7）金融产品的网络销售。如余额宝、百度金融、融 360 等。

（8）网络金融交易平台。以美国的 Second Market、Shares Post 以及我国的前海股权交易所为代表。

各种形态之间不存在清晰界限，是动态变化的。比如，保险业出现了根据汽车使用情况确定费率的车险，证券研究发现 Twitter 活跃度对股价有预测力，未来大数据与保险精算、证券投资结合，会促成很多新商业模式。

（三）发展路径和产品分类

从中国互联网金融的现实发展路径看，大致可分为三种类型：

（1）伴生：随着传统经济的互联网化（如电子商务）而产生的互联网金融服务，比如支付宝和阿里小贷。

（2）改造：传统金融服务的互联网化，比如传统金融机构业务的互联网化。

（3）新生：利用互联网技术，全方位地创新金融服务，比如余额宝、P2P、众筹等。

图 3-1　互联网金融产品和业务分类（示例）

（四）互联网金融在中国的基本状况

近年来，我国互联网金融取得了较快发展，无论从产业规模、产品丰富程度和覆盖率上看都呈现出快速增长态势。据央行《中国金融稳定报告 (2014)》的相关数据：

（1）以移动支付和第三方支付为基础的新型支付体系正在逐渐兴起。截至 2013 年 8 月，在获得许可的 250 家第三方支付机构中，提供互联网支付服务的有 97 家。2013 年，支付机构共处理互联网支付业务 153.38 亿笔，金额总计达到 9.22 万亿元。互联网支付业务的应用范围也从网上购物、缴费等领域，逐步渗透到基金理财、航空旅游、教育、保险、社区服务等。第三方支付促进了支付体系与互联网的融合，并成为互联网金融的“基础设施”之一。

（2）P2P 网络借贷发展迅速。我国的 P2P 网贷从 2006 年起步，截至 2013 年末，全国范围内活跃的 P2P 网贷平台已超过 350 家，累计交易额超过 600 亿元。

（3）非 P2P 的网络小贷取得显著成效。典型代表是阿里小贷。网络小贷凭借电商平台和网络支付平台积累的交易和现金流数据，评估借款人资信状况，在线审核，提供方便快捷的短期小额贷款。例如，阿里小贷向淘宝卖家等提供小额贷款，旨在解决淘宝卖家的短期资金周转问题，截至 2013 年末，阿里金融旗下 3 家小额贷款公司累计发放贷款 1500 亿元，累计客户数超过 65 万家，贷款余额超过 125 亿元。

（4）众筹融资取得一定发展。典型代表如“天使汇”和“点名时间”。众筹融资在我国起步时间较晚，目前约有 21 家众筹融资平台。其中“天使汇”自创立以来累计有 8000 个创业项目入驻，通过审核挂牌的企业超过 1000 家，创业者会员超过 20000 人，认证投资人达 840 人，融资总额超过 2.5 亿元。

（5）此外，传统金融机构也在创新性地打造自己的互联网平台，同时基于互联网的基金销售和保险销售也开始发展起来。

但同时也要看到，互联网金融仍处于行业发展的初期阶段。正如中国人民大学金融与证券研究所所长吴晓求指出的：互联网金融在中国目前还处在初始状态，标准意义上的功能链完整的互联网金融还处在“破壳”之中。他举例指出：“阿里小贷”具有互联网金融的某些核心元素，但存在着制度、规则和相应政策的约束。因此他认为，完整意义上的互联网金融在中国还没有真正形成，以上几种形态也只是片段化的互联网金融，还没有独立生存的机制。

二、动力：互联网金融高度契合我国国情

互联网金融在中国的快速发展，与互联网快速普及的全球大背景密不可分，与我国金融业的改革创新进程密不可分，更与我国当前独特的社会经济背景、独特的国情密不可分。

（一）全球背景：工业时代加速向信息时代转变

放眼世界，互联网金融在各国的发展，正是信息社会加速到来的一个缩影。

经过半个多世纪的孕育和发展，信息技术及其应用发展到今天，其成熟度、性价比、经济性、普及率与安装率、联网化程度，都正在接近一个从未有过的全新临界点。晶体管的价格非常典型地表明了这一转折点的到来，《免费：商业的未来》提到，“英特尔公司最先进的处理器芯片里有大约 20 亿个晶体管，价格是大约 300 美元，这就意味着每个晶体管的价格大约为 0.000015 美分，这个价格已经低得差不多可以忽略不计了”。具体来看，信息技术的发展以互联网为标志，互联网应用以大数据为标志，而随着“数据”逐步成为越来越核心的“生产要素”之一，已经被讨论了半个多世纪的信息经济、信息社会，正在加速到来。正如国家信息中心《冲出迷雾：中国信息社会测评报告 2013》所示：我国信息社会发展水平显著提高，2012 年信息社会指数（ISI）达到 0.4391，比 2010 年提高了 17%，我国正处于从工业社会向信息社会过渡的加速转型期。报告提到，2001—2006 年全国信息社会指数年均增长为 3.92%，但 2007—2012 年年均增长达到了 7.75%，2012 年信息社会指数比上年更是提高了 10.8%。

深刻认识这一全球时代转变的大背景，对于我们理解、把握、推动互联网金融的发展，是极为重要的前提条件。

（二）中国国情：弱势人群、三四线城市、农村地区期待普惠金融

中国庞大的人口规模、网民规模，是互联网金融快速发展的基础。据中国互联网络信息中心发布的《第 34 次中国互联网络发展状况统计报告》，截至 2014 年 6 月，我国网民规模达 6.32 亿人，较 2013 年底增加 1442 万人。互联网普及率为 46.9%，较 2013 年底提升了 1.1 个百分点。同时，中国网民的人均周上网时长达 25.9

小时，相比 2013 年下半年增加了 0.9 小时。2014 年上半年，我国网民中使用手机上网比例继续保持增长，从 81.0% 上升至 83.4%。我国手机网民数量 2014 年规模已达 5.27 亿人，较 2013 年底增加 2699 万人。通过台式电脑和笔记本电脑上网的网民比例略有下降。2014 年我国网民使用手机上网比例首次超过传统 PC 上网比例（80.9%）。中国网民数量已位居世界第一，为各类互联网应用提供了庞大的市场。以电子商务为例，继 2013 年中国首次超越美国成为世界第一大网络零售国后，中国电子商务在 2014 年又取得了新的成绩，据中国电子商务研究中心发布的《2014 年（上）中国电子商务市场数据监测报告》，截至 2014 年 6 月，全国电子商务交易额达 5.8 万亿元，同比增长 34.5%。网络零售市场交易规模达 1.08 万亿元，同比增长 43.9%，预计 2014 年有望达到 27861 亿元。

互联网的普惠性，中国作为第一网民大国的巨国效应，让中低收入人群、农民等从互联网金融的发展中直接受益。《中共中央关于全面深化改革若干重大问题的决定》提出，“增加低收入者收入，扩大中等收入者比重，努力缩小城乡、区域、行业收入分配差距”。互联网金融领域涌现出的一批创新性产品，给了低收入人群平等接受金融服务、获得财产性收入的可能性。

以余额宝为例，截至 2014 年 5 月 26 日，余额宝规模达 5742 亿元，运行一周年共为用户创收 118 亿元。余额宝用户人均持有余额宝 5030 元、人均年龄 29 岁；80 后、90 后占 76%。人数占 43.82% 的 80 后，持有余额宝金额达 49.76%，贡献余额宝近半壁江山；18—22 岁的大学生年龄段占比高达 20%。另有 3.8% 的用户

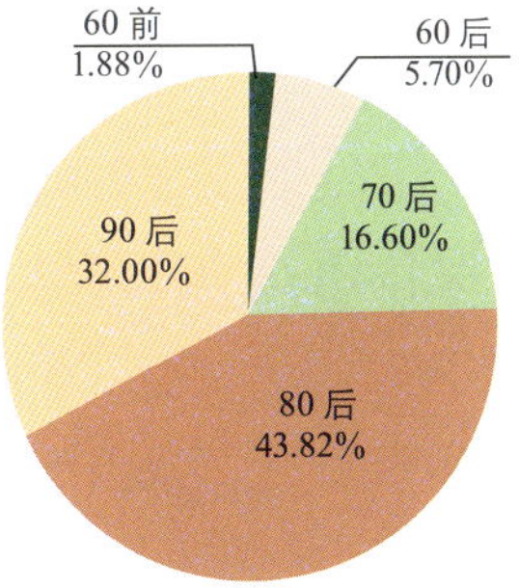

图 3-2 余额宝用户的年龄分布

超 50 岁。上线一周年，余额宝累计转入 4.96 亿次，累计消费和提现 8.1 亿次，平均每天发生 358 万笔交易，海量用户已超过 1 亿，是世界上客户数最多的货币基金，也是世界第 4 大货币基金。余额宝带来的“微快乐”，已经成为我们这个社会的正能量之一。

清华大学汤珂教授认为，互联网金融以其简单、便捷、门槛低的优势，让广泛的人群，尤其是弱势群体，能有机会享受到种类更多、更优质的金融服务。对于我国这样一个二元结构严重、城乡差距较大的社会而言，这一点意义重大。我国目前的城镇和乡村发展不均衡，城乡居民收入比大约为 3∶1，农村比城市弱势，农村人比城市人弱势，特别是我国农村地区还有将近 1 亿的贫困人口。贫困人口只有享受到优质、便捷、高效的金融服务，才能更快地摆脱贫困，实现共同富裕。

从地区来看，传统金融机构主要依赖物理网点提供服务。三四线城市和农村的物理网点相对匮乏，制约了当地民众基本金融需求的满足，金融供给和需求在时空分布上存在巨大缺口。比如，国内一线城市“北上广深”的金融资源丰富，可获得性强，大型企业集团资金需求基本可以得到满足。但是，三四线城市金融资源匮乏，中小企业，特别是初创企业的融资难、融资成本高已经成了老大难问题。发展互联网金融，有助于改善这一状况。

（三）产业背景：互联网金融有助于金融业的转型升级

改革开放以来，中国金融业通过创新发展，不断提升自身的竞争力，在不长的时间里实现了跨越式发展，但限于各种原因，一些领域仍存在着巨大的提升空间。特别是，如何面向小微企业和低收入人群提供高效优质的金融服务，一直以来都是中国金融业面临的主要难题。换句话说，传统金融业提供的金融服务，很难有效满足海量小微企业、创业者和低收入人群的需要。互联网金融在传统金融业未能有效覆盖的领域取得了较快发展，促进了良性互补，形成了银监会前副主席阎庆民所说的“双向跨界”的局面，双方都受益于互联网的大发展，提升了自己在互联网时代的新能力。

发展互联网金融，也是规范民间金融的需要。我国是一个有着长期民间借贷传统的国家。民间借贷资本数额庞大，长期以来缺乏高效、合理的投资方式和渠道，游离于正规金融监管体系之外，客观上需要阳光化、规范化运作。互联网金融的发展能够通过规范发展 P2P 网络贷款、众筹融资等方式，引导民间资本投资于国家鼓励的领域和项目，遏制高利贷，杜绝自建资金池现象，盘活民间资金存量，使民间资本更好地服务实体经济。

三、格局：与传统金融有序竞合、良性互补

在中国，互联网金融与传统金融之间的关系，远不是一种“颠覆与被颠覆”的关系，而是一种有序竞合、良性互补的关系。如蚂蚁金服 CEO 彭蕾所说，“今天整个中国的金融格局当中，大的金融机构、大的银行是主动脉，蚂蚁金服替代不了也不具备这样的能力，蚂蚁金服服务的是‘屌丝’，要做的是毛细血管。”

从存贷数据来看，互联网金融所涉及的存贷规模还非常小，远不足以影响现有的金融格局。2014 年二季度互联网金融最具代表性的产品余额宝账户余额为 5741 亿元，国内住户（居民）存款 98.49 万亿元，余额宝占比仅约 5‰。据网贷之家统计，2014 年年底网贷运营平台已达 1575 家，全年累计成交量为 2528 亿元，是 2013 年的 2.39 倍。在贷款余额上，截至 2014 年 12 月底，网贷行业总贷款余额达 1036 亿元，是 2013 年的 3.87 倍，月复合增长率达到 11.64%，2014 年三季度，国内人民币贷款余额约 64.42 万亿元，P2P 贷款占比处于相对较低的水平。

从所服务的客户群体来看，互联网金融企业所服务的客户，基本上是传统金融机构服务没有有效覆盖的群体，也即小微企业和低收入人群。如中国建设银行副行长杨文升所说，互联网技术的出现，改变了银行许多的传统经营理念。过去银行界崇奉“二八定律”，因为银行的渠道资源和人力资源决定了其服务客户数量是有限的，如果再多地服务客户，它的边际收益是负的。而互联网技术可以解决这个问题，因此出现了“长尾效应”。

从金融功能看，两者之间各有优劣，相互激发和促进。吴晓求教授指出，互联网金融将在支付功能上具有明显的优势；在资源配置（融资）领域，对风险识别基于数据化的平台，贷款特别是平台小额贷款，也具有较明显优势；对标准化金融产品的销售由于存在巨大的成本优势，也有较大发展空间；对非个性化资产管理，也存在一定的生存空间。但传统金融也有自身的比较优势。例如个性化服务、高度的专业性、较高的感知价值、对冲风险的能力、雄厚的资本实力以及拥有大量线下客户等。这些比较优势，使传统金融（商业银行）在大额贷款、个性化财富管理、投资咨询、资源储备等方面具有难以替代的优势。

从金融安全角度看，互联网金融企业所拥有的云计算、大数据技术，对于整个金融业的转型升级、对于整个国家的金融安全都具有重要意义，目前互联网金融企业已开始与传统金融机构开展实质性的合作。2013 年 7 月，阿里巴巴首家成功实现“去 IOE”。从 2013 年开始，阿里云开始向金融业输出“去 IOE”能力，支撑金融业转型升级，目前已有包括渤海银行、东海银行、吴江商业银行在内的超过 100 家银行及非银行金融机构向阿里云采购云计算服务。这些案例充分说明：金融系统去“IOE”、实现国产化是可行的；拥抱云计算与大数据、变革 IT 架构，有助于金融企业抓住互联网机遇。

综上所述，互联网金融对传统金融机构的冲击，更多的是在“互联网思维、以客户为中心”等理念层面上。如招商银行原行长马蔚华所说，虽然互联网金融对商业银行的资产端、负债端、客户端和盈利端提出了挑战，构成了直接影响，但商业银行不会因此终结，反而会借助互联网实现新生。

四、价值：社会经济价值潜力巨大

虽然互联网金融仍处于产业发展初期，其形貌远未确定，自身特点也没有充分显现，但由于其脱胎于实体经济，低成本、高效率、普惠性的显著优点，社会经济价值非常显著，在个人、微观企业和中观产业、宏观国民经济和社会发展的三个层面，目前都已经初步显现出了巨大潜力。

（一）微观层面：有助于推进普惠金融

普惠金融和互联网金融已进入我国最高决策层的视野。2013 年 11 月 12 日，《中共中央关于全面深化改革若干重大问题的决定》提出“发展普惠金融。鼓励金融创新，丰富金融市场层次和产品”。2014 年 3 月 5 日，李克强总理在全国人大会议做政府工作报告时提出“促进互联网金融健康发展”，“让金融成为一池活水，更好地浇灌小微企业、‘三农’等实体经济之树”。互联网金融为推动金融创新、发展普惠金融，提供了一个可行的选择。

1. 让小微企业不再徘徊于金融体系的大门之外

根据工信部的数据，小微企业约占全国企业数量的 90%，创造了约 80% 的就业岗位、约 60% 的 GDP 和约 50% 的税收，但小微企业仅获得了约 20% 左右的贷款，融资难一直是小微企业发展的主要制约因素之一。

按照传统的信贷模式，一笔 10 万元的小微企业信贷与一笔 1 亿元的大企业信贷相比，流程和操作成本相差无几，平均分摊下来每发放 1 元小微企业贷款的成本远远高于大企业，商业银行在人力、资金等资源有限的情况下，往往缺乏开展小微企业信贷的积极性。

相比传统金融服务模式，阿里金融小额贷款的特点在于：以数据分析为基础的全流程风险管理模式；以自动化、批量化操作模式降低成本。据阿里金融测算，传统信贷模式下单笔信贷操作成本约 2000 元，而借助互联网技术的阿里微贷模式操作成本仅约 2.3 元。2013 年阿里金融平均单笔贷款金额仅 1.3 万元，平均单户贷款余额仅 3.6 万元，远远小于一般传统金融机构所能发放的单户 / 单笔贷款金额。

2. 提供最为广泛的金融理财普及服务和教育

正如清华大学中国经济研究中心副主任王连洲教授所说，以

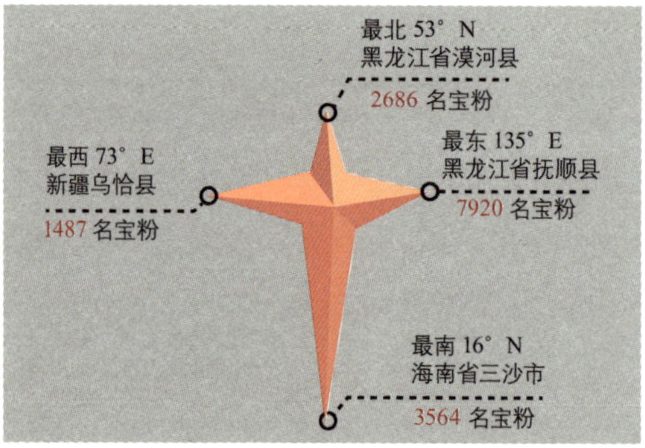

图 3-3 余额宝用户的地区分布

余额宝为代表的互联网货币市场基金，将晦涩生僻的金融术语以通俗易懂的方式呈现，整个投资过程变得简单方便，对广大普通投资者来说，不啻为一次生动的金融理财普及教育。中国金融认证中心 2013 年 12 月发布的《2013 年中国电子银行调查报告》显示，87% 的网民听说过余额宝。

余额宝与消费和日常生活紧密相关，极大地便利了理财和消费。按场景来看，余额宝用于购物占比约 61%，信用卡还款占比 31%，水电煤缴费占比 8%。余额宝用户日均消费次数约为提现次数的 3 倍，余额宝消费笔均额近 300 元，具有较强的电商属性和日常生活属性，深受老百姓的欢迎。按地区来看，余额宝用户覆盖了 31 个省、2749 个县，实现了全覆盖和普遍服务。

图 3-1 余额宝用户数和金额的年龄 & 地域交叉排行榜

地区	江苏	浙江	上海	北京	重庆
90 后户数	2	4	24	25	16
90 后金额	2	1	13	17	19
80 后户数	2	3	15	20	21
80 后金额	2	1	10	15	23
70 后户数	1	2	14	19	31
70 后金额	1	2	6	13	31
60 后户数	1	2	8	12	31
60 后金额	2	1	3	7	31
50 后户数	3	2	1	5	31
50 后金额	3	2	1	4	31
50 后户数	2	3	1	5	31
50 后金额	3	2	1	4	30

数据来源：天弘基金

3. 三四线城市和农村、偏远地区的人群从互联网金融中受益

得益于智能手机和手机网络在农村地区的普及率远高于电脑和宽带，中国三四线城市及农村地区手机支付占整体电子支付的比例远高于一线城市。按使用手机支付的笔数占该地区支付宝交易的比例来计算，拉萨是使用手机支付占比最高的城市，排名第二的是同处西藏的林芝地区，第三名是四川的南充。实际上，手机支付活跃度排名前十的城市，有 7 个都来自西部地区，另外 3 个是广东的云浮、茂名和海南的三亚。智能手机的普及、移动支付的深入，很有可能根本改变中国农村金融的面貌。长期以来，农村地区缺少足够的金融机构网点，现金几乎是农村人能够获得的唯一“金融”服务。而一台装有支付宝钱包的智能手机，则极大地丰富了农村的金融服务。2014 年 3 月以来，支付宝每天的手机支付笔数已达 2500 万笔以上，用户使用手机支付可以获得从网购、缴费、还款到理财的各种日常服务。

（二）中观层面：互联网金融推动了中国金融业的创新发展

从蚂蚁金服的案例来看，互联网金融对于金融功能的创新发展，表现出了较好的实效和潜力，举例来看：

1. 极大地提升了我国支付清算体系的现代化

以支付清算为例，支付宝 2013 年共处理交易 125 亿笔，接近线下刷卡消费总笔数 127 亿笔，对我国现代支付体系形成有效补充，丰富了国家在支付清算能力上的创新和实践。

支付宝解决了买卖双方缺乏信任的问题，有助于减少经济活动中现金的使用率，降低社会交易成本，降低金融体系的风险等。

由于现金的大量使用，银行不得不增加柜面和自动现金处理设备，商户也由于大量现金不得不频繁到银行办理存款，央行不得不印制和回收大量纸币，此外相关的企业、政府以及个人也都因此增加了成本。而以支付宝为代表的在线支付的发展，则极大地推动了支付的去现金化，全面提升了支付体系的现代化、便利化。2013 年，

支付机构累计发生互联网支付业务153.38亿笔，金额9.22万亿元，笔均支付金额为601元。而同期线下刷卡消费总笔数129.71亿笔，金额31.83万亿元，全国银行卡卡均消费金额为7554元，笔均消费金额为2454元。在这个意义上，互联网支付已与银行卡一起成为促进支付去现金化的最重要方式。

同时，在线支付的发展，也有效降低了金融支付体系的风险。与其他支付机构的安全策略相比，支付宝的特色在于采用了大量的数据分析和数据挖掘技术。特别是在识别信用卡套现、反洗钱等领域，支付宝基于对商户和用户的交易行为数据进行分析和挖掘，设计了识别信用卡套现和洗钱量化数据模型，通过这个数据模型可以有效识别信用卡套现和洗钱的可疑人员。支付宝作为第三方支付行业内的领先企业，在支付安全方面的投入和实践，有助于规范行业秩序，防范用户和金融机构面临的支付风险，有利于整个支付体系的平稳运行。

2. 增强了金融体系的价格发现功能

金融体系的基本功能之一，就是资金的价格发现功能，也就是由市场参与方，包括居民、企业、政府、金融机构等在内，通过各类金融产品和服务，去发现合理、均衡的资金价格水平，从而让资金更多流向经济效率最高的领域，促进经济长期可持续发展。

由于中国利率市场化改革的进程尚未全部完成，资金价格的发现功能仍有待完善。互联网金融可以在一定程度上对此做出贡献。比如“余额宝”打通了不同市场之间的资金通道，有利于缩小利率水平差异，间接推动利率市场化进程，有助于金融体系形成均衡的市场化利率水平，更好地发挥金融体系的价格发现功能。

从实际运行情况来看，余额宝是市场利率的跟随者，而不是决定者，也就是说，余额宝收益率高是因为市场利率高，反之余额宝收益率降低也是因为市场利率回落。余额宝7日年化收益率在2013年6月末和12月末“钱荒”期间，随着SHIBOR走高而出现明显上升，之后又随着SHIBOR降低而回落。一个完善的、多层次的金融市场对于提升金融体系的效率有着重要意义。

3. 改进了金融体系风险管理功能

金融体系进行风险管理，通常采用风险识别方法和风险控制工具两种手段，前者通常表现为征信服务，后者通常表现为保险。

（1）完善了我国的信用体系。阿里巴巴多年来致力于完善电子商务生态体系，积累了大量的数据，为完善社会征信体系创造了有利条件。蚂蚁金服的信用管理团队利用大数据处理和信用评估技术，已为3亿实名制用户建立了互联网信用档案及互联网信用评价体系，并广泛应用到阿里巴巴内部各条业务线，包括金融业务、集团安全、会员服务等领域，为阿里巴巴各条业务线提供了全方位、可量化的信用评估、风险管理服务，同时在用户价值识别、用户需求挖掘及精准营销层面提供了切实有效的度量工具。未来，蚂蚁金服还可以通过整合其他数据库，进一步完善并对外输出数据库，可以更好地补充现有的征信体系，使得征信成为更便利的基础金融服务，让恶意失信者无所遁形，从而增进社会信任。

（2）普及低门槛、便利的保险产品，提高风险保障水平。保险业天生是一个依赖数据的行业，它将风险转移和分摊到众多的个体，为少数遭受风险事故的个人来共同分担。损失发生概率、可能损失额、可能用户数量等，都需要大量数据和精确测算的支撑。蚂蚁金服及阿里巴巴的优势，恰恰包括大数据和云计算能力。

蚂蚁金服推出的互联网保险产品，具有低门槛、低成本、便捷等诸多特征。互联网保险产品的这些特质，有助于保险产品的普及和覆盖。根据人力资源和社会保障部2014年2月21日发布的网络创业就业研究报告，个人网店员工有七成以上未参加社会保险。2013年10月，蚂蚁金服与泰康人寿合作的乐业保上线，39岁以下的淘宝卖家及其员工购买每月10元保费的防癌保之后，一旦罹患癌症（原位癌及其他恶性程度较低的癌症除外），会立即获得10万元高额赔付。这款产品的价格比市场上同类产品的价格至少便宜一半。

蚂蚁金服与华泰保险合作的运费险，还可以帮助解决退货过程中买卖双方在退货运费支出上可能产生的纠纷，且单笔保费可以低至0.5元。到2013年年底，运费险对淘宝和天猫交易的渗透率已经达到18%。2013年“双十一”期间，运费险投保超过1.5亿笔，创造了保险业的世界纪录。而且，运费险已经可以根据用户的信用记录，提供个性化的定价，这也是互联网保险诸多个性化应用场景之一。

（三）宏观层面：互联网金融有助于刺激消费、支撑实体经济、创造就业

1. 推动电子商务、网络零售的发展，增加居民财产性收入，直接和间接拉动内需、刺激消费

支付宝担保交易通过第三方支付平台的“担保”在商家与消费者之间建立了一个公共的、可信任的中介，解决了买卖双方互不信任的难题。信任和支付瓶颈的突破，使中国网络购物呈现井喷式的增长。据艾瑞数据，中国网络购物的交易量2003年不过10亿元人民币，而中国电子商务研究中心发布的《2014年（上）中国电子商务市场数据监测报告》则显示，截至2014年6月，全国电子商务交易额达5.8万亿元，网络零售市场交易规模达1.08万亿元。

电子商务的发展，又会极大地刺激和拉动内需。根据麦肯锡2013年发布的《网络零售助推经济发展》报告，中国266个城市的数据显示，有四成的网络零售完全属于新增消费。这种增量消费在欠发达城市更为明显，在三四线城市占到整个网络消费的近60%。

余额宝等创新金融产品，直接增加了消费者的投资收益，提升了居民的可支配收入和消费意愿。余额宝符合普通居民对于小额、低风险、高流动性的理财需求，得到大量用户的认可。用户投到余额宝的资金，以及由此增加的收益，相当一部分又流向网络购物，这也是对实体经济的一种间接贡献。

2. 通过支撑电子商务，创造了大量网上的新型就业

人社部、就业促进会的研究发现，962.47万人通过淘宝网等网站上的网店实现了直接就业。此外，阿里小贷通过贷款，也直接提升了小微企业的就业吸纳能力。假设每1元的信贷可以为企业增加

3元的销售收入，阿里金融累计提供的1722亿元贷款，可以为这些小微企业增加约5166亿元的销售额。假设每家小微企业通过获得的信贷增加1个就业岗位，64万家小微企业就可以新增64万个就业岗位，假设每个就业岗位背后是3口之家，就可以惠及近200万人。

五、讨论：问题与风险

互联网金融作为全球范围内的新生事物，仍处于发展的幼年期，成长快、变化大。

（一）问题："成长的烦恼"

就我国的情况来看，互联网金融的发展在短时间内提升了金融服务的可获得性。在这种超常规成长的过程中，必然伴随着业内企业良莠不齐，定位不清，发展水平悬殊等问题。随着整个行业的发展和成长，自律性组织的建立以及监管标准的统一，互联网金融的规范性会显著提高。

除了"成长的烦恼"，我国互联网金融领域同时还面临着传统金融的一些固有难题。一是"刚性兑付"的老问题在互联网金融领域内继续延续。刚性兑付是对经济规律的巨大扭曲，是对风险估值定价的全面破坏，严重损害了金融市场合理分配资本的功能。这种固有的问题，也影响到了互联网金融领域，比如P2P领域的平台担保。在P2P的发源地美国，P2P只做平台，对接贷款人和出资人，本身不提供担保，因此平台风险小且可控。然而在中国，由于刚性兑付根深蒂固，加上市场竞争激烈，大部分P2P平台为了迎合市场需求，自身或者通过第三方提供担保。这样不但抬高了融资成本，也可能带来关联风险。

二是单纯追求低风险水平。整个金融行业都是在经营风险。国内历来的倾向是风险越低越好。但任何投资一味地追求低风险或者无风险，而不考虑控制风险的成本，最终的回报理论上会回归到无风险的收益率，造成金融市场扭曲和资源错配。从国内看，集中表现为中小企业的融资难问题。如果单纯追求低风险，就会阻碍互联网金融的资源配置效率。

三是传统的安全观。在很多人的思维中，一遇到金融创新，首先想到的不是是否有利于普惠大众，是否利于国家发展，是否利于效率改进，而是空泛地担心出什么问题。这也是我国一直以来客观存在的现实。

（二）互联网金融风险状况

与传统金融业一样，互联网金融也面对市场风险、信用风险、流动性风险、操作风险、声誉风险和法律合规风险。互联网金融也可能存在误导消费者和欺诈等问题。这些问题的存在都是不容回避的。

作为金融行业的新业态，互联网金融还可能会带来其独特的风险。如信息技术风险、风险覆盖人群扩大等。但互联网金融同时也带来了新的风险处理方法。比如不再完全依赖统计上的大数定理和抽样法则界定风险水平，而是依靠社交网络、搜索引擎、云计算、大数据为代表的信息处理方式，通过大数据和云计算直接分析消费者的行为，点对点精确地锁定消费者的风险水平，在此基础上的金融交易可以极大地降低交易成本，同时有效控制风险水平。

以网络支付为例，中国网络支付总体安全，风险可控，趋势向好。据《中国网络支付安全白皮书》的研究，中国网络支付行业在10余年间从零增长到万亿级规模，年均增长超过100%，体现了良好的风险控制能力和优异的客户体验。两个平衡的风险防范观念不断深入网络支付机构，并日益融入提升支付安全的实践中。一个是安全效率平衡，越来越多的网络支付机构认识到了安全是生命线，效率是成长线。安全与效率的平衡是网络支付行业持续发展的主旋律。另一个是风险收益平衡，对于网络支付机构而言，设定一定比例下的风险容忍度，有助于获得正收益，进而增强其抵御风险的能力。两个平衡的理念与不断发展着的、具体的网络支付业务模式和风险控制手段，正在不断融合并共同构成一个更高层次、更高水准的风险防控体系。

六、建议：以战略视角看待和支持互联网金融

互联网金融创新有利于发展普惠金融，有旺盛的市场需求，应大力发展，积极支持。

（一）借鉴我国在电商政策领域的成功实践

十多年来，我国电子商务的发展取得了非常显著的成就，已超越美国、欧盟、日本等经济体。中国电商领域十多年来的高速发展，其在监管领域的成功经验主要是：尊重创业者的首创精神，相对宽松的政策环境，灵活高效的政策创新。

这种开放、积极、灵活、创新的政策取向，是过去较长一段时间里电子商务领域的政策基调，一些地方政府和行业主管部门，明确地提出了对于网络经济和电子商务要“高看一眼、网开一面”，正是这种务实、前瞻的取向和行动，对于中国电子商务的发展起到了至为重要的保障和引导作用。互联网金融领域同样也非常需要政府部门的宽容和呵护。

对于互联网金融的兴起，监管部门表现出了包容和鼓励的态度。中国人民银行副行长刘士余在《清华金融评论》撰文表示，一方面，绝不姑息以互联网金融名义实施的诈骗等违法犯罪活动，决不允许触碰非法吸收公众存款和非法集资两条“底线”；另一方面，监管部门要有海纳百川的胸怀，尊重市场，呵护创新。在诚实守信的前提下，一切有利于包容性增长的金融活动，金融服务，都应该受到尊重。

事实上，互联网金融领域政策监管的创新也已有成功案例。就余额宝这一案例来看，证监会对于创新的及时肯定，以及相关官员“只要有利于客户利益和市场发展就应该鼓励创新、对于法规一时覆盖不到的要促进法规调整、即便有冲突也不能简单否定创新、风险控制是创新的保障”等的表态，都受到了业界的普遍欢迎，余额宝也因此被认为是业务创新与监管创新的共同成果。

（二）监管的原则和方针

基于与业界的交流和专家学者的有关研究成果，我们建议：

（1）提倡"包容性"监管和"底线思维"。所谓"包容性"，是指要鼓励、培育和呵护互联网金融的创新。所谓"底线思维"，是指互联网金融业务也必须遵守基本规则，比如不得参与非法集资诈骗，履行反洗钱义务，向客户充分揭示风险，确保交易信息真实性、完整性和可追溯性等。

（2）提高市场透明度。努力提高透明度，是互联网金融监管和互联网金融自身成长的重要内容。

（3）注重功能监管。互联网金融的创新性质使得金融产业产生融合的趋势，在可以预见的将来，这一趋势将延续并发展。

（4）对核心变量采取量化监控。监管者在符合"底线思维"的前提下，可以通过对核心变量采取量化跟踪监控，及时发现和控制金融风险。这就好比园丁对花园里的花进行"体检"。事实上，随着互联网金融的进化，传统金融体系下的核心变量，如货币供应量、利率、准备金率、存贷比等，本身的内涵和影响也会发生变化，新的核心变量很有可能会产生。监管的理念、理论和技术手段也需要不断创新。

（5）为适应互联网金融发展和金融机构线上、线下业务的融合，建议对现有监管规则进行适时修订和完善，做到既有区别又有统一。从金融服务实体经济的角度出发，无论是互联网企业还是传统金融机构，都在不断探索如何运用互联网、大数据更好地服务实体经济的转型升级。在此过程中，线上、线下金融产品和服务的边界将日趋模糊，很难绝对地区分开来，相应的，原来应对线下传统金融发展而制定的监管制度和标准，也需要进行修订，不宜再用线上、线下这样简单的区分方式制定监管标准。

（6）加强金融消费者保护力度。监管机构应加大对投资者的教育、宣传力度，完善投资保护机制。

七、展望：互联网金融与中国梦

中国互联网金融目前正处于走向世界领先的关键时刻和节点，我国在互联网金融领域的政策选择，将直接影响到我国能否塑造和引领未来世界金融新秩序、新规则，建议国家从战略高度大力支持互联网金融发展和创新。

（一）历史视角：金融业助力大国崛起

金融行业的发展在大国崛起进程中发挥了重要作用。1609 年成立的阿姆斯特丹银行、世界第一家证券交易所，支持了 17 世纪荷兰的崛起。伦敦长期稳定的国际金融中心地位，为大不列颠提供了强大的金融支撑。二战后布雷顿森林体系让美元确立了国际主要储备货币的地位，也巩固了美国的强国地位。为实现到新中国成立 100 年时建成富强民主文明和谐的社会主义现代化国家，实现中华民族伟大复兴的梦想，我国必须在金融领域大有作为。

（二）现实视角：互联网金融有助缓解经济和社会发展中的现实难题

首先，互联网金融的发展将有利于产业升级和劳动生产率的提高，可以通过产业转移等方式缓解工资上涨压力。第二，互联网的去中心化和集约化办公方式将明显降低企业对土地的依赖，改变以往“摊大饼”的发展方式，降低企业行政成本。第三，互联网金融通过大数据和云计算的方式降低金融交易成本，改善资源配置方式和效率，将显著降低资金使用成本。第四，互联网金融本身是环境友好型经济方式，对环境保护作用突出。第五，互联网金融与跨境电子商务可以实现无缝链接，在国际贸易保护主义抬头以及贸易摩擦不断的今天，依靠传统方式促进出口必然会遇到越来越大的阻力，互联网金融的发展可以从另一方面促进出口发展。最后，互联网金融具有的开放、共享、去中心化、平等、普惠等特质也将改善我国目前存在的贫富差距拉大等问题。

（三）国际视角：中国有望引领和塑造未来国际金融新规则和新秩序

从贸易大国迈向金融大国，是大国经济崛起的必然之路。互联网金融提供的正是这样一种现实的可能性。正如保监会副主席王继祖所指出，要站在金融业发展和创新的高度，看待大数据的影响。金融业的经营理念、风险定价、产品设计、风险管控、组织框架以及金融监管都必须适应大数据时代的要求。“大数据给我国金融业带来一个弯道超车的机会”。在信息时代的跨国竞争中，我国在电子商务领域已经实现了世界领先，我国也完全有可能在互联网金融领域实现世界领先。

互联网金融的发展，需要更多的呵护和扶持，互联网金融的未来，值得我们所有人的期待！

专题报告四

电子商务驱动传统产业转型升级

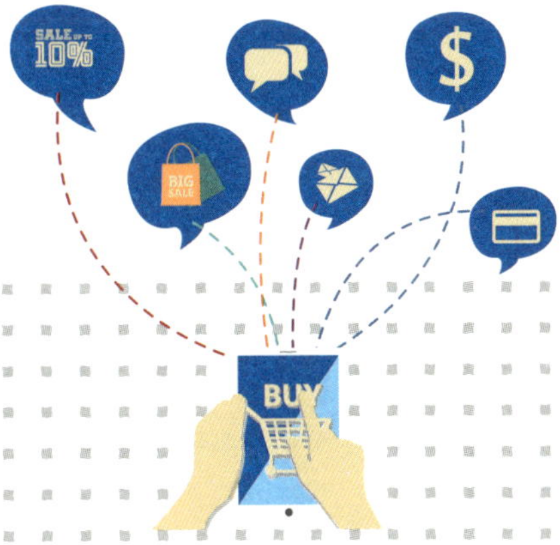

一、电子商务促进传统产业转型升级

近年来，我国电子商务产业蓬勃发展，形成了与实体经济深入融合的发展态势，推动了经济增长，促进了零售、内外贸和部分制造业的转型升级，扩大了消费需求和社会就业。

结合李克强总理打造中国经济“升级版”内涵，电子商务对中国经济转型发展的贡献主要体现在五个方面：一是促进流通体系跨越式发展；二是通过流通体系倒逼制造业转型，由制造大国向制造强国升级；三是电子商务促进战略性新兴产业，实现新的经济增长点；四是带动农村经济和新型城镇化，促进区域均衡发展；五是网络创业带动就业，促进社会和谐发展。

（一）电子商务促进流通体系转型升级

以往，我国流通领域存在着一些难以根除的困难。例如，由于很多地区信息来源渠道不规范，致使信息不能对生产、经营产生良好的指导，产品积压的问题频频出现。例如，我国以往的产品流通模式要经过多级批发、多级零售，各环节不断加价，最终各环节成本均会转嫁到零售价格中，大大制约了消费和生产两端的积极性。此外，信息发布机制缺失，导致价格形成机制和预警机制的失灵，因此不法分子就很容易钻空子，进而操纵市场，近年来“蒜你狠”、“逗你玩”、“姜你军”等市场价格炒作现象频频发生。

随着信息经济时代的到来，以阿里巴巴为代表的电子商务服务平台能够汇聚海量的生产信息、交易信息、消费者信息、仓储信息、物流信息等，使信息这一核心生产要素广泛应用于经济生产活动，深刻影响传统流通产业再造。

1. 电子商务促进生产、营销、销售方式的改革

电子商务使生产者、批发商、零售商、销售商都可以以很低的成本建立起属于自己的管理系统、订单系统、宣传网站、网络店铺

等先进的信息基础设施，并能够通过互联网实现与全国乃至全球巨大市场的对接。因此，目前产业间、行业间的分工逐渐模糊，跨界融合与竞争现象显现，“产销合一”、“批零一体”的销售模式大量涌现，“凭订单采购”、“零库存运营”、“柔性制造”、“直接委托送货”等新的业务方式不断出现，出现了大量新型商业业态和就业机会，解决了诸多以往困扰企业的问题。

2．电子商务造就了流通技术革命

企业能够以电子商务技术为基础，将商品需求、商品流通和商品生产有机地联系在一起，不仅可以在库存数量、存货地点、订货计划、配送运输几个方面实现最佳选择，优化企业经营者的利益，而且能够在准确的时间、准确的地点，以恰当的价格和便捷的方式将商品送达消费者手中，最大限度地体现消费者的主权。“时滞”变为了“实时”，信息技术延伸到了销、供、产的全过程。

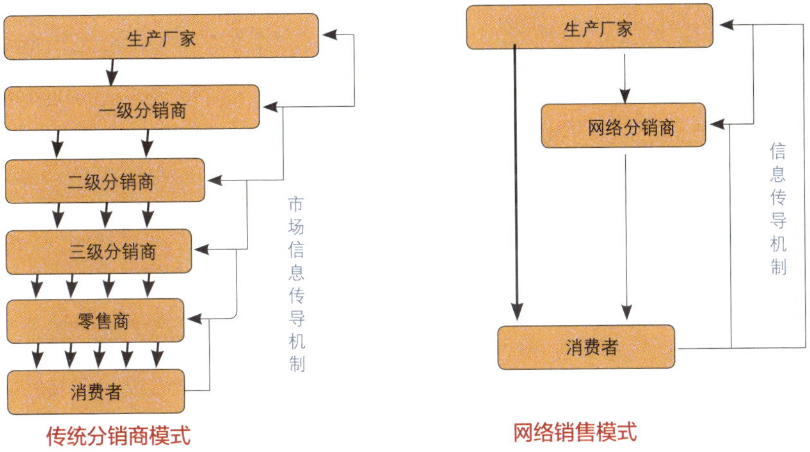

图 4-1　流通体系的变革

3．电子商务促使流通组织再造和创新

电子商务使现有的流通组织进一步加快适应信息时代流通的需要，进行组织再造和创新，全面提高运转效率。以零售业为例，许多厂商未来将会采取以网上交易为主导的无店铺销售，那么厂商就

可以不通过中间的批发商和零售商而实现厂家的直接供货。同时，商品流通基础设施和配套行业的重点将会发生偏转，各类送货系统、快递公司、仓储服务提供商、支付公司、安全、广告、商务软件、信息服务等新型物流和中介机构发展呈加速态势。

目前，网络零售已显著改善了我国很多县域的商品流通体系。2013 年《中国城市网购发展环境报告》显示，在 2012 年上半年，五六线网购城市的新增用户数同比 2011 年翻番，尤其是六线城市，增幅达 150.6%。

（二）电子商务带动制造业转型升级

与发达国家制造业相比，我国传统的“中国制造”出口面临的主要问题是：产业链的利润越来越低，其根源是中国制造处于产业链最底端，只拥有产品的生产制造，而市场品牌与分销网络、产品设计与产品定价等产业链控制权，几乎都掌握在国外的进口商和分销商手里，他们赚取了产业链 90% 的利润。而国内不少外贸出口企业以破坏环境、低廉工资为代价，拿到的利润还不到产业链的 10%，有的出口企业甚至需要靠出口退税才能有利润。例如，在南非世界杯出尽风头的呜呜祖拉，90% 产自中国宁波，在南非的零售价是 54 元，出厂价仅 2 元，每卖一个呜呜祖拉，中国厂家和工人各赚 1 毛钱。

推动“中国制造”向“中国创造”转型升级，进一步提高“中国制造”的产品附加值，是我国制造业整体上面临的一个巨大挑战。

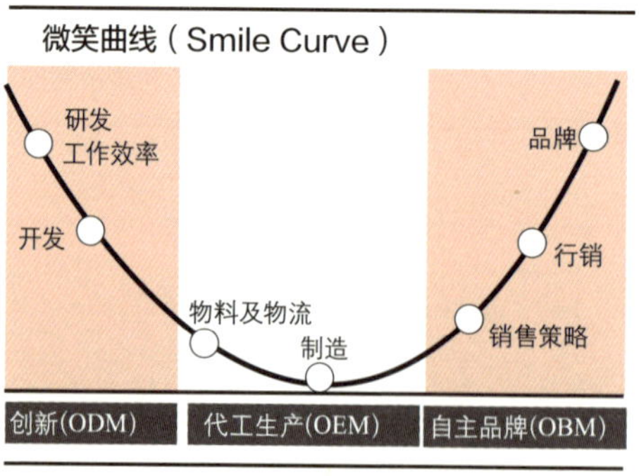

图 4-2　产业链“微笑曲线”式分工

未来的十年，是中国制造业转型升级的十年，也是电子商务大发展的十年。在这个过程中，电子商务将成为帮助“中国制造”转型升级、提升利润的最佳手段。通过电子商务，可以整体上提高我国制造业的生产力系统水平，促进社会化协作的供应链形成，提升制造企业生产、研发、管理水平，协助制造企业实施质量和品牌战略，协助带动中小制造企业发展。

1．整体提升我国生产力系统水平

信息技术是促进传统工业制造业改造升级、提升生产率、推进工业现代化的必不可少的重要手段，更是促进工业制造业结构优化升级的重要动力。当前，全国性的电子商务服务平台不仅仅有效地消除了规模屏蔽、降低了资金门槛、提升了企业的生存力和发展力、使广大的中小制造企业共同受益。同时，许多制造业发现电子商务的特性正满足了他们的迫切期望：协调大规模低成本的标准化生产与用户需求的“个性化”、“快速化”的矛盾，商业智能分析等纳入企业，分析客户个性化需求，提供更快捷、成本更低的服务，吸引保留现有客户从而实现保持与发展和客户达成的密切关系等。同时，宏观决策部门也可以通过电子商务，将市场、企业和个人连接起来，方便地进行宏观调控和微观调控。

2．提升制造企业生产、研发、管理水平

电子商务构成虚拟社会中的整个商品交易庞大网络，使得实体社会中商品的盲目实物移动转变为有目标的实物移动。借助于电子商务的信息沟通和需求预测，企业可以组织有效生产，形成高效流通、交换体制，有效克服企业在传统的生产方式、研发、库存等方面的缺陷，适时把握市场需求，提高企业生产决策科学化水平，合理控制库存，提高企业资金利用率。

3．实现生产过程柔性控制

传统工业化模式下的大批量、规模化、流程固定的流水线生产，基本上是以某时间段的销量为参考来决定本期生产规模，生产决策

存在比较大的盲目性；同时由于信息不对称，涉及产品的每个零件都在本厂生产，外协加工工序较少，占用了大量的资金和资源，对企业规模化经营不利，难以实现利润最大化。而基于电子商务的生产方式是需求拉动型的生产，网络将生产企业和消费者联系在一起，使消费需求信息得以迅捷地传达给生产者，据此组织生产，使得生产方式由大批量、规格化的典型工业化生产向顾客需求拉动型生产转变，在生产过程中实现柔性化管理。现在，在淘宝网上，“多品种、小批量、快翻新”正在逐步成为主流。

以服装业为例：在消费端，淘宝网上固然有一些单款销售数万件的服装，但另一方面长尾效应也越来越显著，一款女装销售百余件，在淘宝网上就是一个很普遍的现实。这意味着，企业生产体系必须适应“多品种、小批量”的要求，才能“接得住”蓬勃的个性化需求。在生产端，从纺织机械来看，近年来中国服装行业对数码印花、数控裁床、三维人体测量仪等适应于柔性化生产的设备，开始加大了引入力度。从软件来看，诸如爱科在线的服装自动排料服务，以 SaaS（软件即服务）方式推动着中高端软件走向普及化。从生产方式来看，原来的服装企业大都采取捆包制的大规模生产方式，但杭派女装的代表品牌秋水伊人等企业，则越来越多地开始采取更适应于多品种、小批量生产的单流制（或单件流）。

事实上，互联网上大量分散的个性化需求，正在以倒逼之势，持续地施压于电子商务企业的销售端，这将反向推动单家企业在生产方式上具备更强的柔性化能力，并将进一步推动整条供应链乃至整个产业，使之在响应效率、行动逻辑和思考方式上逐步适应快速多变的需求。

4. 缩短了生产与研发的周期，产品定位更加准确

电子商务提高了信息和资金的流转速度，提高了运营效率，缩短了生产周期，从而降低了单位产品的生产成本。另外，电子商务环境下，厂商总是用自己全新的技术和产品赢得市场，以在竞争中获得胜利。随着人们生活、消费水平的提高，人们更加要求高质、高速的个性化服务，企业即使花费巨额资金进行研发工作，若周期

过长，也是明日黄花。在互联网上，消费者可以以互动的方式进行订购，并协助企业设计出一套解决方案，使企业最大可能地理解顾客，理解消费者，从而使产品几乎以零开发周期的速度进入市场。

5．协助制造企业实施质量和品牌战略

作为一个极为重要的商务信息载体和运送平台，电子商务也为品牌的打造和维护提供了良好的环境。

（1）降低企业的营销成本。企业通过互联网进行广告宣传及市场调查，构筑遍及全球的营销网络，改变了市场准入及品牌定位等规则，建立起无中介的销售渠道，与消费者直接接触，既降低了流通费用和交易费用，又加快了信息流动速度。同时，网络宣传可以大大降低品牌打造及营销成本。据国际数据公司的调查，利用因特网作为广告媒体进行网上促销活动使销售额增加 10 倍，而费用只是传统广告方式的 1/10。

传统的品牌推广模式＝电视广告狂轰滥炸＋明星代言
淘品牌的建立模式＝消费者互动＋迭代更新＋ SNS 传播

（2）突破了时间与空间的限制。电子商务环境下的网络营销是一种主动方在于客户的软营销。不受地域的限制，而利用互联网进行商务活动则使企业直接面向市场，在网上展开的营销活动，面对的就是全球市场，能够针对全世界每一个潜在客户。同时电子商务克服了时差带来的国际商务谈判的不便，为企业不间断交易提供了可能，交易时间理论上的无限延长必定会给传统企业带来更多的机会，24 小时网上在线销售可在一定程度上使企业的销售增加，企业的网址成为永久性的地址，可为全球的用户提供不间断的销售信息。

（3）实现全方位展示。从理论上说，顾客理性地购买，既能够提高自己的消费效用，又能够节约社会资源。网上销售可以利用网上多媒体的性能，全方位展示商品功能的内部结构，企业通过网络展示商品的质量、性能、价格及付款条件等，从而有助于消费者完全地认识商品及服务。

（4）提高服务质量，提升客户满意度。客户是企业最重要的资源。电子商务以其互动性、灵活性、人性化等特点在客户拓展与维护方面体现出优势：首先，双向互动，个性化服务，实现准确市场定位。企业与客户之间的交流更加便捷通畅，企业根据客户的不同需要及时提供个性化服务，最大可能满足客户，并能及时把握市场脉搏，为企业的经营决策提供第一手资料。其次，促进与客户关系，提升客户满意度与忠诚度。电子商务互动式沟通，使消费者更易表达出自己对品牌、产品及服务的评价，这种评价一方面使企业可以更深入了解用户的内在需求，及时了解市场动态，调整企业产品结构；同时企业的即时互动式沟通，可提高企业的售后服务水平，提升客户的满意度和忠诚度，促进了双方的密切关系。企业还可以建立客户智能管理系统，建立客户服务数据库，分析出客户的需求特征，这样服务人员就能马上响应客户的要求，并为其提供个性化的建议。服务质量提高之后，客户感到了企业对他的尊重和关怀，并对企业产生了信任，企业将来拓展了产品线或服务范围，客户会首先感兴趣，从而理顺了企业资源与客户需求之间的关系，提高客户满意度并减少客户变节的可能性。

例如，阿里巴巴集团推出的基于互联网电子商务的全新的品牌概念——淘品牌，是“淘宝和消费者共同推荐的网络原创品牌”的概念。经过多年培育，目前已成功打造一批具有影响力的淘品牌，如尼卡苏，麦包包，斯波帝卡，韩都衣舍，裂帛，七格格，MRING，五季梦，御泥坊，歌瑞尔，芳草集，摩登小姐，Tenante，小狗电器，百普拉姿等。

（三）电子商务促进战略性新兴产业涌现

网络零售的蓬勃发展促进了宽带、云计算、IT外包、网络第三方支付、网络营销、网店运营、物流快递、咨询服务等生产型服务业的发展，已经形成了一个巨大的产业。电子商务服务业的兴起加快了信息在商业、工业、农业中的渗透速度，极大地改变了我国消费行为、企业形态和社会创造价值的方式，有效地降低社会交易成本、促进社会分工协作、大幅激发创新、提升了企业抵御风险的能力、提高了社会资源的配置效率，深刻地影响了生产、流通、交换、消费环节，并为零售业、制造业、物流业等传统行业带来了革命性突破。

1. 电子商务现代服务业快速发展

电子商务服务业是指围绕电子商务的信息、交易、技术等开展服务经济的总和，包括平台交易服务、支撑服务（物流、资金流、信息流）、营销和技术衍生服务，以及其他相关的服务形态。近年来，中国电子商务服务业呈现出爆发增长的态势，已逐渐成为电子商务系统的最重要组成部分,也成为电子商务创新和发展的支撑性基础力量。

根据《2013 年度电子商务服务业报告》，“十一五”时期，国内现代服务业增加值年均增长速度为 11.9%，而电子商务服务业过去三年的年均增长速度为 76.7%，远超过现代服务业平均水平。报告分析，电子商务服务业营收规模跃升背后的动力，是来自以电子商务交易服务平台为核心的电子商务服务业生态中各类服务种群的协同扩张。在网络零售服务领域，交易服务平台普遍实施数据开放战略，大大推动了服务种群的协同扩张。以淘宝开放平台为例，

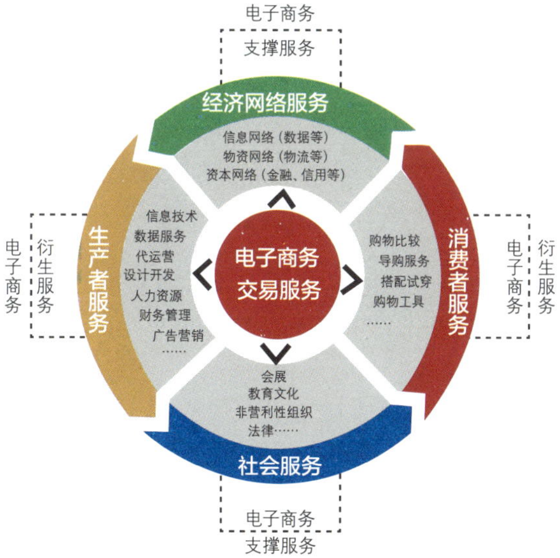

图 4-3 电子商务服务形态

2012年，淘宝开放平台上聚集的第三方服务商达到49万家，服务900多万家免费用户和100万家收费用户，依托淘宝平台的衍生服务营收规模约152亿元。

电子商务带动产业链上下游发展。例如，网上支付、移动支付、电话支付等新兴支付服务发展迅猛，第三方电子支付交易规模增长近120倍，2013年达到3万亿元 。现代物流业快速发展，对电子商务的支撑能力不断增强，特别是网络零售带动了快递服务的迅速发展，2013年，在快递92亿件的业务量中，有超过60%是来自网购。

未来几年，电子商务服务业将成为中国经济增长的新动力、新引擎，引导经济发展的方向和模式，成为中国进入信息经济时代的基础设施。预计到2015年，电子商务平台的交易规模将增长5—10倍，支撑超过13万亿元电子商务交易规模。

2. 抢占全球战略制高点：大数据资源

目前，获取和控制网络海量数据，正在成为世界各国在未来20年争夺信息社会控制权的重要战略手段。据2011年10月发布的KPCB《互联网趋势报告》，在全球互联网25强中，美国和中国分别有14家和6家位列其中，已初步形成中美两强的竞争格局。

近期，美国出现强烈的圈占“网络空间”的动向，除了出台被奥巴马总统称为“美国第一次针对网络空间制定全盘计划”的《网络空间国际战略》外，其推出的o3b（other 3 billion，另外30亿）计划，旨在把美欧以外的其他30亿人类，统统圈进美国的“新大陆”势力范围。此举势必将对中国未来经济和社会生存空间构成极大影响，也将有可能使中国失去互联网人口第一大国的优势。电脑是脑的延伸，互联网关系未来最主要的生存空间，没有稳定的网络空间，未来的稳定将无处可放。我国能否驾驭控制信息网络，能否安然度过21世纪的危机，当前情况极不乐观。

互联网平台企业在未来的全球竞争中将成为决定国运的重要砝码，通过对大数据的获取，进而为国家间政治、经济、军事的相互博弈提供基础。这一点美国拥有着领先全球的长远见识，积极发展起如苹果、谷歌、亚马逊等一批世界级互联网企业。未来，没有这样重量级的先进企业做支撑，即使靠传统产业像产油国家那样获得一时的繁荣，也必将是不可持续的。

目前为止，以阿里巴巴集团打造的电子商务平台为代表，中国电子商务生态已经形成了一定的规模效应。中国电子商务已经成为在全球范围内在信息空间/互联网生态平台领域与美国的争夺中具有“比较优势”，能够保持话语权、控制权、规则制定权的领域，成为具有典型代表性的行业。未来，依托我国已建立起的在全球具有竞争力的电子商务平台和生态体系，将为国家应对和主导更为激烈的全球“比特战争”打下更为坚实的基础。

3. 推动我国云计算产业快速发展

在互联网和电子商务发展过程中，云计算是其中最重要的技术革命。一方面，云计算已逐渐成为帮助互联网中小企业创新、保持竞争力必不可少的信息基础设施；另一方面，云计算对互联网相关产业正在产生重大影响。

就像一百年前，电网是工业经济大发展的基础，目前云计算正在成为信息时代经济发展的动力。Microsoft、IBM、Oracle 等昔日巨头已经无法满足互联网企业发展的需求，依靠卖软件许可和专有硬件的商业模式受到了挑战。在互联网的新产业变革下，云计算作为一种计算服务，已不可能通过购买软件和硬件来获取，它成为一种综合服务能力。而能够提供云计算服务的美国公司，如 Amazon 和 Google 等，是没法支持当今中国一大批互联网企业高速成长的。

云计算对未来经济和社会的影响具体表现在：第一，云计算是国家创新的基础，也是传统企业互联网化必不可少的先进信息技术；第二，在移动互联网和大数据时代，云计算是所有企业必不可少、最重要的信息基础设施；第三，对于任何一个要想参与全球竞争的互联网企业，云计算是必不可缺的关键技术和核心要素。

例如，在过去五年中，阿里巴巴集团旗下的阿里云专注于云计算产业的发展，实现了我国公共服务云计算的从无到有，在解决国家信息安全的同时，带动了相关产业发展，为云计算在中国更好地成长和繁荣积累了宝贵的实践经验。2011 年，国家发改委和工信部组织实施了“国家云计算创新发展试点示范计划”，阿里云被列为五个试点城市的示范企业之一。到目前为止，已有近 100 万淘宝、天猫的大小卖家和外部大中小企业的各类应用部署在阿里云平台。涉及消费电子、公共卫生、能源管理、媒体、电子商务、电子政务、移动互联网等众多行业，服务着数以亿计的互联网用户。

再比如，阿里小微金融服务集团承担着为小微企业和网商个人创业者提供互联网化、批量化、数据化金融服务的使命。阿里金融基于阿里巴巴 B2B 业务、淘宝和天猫三个平台上的数据沉淀，向在这三个平台上、无法通过传统金融渠道获得贷款的小微企业、个人创业者提供纯信用小额贷款服务。而阿里云正是阿里金融的云计算平台，在过去四年多的时间里，实时地为 60 万家小微企业发放了小微贷款，户均贷款不到 4 万元，贷款不良率为 1%。为了把商家的数据变成商家的信用，在云计算平台上，每天需要处理数个 PB（PB 为 petabyte 缩写，1PB 等于 100 万个 G）的数据，花去超过 8 万个 CPU 小时（相当于 5000 台 16 个 CPU 的高端服务器共同工作一小时以上）。

图 4-4　阿里小微金融服服为中小企业服务

（四）电子商务促进区域均衡发展

互联网和电子商务的蓬勃发展，推动工业经济时代垄断垂直的分工体系，向信息经济时代“分布式、社会化、协同价值网络”转变。这种新型商业价值网络的形成，为我国经济转型升级、扩大内需和促进区域均衡发展，提供了全新的思路。落后地区通过自发加入，或外部“赋能”加入这一新型社会化商业价值网络，能重新获得平等的发展机会。苏北“沙集模式”和四川地震灾区的“青川现象”，证明这两种方式是完全可行的。

1. 工业化无法解决落后地区发展的深层次问题

“十一五”期间，国家采取了多种措施，促进中西部地区经济社会发展，包括：西部大开发、中部崛起、振兴东北等区域扶持战略；给予落后地区特殊的经济政策等。这些政策的实施收到了一定效果，但成本和代价也是巨大的。比如，能源、资源开发、原材料初级加工等重大项目投资，资金需求量大、财政负担重、资源环境矛盾突出，难以惠及民生，长期可持续性差。

总体上，这些政策反映的是工业经济思维下的政策导向。传统的工业经济，强调大规模、标准化、集中化管理，有很强的聚集效应。在产业分工上，呈现金字塔或链式的、垄断垂直的分工体系，即大工厂、大企业控制产业链的设计、组装、精密制造、品牌、市场营销等高端环节；小企业、小作坊承担原材料、来料加工、物流运输

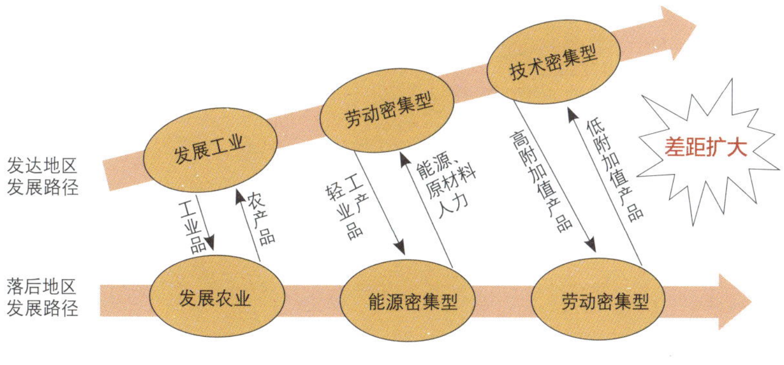

图 4-5　产业转移浪潮中落后地区始终处于产业链的低端环节

等低端环节。在区域分工上，处于产业链上游的中西部地区、农村地区，只能向下游沿海发达地区输出农产品、原材料、低级劳动力等低端生产要素。在地区间“产业转移”的浪潮中，西部地区承接的多是发达地区淘汰下来的落后产能和低附加值产业；而发达地区依然凭借技术、资本、制度优势牢牢把控产业链的高价值环节。

西部地区虽然也从“扩散效应”中受益，但这种受益是相对的，并且完全是梯度式、跟随性质的。由此带来的后果是：在一轮轮的产业转移过程中，西部地区始终处于产业链的低端。工业化的自上而下、垄断垂直分工体系，固化了落后地区的角色定位，加剧其边缘化趋势。

在工业经济体系中，自上而下、垄断垂直的分工体系，阻碍了知识和信息的广泛传播，也不利于劳动者自发性、独立性和创造力的提高。随着信息化的发展，特别是 21 世纪以来互联网的普及和深入，信息技术为我们提供了新的变革动力。互联网平等、开放、跨地域、交易成本低、信息传播快等特点，极大地促进了信息和知识的聚集和传播，也惠及中西部地区，为这些地区发展创造了新的条件。

2. 电子商务推动“分布式、协同价值网络”的形成，为区域均衡发展提供新的可能

电子商务不是简单的网购（e-commerce，网络商业和贸易），而是分布式、协同价值网络的重建（e-business，全程在线业务）。其实质是：建设从智能终端到云计算的全方位互联网基础设施，将工业化环境下的原材料—制造—分销—零售—消费者的线性商业价值链，迁移并改造升级成为分布式、社会化协同的商业价值网。

分布式、协同价值网络至少具有以下三个主要特征：

第一个特征：分布式，多中心化的架构。每一个地区、每一个企业，甚至每一个人都可能在网络支持下成为一个经济中心。电子商务更多依赖范围经济而不是规模经济，不需要集中式来追求规模经济。

第二个特征：社会分工是网状的结构而非金字塔或链状结构。

各方基于网络化数据共享，在价值链上开展社会化协作，从而大幅提升协同和决策的效率。企业的价值更多通过对网状协同，而不是对价值链的控制来体现。

第三个特征：社会化协作的开放体系而不是封闭体系。由于互联网降低企业间市场交易成本的程度，远远大于企业内部管理成本，企业倾向于把更多的价值链环节移交给市场，由社会化的市场交易来完成。过去两年，淘宝上越来越多的商家把内部日常经营管理、生产、采购等环节进行外包，进而专注产品和服务的营销和销售，实现了彻底的“互联网化”，这极大地提高了经营效率，减少了经营成本。

之所以出现上述的演变，最终导致分布式、社会化协同价值网络的形成，这其中，云计算和“大数据”发挥了核心作用。因为，信息结构决定着生产结构，从而决定生产方式。自上而下的信息采集、存储、传输和处理流程，带来的必然是金字塔式的垄断垂直分工体系；相反，泛在的、分布式、实时在线、SNS 和 P2P（P2P：person to person，个人对个人）的数据传输、海量存储、开放分享的信息系统，衍生出的就是分布式、社会化、平等协同的价值网络。

在信息社会，当数据产生是全方位、实时、海量的时候，当数据在互联网上是透明、公开和共享的时候，企业间的协作就必须像互联网一样，要求网状、并发、实时的协同。网状协同大大降低了品牌商的控制力，品牌商转而变成价值网络的管理和协调者。

从制度经济学上理解，电子商务所产生的这种分布式、协同价

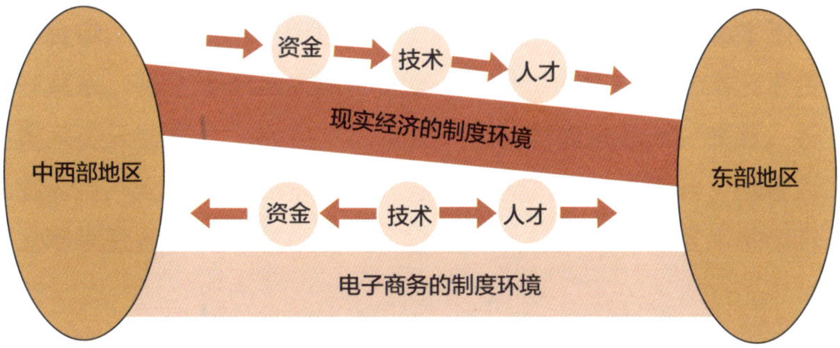

图 4-6 电子商务熨平东中西部的制度差异

值网络本质上就是经济制度的创新，是一种全新的、更低交易成本的制度创新和制度供给。这种制度创新不仅仅比现实经济社会中的制度更优，成本更低，而且它不区分地域差别，是东中西部同步、实时的制度创新。现实经济中，当中西部地区的制度创新遭遇旧制度的“路径依赖”而举步维艰的时候，电子商务这种自然繁衍的制度形态，由于其“世界是平的”的天然属性，竟然将东、中、西部地区完全无差别的覆盖。这就像在一条崎岖不平的道路上，凭空又架起一座平坦、宽阔的高架桥，原本不同区域间巨大的制度落差，瞬时被熨平了！

3. 电子商务促进区域均衡发展的实践

当这样一种分布式协同价值网逐步成形的时候，它对于区域均衡的发展会有一个全新的角度。电子商务改变了传统的经济空间布局，让落后地区有机会参与到分布式协同价值网络中来。

在江苏沙集镇、义乌青岩刘村、四川省青川县等地，农村电子商务区域生态正在以点带面的态势涌现，“农户 + 公司 + 网络”的模式正在广泛蔓延，在促进农村经济发展的同时，电子商务也促进了新型城镇化的发展。促进城镇化从以往“集中式的、以中心城市为核心的大城镇模式”，转变为“分布式的、以网状连接的经济生活区块的小城镇模式”。

以苏北沙集镇为例。2006 年东风村的年轻人孙寒从县移动公司辞职开起了第一家网店，从事拼装家具的网络销售及加工。到 2011 年全镇 600 户网商和 2000 余家网店互帮、互带地快速复制，带动整个家具产业链从无到有。2012 年销售额逼近 12 亿元，带动包括家具网销、生产、物流快递、原材料供应、配件购销、IT 外部等服务业发展。最终促使全部外出农民返乡，还带动上千人前来打工就业，新型小城镇逐步成型。

正如中国社科院信息化研究中心分析：“传统发展思路是以物质聚集的方式集中配置资源，城市是物质资源的聚集地。电子商务以信息聚集的特征，分布式配置资源”。因此小城镇甚至农村，也可以在分布式模式下，让生活更美好。

（五）网络创业带动就业增长

李克强总理在2013年夏季达沃斯会议提出：发展目的为改善民生，最大的民生是就业。我们稳增长的目的在很大程度上就是为了保就业。电子商务及其服务业具有低成本技术密集型和劳动密集型特点，极大地带动了就业，促进社会和谐稳定。

1. 电子商务带动上千万人就业

电子商务的发展，支持了中小企业的发展，扩大了就业。2014年2月，人社部发布首份《网络创业促进就业研究报告》指出，作为一种以网络为载体的新的创业就业形式，截至2013年10月，全国仅网络创业带动的直接就业规模就接近1000万人，而在网络创业网店中，九成以上为个人网店，全国个人网店带动网络创业就业人数达600万人。这还不包括网络零售带动的物流快递、代运营、网络营销等服务业的就业。值得关注的是，弱势群体在网络就业中占了相当比例。其中，失业人员占19%，17.8%是大学生，农民占到了7%，残障人士达到0.9%。在全社会重视和支持青年创新创业的背景下，年轻草根和弱势群体倚重电商平台实现就业的情况越发明显，并呈现上升趋势。

目前我国网络创业运营正处于高速发展阶段，通过电子商务平台经营的网络创业者正在快速成长。卖家的销售规模在迅速扩大。小到个人，大到公司，在淘宝网这样的开放式电子商务平台上，越来越多的工作机会涌现出来，一些“新鲜”职业正蓬勃发展。例如为电子商务活动提供服务的技术、工程和咨询行业等；分工细化还催生出一批新职业，如专门为消费者提供网上中介服务的“淘宝客”，为网购产品提供模特服务的“麻豆”，以及为网店提供设计服务的“店铺美容师”等。除了卖家之外，无数新行业随之而生，而开创这些职业的人们，更是赚到了第一桶金。

2. 淘宝成为人们寻找合适工作的缓冲平台

伴随平均受教育程度提高和快速城市化给劳动力市场带来的影

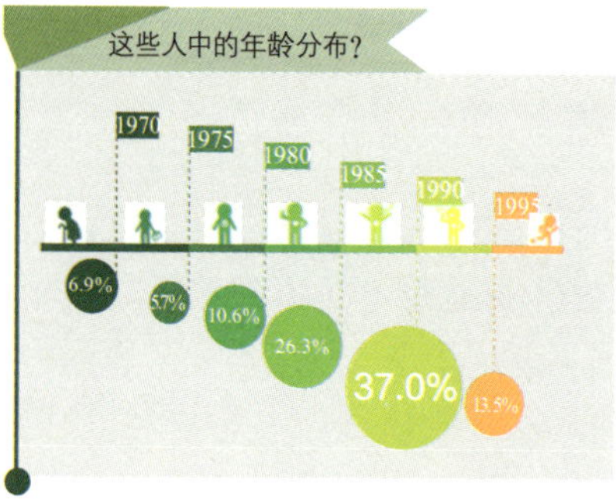

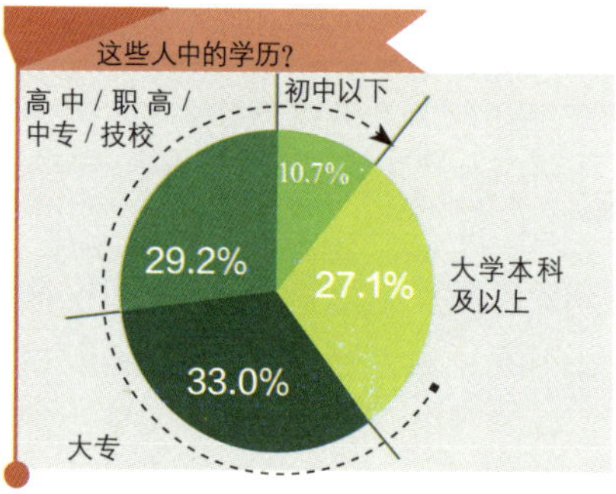

图 4-7　网店人群年龄与学历分布

响，大量级的缓冲性就业，将是一个长期存在的现象。

电子商务的低进入门槛和低创业成本，为大学毕业生、农村青年、下岗工人等群体提供了良好的创业契机。事实上，有些大学生在没有毕业之前已经是淘宝集市的店家了。同时，平台具有的新商业社会特征抑或具有的新商业文明特质，让淘宝集市对未来职业人口的素质养成扮演着孵化器的角色，培育了他们的企业家精神和创业勇气。

开网店人群中，80、90 后年轻人占到 76.8%；店主平均年龄 29.3 岁。大专及以上占 60.1%，高于社会平均水平①。同时，店铺的小微企业特征明显，95% 的卖家初期投入在 3 万元以内。这些数据充分说明，电子商务真正成为小微企业和个人创业者生存、发展的巨大平台。

3. 实现公平就业，提升就业质量

在网上就业创业，突破了原来在传统就业方式中，由于身高、相貌、身体、文化差异造成的限制和歧视，可以很好地实现我国公平就业的问题，尤其更能够帮助农村、残障人士自食其力，融入社会，体现人生价值，提高生活品质。目前，大量的掌握了电子商务技能的草根阶层，通过互联网获得了自我实现的机会，不仅解决了生存

① 数据来源：《谁在开网店》，2012 年 9 月，北京大学 & 阿里研究中心。

和发展的问题，也获得了社会认同，尊严感和幸福感大幅提升。例如，身体残疾的崔万志开设网店经营服装带动 500 人就业，一瘫一残的孟宏伟兄弟俩成功开创了网上卖牛羊的事业，他们都被评选为“全球十佳网商”的案例，诠释了弱势群体和小卖家也同样有机会在网络创业这个舞台上施展自己的才华。

电子商务的发展为就业提供了更多的选择。更多的人选择了在家工作、在家购物，就可以更为灵活地支配个人时间，在更大的范围内选择工作以及休闲的时间。在这种更大的自由度下，人们也就可以选择居住在远离人群、远离大城市的地方，摆脱了每天往返工作场所与居住场所的疲惫，更好地享受生活，享受经济发展带来的成果。电子商务可以进一步拓展就业形式，丰富就业内容，提高就业质量，提高就业弹性，满足多种就业需求。

二、我国电子商务发展经验和启示

十多年以来，我国电子商务的发展取得了较为显著的成绩，表现为：从商品来看，从非主流商品拓展到了主流商品。从行业来看，从图书、3C 等扩展到了服装、家居、机械等众多行业。从人群来看，从非主流人群扩展到了主流人群。从地区来看，从大城市延伸到了中小城市和农村，从沿海发达地区扩展到了中西部地区。从交易规模来看，仅网络零售就突破了具有标志性意义的 1 万亿元。从模式和机制来看，诸如网络信用体系、大规模定制的商业模式等都取得了一定的突破。从社会经济影响来看，电子商务对于促进经济增长、扩大就业、推动传统产业转型升级、培育战略性新兴产业等的价值也逐渐发挥出来。从全球来看，中国电子商务的发展已经全面超越欧盟、日本等经济体，同时在部分领域已经取得了足以比肩美国的国际竞争力。

根据项目组对相关企业和专家的调研，我们认为，中国电商领域十多年来的高速发展，其成功经验主要有以下几点：

（一）消费升级、拉动内需、巨国效应，是电子商务发展的沃土

2008 年以来部分发达国家出现了金融危机，直接影响到了中国的外贸出口。推动消费升级、拉动内需增长，正在成为近年来中国经济增长的重要动力来源，同时也为电子商务提供了丰厚的沃土。

中国庞大的人口与网民数量，具有巨大的消费潜力，在电子商务领域已经显示出了一种显著的巨国效应。2007—2012 中国是网民数量增长最多的国家。到 2012 年 12 月底，中国网民规模达 5.64 亿，网民平均每周上网时长为 20.5 小时；手机网民数接近 4.2 亿；网购人数为 2.42 亿，网购使用率为 42.9%。预计未来 15—20 年，中国网民人数将超过 10 亿，是美国的 4 倍左右。2012 年 11 月 11 日，超过 3/4 的中国网络零售商展开促销活动，一天的网络零售额即高达 300 亿元（约合 48.4 亿美元）。与此相应，2012 年 11 月 26 日美国"网购星期一"的网络零售额仅为 14.6 亿美元。2012 年，中国网络零售额达到 1.3 万亿元，占社会消费品零售总额的 6.3%，而仅仅四年前（2008 年）中国网络零售交易额刚突破 1000 亿元，仅占社会消费品零售总额的 1%。

另一方面，电子商务也反向释放、满足了大量没有被有效满足的消费需求。麦肯锡全球研究院《中国网络零售革命：线上购物助推经济增长》研究报告显示：约 61% 的线上消费确实取代了线下零售。剩余的 39% 则是如果没有网络零售就不会产生的新增消费，新增消费的比例在三四线城市甚至达到了 57%。

（二）庞大、丰富的中国制造业资源，为电子商务发展提供了坚实基础

1800 年时中国在全球制造业中占比高达 33%，1900 年这一数字降至 6%。一个多世纪后的 2011 年，中国在全球制造业中的比重又恢复到了 19.8%，美国则在一个多世纪的时间里第一次失去了制造业全球第一的桂冠。中国各地大量存在的产业集群，相当数量的

外贸出口加工企业，甚至于一些行业里存在的过剩产能，都为电子商务的发展提供了最为丰厚的沃土。很多制造企业或是直接到网上开店，打造自身品牌，拓展渠道体系，或是为在线零售商供货、代加工，显示出了勃勃生机与活力。

以服装业为例，就在2012年很多大中型服装企业库存高、步履维艰的大环境下，服装网购却快速崛起成了中国网络零售的第一大品类，一大批服装生产加工企业也已经从中受益。据艾瑞咨询统计，2012年中国服装网络购物市场规模达2392亿元。更值得关注的是，电子商务所汇聚的“小品种、多批量、快翻新”的个性化需求，也已经开始倒逼服装业生产方式的柔性化，对于服装业的转型升级起到了显著的推动作用。

（三）巨型互联网商业平台及其生态系统，是推动中国电商发展的直接驱动力

据互联网分析公司KPCB的研究，当今全球互联网25强企业中，美国占14家，中国占6家，其他各国总共只有5家。而这些企业中，绝大部分都是平台型企业。尽管平台模式在电信、媒体、娱乐等领域的出现已有时日，但今天的互联网则是彻底地改造和充实了平台模式的形态与内涵，平台企业已经成为经济增长的新引擎，同时也是信息时代最为突出和重要的产业组织形态，并开始实质性地重塑当代市场经济的微观基础。与工业时代以线性、垂直的供应链为主要形态的产业组织方式不同，信息时代的平台模式，是一种以“大平台＋小前端＋富生态”为原型结构、网状的产业组织方式。今天已经成为现实的“云＋端”、“共享平台＋多元应用”或“大平台＋小前端”、“基础平台＋增值业务”等，即是平台模式的典型代表。

就中国电子商务领域来看，阿里巴巴、支付宝等平台企业，以及京东和当当等具有平台属性的企业，自身就是电子商务服务业的重要主体，它们同时还集成了IT、金融、物流、信用体系、商品体系、咨询、营销等众多服务流程、模块与服务商，在过去十多年来它们已经成为推动电子商务发展最为重要的驱动力，也是国家支持

小微企业发展的核心抓手之一。

平台的发育，正在演化出一种蓬蓬勃勃的生态化格局，从而在巨大的范围内促进了小微企业的持续创新。越来越多样化的商业主体、各个主体之间高度的涌现与自组织，都是这一商业生态体系的具体展现。就阿里巴巴来看，其商业生态发育经历了三个阶段：从1999 年到 2004 年是自然生长的阶段；从 2004 年到 2007 年是有生态意识的阶段；2007 年的下半年开始进入一个有意识的生态阶段，即有意识地去规划、构建商业生态。

需要关注的是，平台连接了买方、卖方、服务商等多种商业主体，其产品和服务的价格、运作机制等都已经与工业时代截然不同。平台现象是当前学术界研究的热点和难点问题，平台经济学也因此得到了普遍的关注，进而已经影响到了各界对竞争政策的重新思考。同时，平台之间也存在着激烈的竞争，跨行业、跨产业链、跨用户群体、跨国之间的平台争战异常激烈，政府和社会各界应对我国各类互联网平台企业给予足够的关注和支持。

（四）传统商业体系的不完善，是中国电子商务赶超式发展的背景

与发达国家相比，中国的互联网基础设施仍不完善，城乡及东西部经济发展仍不均衡，传统流通业、物流业等商业体系也很不发达。这些相对的不完善、不均衡、不发达，反而为互联网创造了新商业价值，也为中国的一整套商业体系实现对发达国家的赶超，提供了绝好的机会。相比之下，美国现代零售业非常发达，美国企业在进入互联网时代之前就已经实现了较高水平的信息化，互联网要在此基础上创造新的价值，其空间反而相对较小。

比如，从地区来看，尽管与城镇相比农村互联网普及率依然较低，但中国广大农村地区和三四线城市里的网络购物反而显示出了巨大潜力。2011 年淘宝全网各省成交金额数据显示，中西部地区网购增速超过了沿海地区，增长最快的前五个地区分别为山西、内蒙古、新疆、安徽和甘肃。这是因为，网络零售弥补了三四线城市和

乡镇实体零售相对落后的局面。有了网络零售，三四线城市和乡镇的消费者不必奔波到一二线城市购买商品，仅仅通过在线挑选、网上支付和物流快递，就能买到当地买不到的商品。网络零售为其带来的不仅是购物便捷，更是与一二线城市消费者的同等待遇和机会，是“消费无差别”。

再如，从产业升级来看，如果没有电子商务，中国流通业的发展进程，很可能将会如美国一样经历“批发商主导——分销商主导——连锁商主导”的过程。比如可能会在现有的已经出现专业连锁的3C和家居行业之外，有更多行业发展出本行业的连锁体系，同时3C和家居连锁体系也将继续向三四线城市逐步扩展和下沉。但现在由于有了电子商务，中西部和三四线城市，可能不需要那么多的线下连锁体系了。即使是在一线大城市，原本发育最为成熟的3C连锁体系也正在出现门店收缩的情况。连锁经营，曾被认为是中国流通业的第一轮革命。但它的形貌仍然是有形的店铺，其发展基石就是要把工业化大生产的原理应用于流通业以获得规模经济。显然，这种形态无法与互联网时代的大规模定制与个性化消费相适应。以电子商务为代表的第二轮流通革命，其形貌已经是无店铺经营，其基石更侧重范围经济。当前中国面临的，正是这两轮流通革命的叠加，同时，电子商务也已经开始带动整个流通业的产业升级！

（五）政府开明，政策宽松，尊重创业者的首创精神，是中国电商发展的最重要前提和保障

在政策的基本取向和政策环境营造方面，面对电子商务这一全新事物，过去十多年来的一个基本经验是，尊重互联网创业者的首创精神，相信和依靠电子商务市场的自我管理与净化能力；秉持“先发展、后管理、在发展中逐步规范”的思路，致力于营造一个较为宽松的政策环境。

对于电子商务领域出现的一些纠纷和问题，很多政府部门比较注重运用市场手段、行业自律去引导和规范，而不是全由政府部门去做行政裁决。比如对于网络购物存在的一些问题，消费者实际上

会通过奖优罚劣、信用评价等的方式去解决。事实也证明，电子商务平台和生态体系所发育出来的信用和市场管理体系，一方面实现了自我管理和净化，同时也为政府放松管制提供了可能性。以阿里巴巴集团及其下属的淘宝网来看，一是推出了消费者保障计划，包括“卖家先行赔付”、“假一赔三”、“7 天无条件退换货”等举措；二是建立国内首个网络购物的消费者维权体系——消费者维权中心，有 650 名专职维权专员全天候保护消费者权益；三是“先行赔付”举措，2012 年投入 10 亿元作为消费者保障基金；四是有超过 2000 人的团队在负责知识产权保护、打击假冒伪劣、商品品控等服务。数据显示，2012 年，淘宝网共处理侵权商品信息 8700 万条，处罚会员 95 万余人次。

2008 年国际金融危机之后，很多地方政府陆续出台了对于电子商务的优惠和支持政策，放松电子商务市场的进入门槛，取得了很好的政策效果。如 2008 年 12 月底，浙江省工商局出台《关于大力推进网上市场快速健康发展的若干意见》，明确规定对于个人网上开店不强制办理执照，鼓励个人通过网上创业解决就业难题。2012 年广东省工商局《关于鼓励支持我省网络商品交易及有关服务健康发展的若干意见》也提到，要放宽市场准入，“鼓励自然人开办网店”，支持创业就业。2013 年 9 月，国家工商总局就《网络商品交易及有关服务管理办法（征求意见稿）》（下称意见稿）公开征求意见，意见稿认为，“现阶段对尚不具备登记注册条件的自然人放宽准入条件，允许其暂不办理工商登记注册”。这一政策精神受到社会普遍赞誉。

此外，一些政府主管部门在此期间，也进行了一些灵活高效的政策创新，对于互联网产业和电子商务的发展也都起到了很好的促进作用。比如，VIE(可变利益实体，Variable Interest Entities)结构就是在不违反现行法律法规和政策的前提下展开的制度创新，十几年来已被证明为是行之有效，甚至于被认为是中国改革开放以来一项独特的公司制度发明。没有 VIE 制度，就很难想象包括互联网产业在内的大量创新产业的蓬勃发展。再如，在余额宝这一对于金融业影响颇大的创新事件中，证监会对于创新的及时肯定，以及相关官员“只要有利于客户利益和市场发展就应该鼓励创新、对于法规一时覆盖不到的要促进法规调整、即便有冲突也不能简单否定创新、风险控制是创新的保障”等的表态，都受到了业界的普遍欢迎，余额宝也因此被认为是业务创新与监管创新的共同成果。

总体来看，这种开放、积极、灵活、创新的政策取向，是过去较长一段时间里电子商务领域的政策基调，一些地方政府和行业主管部门，甚至明确地提出了对于网络经济和电子商务要“高看一眼、网开一面”，正是这种务实、前瞻的取向和行动，对于中国电子商务的发展起到了至为重要的保障和引导作用。

（六）海量创业者的使命感、创业与创新精神，是电子商务的重要精神力量

党的十八大报告指出：科技创新是提高社会生产力和综合国力的战略支撑，必须摆在国家发展全局的核心位置。要推动科技和经济紧密结合，加快建设国家创新体系，着力构建以企业为主体、市场为导向、产学研相结合的技术创新体系。互联网和电子商务为创业者们所带来的机会，可能是人类社会历史上门槛最低、最大众化、最没有歧视性的创业和经商机会。马云、李彦宏、马化腾、丁磊、陈天桥、刘强东等企业家在这轮浪潮中，体现出了一种推动互联网发展的强烈使命感和创新意识，他们自身迅速地实现了过去要几十年才能实现的商业梦想。但这些著名企业家，也仅是这轮创业浪潮中极小的一部分，在他们背后，还存在着数量庞大的创业者群体。

过去十多年来，在互联网的促动下，继 20 世纪 90 年代初的下海热潮之后，一轮大规模的集体创业浪潮已经在电子商务领域出现，“到网上开店”成了今天最为普遍化的创业形态之一。千千万万个求发展的中小企业，千千万万个求发展的个人，在电子商务这个全新的领域，用他们的勇气和智慧，展现出了电子商务的无限想象力。在电子商务领域发生的这种海量化的创业创新，是中国经济活力的重要来源之一，值得高度肯定和鼓励。

如果说30年前的乡镇企业，通过制度创新激发了生产力的极大释放，那么30年后的网商，则利用网络技术创新，实现了新一轮的“异军突起”。更值得珍惜的是，电子商务领域培养和鼓励了一种开放、透明、诚信、责任的商业精神和创业精神，并为经济发展输送了最为稀缺的资源之一——一批迅速成长起来的企业家群体。仅以网络诚信为例，西安交通大学《基于商务链的网上网下交易欺诈比较研究》研究发现，“从总体看，网上欺诈明显低于网下，网上交易中，无论欺诈笔次（4.22‰）及金额比率（5.76‰）均明显低于传统网下交易欺诈笔次（7.14‰）及金额比率（17.55‰）。这意味着：网上交易的诚信度要比传统网下交易高出70%以上。”在信用体系不完善的中国，这足以称得上是一个了不起的成就。

专题报告五

电子商务服务业：全球领先的战略性新兴产业

一、电子商务服务业基础

（一）电子商务服务业界定

电子商务服务指为电子商务应用提供的服务，即面向企业或个人的电子商务应用的服务。

“电子商务服务”与“电子商务应用”相对应，前者相当于市场中的“供给”，后者相当于市场中的“需求”：电子商务应用是指一个个具体的企业和个人运用电子商务方式实现商务目标，如完成采购、销售、消费等；电子商务服务则是指提供一定的服务以满足这些需求，如电子商务交易服务、电子支付服务等。

所有提供电子商务服务的企业即电子商务服务提供商的集合，即为电子商务服务业[①]。

由于电子商务快速发展，电子商务服务业的边界尚未完全清晰，常常与服务业电子商务混淆，因此，有必要比较和区分：

（1）服务业电子商务：传统服务业借助互联网信息技术优化升级后实现服务的电子化，其实质是技术进步引起的产业自身的优化升级，属于应用新技术，产业改造升级的范畴。

（2）电子商务服务业：伴随电子商务的发展形成和扩展，是新兴的服务行业，其实质是新技术应用下催生或衍生的新兴产业，具有创新性和拓展性，富有广阔的发展前景，属于创新技术应用和衍生的范畴。

（二）电子商务服务业分类

以服务特征来划分，电子商务服务可分为电子商务交易服务、电子商务支撑服务和电子商务衍生服务三类。

---

① 梁春晓等，《电子商务服务》，清华大学出版社，2010。

表 5-1 电子商务服务按服务特征分类

服务	含义	典型服务商
电子商务交易服务	指为在电子商务活动中为交易各方提供的、旨在促成交易达成的基本服务，如商品展示、信息沟通、订单管理等。电子商务交易服务是电子商务服务体系的核心	阿里巴巴、淘宝网、中国制造网、慧聪网、敦煌网等
电子商务支撑服务	指为促成电子商务交易订单完成的共性服务，如物流、快递、仓储、电子支付、电子商务认证等	申通、顺丰、五洲在线、支付宝、天威诚信等
电子商务衍生服务	指随着电子商务应用规模化和多样化，在电子商务服务多个领域产生的专业服务，如电子商务信息技术、电子商务营销、电子商务运营、电子商务培训等	维富友、商派、阿里妈妈、瑞金麟、淘宝大学等

（三）电子商务服务业发展过程

伴随着电子商务高速、持续发展，我国电子商务服务业先后经历萌芽、起步、多元细分和协同扩张四个阶段。在发展过程中，电子商务应用和电子商务服务互动促进，一方面，电子商务应用的规模化、多样化，不断促成电子商务服务分工细化、服务水平提升；另一方面，电子商务服务不断帮助电子商务应用提升效率，降低成本。由此，电子商务服务业规模持续增长、分工不断细化、经济社会价值快速显现，并逐步成为信息经济的基础设施。

1. 萌芽阶段（1999—2002 年）

1999 年，以阿里巴巴为代表的电子商务交易平台的诞生为标志，中国电子商务服务业进入萌芽阶段。

在萌芽阶段，网民数量少，网商数量更少。而且，网民的网络活动主要停留在电子邮件和新闻浏览层面。截至 2000 年 6 月 30 日，中国上网计算机仅 650 万台，上网用户仅 1690 万[①]，并且，上网用户主要是浏览新闻和查收邮件。这个阶段，网络基础弱、网民和网商规模小，电子商务服务相对简单。经过互联网络泡沫的洗礼，电子商务服务平台为中小企业和创业者走向互联网和电子商务铺路奠基。

①《中国互联网络发展状况统计报告》。

电子商务交易服务是电子商务服务业起步的最早环节，是电子商务服务业得以萌芽发展的“核”；其后，围绕电子商务交易平台这个核心，电子商务支撑服务和衍生服务才得以兴起和发展。

2．起步阶段（2003—2007 年）

进入 2003 年，在企业间交易、网络零售、电子商务、电子认证等领域已经涌现了众多电子商务服务商，如当当网、卓越网、阿里巴巴、慧聪网、淘宝网、eBay 易趣、支付宝、中国金融认证中心等。这些“生于网络、长于网络”的电子商务服务商在短短的数年内崛起，电子商务服务业规模迅速壮大。

数据显示，2005 年，我国电子商务交易额达到 3875.1 亿元；电子支付机构超过 50 多家，国家授权许可的 CA 认证机构有 17 家。围绕电子商务开展服务的第三方物流、电子支付、电子认证机构的年销售额已经突破百亿元。[①]

随着《电子商务发展“十一五”规划》的实施，在各级政府的政策引导下，电子商务交易额稳定持续增长，电子商务服务业快速起步。

3．规模化增长阶段（2008—2010 年）

随着电子商务的快速增长，电子商务服务需求急剧增加，从 2008 年开始，电子商务服务业进入规模化增长阶段，集中体现在以下两方面：

（1）电子商务服务的客户规模化。随着中小企业应用电子商务和消费者应用网络购物快速扩散，面向中小企业和消费者电子商务交易平台快速发展，两者之间良性互动。截至 2010 年底，阿里巴巴平台会员超过 5600 万，企业商铺超过 800 万，付费会员超过 100 万名。支付宝注册用户突破 5.5 亿，超过 46 万家商户选择使用支付宝，日交易额超过 25 亿元，日交易笔数达到 850 万笔。[②]

① 新闻工作室，《电子商务服务业初露端倪》，http://www.enet.com.cn/article/2006/0630/A20060630120587.shtml.

② IDC，《为信息经济筑基——电子商务服务业及阿里巴巴商业生态的社会经济影响》，白皮书，2011。

（2）电子商务服务商数量快速增长。2008 年，淘宝网启动开放平台战略，向第三方服务商开放买家、卖家、商品、店铺、交易、物流、评价等多个环节的数据，由此催生了一大批在信息技术、营销、物流、数据分析等细分领域的专业服务商。电子商务服务商数量进入快速增长阶段，截至 2010 年底，接入淘宝开放平台的服务商超过 7000 家。

以淘宝为代表的电子商务交易平台通过开放战略，集成了信息、支付、物流、金融、IT 运营等多种服务，成为电子商务服务业的核心，标志着电子商务领域的专业化水平有了质的飞跃。

4，协同扩张阶段（2011 年至今）

经过前三个阶段十余年的快速发展，2011 年我国电子商务服务业开始进入协同扩张阶段，其特征是电子商务交易平台与第三方电子商务服务商协同发展，共同进化。典型案例是历年“双十一”大促。2013 年，“双十一”大促产生的包裹数超过 1.5 亿件。在其后一周内有 78.9% 已送到消费者手中。尽管包裹数量创历史新高，几乎是头一年的两倍，但全国没有出现大面积的爆仓问题。在此背后，是成千上万家电子商务服务商通力协作，它们来自电子商务交易、物流快递、电子支付、信息技术、运营服务等领域，通过提前制定应急方案、实时共享数据等，高效地支撑海量电子商务交易。

电子商务服务商之间大规模协同作战，与云计算在电子商务中发挥信息基础设施密不可分。截至 2011 年底，接入淘宝开放平台的服务商超过 4 万家，服务商每天调用应用程序接口（API）的次数达到十亿次级别。海量的电子商务交易产生海量的数据处理和服务需求，在服务成本、信息安全、弹性扩容等方面提出了全新的挑战，传统的 IT 架构难以低成本、高效率地满足海量化、个性化的电子商务服务需求。2012 年 7 月，阿里巴巴推出名为“聚石塔”的电子商务云计算服务，在海量数据存储、计算、传输等方面提供全新的 IT 支持。在 2014 年“双十一”大促中，2.785 亿笔订单中，96% 由云计算处理完成，故障率为零。

二、电子商务服务业发展现状

（一）我国电子商务服务业发展概况

1．电子商务服务规模全球领先

近两年，随着我国电子商务交易规模在全球领先，我国电子商务服务的部分指标也处于领先地位。比如，2013 年，支付宝移动交易达到 27.8 亿笔、金额超过 9000 亿元，成为全球最大的移动支付服务商。[①] 又如，2014 年，全国快递服务企业业务量累计完成 139.6 亿件，同比增长 51.9%，[②] 超越美国位居全球第一。

2013 年，我国电子商务服务市场规模首次突破万亿元大关，达到 10880 亿元，同比增长 40.4%。未来三年，电子商务服务市场规模有望保持 30%—40% 速度持续增长。

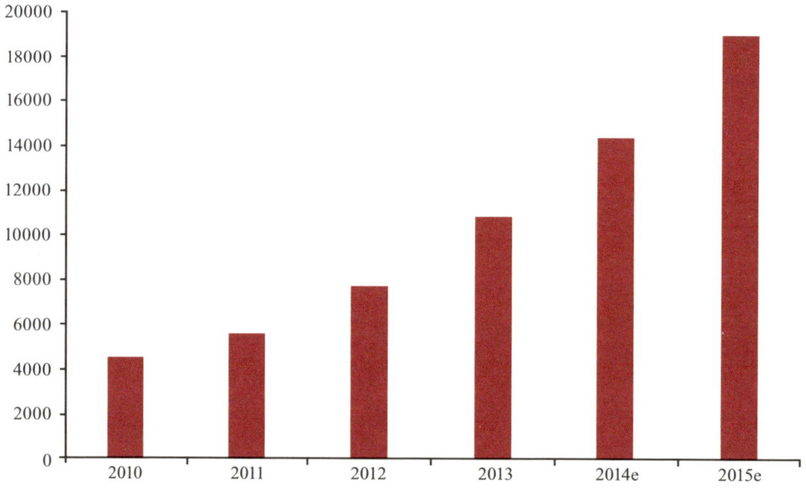

图 5-1　2010—2015 年中国电子商务服务业市场规模

资料来源：阿里研究院，艾瑞咨询。

① 北京商报 . 支付宝成全球最大移动支付公司 . http://tech.sina.com.cn/i/2014—02—20/01009175625.shtml.

② 国家邮政局公布 2014 年邮政行业运行情况 . http://www.gov.cn/xinwen/2015—01/15/content_2804590.htm.

2．云计算发挥信息基础设施作用

随着云计算在电子商务、公共服务、互联网金融等领域的快速渗透和深入应用，云计算作为信息基础设施的基础作用日益凸显。一方面，2014 年使用云计算服务的客户已有上百万家，广泛分布在零售、金融、数字娱乐、医疗健康等行业。在 2014 年“双十一”购物狂欢节，天猫平台 96% 的订单有云计算处理完成。另一方面，阿里巴巴、腾讯、百度等服务商将云计算作为战略业务发展，微软、IBM、Amazon 先后进入中国云计算市场，将极大地促进云计算成为全新的信息基础设施。

3．大数据在电子商务服务发展中贡献突出

近两年，大数据在电子商务交易、物流快递、电子支付、网络营销等电子商务服务中的应用日益广泛，贡献突出。以 2014 年“双十一”购物狂欢节为例，当天产生的包裹超过 2.785 亿件，再创历史新高，其中，超过 2 亿件包裹在 9 天内完成配送。在短时间内，海量订单得到高效处理，大数据发挥了至关重要的作用。在菜鸟网络的物流大数据平台上，订单数据、包裹数据、天气数据、交通数据等实现集聚和共享，物流服务商、商家、消费者等可及时了解物流网络运行状况，并在选择服务商、安排运力、优化路线等方面高效协同和及时应急，避免大面积爆仓和拥堵，从而提升总体配送效率。

4．跨境电子商务服务迎来良好发展机遇

2013 年以来，一系列政策出台，为跨境电子商务服务的发展营造了良好环境。2013 年 7 月，《国务院办公厅关于促进进出口稳增长、调结构的若干意见》（简称“国六条”）明确指出“充分发挥外贸综合服务企业的作用，为中小民营企业出口提供通关、融资、退税等服务”。2013 年 8 月，商务部等部委联合制定《关于实施支持跨境电子商务零售出口有关政策的意见》，提出通过海关、质检、税收、外汇、支付和信用等六项措施支持跨境电子商务发展。2014 年 3 月，

国家税务总局发布《关于外贸综合服务企业出口货物退（免）税的公告》，落实“国六条”中关于出口退税的政策。此外，北京、上海、广东、浙江、福建、江苏等省市针对跨境电子商务服务分别制定了专门的促进政策。随着政策和商业环境持续优化，跨境电子商务服务迎来新的发展机遇。

5. 移动电子商务服务应用初具规模

随着智能手机的快速普及和移动电子商务的爆发式增长，移动电子商务服务应用初具规模，比如面向外贸人员的 Alibaba Mobile App 用户超过 50 万，面向网络零售卖家的千牛工作平台活跃用户超过 300 万。其中，以千牛为代表的移动工作平台大力推动开放战略，在交易、营销、商品、数据等方面的服务商通过“插件”形式接入平台。实践证明，“平台 + 插件”的合作模式具有良好的可行性和扩展性，平台运营商负责提供基础功能和运行环境，应用服务商通过插件形式，将各自的服务集成到移动电子商务服务平台，双方共创共享。

6. 电商园区促进电子商务服务集聚化发展

随着越来越多城市和县域将促进电子商务作为发展重点，近两年在全国涌现出大量规模不等、形式多样的电商园区。据不完全统计，截至 2014 年 12 月全国电商园区数量超过 500 家。此外，在大批产业园、创业园、软件园等聚集了不同规模的网商和电商服务商。电商园区吸引和集聚不同领域的电子商务商，形成新的服务业集群。在上海、杭州、广州、深圳、义乌、厦门、成都等地广泛出现电子商务服务集聚化发展的特征，有利于促进电商服务商充分竞争和服务创新，有利于促进本地化电子商务服务体系快速形成。

7. 电子商务服务业的就业贡献突出

电子商务服务业蓬勃发展，在促进就业方面做出重要贡献。截至 2013 年底，仅网络零售相关的电商服务商提供的就业岗位就超过 200 万个。在 2014 年“双十一”购物狂欢节中，超过 125 万快递员承担包裹分发配送工作。电子商务服务业带动的就业机会，具有“类型多样、覆盖广泛”的特征，能提供多样的就业选择。以物流快递为代表的劳动力密集型电子商务服务业，创造的就业机会门槛低、规模大。以信息技术服务为代表的技术密集型电子商务服务业，创造的就业机会含金量高、增速快。随着电子商务交易规模持续增长和创新性服务类型不断涌现，电子商务服务业持续创造就业机会的社会意义将更加重大。

（二）电子商务交易服务业发展

1. 企业间（B2B）交易服务

（1）市场规模。2013 年，第三方 B2B 电子商务交易服务商收入达 210.2 亿元，同比增长 25.8%。近五年，得益于电子商务蓬勃发展，B2B 电子商务交易服务商的收入保持持续、快速增长。结合历史数据预计，2014 年第三方 B2B 电子商务交易服务商收入有望达到 260 亿元。

（2）发展特征：

1）在线交易服务获得突破性成绩。近年，在线交易服务成为第三方 B2B 电子商务平台转型的主要方向。阿里巴巴、慧聪网、我的钢铁网等相继推出在线交易服务。2013 年，B2B 在线交易服务

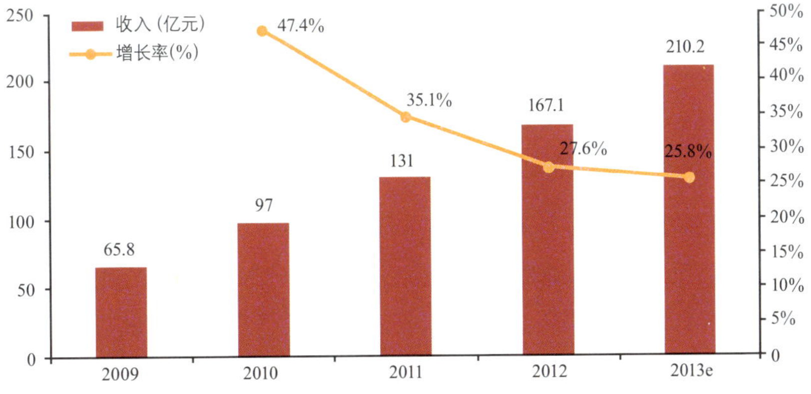

图 5-2 2009—2013 年第三方 B2B 电子商务交易服务商收入

数据来源：各服务商财报数据、艾瑞咨询。

获得突破性成绩。阿里巴巴1688平台日均交易额突破3亿元，其中，单日在线交易额峰值达45亿元。我的钢铁网钢铁日交易量超过万吨。慧聪网单笔订单最高交易额达156万元。

2）新兴服务模式助力产业集群转型上网。近年，广东、浙江、福建等地产业集群转型上网的速度加快。其中，由“企业+政府+运营服务商+平台服务商”形成的新兴服务模式被广泛应用。其中，平台服务商负责建设在线的产业集群专区，运营服务商负责产业集群专区的日常运营，并通过培训、运营外包等方式，帮助企业顺利开始电子商务。该模式充分发挥不同服务商的专业能力，能规模化实现产业集群企业转型上网。据不完全统计，在阿里巴巴、慧聪网、中国网库等第三方电子商务平台上，基于各地产业集群形成的“线上产业集群”、“线上产业带”等超过200个。

3）大数据成为电子商务交易平台探索重点。近年，“大数据”在贸易、交通、医疗等领域获得前所未有的重视，同样，也成为B2B电子商务平台探索的重点。深入挖掘海量数据，有助于企业在采购、销售、营销、研发等环节降低成本、提高效率。阿里巴巴与美国海关达成合作，获权使用其海运进口提单原始数据。阿里巴巴将上述数据开放给“中国供应商”查询，并鼓励它们将数据直接展示到其“全球旺铺”中。生意社和新华社国家金融信息中心指数研究院共同编制“大宗商品交收指数”，供行业定价参考。上海钢联与国家统计局在大数据开发应用上开展深度合作，其编制的“上海螺纹钢价格指数”被国际商品交易所采纳使用。总体来看，电子商务交易平台对大数据的挖掘，还处于探索阶段。

4）外贸综合服务受高度关注。为外贸企业提供电子商务服务是B2B电子商务平台的重点方向。2013年7月，国务院常务会议公布外贸“国六条”，其中重点强调“支持外贸综合服务企业为中小民营企业出口提供融资、通关、退税等服务”。“外贸综合服务”首次出现在国家政策中，这意味着，B2B电子商务平台将迎来新的发展机遇。在2013年上半年中国一般贸易出口企业百强榜中，前十位中有三个是外贸综合服务企业。其中，最大的外贸综合服务平台一达通全年实现进出口总额40亿美元，同比增长117%；客户量突破 14000 家；融资总额超 60 亿元。

5）新兴交易平台不断涌现。近年，在土地、钢铁、服务外包等领域涌现一批新的交易平台。上海土地市场网成为上海市土地交易的综合平台。“上海钢铁交易中心”重点开展钢铁产品网上销售、物资采购、循环物资处理、供应链融资和信息咨询服务。“东方煤炭电子交易中心”聚焦于快速推进淮北矿业的电子商务应用。“上海服务外包交易促进中心线上交易平台”汇聚上万条供需信息，为信息技术、金融、生物医药、文化创意等专业领域的会员企业提供项目对接服务。“中科物联网”是国内首个物联网电子商务 B2B 网站，旨在激活物联网产业上下游合作关系。

2. 网络零售交易服务

（1）市场规模。2013 年，我国网络零售交易额达 1.85 万亿元，同比增长 42%。网络零售交易额占社会消费品零售总额的比重达到 7.8%[①]。2014 年上半年，我国网络零售交易额达 1.1 万亿元，同比增长 33.4%[②]。2014 年全年，我国网络零售交易额有望突破 2.5 万亿元。

据统计，我国约 90% 网络零售交易由网络零售交易服务平台支撑完成，美国的同一比例约 24%[③]。对比显示，在我国网络零售交易平台对网络零售的发展发挥着核心作用。

（2）年度特征：

1）移动购物成为网络零售服务商战略重点。2013 年，我国移动购物消费者数量快速增长，规模达到 5 亿人[④]。移动购物成为网

① 北京日报．我国成世界最大网络零售市场．http://finance.people.com.cn/n/2014/0310/c70846—24587879.html.

② 都市快报．上半年网络零售额 1.1 万亿元占社会消费品零售总额的 8.4%. http://news.ifeng.com/a/20140731/41378835_0.shtml.

③ 阿里研究院．新基础：消费品流通之互联网转型．http://www.199it.com/archives/179465.html.

④ 中国互联网络信息中心．第 33 次中国互联网络发展状况统计报告．http://www.cnnic.net.cn/hlwfzyj/hlwxzbg/hlwtjbg/201403/t20140305_46240.htm.

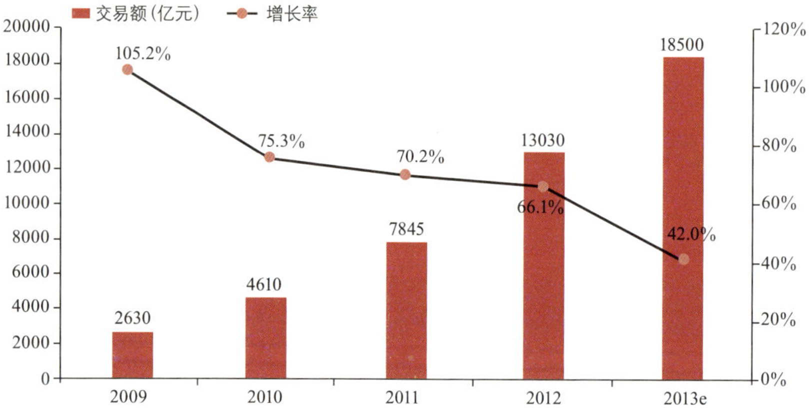

图 5-3　2009—2013 年网络零售交易额

数据来源：艾瑞咨询。

络零售服务商战略发展方向。腾讯在微信上测试微店、微支付功能，淘宝推出微淘公共账号平台等。网络零售服务商的大力投入取得初步成绩。腾讯旗下易迅网移动端的订单量同比 2012 年增长超过 14 倍。京东商城在移动端收到的订单量占比达到 15%。在 2014 年“双十一”大促中，天猫无线成交超过 243 亿元，约占 43.6%。支付宝移动支付交易笔数达到 1.97 亿笔，同比增长 336%。

2）传统零售商加快互联网转型步伐。近年，传统零售商向互联网转型步伐明显加快。尤其以苏宁为典型。2013 年年初，“苏宁电器”更名为“苏宁云商”，6 月宣布“双线同价”，9 月正式启动开放平台“苏宁云台”，全面转型“互联网零售”，并确定“电商 + 店商 + 零售服务商”发展模式。2013 年 10 月，银泰商业与天猫达成战略合作，实现线上线下交易的结合。“双十一”当天，银泰的天猫旗舰店成交额超过 2800 万元，是 2012 年同期的 6 倍。2013 年 12 月，万达集团万汇网上线，业务将涵盖百货、美食、影院、KTV 等领域。传统零售商转型互联网，将推动网络零售服务商多元化，有助于实现线上线下零售服务体系快速融合。

3）县域成为网络零售服务商重点拓展方向。县域拥有巨大的消费者人群，逐步成为网络消费的新增长点。2013 年，县域网购消费额同比增长速度比城市快 13.6 个百分点[①]。究其原因，通过互联网县域消费者可以买到在当地无法获得的商品，且费用显著低于当地实体零售店。据测算，网上价格平均比线下价格低 6%—16%[②]。淘宝、京东等纷纷向县域加大营销和物流投入，重点拓展小城镇和农村市场。

4）网络零售服务商大力开拓进口消费业务。随着消费者收入增长和消费需求升级，进口消费快速增长，受到网络零售服务商的重视。2013 年，1 号店进口食品的年增长率高达 137%。截至 2013 年 11 月底，1 号店进口牛奶的销量已占到全国海关牛奶进口总额的 37.2%。2013 年 12 月，上海自贸区推出“跨境通”平台，消费者通过网站可订购进口商品，快递公司直接送到消费者手中。天猫以 C2B 的订单农业方式，直采海外原产地水果，联合国内专业物流冷链服务商完成配送。以美国车厘子为例，短短三天时间预售 20 吨。此外，京东、亚马逊等纷纷重点拓展进口商品业务。

5）网络零售服务商试水生鲜品类商品。1 号店从 2013 年 3 月开始经营生鲜品类，从水果品类扩展到蔬菜、冷藏、冷冻等品类，日订单量不断上升，“双十一”中日订单量突破 5000 单。天猫在 26 个城市试点生鲜网购，并探索“C2B 预售＋冷链配送”缩短配送时间，京东、苏宁也先后推出生鲜频道，淘宝则聚集众多农户提供多样的生鲜商品。

3．其他电子商务交易服务

（1）网络团购。2013 年是网络团购服务商转折年。因市场竞争激烈，缺乏实力的团购网站纷纷关闭。据不完全统计，截至 2013 年 12 月底，正常运营的团购网站共 213 家，数量仅相当于 2011 年高峰期的 1/25。88 家团购网站仅提供实物商品团购服务，125 家提供本地服务团购，其中 54 家专注于酒店、电影票、摄影

---

① 阿里研究院 . 2013 年中国县域电子商务发展指数报告 . http://data.iresearch.cn/download/460.shtml.

② 麦肯锡全球研究院 . 中国电子零售业革命 .http://mat1.gtimg.com/tech/2013/pdf/MGI_China_e-tailing_Full_report_March_2013.pdf.

等细分领域[①]。

市场竞争结果集中表现为市场集中度增加。据统计，2013 年排名前五的团购网站成交额占总体的 95.7%。美团和大众点评团形成第一梯队，月均成交额超过 10 亿元，糯米团、窝窝团、拉手网等形成第二梯队，月均成交额约 3 亿—4 亿元[②]。

不过，网络团购仍然保持快速增长势头。全年网络团购成交额达到 358.8 亿元，同比增长 67.7%，团购购买人次达到 6 亿，同比增长 32.5%。在售团单数量共计 571.5 万单，同比增长将近 1.3 倍[③]。

网络团购快速增长的动力源自团购消费者规模进一步扩大。2013 年，团购用户规模达 1.41 亿人[④]，在互联网商务应用中增长率排名第一。

2014 年上半年网络团购成交额达到 294 亿元，全年有望突破 700 亿元。

（2）海外代购。近年，海外代购服务商呈现多元化和规范化发展特征。

海外代购服务商从单一走向多元。从业务模式来看，海外代购服务商主要有四种类型。第一类是海淘导购，主要在商品导购等环节提供服务，典型服务商有海淘城等。第二类是独立海外代购网站，直接从海外采购现货，典型服务商有美国购物网等。第三类是海外代购交易平台，为海外代购商家或买手提供交易服务，典型服务商有淘宝全球购。第四类是海外代购整合服务平台，整合海外商品、支付、转运、通关等服务，典型服务商有洋码头等。

---

① 金羊网．去年 700 多家团购网站消失．http://money.ycwb.com/2014—01/24/content_5962430.htm.

② 团 800. 2013 年中国团购市场统计报告．http://zixun.tuan800.com/a/tuangoushujubaogao/20140117/49393.html.

③ 团 800. 2013 年中国团购市场统计报告．http://zixun.tuan800.com/a/tuangoushujubaogao/20140117/49393.html.

④ 中国互联网络信息中心．第 33 次中国互联网络发展状况统计报告．http://www.cnnic.net.cn/hlwfzyj/hlwxzbg/hlwtjbg/201403/t20140305_46240.htm.

海外代购服务商逐步走向规范化发展。比如淘宝全球购在准入门槛、销售资质等方面制定标准，以此规范提供代购服务的卖家。洋码头的货源曾主要源于个人买手，2013 年逐步引入专业商家，来自商家的信息已超过 80%。

（三）电子商务支撑服务业发展情况

1. 电子支付服务业

（1）市场规模。2013 年，我国第三方电子支付交易额达 5.37 万亿元，同比增长 46.8%[①]。电子支付额持续、快速增长，一方面是电子支付用户快速增长。2013 年，电子支付用户达 2.6 亿，同比增长 17.9%，其中，2013 年新增 3955 万人[②]。另一方面是电子支付在网络购物、公共事业缴费、本地生活等领域应用日益广泛。

2014 年上半年，全国第三方电子支付交易规模突破 8 万亿元，同比增长 50.3%

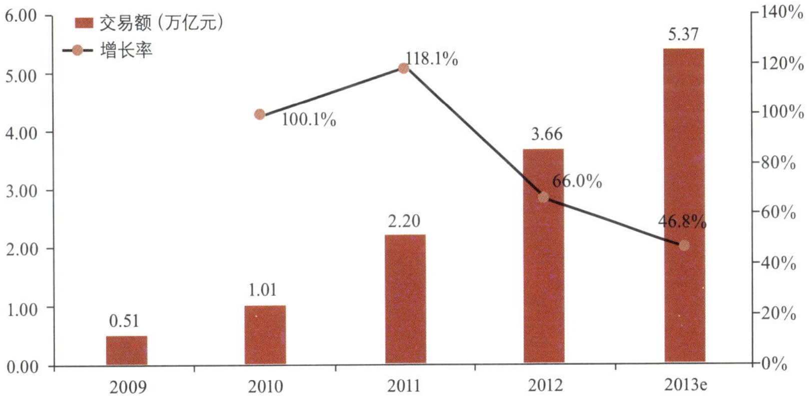

图 5-4　2010—2013 年电子支付交易额

资料来源：艾瑞咨询。

① 艾瑞咨询 . 2013 年中国第三方互联网支付市场交易规模达 53729.8 亿 . http://ec.iresearch.cn/e-payment/20140121/225451.shtml.

② 中国互联网络信息中心 . 第 33 次中国互联网络发展状况统计报告 . http://www.cnnic.net.cn/hlwfzyj/hlwxzbg/hlwtjbg/201403/t20140305_46240.htm.

从交易结构来看，网络购物占比最大（约 35.2%），其次是航空客票（约 13.2%），第三位是基金申购（10.5%）。基金申购是 2013 年的“黑马”，脱颖而出位列第三。电信缴费退居第四（约占 5.2%）。

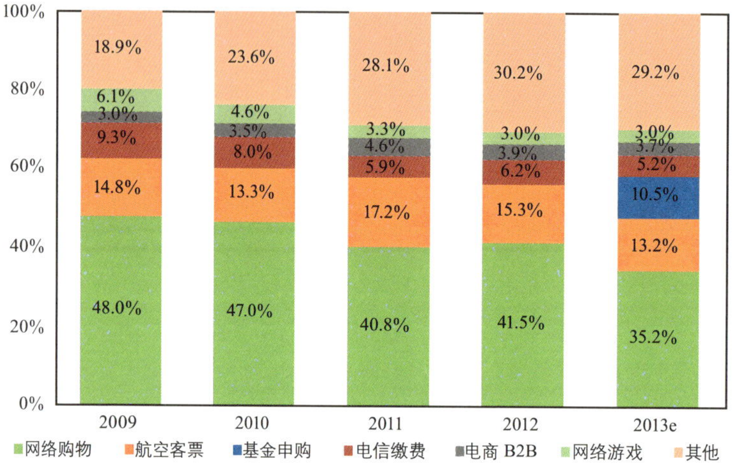

图 5-5　2009—2013 年中国第三方互联网支付市场交易规模结构

资料来源：艾瑞咨询。

2013 年，我国第三方移动支付交易额首次突破万亿元，达 1.22 万亿元，同比增长 707%①。2014 年，我国第三方移动支付交易规模近 6 万亿元，比 2013 年增长 391.3%。

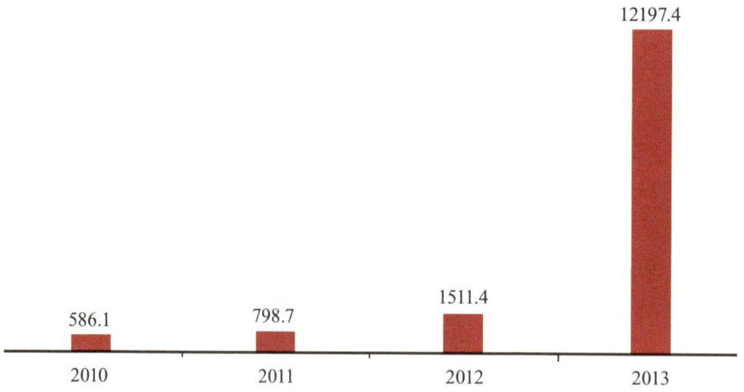

图 5-6　2010—2013 年第三方移动支付交易额

资料来源：艾瑞咨询。

① 艾瑞咨询 . 2013 年中国第三方移动支付市场交易规模破万亿 . http://ec.iresearch.cn/e-payment/20140121/225415.shtml.

2013 年，中国人民银行为 55 家企业发放第三方支付牌照，截至 2013 年底，获得第三方支付牌照的共 250 家[①]。上海、北京、广东、浙江、江苏是获得牌照企业最集中的五个省市。

（2）年度特征。

1）移动支付爆发式增长。2013 年，移动支付交易大幅增长，并首次突破万亿元，交易额、增长速度均创历史新高。移动支付爆发式增长，与智能手机普及、移动互联网应用崛起密切相关。2013 年，中国智能手机用户数量已达 3.54 亿，超越美国成为世界上智能手机用户量最多的国家[②]。

2）电子支付应用多元化，网络购物占比下降。2013 年，网络购物在电子支付交易额中比例下滑，占比首次低于 40%。网络购物总体仍然保持良好的增长势头，其占比下滑，主要源于电子支付应用多元化，如航空客票、基金申购、话费充值、水电煤缴费等，并且新兴细分领域增速超过网络购物。

3）电子支付服务商成为互联网金融创新点。“互联网金融”掀起 2013 年最受关注的热潮，在这波热潮中，电子支付服务商成为主角。支付宝与天弘基金合作推出“余额宝”不到半年即成为国内最大的基金。截至 2014 年 6 月 30 日，余额宝规模达 5741.60 亿元。财付通与华夏、广发、易方达和汇添富四家基金合作推出“微信理财通”。百度百付宝与华夏基金共同推出金融理财产品“百发”。

4）电子支付服务商战略布局 O2O。近年，以餐饮、娱乐、打车等为典型代表的 O2O 消费快速崛起。与居民“衣食住行”密切相关的消费市场规模巨大，为移动支付提供了巨大的拓展空间。支付宝、财付通、百付宝等纷纷进行战略布局。O2O 对于电子支付服务商而言，不仅仅是增加支付交易额，更关键的是融入用户的日常消费，提升电子支付的渗透度和黏性，并且，通过沉淀用户数据和消费行为数据，为未来基于大数据的消费金融服务奠定基础。

---

① 中国人民银行 . 非金融机构支付业务许可机构名单 . http://www.pbc.gov.cn/publish/zhengwugongkai/3580/index.html

② 新浪科技 . 互联网女皇 2013 年趋势报告 . http://tech.sina.com.cn/i/2013—05—30/03428393363.shtml.

2. 电子商务物流服务业

（1）市场规模。2014 年，全国快递服务企业业务量累计完成 139.6 亿件，同比增长 51.9%；业务收入累计完成 2045.4 亿元，同比增长 41.9%。其中，同城业务收入累计完成 265.9 亿元，同比增长 59.8%；异地业务收入累计完成 1130.6 亿元，同比增长 36.4%；国际及港澳台业务收入累计完成 315.9 亿元，同比增长 16.7%。[①]

2013 年，全国社会物流总额 197.8 万亿元，同比增长 9.5%。其中，受电子商务快速增长带动，单位与居民物品物流总额保持快速增长态势，同比增长 30.4%，增幅比上年加快 6.9 个百分点。2013 年，全国社会物流总费用 10.2 万亿元，同比增长 9.3%[②]。

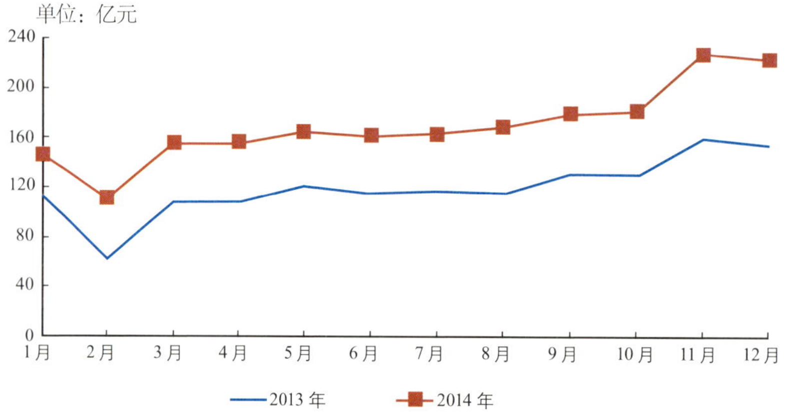

图 5-7　2013—2014 年快递业收入情况

资料来源：国家邮政局。

从地域分布来看，快递业务量前十大城市，均是电子商务较发达的城市。网络零售包裹占快递业务比例超过 60%。网络零售已经成为推动快递业务持续、高速增长的第一动力。2013 年，受“双

① 国家邮政局公布 2014 年邮政行业运行情况 . http://www.gov.cn/xinwen/2015—01/15/content_2804590.htm.

② 国家发改委、国家统计局、中国物流与采购联合会 .2013 年全国物流运行情况通报 .http://www.stats.gov.cn/tjsj/zxfb/201403/t20140306_520357.html.

表 5-2　2014 年快递业务量前十大城市

排名	城市	快递业务量（万件）	排名	城市	快递业务量（万件）
1	广州市	139031.4	6	金华市	61153.9
2	上海市	128366.1	7	东莞市	46399.4
3	北京市	111011.9	8	苏州市	36942.6
4	深圳市	95255.3	9	成都市	30422.8
5	杭州市	84562.8	10	南京市	28391.4

来源：国家邮政局

十一”大促强劲带动，申通、圆通、韵达、中通四大快递企业当天承接的电子商务快件订单均超过 1000 万件，创下历史新高。四大快递企业单日业务峰值达到千万级别，是电子商务显著促进快递服务的集中体现，同时，这也意味着快递企业的服务能力迈上新的台阶。

（2）年度特征。

1）大数据显著提升快递网络协作能力。2014 年，“双 11”大促产生的快递包裹共计 2.785 亿件。大数据发挥了至关重要的作用。菜鸟网络推出的“物流雷达预警”和各大快递服务商共享海量数据，网络零售平台、快递服务商能直观地看到每个配送点目前的收货和发货情况，提醒卖家选择相对通畅的快递公司，并通过线路预测来减少爆仓。同时，引入气象和交通数据，物流公司可综合报告天气、道路等情况，及时调整运力，以及提前准备应急方案。

2）快递企业迎来融资热潮。2013 年以来，快递企业受到资本竞相追逐。据不完全统计，2013 年 1 月，力鼎资本、凤凰资本、鹏康投资入股全峰快递；5 月，红杉中国和金石投资入股中通速递；8 月，中信资本、元禾控股、招商局集团及古玉资本组成财团共同投资顺丰速运。12 月，阿里巴巴集团战略投资海尔旗下物流日日顺。2014 年 10 月，宅急送出让 30% 的股权引入 10 亿元战略投资。近年快递行业持续快速增长，领先的快递服务商投资价值受到资本肯定。

3）冷链物流异军突起。近年，在生鲜电商蓬勃发展的带动下，冷链物流在一线城市异军突起。部分物流服务商布局冷仓建设，部分冷链落地配送公司逐步扩大覆盖范围。从合作模式来看，初步分为两类：第一类是自建冷链物流。比如顺丰自建全程冷链物流，覆盖全国11个城市。部分垂直生鲜电商在北京、上海等自建冷链物流。第二类是电商与第三方冷链物流合作，比如1号店在北京和上海自营生鲜品类，在配送环节与第三方冷链物流公司合作。

4）“最后100米”创新层出不穷。近年，在物流配送的“最后100米”涌现出多样的创新。猫屋、阿里小邮局等在深圳、杭州、武汉等城市广泛试点，为网购消费者提供包裹代收、自提等服务。在上海、广州有超过1000家便利店提供免费代收货服务。浙江省大力探索在社区、农村发展电子商务服务站，其中，丽水市遂昌县在吴处村、钟根村、新旦村等地建立了10个新农村电子商务服务点“赶街”。村民们在这里通过网络购买生活用品、收发包裹、缴纳水电费等。此外，在江西、安徽等省小城镇部分便利店开始探索为居民提供网络代购、话费充值等服务。

5）供应链一体化服务创新。近年，“供应链一体化”成为年度创新点。顺丰打造一体化供应链服务，为客户提供“信息、资金、物流”三流合一服务。阿里巴巴推出“淘工厂”，整合上游的供应链。一达通为中小民营出口企业提供通关、融资、退税等供应链服务。

3. 电子商务认证服务业

（1）市场规模。2013年，电子认证服务业总体市场规模达到38亿元。截至2014年9月30日，我国有效电子认证证书持有量合计274527409张，其中机构证书24976501张，个人证书247471034张，设备证书2079874张①。2013年，经工信部批准成立的电子认证服务机构达到33家②。经国家商用密码办公室批

① 工业与信息化部．2014年9月电子认证服务业动态．http://www.miit.gov.cn/n11293472/n11295344/n11296947/16181552.html.

② 工业与信息化部．电子认证服务机构设立许可名单．http://bzxx.miit.gov.cn:8080/datainfo/miit/miit10065.jsp.

准的电子认证服务使用密码许可单位达到 36 家[①]。

（2）年度特征。

1）数字证书在行业应用日益多元化。近年，数字证书在银行、税务、公安、计生、环保、药品监管、土地交易等行业得到广泛应用。同时，数字证书在电子支付、电子合同、网络招投标、知识产权保护、供应链管理等领域快速扩展。

2）移动互联网促进数字证书规模快速增长。近年，移动互联网进入快速增长阶段，对电子认证的需求明显增加，由此带动个人证书规模和增速创下历史新高。移动互联网成为数字证书快速增长的重要动力。

3）电子认证服务系统公钥密码算法基本完成升级。为保障重要信息系统密码应用安全，国家密码管理局要求：在建和拟建公钥密码基础设施电子认证服务系统和密钥管理系统应使用 SM2 椭圆曲线公钥密码算法，已建公钥密码基础设施电子认证服务系统和密钥管理系统应进行升级改造。截至 2013 年底，全国大部分第三方电子认证服务机构已完成电子认证服务系统公钥密码算法升级改造。

4. 电子商务云计算服务

（1）市场规模。2013 年，我国云计算市场规模超过千亿元，达到 1100 亿元，同比增长 81%。我国云计算处于快速增长初期，近三年年均增长超过 85%。2014 年云计算市场规模超过 1800 亿元。

（2）年度特征。

1）云计算成为电子商务平台战略方向。在中国主要的电子商务平台中，继阿里巴巴集团在 2011 年成立阿里云后，2013 年，先后有京东、苏宁等推出云计算服务：6 月，京东对外推出云平台，提供六类云服务，并确定“三步走”云计算发展战略。9 月，苏宁推出云台，面向商户和消费者开放金融云、信息技术云、物流云等七大增值服务，到年底吸引近万家商户入驻。云计算成为主要电子

① 国家商用密码办公室 . 电子认证服务使用密码许可单位名录 . http://www.oscca.gov.cn/News/201401/News_1260.htm.

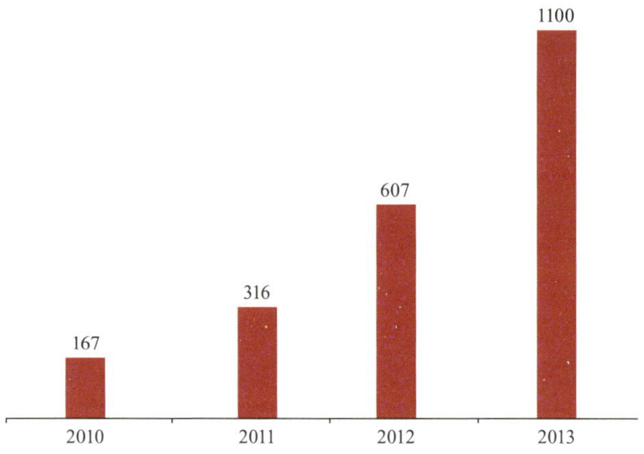

图 5-8　2010—2013 年云计算市场规模

资料来源：赛迪顾问。

商务平台战略发展方向。11 月，在“双十一”大促中，“聚石塔”电子商务云计算平台支持的订单超过 75%。12 月，阿里云获得由英国标准协会（BSI）颁发的全球首张云安全国际认证金牌。

2）金融云丰富金融基础设施。2013 年 11 月，名为“聚宝盆”的金融云服务发布，通过“聚宝盆”服务，区域银行、中小银行可以快速、低成本地实现网上支付等功能，打破小城镇和农村电子商务发展的瓶颈。据统计，全国区域性银行有 2000 余家。东海银行、渤海银行，鹤壁银行等接入“聚宝盆”。2013 年 11 月新成立的众安在线，成为我国第一家所有业务都运行在云计算平台的金融企业。此外，在 2013 年，天弘基金、浙商证券等金融企业也开始尝试使用金融云服务。随着越来越多银行、保险、基金等的业务迁移到云计算平台，金融云正成为金融基础设施的重要组成。

3）国际巨头布局中国云服务市场。2013 年，国际著名的信息技术公司微软、IBM、亚马逊先后进军中国云服务市场。5 月，微软与世纪互联云计算合作落地云服务，分别通过 Windows Azure 提供公共云计算平台服务、通过 Office 365 提供在线办公、电子邮件、门户协作、统一通信等服务。7 月，IBM 与首都在线合作落地，提供横跨设计、建设、运营的全生命周期服务的云计算解决方案，涵盖云基础设施即服务（IaaS）、平台即服务（PaaS）和软件即服务（SaaS）。12 月，亚马逊公有云服务 AWS 将面向中国地区推出公有云计算平台。

（四）电子商务衍生服务业发展情况

1．电子商务运营服务业

2013 年，我国电子商务运营服务商托管的网店交易额首次超过千亿，达到 1050 亿元。大批品牌企业和制造企业开展电子商务及运营服务商创业活跃，是推动电子商务代运营市场快速发展的双重动力。

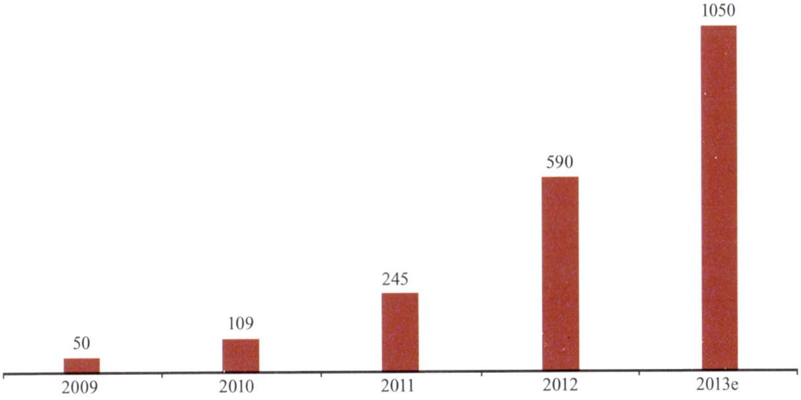

图 5-9　2009—2013 年运营托管网店交易额

资料来源：历史数据来自艾瑞咨询，2013 年数据为预估值。

从行业分布来看，2013 年，服饰行业运营托管网店交易额占比最高，约占 23%，其次是家电行业，约占 15%，第三是美妆行业，约占 11%。前三大行业合计占 49%。

电子商务运营服务呈现的特征有：

（1）运营服务细分与整合。在客户需求多元化、市场竞争激烈、分工深化等因素作用下，运营服务细分与整合成为近年的重要特征。一方面，部分服务商专注于网店运营、营销推广、视觉设计、客服外包等细分领域，并逐步建立竞争优势和品牌影响。另一方面，部分服务商通过自建、合作等方式整合各个环节的服务，为客户提供一站式整合服务。

（2）国际品牌商需求增长迅速。随着国际品牌商加大进军

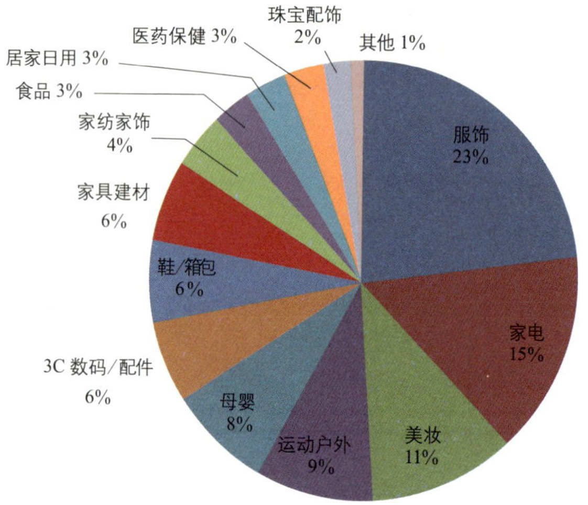

图 5-10　2013 年运营托管网店交易额行业分布

资料来源：天猫。

中国市场的力度，其对运营服务的需求迅速增长，约占总体需求 5%。国际品牌商对运营服务的要求普遍较高，有望催生新的细分市场，为运营服务能力强、竞争优势明显的服务商创造新的商机。比如瑞金麟专注于为大型品牌商服务，其部分客户主要来自“世界 500 强”企业。

（3）B2B 运营服务崛起。近两年，开展 B2B 的中小企业数量增长加快，面向 B2B 企业的运营服务商随之快速崛起。据估算，2013 年初面向 B2B 企业的运营服务商仅数十家，到年底已增长到约 400 家，主要分布于长三角和珠三角地区。其中，浙江的运营服务商最多，数量约占 1/3，市场份额超过 50%。

（4）移动运营服务方兴未艾。近年，移动互联网快速扩展，企业开始移动商务的需求猛增，带动移动运营服务商快速发展。在发展初期，移动运营服务的需求主要集中在移动网店建设、营销推广、视觉设计等环节。

2. 电子商务信息技术服务业

近年，在电子商务持续、快速增长下，信息技术服务在帮助企业低成本、高效率处理海量业务方面的价值越发关键。电子商务信息技术服务呈现的特征有：

（1）电子商务信息技术服务大规模向云计算平台迁移。在网络零售订单单日峰值接近 2 亿笔的背景下，云计算平台中帮助电子商务信息技术服务商低成本实现弹性扩展、海量存储、数据同步等方面的价值日益凸显。2013 年，超过 1200 家电子商务信息技术服务商将部分或全部业务迁移到云计算平台。

（2）“平台 + 插件”成为移动信息技术服务发展重要模式。随着移动商务服务需求的快速崛起，移动信息技术服务成为服务商发展的战略方向。近年，从千牛等移动电商服务平台的探索来看，“平台 + 插件”的模式具有良好的优越性，平台运营商负责提供基础功能和运行环境，应用服务商通过插件形式，将各自的信息技术服务集成到移动电子商务服务平台，双方共享数据。

（3）O2O 为电子商务信息技术服务提供巨大创新空间。随着线上线下融合获得消费者和企业的广泛认可，O2O 成为众多线下企业（如海尔、鄂尔多斯等）的重点探索方向。在打通线上线下的数据、实现部门融合方面，信息技术服务发挥着基础性作用。电子商务信息技术服务商在 O2O 业务规划、系统实现、运营维护、培训咨询等方面，其专业能力和整合服务为客户创造巨大价值。也因此，O2O 为电子商务信息技术服务商提供巨大创新空间。

3. 电子商务营销服务业

近年，电子商务营销服务继续保持良好的增长势头。各行业在开展电子商务业务时，营销投放有不同程度增长的企业超过 60%[①]。电子商务营销服务呈现的特征有：

（1）全网营销成为服务商发展重点。随着网民访问网站以及网络消费多元化，电子商务营销开始从电子商务平台扩展到全网。全网日均流量超过 50 亿，全网营销成为电子商务营销服务商发展重点。

（2）移动营销获得消费者认可。调研显示：86.2% 消费者主动

① 缔元信 . 2013年中国网络营销白皮书 . http://www.dratio.com/2013/1017/200844.html.

点击无线推广内容[1]，89.5% 消费者认为无线推广内容有价值。消费者对移动营销的认可，为电子商务营销服务商提供了良好的基础。

（3）社会化导购进入平台开放时代。2013 年 9 月，淘宝网导购平台“优站”正式向第三方导购网站和开发者开放。同时，将设立规模为 5 亿美元的基金，投资第三方导购网站等外部合作伙伴，通过资金和数据共同推动社会化导购服务的发展。10 月，蘑菇街开放平台正式上线，承载外部合作商家商品内容呈现的功能，囊括了联合登录、商品推送及对应 API 接口的调用等。

4. 电子商务外贸综合服务

电子商务外贸综合服务是新兴服务，为企业提供报关、商检、物流、银行、保险、退税等一站式服务。在传统的外贸流程中，企业办理报关、商检、物流、退税等业务，需分别与不同的机构或企业接洽，成本高、效率低。电子商务外贸服务平台将繁杂的进出口过程分解成若干环节，建立一套系统对各环节进行标准化处理，同时，以互联网为基础，通过集约化的方式提供外贸服务。从根本上降低外贸交易成本，提供交易效率。

近年，电子商务外贸综合服务呈现的特征有：

（1）外贸综合服务平台发展势头良好。在 2013 年中国一般贸易出口企业百强榜中，有 4 家是外贸综合服务平台。其中，主要面向中小企业的外贸综合服务平台一达通排名第五，全年实现进出口总额 40 亿美元，同比增长 117%；客户量达 15000 家。

（2）政策支持力度持续加大。2013 年 7 月，“外贸综合服务”首次出现在国家政策中，国务院常务会议公布外贸“国六条”，其中重点强调“支持外贸综合服务企业为中小民营企业出口提供融资、通关、退税等服务”。2014 年 3 月，国家税务总局专门发布公告，明确中小企业出口的免退税申报，可由外贸综合服务平台代为办理。此外，广东、浙江、山东等省分别出台政策，大力支持外贸综合服

① 阿里巴巴．阿里妈妈发布 2013 年度电商营销白皮书．http://info.1688.com/detail/1159607166.html.

务企业发展。

5．电子商务数据分析服务

电子商务数据分析服务围绕企业开展电子商务、在网店运营、消费者洞察、团队管理、行业分析等方面提供数据分析的服务。随着数据在企业开展电子商务过程中应用日益广泛，这项新兴服务应运而生。

电子商务数据分析服务正处于快速发展过程，服务内容、形式、分类比较多样，初步成形，可以分为五类：

（1）网店分析。主要分析流量、交易、商品等网店数据，支持网店运营工作，这是应用最广泛的服务之一；

（2）客户分析。主要分析网店消费者或采购商的规模、构成、分布、访问或购买行为等，支持客户开拓、客户维系、客户关怀等工作；

（3）业务分析。主要分析网商在采购、营销、仓库、售后服务、人力资源等环节的数据，支持企业管理和业务优化；

（4）财务分析。主要分析企业的财务数据，支持企业经营和财务工作；

（5）市场分析。主要分析行业状况、发展趋势、竞争态势等，支持企业决策。

近年，电子商务数据分析服务呈现的特征有：

（1）多样化服务满足不同需求。针对共性需求，数据分析服务商通过通用软件的方式满足，比较适合小微网商。针对个性需求，数据分析服务商提供定制软件、解决方案等方式满足，比较适合大中网商。

（2）数据分析服务移动化。随着网商移动工作平台（如千牛）的快速扩散，数据服务商通过插件、APP 等方式提供移动化的数据分析服务。

（3）数据分析与其他众多服务融合。随着数据在电子商务各个环节广泛应用，数据分析与 IT 系统、运营外包、人员培训、客户关怀等电子商务衍生服务融合，既是这些服务的新内容，也是数据服务应用场景的多样化。

6. 电子商务园区

电子商务园区形式多样、类型丰富，按不同的视角有多种分类，比如从投资主体来看，可分为政府投资、企业投资、政企联合投资等；从服务对象来看，可分为以网商为主、以服务商为主、网商—服务商综合等；从功能来看，可分为办公为主、物流仓储为主、功能综合等。

随着多样的电子商务服务商入驻和集聚，电子商务园区逐步形成集成化的服务体系，常见的服务大体可以分为三类：

（1）商务服务。为网商开展电子商务提供的各类专业服务，比如快递、仓储、营销、金融、摄影、培训、运营、信息技术、视觉设计等，主要由园区或园区入驻企业提供。

（2）公共服务。常见的可分为两类：①公共基础服务，比如水、电、气、宽带等，主要由园区接入市政基础设施来提供；②公共行政服务，比如工商、税务、知识产权、消费者保护、政策咨询等，主要由政府相关部门提供。

（3）生活服务。为入驻企业员工日常生活提供的配套服务，比如餐饮、超市、健身房、咖啡吧、酒店、银行等，一般由园区或园区入驻企业提供。

近年，电子商务园区呈现的特征有：

（1）电子商务园区数量初具规模。2012 年以来，电子商务园区呈现快速增长势头。截至 2014 年 12 月，据不完全统计，全国以“电子商务”、“网商”等直接命名的园区超过 500 家。此外，在众多软件园、高科技园、创意园等聚集了不同数量的网商或电子商务服务商。

（2）大多集中在电子商务相对发达的城市。从地理分布来看，电子商务园区主要集中在上海、杭州、广州、深圳、义乌等城市，这些城市的网商、电子商务服务商在数量、活跃度等方面均在全国处于领先地位。

（3）园区多样形态蓬勃增长。在各地快速涌现的电子商务园区中，网络零售、跨境电商、物流仓储等多种类型的园区都呈现出良好的增长势头，由此形成电子商务园区多样形态蓬勃增长的态势。

7. 电子商务服务站

电子商务服务站为消费者提供包裹收发、导购代购、生活缴费等综合性电子商务服务。服务站一般靠近居民区、高校、办公区等人口相对密集的区域，有的站点是公司专职负责运营，有的站点是连锁商店、物流网点等兼职提供服务。

电子商务服务站向消费者提供的常见服务有：

（1）物流服务，如代收包裹、代寄包裹、预约配送等；

（2）导购代购，如商品导购、商品代购、票务预订等；

（3）缴费还款，如水电煤缴费、手机充值、有线电视缴费、信用卡还款等。

近年，电子商务服务站呈现的特征有：

（1）城市大规模推广。在北京、上海、杭州、深圳等城市，出现了天猫服务站、顺丰嘿客、快e点等多个品牌的电子商务服务站。试点范围逐步扩大，以天猫服务站为例，截至2013年10月，在全国64个城市共有超过9700个服务站。

（2）农村小范围探索。在农村地区，电子商务服务站仍处于探索阶段。比如在浙江省遂昌县，约130个村开通了名为“赶街”的农村电子商务服务站。从2014年10月开始，在浙江省桐庐等县开始出现“农村淘宝”服务网点。村民们通过村里的服务站网购商品、收发包裹等。

8. 其他衍生服务

电子商务蓬勃发展，催生了一系列全新的服务，如网店摄影、网店模特、网店装修、电子商务客服等。

其中，网店摄影、网店模特是产值较大的电子商务衍生服务。据不完全统计，仅2011年为网购服务的摄影、模特行业的交易额达到17亿元，2012年这一市场规模增加至35亿元。2012年6月

1 日，淘宝摄影市场正式上线。服务商将服务发布在这个市场上，极大地拓展了服务规模和服务范围。据不完全统计，截至 2014 年上半年，网店模特从业人数超过 4 万人。网店模特呈现出分工细化的特征，具体包括眼模、腿模、手模、嘴模、腰模、脚模、胸模、耳模、臀模等十余种类型。网店模特日收入最高者可达 5 万元。

网店装修服务也是潜力巨大的新领域。在淘宝服务平台装修市场，已有超过 35 万家卖家选择使用新旺铺装修模板，平均每分钟有 4 位新卖家使用。上海一家 3 人组成的店铺装修网店，总用户近 1 万人，年收入 150 万元左右。

电子商务客服外包服务随着淘宝网店建立子账号体系、卖家逐步将低价值的客服外包而产生。客服外包服务的方式主要包括三种：售前售后外包（售后不包括仓储管理）、全部外包以及旺旺座席外包和电话座席外包。根据阿里研究院调研，大约 23.4% 的卖家想试水客服外包，其中 17.6% 的卖家希望外包全部客服。

三、电子商务服务业的经济社会影响

（一）支持消费者连接大市场

广大消费者通过电子商务交易平台接触到海量、实惠的商品，通过电子支付完成支付，然后快递服务商送货上门。网络购物正成为越来越多消费者尤其是县城和农村消费者的新选择。数据显示：2013 年，在淘宝和天猫平台上，消费者接收的包裹约 50 亿件。

消费者可以买到在当地无法获得的商品，因为实体零售店提供的商品数量和种类不够丰富，尤其是知名品牌商品和个性化商品。另外，消费者通过电子商务购买很多商品的费用低于实体零售店。因为电子商务有效地减少中间环节，降低流通成本，让消费者获得实惠。据麦肯锡全球研究院测算，网上价格平均比线下价格低 6%—16%[①]。

电子商务服务商在营销、交易、支付、物流等环节的协同作战，帮助广大消费者连接国内甚至海外大市场，对于促进内需增长和提升消费福利具有重要而深远的影响。

（二）促进企业成长和创新

电子商务服务在中小企业成长的各个阶段几乎都能发挥重要作用。大多数中小企业在起步阶段，以“求生存”为基本目标，关注的核心在于“更多的订单”所带来的“更多的销量和收入”。电子商务交易平台在帮助中小企业解决“订单难”问题上能发挥实质性作用。调研显示，通过电子商务，中小企业能及时、准确地把握市场信息（占 63.2%），并进一步促进客户数和销售额的增加（占 47.3%）。解决订单问题对于中小企业意味着提高生存的概率，具有重要意义。

企业在形成一定规模后进入成长和发展阶段，管理和人才成为新的关注点。专业化的电子商务服务商凭借各自的专业服务能力，为中小企业提供低成本的 IT 解决方案，支持其信息化进程，在物流、营销等环节帮助企业提高效率，帮助中小企业培养企业管理和电子商务人才，快速提升小企业的竞争力，实现发展瓶颈的突破。

（三）成为众多城市新兴产业

近年，伴随电子商务生机勃勃的发展，快递、网络营销、电子支付、信息技术、运营服务等电子商务服务业高速增长，成为众多城市的新亮点。

以快递服务业为例，2014 年，全国快递服务业收入达 2045.4 亿元，其中 37 个城市的快递服务业收入超过 10 亿元。上海、深圳和广州的快递服务业收入位居前三甲，分别达到 361 亿元、168 亿

① 麦肯锡全球研究院，《中国电子零售业革命》，2013 年 3 月。

元和159亿元[1]。

在上海、杭州、北京、广州、厦门等城市，伴随着电子商务蓬勃发展，涌现出大量电子商务服务商和电子商务园区，有的城市进入“电子商务服务业集群化”发展新阶段。电子商务服务业成为这些城市的重要新兴产业。

以杭州市为例：自2010年起，杭州市电子商务服务业收入连续四年增长超过60%。2012年，杭州市电子商务服务业收入达335亿元。电子商务服务业增加值占全市GDP的比例，由2010年的1.15%提升到2012年2.99%[2]。据杭州市预计，到2015年，杭州市电子商务服务业收入将达到1000亿元，创造60万个网上就业岗位，成为全市重要的支柱产业[3]。

（四）助力区域经济转型发展

近几年，面对经济增长放缓、企业成本上升、竞争日益激烈等内外挑战，众多城市的产业集群亟待转型。先行者已经通过电子商务寻找到新的市场机会和发展模式，企业通过互联网快速获取需求信息，压缩中间渠道，低成本地开拓国内国外市场。

产业集群企业大批转型上网，由此催生线上产业带。据统计，截至2014年3月，在阿里巴巴、慧聪等电子商务平台上的在线产业带超过250个。广州服装、泉州茶叶、温州皮鞋、南通家纺等产业集群，将线下的优势扩展到线上市场，业绩喜人。

电子商务服务商对产业集群转型发展具有重要而深远的影响。首先，帮助企业通过互联网直接对接国内外大市场，极大地扩展市场范围。“虎门服装产业带”在2013年“9·4备货节”中单日成

---

① 国家邮政局. 2014年邮政行业运行情况. http://www.spb.gov.cn/dtxx_15079/201501/t20150115_410741.html.

② 杭州市经信委. 作为“十大产业”之一 杭州重点扶持电子商务发展. http://www.zjjm.gov.cn/show-12549.html.

③ 杭州市经信委. 杭州市电子商务产业创新发展三年行动计划(2013—2015). http://hzjingwei.gov.cn/hzjingwei2/ew/UploadFile/201312295930950.doc.

交额高达 5525 万元。据统计，其中 80% 以上的订单来自以前传统产业带覆盖不到的新客户，接近 70% 的订单来自广东省外，成功打破了以往产业集群覆盖面的局限。

其次，通过信息共享，整个供应链的运作效率极大地提高，减少库存，降低交易成本。2013 年，通过电子商务交易平台，淘宝卖家向产业带企业在线下单，形成的订单超过 3500 万笔[①]。产业带企业由此共享到网络零售快速发展激发的巨大商机，而上百万名淘宝卖家则在解决货源难题上找到有效的对策。

第三，更值得关注的是，电子商务服务商与企业互动探索，进行了大量商业创新。在服装、家电、家具、食品等行业，企业通过定制、团购、预售等探索“按需生产、以销定产”的全新模式，突破“同质化竞争、微利润生存”的困境。

（五）促进创业和就业

电子商务服务业蓬勃发展，在促进创业和就业方面产生重要贡献。

一方面，电子商务服务体系日益完善，电子商务创业具有门槛低、起步快、机会多、空间大等优点，吸引着越来越多创业者加入网商队伍。更进一步，网商们发展壮大后，必然增加对电子商务相关人才的需求，从而创造出了新的就业机会。另一方面，越来越多企业应用电子商务，显著带动快递、仓储、培训、运营等电子商务服务细分领域发展，创造出大量新的就业机会。

因此，电子商务服务业在促进创业和就业方面的社会价值日益明显。截至 2013 年底，仅阿里巴巴零售电子商务发展带动的直接和间接就业人数即达到 1200 万。而且，电子商务服务业带动的就业机会，具有“类型多样、覆盖广泛”的特征，能提供多样的就业选择。以物流快递为代表的劳动力密集型电子商务服务业，创造的就业机会门槛低、规模大。以信息技术服务为代表的技术密集型电子商务服务业，创造的就业机会含金量高、增速快等。

---

① 阿里研究院，《在线产业带：为中国制造赋能》，2014 年 3 月。

四、未来发展展望

（一）电子商务服务业将成为信息经济时代的商业基础设施

在农业经济时代，土地和运河是重要的基础设施；工业经济时代，公路、铁路和电网是重要的基础设施；到了信息经济时代，互联网成为重要的基础设施，而以互联网为基础的电子商务服务业成为新兴的商业基础设施。

电子商务服务业的功能首先是为电子商务市场交易提供基础设施。电子商务引起的社会经济变革，使信息这一核心生产要素广泛应用于经济生产活动，加快了信息在商业、工业、农业中的渗透速度，极大地改变了消费行为、企业形态和社会创造价值的方式。在此过程中，电子商务服务业有效地降低了社会交易成本，促进了社会分工协作，引爆了社会创新，提高了社会资源的配置效率，深刻地影响着零售业、制造业、物流业等传统行业。

2008 年国际金融危机爆发后，在信息技术逐步成熟的驱动下，为了应对金融危机和经济发展战略调整，全球新一轮基础设施建设正在展开。在信息经济时代，信息基础设施对经济发展的影响呈现出明显的“乘数效应”，对经济的拉动远超工业时代。经过十余年的发展，电子商务服务业汇聚海量生产信息、交易信息与消费者信息，已经成为目前国内信息经济的重要生产要素，正在成为信息经济重要的商业基础设施。

（二）“十三五”将是电子商务服务业成为国家新兴战略产业的关键时期

电子商务服务业已经并将继续促进我国电子商务快速发展。预计到 2016 年，我国将形成全球最大规模的电子商务服务体系和最具竞争力的电子商务基础服务企业，电子商务应用规模将位列世界第一，电子商务发展环境将进一步优化。“十三五”期间，电子商务服务业支撑的电子商务交易规模将持续处于全球领先地位，服务体系将不断完善和创新，电子商务服务业有望成为全球领先的战略性新兴产业。

我国正面临经济社会转型的关键时期，抓住机遇，充分发掘我国丰富市场需求，大力发展电子商务服务业，对于优化产业结构，加速经济转型，把握全球电子商务发展的主动权，具有十分重要的战略意义。

（三）电子商务服务业将成为中国服务贸易新的经济增长点

20 世纪 60 年代以来，全球产业结构由工业型经济向服务型经济转型，出现了以电子商务服务为特征的新型服务业。电子商务服务通过建立全球化的交易规则、标准和服务体系，在不同国家地区贸易商之间、贸易商和政府之间形成高效的电子化业务流程，进而实现跨境电子化贸易和贸易高效化。

未来十年，电子商务服务业将成为中国服务贸易中新的经济增长点，并加速国际贸易服务领域的变革，这也是全球贸易服务领域变革的必然趋势。中国电子商务服务业并不是一种自然演化的自发过程，而是一种面对国际竞争压力的追赶结果。因为国际环境以及经济和社会发展水平的原因，中国不可能完全重复先行国家和地区走过的道路。中国电子商务发展的当务之急是：树立创新意识，结合国情，选择低成本、见效快、可持续发展的有效模式。

专题报告六

消费品流通体系的互联网转型、分叉与跨越式发展

一、中国网络零售逆势增长

当前，中国实体消费品流通[①]业销售增速明显放缓，综合毛利率下降，消费品批发和零售两个领域的统计数据均呈现这一态势。

据商务部统计，工业消费品批发行业的整体增长收缩态势明显，2012 年销售额同比增长为 5.5%，比 2011 年降低了 0.9 个百分点，但大型工业消费品批发企业电子商务交易额比上年增长 79.1%[②]。2013 年前三季度全国百家重点大型零售企业零售额同比增长 9.9%，9 月份零售额同比增长 6.7%，较上年同期放缓 1.1 个百分点[③]；2012 年，中国零售法人企业销售毛利率 15.6%，比 2011 年下降 0.9 个百分点[④]。

网络零售却一路高歌猛进，2013 年仍保持 2012 年的高位同比增速（见图 6-1）。从全球的网络零售增速来看，中国也一直保持国际领先。2014 年中国的网络零售规模达到 2.79 万亿元，占社会

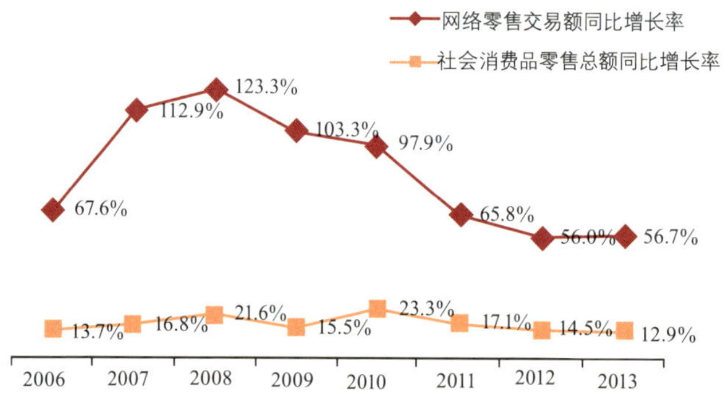

数据来源：国家统计局、中国商务部、艾瑞咨询、易观咨询、阿里研究中心分析。

图 6-1　2006—2013 年零售同比增速

---

① 消费品流通的具体定义请参见附录 1.

② 数据来源于《中国工业消费品批发业发展报告 2013》，商务部流通发展司，中国商业统计学会 .

③ 数据来源于中华全国商业信息中心 .

④ 数据来源于《中国零售行业发展报告 2013》，商务部流通发展司，中国连锁经营协会 .

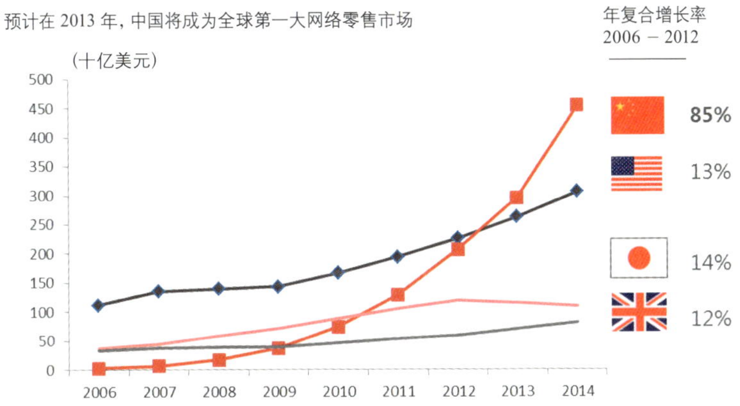

图 6-2 中美日英四国网络零售交易额比较

数据来源：中国商务部、艾瑞咨询、易观咨询 \U.S.Census Bureau\Forrester Research\METI、阿里研究中心分析。

消费品零售总额的比例超过 10%。从全球的网络零售增速来看，中国也一直一马当先。2006—2012 年中国网络零售交易额年复合增长率高达 85%，大约是美国的 7 倍；2010 年，中国超过英国，跃居全球第三，2011 年超过日本跃居全球第二，2013 年超过美国，成为全球最大网络零售市场（见图 6-2）。

案例 2013 年天猫淘宝“双十一”交易总额达 350 亿元

2013 年 11 月 12 日零点，天猫、淘宝“双十一”购物狂欢节交易总额定格在 350 亿元，这相当于中国 10 月份日均社会消费品零售总额的 5 成。中国统计局公布数据显示，中国 10 月社会消费品零售总额 21491 亿元，日均 693 亿元。如李克强总理在经济形势

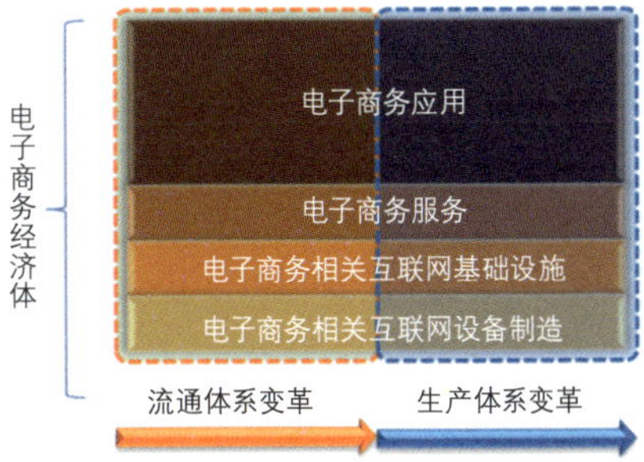

图 6-3 电子商务经济体示意图

座谈会上所说，新经济在中国“创造了一个消费时点”。

如果沃尔玛要在一天内完成350亿元的销售额，需要在中国开8.7万家门店，占地面积近似新加坡的国土大小，而天猫、淘宝则通过架构于互联网、云计算的虚拟交易市场来实现。

我们该如何理解中国网络零售逆势增长的现象？这需要放眼全球经济大转型的时代背景。全球经济正面临从工业经济向信息经济的大转型时期，而互联网经济是信息经济中最活跃的场域。全球经济的增长极从新兴市场国家过渡到互联网经济体[①]，而中国的经济增长动力正从“WTO+外贸”向“互联网+内需”转型。在中国，电子商务作为互联网和实体经济的连接器，获得了蓬勃发展，形成了令世人瞩目的电子商务经济体。对消费者需求反应最敏感的消费品流通环节，成为首先被互联网化的源头。互联网将给流通业带来什么样的变革？能否帮助中国突破美国所奠定的工业时代流通模式？一场流通业的变革对中国经济的增长转型究竟意味着什么？本文将回顾中美两国流通发展历史，一并展开探索。

二、中美流通发展路径出现分叉

回顾中国和美国的流通发展路径，不难发现，两个国家处于不同的历史发展阶段。美国自1840年后的200多年中，伴随着工业化和信息化的技术革新，消费品流通先后经历了工业化和信息化，形成了成熟高效的大流通格局。而中国自20世纪90年代后，工业化和信息化交织进行，零售业态紧密相接地出现，用20多年的时间走完了美国一个半世纪的零售业态变革，整体行业处于初级发展阶段。

① 请参阅《增长极：从新兴市场国家到互联网经济体》——信息经济前景研究报告No.1，阿里研究中心，2013年4月。

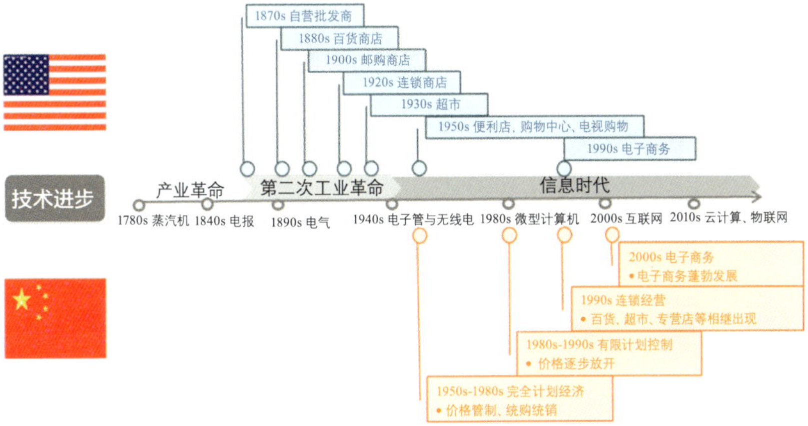

图 6-4　中美流通业演进的不同历史阶段

（一）美国：工业经济下的大流通

1. 充分吸收工业经济基础设施的溢出效应

20 世纪 30 年代，基于铁路和电报基础设施，美国完成了于 19 世纪 60—70 年代由百货公司开始的零售业革命，形成了分店网络遍布各地的连锁商店。当时，美国的消费品流通结构基本演进到了其现代业态[①]。此后基于电视的大传媒技术，基于计算机的信息化，都是在不断地加固“大生产、大流通、大品牌、大物流”的商业格局。

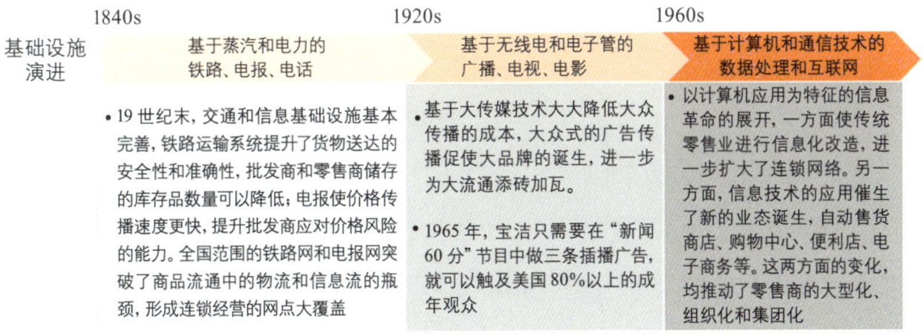

图 6-5　美国流通业充分吸收工业经济基础设施的溢出效应

① 张闯：《美国商品流通渠道的结构与变迁——基于美国经济史的研究》，《商业经济与管理》，2005 年 8 月。

2. 涌现高效的大型化、连锁化和集团化流通组织

美国大型化的流通组织在工业化时代的流通变革中已经基本成形。全国最大的纺织品经销商亚历山大·T·斯图尔特，1870年销售额超过5千万美元，雇用了2000名员工。于19世纪60—70年代建立的百货公司在一个世纪以后纽约最主要的百货公司中几乎占了一半[①]。

大型化的流通组织形成了足够高的消费品流通效率。自铁路出现之后，现代批发商得以兴起，库存周转的概念就开始盛行于美国的商业界。之后相继出现的百货商店、邮购商店、连锁经营、超市等大型零售组织，同样沿袭了通过维持高速的库存周转来确保其利润。马歇尔·菲尔德公司在1878年，其批发业务的平均库存周转是5.9，以后除了有一年以外，直到1883年一直都维持在5.0左右。梅西公司在1887年的周转数字达到可观的12次。

成立于1962年的沃尔玛一直以充分利用信息技术而享有盛誉，一跃成为全球最大的零售商。从其发展历程来看，沃尔玛领先于竞争对手，先行对零售信息系统进行了非常积极的投资：最早使用计算机跟踪存货（1969年），最早使用条形码（1980年），最早采用EDI（1965年），最早使用无线扫描枪（1988年）。这些投资都使得沃尔玛可以显著降低成本，大幅提高资本生产率和劳动生产率[②]。

3. 形成了美国国内的统一大市场

高效的大型化流通组织在美国市场悄然兴起，各地之间的商业贸易蓬勃发展，推动美国统一大市场的形成。19世纪晚期，如果按照商品和服务的销售量来衡量，美国市场的规模在当时已经达到了英国市场的2倍多，比德国市场则大了大约4倍[③]。

① 小艾尔弗雷德·D·钱德勒，《看得见的手——美国企业的管理革命》，商务印书馆，1987年。

② 荆林波，《新世纪我国流通企业的经营战略定位——兼论沃尔玛经营之路》.

③ 李黎力：《扩大内需战略下的国内统一市场建设——来自美国19世纪的经验》，《学习与探索》，2012年12月。

正如美国经济学家保罗·罗默指出，统一而庞大的国内市场是美国 19 世纪经济增长的独特要素之一，庞大的市场通过规模效应和技术收敛促进了美国的发明创新，并与美国资源丰富这另一独特要素之间的交互作用创造了技术领先优势，从而奠定了美国崛起的基础。

（二）中国：信息经济下的新流通

1. 实体批发零售基础设施不均衡

中国中西部的商业基础设施明显发展不足。西部的人均收入是东部的一半，但其人均批发零售营业面积只有东部的 1/3—1/4。

美国最大的零售商沃尔玛在美国扎根于中型城市，所到之处无不刺激了当地的消费。而中国的中小型城市却没有足够的实体商业基础设施，其消费在一定程度上受到抑制。

2. 实体批发零售整体效率较低

改革开放以来，中国的消费品流通经历了 20 多年的市场化经营。虽然发达国家的所有零售业态在这一时期内的中国市场都得到实践，但由于流通企业缺乏信息技术和现代管理技术的深度应用，整体交易效率处于较低水平。

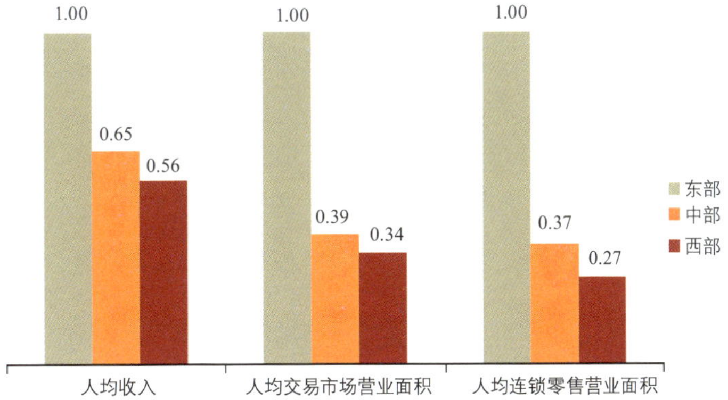

图 6-6 东中西部地区的商业基础设施相对值（2011 年）

资料来源：国家统计局、阿里研究中心分析。

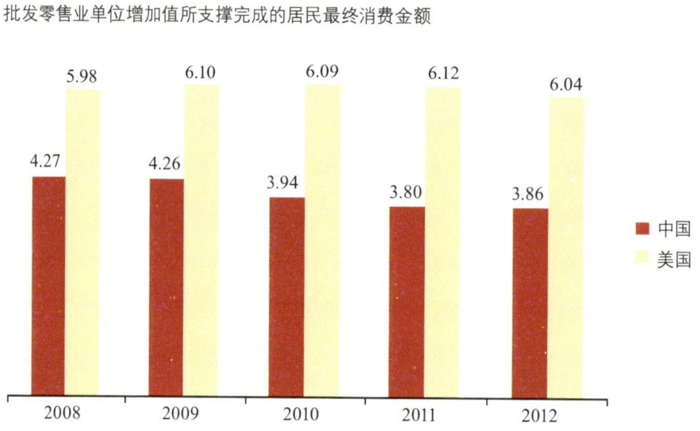

图 6-7　中国和美国的批发零售业交易效率比较

资料来源：国家统计局、Bureau of Economic Analysis、阿里研究中心分析。

2012 年，美国 1 元的批发零售业增加值所支撑完成的最终居民消费值是 6.04 元，其交易效率是中国的 1.56 倍[①]。

3. 网络零售改变中国零售格局

2013 年前三季度，中国网络零售继续保持快速增长态势，规模达到 1.3 万亿元，是 2012 整年的水平，同比增长率也保持了

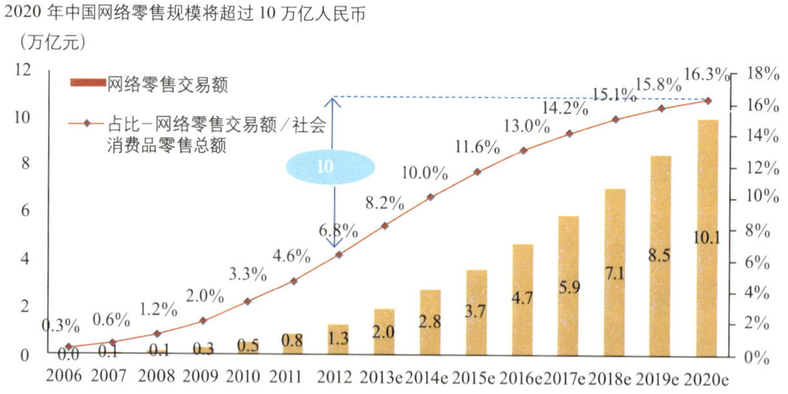

图 6-8　中国网络零售规模（2006—2020 年）

资料来源：国家统计局、Bureau of Economic Analysis、阿里研究中心分析。

① 交易效率的界定请参见附录 2，中美批发零售业交易效率的具体测算方法请参见附录 3。

2012年的高速水平（50%），在社会消费品零售总额中的占比达到7.7%，超过美国的5.8%（2013年Q2）。据保守估计，中国网络零售规模在2020年将超过10万亿人民币，在社会消费品零售总额中的占比将超过16%。

以阿里巴巴集团网络零售平台为例，据保守估计其销售额将在2016年超越沃尔玛全球销售额，成为全球零售之冠。

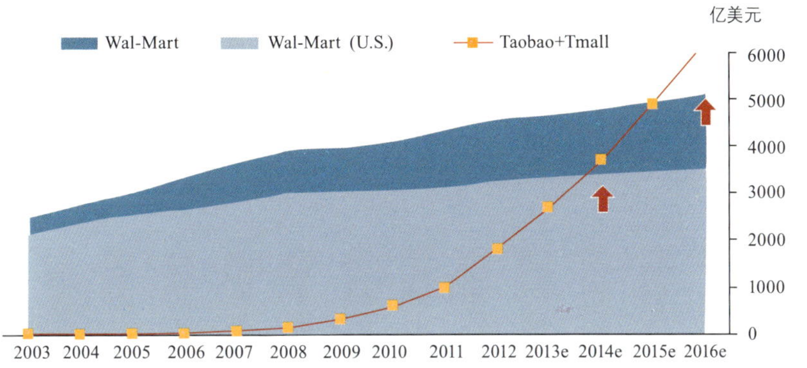

图6-9　阿里巴巴网络零售交易额和沃尔玛交易额

数据来源：商务部、艾瑞咨询、易观咨询、沃尔玛年报、阿里研究中心分析。

网络零售的蓬勃发展，重新建构了中国前100零售商的位次。在中国前100零售商中，有8家互联网公司入围，其销售额占前100总销售额的39.3%。而在美国，我们会发现只有3家纯互联网公司进入前100，销售额之和只占到3.7%[①]。这充分显示当美国的网络零售尚只是整体商业的补充时，网络零售已经成为中国零售业的中坚力量。

在中国的网络零售市场中，大约90%的成交是在开放的网络零售平台完成，这是不同于美国网络零售的又一特点，美国该比例只有24%，其绝大部分成交来自于独立网络零售商。开放平台在中国成为主角则与国情密切相关，中国大量的小微流通企业和制造企

① 数据来源：中国商业联合会、中华全国商业信息中心《2012年零售百强报告》；美国全国零售商联合会主办的《STORES》杂志。在原数据基础上，中国Top100零售商添加淘宝网、拍拍网零售额；美国Top100零售商添加Ebay和Newegg，阿里研究中心作修订。阿里巴巴网络零售平台包括淘宝和天猫；腾讯网络零售包括拍拍、QQ网购、QQ商城及腾讯旗下易迅网。

互联网零售企业	排名
Amazon.com	11
Ebay.com	17
Newegg.com	71
销售额之和占 TOP100	3.7%

互联网零售企业	排名
阿里巴巴网络零售平台	1
京东商城	7
腾讯网络零售	10
亚马逊中国	60
当当网	69
唯品会	79
1 号店	87
凡客诚品	88
销售额之和占 TOP100	39.3%

图 6-10　中美 TOP100 零售商中互联网零售企业比较

网络零售平台在中国网络零售市场中占据主导地位

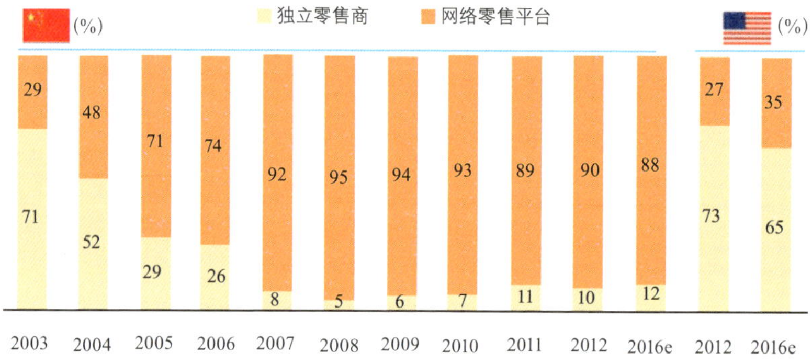

图 6-11　中美网络零售中开放平台成交额占比

资料来源：艾瑞咨询；麦肯锡；阿里研究中心分析。

业的信息化几乎为零，他们急需借助网络零售开放平台提升信息能力和交易效率。

（三）中国流通：从追赶到跨越

美国在 20 世纪初工业经济基础设施形成之际，自百货业开始的连锁零售革命形成了成熟高效的大流通格局。而中国的流通错失产业革命和第二次工业革命的发展契机，在进入 90 年代后一直进行追赶式发展。

现在，中国正面临 20 世纪初美国面临的机遇，基于信息经济基础设施而建立的互联网消费品流通，将脱离工业经济下“大生产、

美国	中国
基于雄厚的工业经济基础设施形成成熟高效的大流通格局	实体批发零售处于初级发展阶段，依托于互联网的电子商务突飞猛进
美国的电子商务只是原来实体商业的补充	电子商务是中国面临的第二次零售革命，改变的是批发、零售、物流、生产、金融等整体商业形态

图 6-12　电子商务对中美流通的不同作用

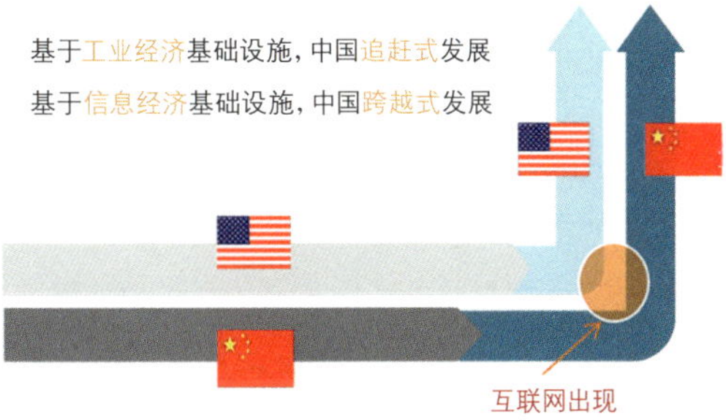

图 6-13　基于互联网，中国流通从追赶到跨越（示意图）

大品牌、大流通、大物流”的发展路径。美国的今天就是中国的明天。从美国公式开始失效，中美发展路径开始分叉，中国有机会借助互联网实现跨越式发展。

三、消费品流通的新格局

虽然中美两国处于流通演进的不同发展阶段，但不难发现，流通的演进均离不开信息技术的发展。每一次流通革命都意味着诞生新的交易结构，也就是在交易方之间形成新的分工合作关系，而新交易结构的创新必须能给交易各方带来交易费用的节约，提升交易效率。

消费品流通承担着匹配消费品供求信息和传输实物商品的双重功能，提升交易效率意味着降低处理信息的成本和运输储存实物的成本，在既定制度条件下，技术进步尤其是信息技术变革成为提升交易效率的原动力。

图 6-14　消费品流通演进机制（示意图）

每一轮技术进步都经历 20—30 年的技术扩散成为新商业基础设施，也是技术对个人和企业不断赋能的过程，从而个人—个人、个人—企业、企业—企业之间的信息传递方式被改变，交易效率也随之改变，新的交易结构得以诞生。

（一）新商业基础设施

与工业时代的基础设施电力、铁路、邮政电话网络一样，宽带、IDC、云计算等构成的信息基础设施解决的是经济运行中最核心的动力和运输问题。自 1995 年互联网在美国启动全面商业化进程之后，在约 15 年的时间里，它已经安装到了全世界各国社会经济生活的运转之中。而在 21 世纪的第二个十年里，架构于互联网之上、提供公用计算服务的云计算中心，又启动了它的安装和普及。

商业基础设施有三个层次：信息通信、物流仓储、交易技术。其中信息通信基础设施是核心，其变革逐步推动物流仓储和交易技术等基础设施的变革。以铁路、公路、仓储等实体资源为核心的物流仓储向智能物流仓储网络升级，交易媒介从有形市场、现金支付、柜面支付转向无形市场、网络支付和移动支付。

据统计，2013 年全球有 16 亿部智能手机，中国就有 7.6 亿部。据阿里巴巴数据统计，在 2013 年“双十一”当天的淘宝和天猫平台上，使用手机淘宝支付的交易笔数占比超过 1/5，交易额较去年增加了 5.6 倍，“90 后”近半数在“双十一”当天选择用手机购物。

图 6-15 信息经济商业基础设施形成

（二）交易效率的新高度

IT 技术已经有能力以数据的形式全面、实时地记录、处理和分享交易主体的各种经济活动，信息流从商流、资金流、物流中独立出来，成为顺利完成流通活动的先导要素和优化四流效率的基础。麦肯锡的一项研究表明：在美国能充分利用海量数据的零售商，能将其利润提高 60% 以上[①]。

大规模信息平台（如淘宝网）的产生，使消费者和生产者之间的信息不对称大大降低，使两者之间的直接交易这一人类最早的交易模式再度成为可能。交易技术的创新不仅降低了零售成本，而且形成了强大的市场集聚效应，根据美特卡夫原则，随着加入市场的供需双方增多，网络价值将以用户数量的平方的速度增长，交易效率进一步得以突破。

据阿里研究中心测算，网络零售的交易效率是实体零售的 4 倍，同样 1 元的投入成本，实体零售完成的商品成交额是 10.9 元，而网络零售完成的商品交易额是 49.6 元[②]。

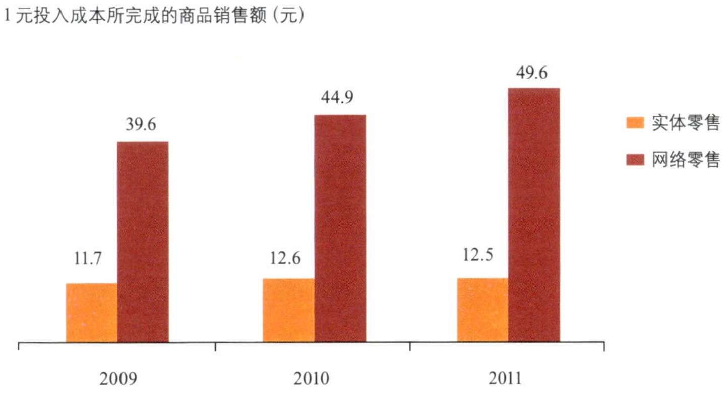

图 6-16　网络零售和实体零售的交易效率比较

资料来源：国家统计局、雅虎财报，阿里研究中心分析。

①《“海量数据”的挑战与机遇》，麦肯锡全球研究院。

② 网络零售和实体零售的交易效率具体测算方法请参见附录 4。

案例 小狗电器：每人每年卖 8 万元到 180 万元

1999 年创始人檀冲创立了小狗电器。经历 14 年的发展，小狗电器的销售从百货店转到家电卖场，最后转战到网络零售。小狗电器的销售成长之路正是中国零售升级的缩影。

基础设施切换：从线下卖场到电子商务平台

1999—2003 年：蓝岛大厦、百盛购物中心等

2000—2007 年：国美、苏宁等

2009 年至今：淘宝、天猫等网络零售平台

小狗电器先后在百货店、家电卖场销售，艰难地坚持了 8 年。尽管毛利很高，但家电卖场名目繁多的扣点和费用，挤压小狗电器的利润，甚至利润为负，2007 年小狗电器撤出所有线下渠道。从 2009 年经营淘宝平台开始，小狗电器线上中端商品价格定为传统卖场的 1/2，高端商品定在传统卖场的 1/4—1/3 左右，高性价比的品牌效应逐渐显现。2013 年“双十一”，小狗电器创下“单款高端吸尘器销售 18016 台”的销售奇迹。

高人效和高协同：从每人每年卖 8 万元到 180 万元

2002 年是小狗电器在家电卖场销售额最高的一年，年销售额超过 800 万，但是雇员人数却高达 100 多人，毛利虽高，净利却非常低。目前小狗电器的年销售额早已过亿元，是曾经线下时期峰值的数十倍以上，人员效率从原来在家电卖场每人每年卖 8 万元提高到 180 万元。

身处成熟的电子商务生态圈，小狗电器有效利用第三方服务以提升效率。在天猫供销平台，小狗电器拥有 90 多家分销商，帮助小狗电器在天猫和淘宝做大销量。小狗电器也将 IT、设计、研发等环节外包，而不是自己投入人力。

（三）交易结构革命

信息经济基础设施的扩散是互联网和云计算等技术为个人和企业赋能的过程。云计算的应用结构是“云 + 端”的形式，即通过“集中”的公用云计算平台为“分散”的个体和企业应用端赋予前所未有的信息能力。当信息的实时流动成为顺利组织流通活动的前提时，

我们会发现交易主体、交易客体、交易结构等要素都将发生翻天覆地的变化。

1. 交易主体的变化

交易主体获得的信息赋能具有不平衡性，使原来处于弱势地位的交易主体迅速掌握信息能力，改变其在流通链条中的地位和作用。原来处于被动地位的消费者占据了主导地位，小生产商通过信息增强竞争力能与大生产商同台竞技，传统中间商则不能再依靠信息不对称赚取差价而面临转型。

（1）消费者主导化。改变消费者在产消格局中地位的根本原因是“无时无刻地连接”。移动互联网、社交网络能使消费者和成千上万素未谋面的同行产生瞬间连接，相互交换自己的观点。这一力量充分释放并汇聚起来，消费者从孤陋寡闻变得见多识广，从分散孤立到相互连接、从消极被动到积极参与，最终扭转了产消格局，占据了主导地位，不断参与到企业的各个商业环节中，引发销售、营销、设计、配送、生产乃至整个商业形态的变革。

（2）中间商服务化。信息流动方式的转变，使原来依靠信息不对称赚取差价的传统中间商[①]逐步让位于拥有更强信息能力的服务商。另一方面，互联网上容易产生信息冗余，创造信息增值的服务商则涌现而出。“关于信息的信息 (Meta-information) 的价值”便成为服务商的利益基点。

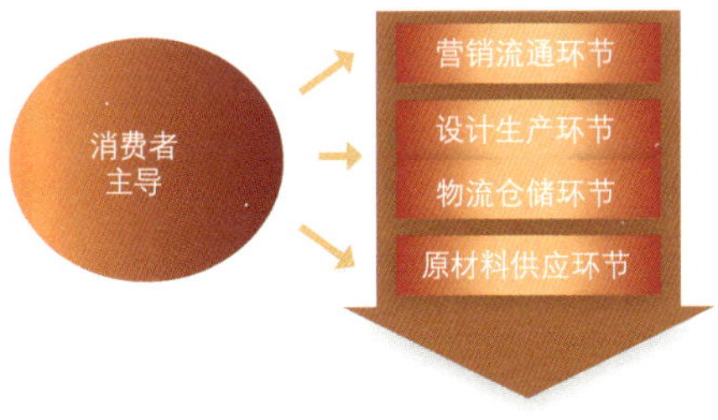

图 6-17　C2B 倒逼式传导

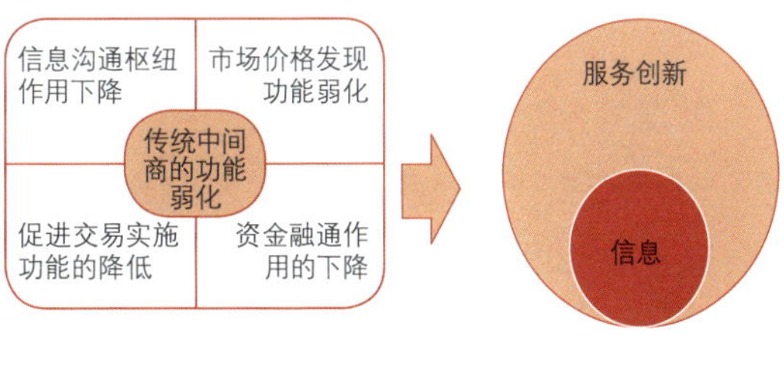

图 6-18　中间商服务化（示意图）

① 中间商指狭义的传统中间商，直接参与生产者和消费者之间的交易活动（商品所有权的转移），是交易的轴心。

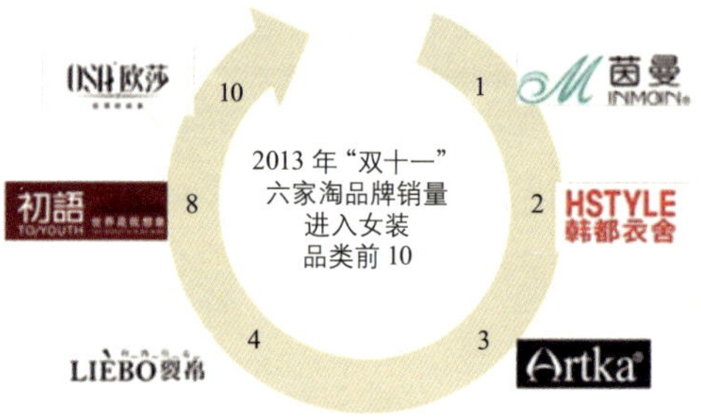

图 6-19 生产商多元化举例

(3)生产商多元化。依托于电子商务平台，生产商(品牌商)之间的竞争规则被改写，原有以规模效应和资金为主的竞争要素逐步让位于利用信息和灵活协同。互联网通过聚集长尾需求、实时反馈市场供求信息、降低创新成本为小生产商(品牌商)赋能，使其在市场中找到比较优势，具备与大生产商(品牌商)同台共舞的能力。

【延伸阅读：消费者主导】

碎片的场景：通过移动互联网，消费者随时随地都有可能寻找自己感兴趣的商品，购物不再在特地选定的集中时间发生，而是分散在众多的碎片化时间里。

群体的能量：通过社交网络，消费者的个性化需求不仅更容易被激发，而且不再受商家主导，更相信自己社交圈子里的好友、同事、亲友、专家、同行或网友提供的各类消费建议。《连线》杂志统计，有 90% 的网购行为不同程度地受到了社交网络的影响。

爆发的创新：消费者通过网络甚至能挖掘出一些连行业内专业人士都无法获得的信息。比如 MP3，一旦擅长技术的消费者开始试验 MP3，一场真正的音频文件共享运动迅速对音乐产业形成严峻挑战。

2. 交易客体的变化

消费品中数字化产品占比将上升：2013 年中国人均 GDP 已达到 6000 美金，居民消费将进入休闲时代。用于享受和发展型消费支出增加，旅行、教育、娱乐类等服务类消费的比重将上升。在2013淘宝“双十一”购物狂欢节上，理财产品成为新宠，当天通过支付宝完成支付的理财产品总成交金额达到9.08亿元。据工信部电信研究院统计，2013年1—5月全国信息消费[①]规模1.38万亿，同比增长19.8%。

卖产品更卖服务：随着消费者日益参与到商品的营销、设计、生产等环节，商品的价值也随之发生变化。对消费者来说，商品的核心竞争力在于能否为我提供个性需求和情感满足的服务。这类消费者参与的定制化商品将会在众多同质的大规模生产的商品中脱颖而出，成为消费者的新宠。尝试将体验融入商品的案例也不断涌现出来，实现个性化定制的爱定客、能试穿的家居尚品宅配、能体验农耕文化的有机农产品社区，等等。

3. 交易结构的变化

随着工业经济基础设施向信息经济基础设施的切换，架构于前者的B2C链式交易结构将让位于C2B网状交易结构。互联网不再只是工具和销售渠道，其本质是对消费品流通价值链的一次重构，原来链条中低效、冗余的价值链环节将让位于高效的实时协同分工。

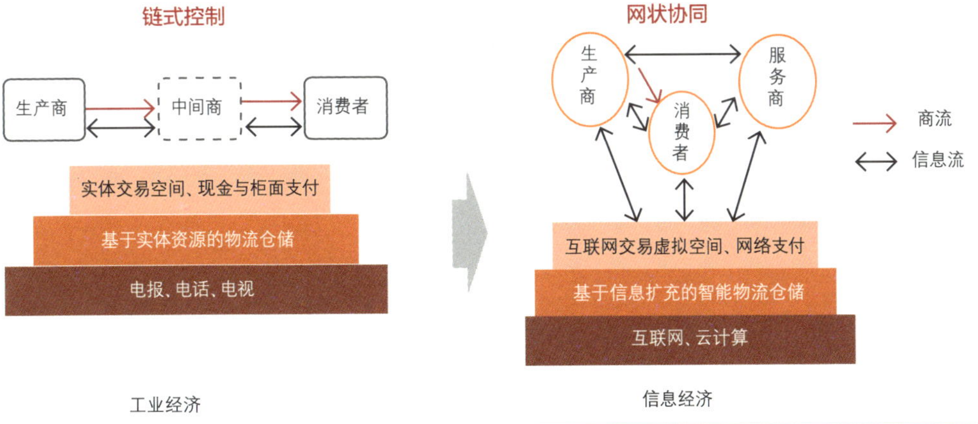

图6-20 交易结构革命－链式控制的B2C转向网状协同的C2B

① 信息消费是指居民和政府部门为满足个人或公共需求在核算期内使用的信息产品或服务。（引自工信部电信研究院）

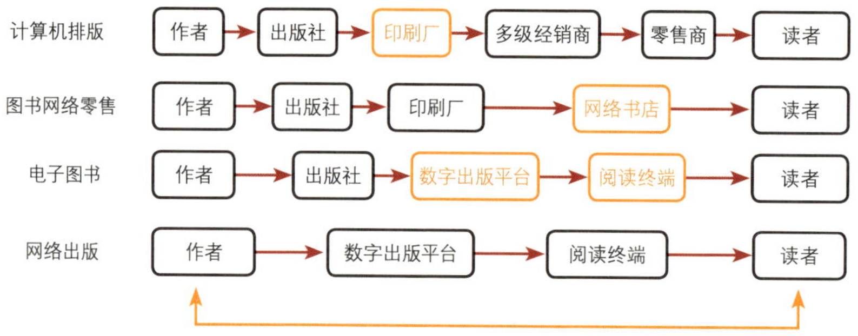

图 6-21 信息技术重构图书行业价值链

案例 信息技术重构图书行业价值链

信息技术对图书行业的变革，先后体现在计算机排版、图书网络销售、电子图书、网络出版等阶段。在这个变革过程中，信息技术对图书交易的主体、客体、媒介、结构和规则产生了不同程度的影响，最终重构图书行业的价值链。

在信息技术变革图书价值链的过程中，以下变化趋势值得特别关注。

个体自由度不断提升：借助互联网，读者与作者的边界日渐模糊，自出版成为新兴出版模式。截至 2013 年上半年，盛大文学在

表 6-1 信息技术对图书行业的影响过程分析

	改变排版：计算机排版	改变销售渠道：图书网络零售	改变阅读终端：电子书	改变信息组织方式：网络出版
技术进步	计算机排版代替铅排、照排等传统排版方式，提升文字处理和图书排版速度	最大限度减少经销商、零售商等流通环节，实现“去中介化”	图书形式从纸质图书变为电子文档； 新兴阅读终端（如 *Kindle*、*iPad*、手机等）	借助超链接、图文混排等技术，信息组织方式从顺序、线性转变为非顺序、网状相互连接； 基于互联网、移动互联网平台，读者和作者、读者与读者之间多样互动
提升交易效率	图书排版时间缩短，图书印刷成本降低	互联网减少搜索成本； 流通环节减少，读者购买图书的价格降低	印刷成本、物流成本消失，电子书的边际成本极低，读者购买电子书的价格相当于印刷版的 5%～50%	读者以极低的价格（每千字 2～3 分）付费阅读，有的甚至是免费
形成新的分工	图书印刷不再局限于印刷厂，文印店、工作室甚至个人都可以进行图书排版	原有多级经销商和零售商在不同程度消失，网络书店取而代之	印刷厂消失，原有的多级经销商、零售商，被数字出版平台、阅读终端等新角色代替	出版社、印刷厂、多级经销商、零售商等角色消失，取而代之的是全新的角色，如数字出版平台、阅读终端；读者与作者直接互动，读者的参与甚至可以改变图书的内容

线平台上，超过 200 万名作家创作出逾 600 万部作品。

服务商代替中间商：作者与读者直接对话，服务商支持他们之间的大规模互动和协作。如 Amazon 等为自出版作者提供编辑、促销、销售等服务，豆瓣等成为读者、作者互动的社区。

大规模协同创作：大量读者在阅读过程中形成评分、评论、衍生创作等内容，与原创内容同样重要。图书的消费过程成为再生产过程。

这样的变化不限于图书行业。未来，随着 3D 打印等开源硬件的涌现和普及，消费者的创造力将获得极大释放，信息技术对消费者的赋能进一步加强，消费者的主导力量将会渗透到服装、家具、住宅、汽车等行业，最终将引发消费品流通和生产的全面变革。

四、消费品流通的跨越式发展

（一）跨越式发展路径

当前实体批发零售渐显疲态，这不仅仅是互联网作为销售渠道抢夺了其份额那么简单。当我们面临信息经济基础设施逐步形成和夯实时，实体零售——即便被认为是先进模式的连锁零售——已经失去往昔高效的商业作用，必将被架构于新商业基础设施的更高效率的互联网流通所取代。

互联网流通模式能达到高效的本质在于充分利用信息生产要素的溢出效应，完成消费者需求和后端生产供应信息的实时对接。消费品流通之互联网革命是信息经济下的一次全新商业形态变革，将完全脱离美国工业经济下的大流通路径，有机会借助互联网实现跨越式发展。

在接下来的十年，中国不必像美国那样将实体门店遍布全国各地，尤其是在目前实体商业基础设施相对不足的中西部。我们将直接跨入“线下体验 + 线上下单 + 中央仓储配送 + 售后服务”的立体式无缝连接的零售形态。

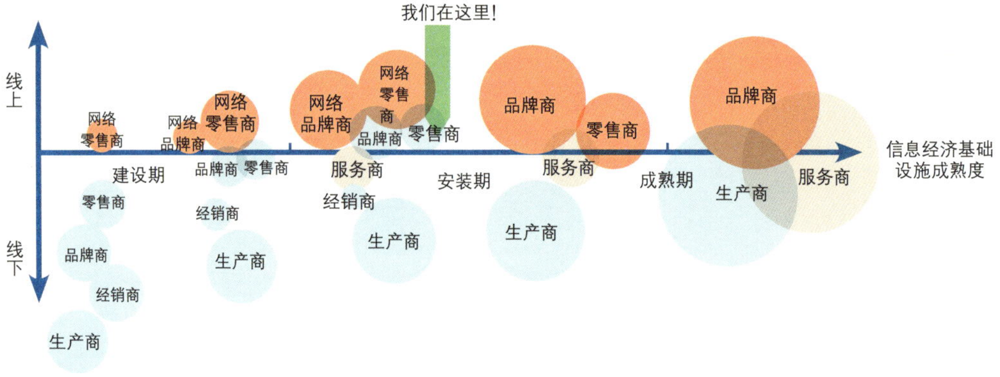

图 6-22　互联网消费品流通的演进路径

随着信息经济商业基础设施不断成熟，各类交易主体所获得的信息赋能更加不平衡。交易主体将依据其信息能力而演进到未来线上线下融合的立体式零售业态。这将是一个信息能力角逐的过程，基于信息而经营的角色将最终获胜，而那些故步自封、沉溺于原有传统优势（比如实体空间资源、资金优势等）的角色最终将退出历史舞台。

（二）助力中国经济增长转型

1. 刺激新增消费，拉动内需

网络零售平台弥补了欠发达地区的实体商业零售不足。例如淘宝平台的交易绝大部分是跨省交易，该比例从 2011 年的 79% 提升到了 2012 年的 82%。2012 年县城及农村地区的网络消费同比增长率达到了 121%，2013 年 1—9 月份的同比增长更达到了 134%。

正如麦肯锡的研究发现，网络零售中 39% 属于新增消费，而在三四线城市，其新增消费的比例更高，达到 57%。据保守预测，到 2020 年网络零售能给中国个人消费带来 7% 的增长。[①]

2011 年中国居民最终消费占 GDP 的 35%，只有美国一半的水平，因而网络零售将对中国向消费型经济转型起到举足轻重的作用。

① 麦肯锡全球研究院，《中国网络零售革命：线上购物助推经济增长》，2013 年 3 月。

从外省购进		向外省销售%
99.8%	澳门	99.7%
99.7%	西藏	98.5%
99.6%	青海	95.8%
99.2%	宁夏	92.2%
99.0%	甘肃	90.9%
98.8%	内蒙古	89.4%
98.8%	新疆	93.1%
98.7%	贵州	84.4%
98.4%	香港	97.7%
97.7%	海南	91.4%

图 6-23　2012 年淘宝平台跨省交易 TOP10 省份或地区

2. 形成统一大市场促进资源有效配置

相比实体批发零售，网络零售有助于中国统一大市场的形成，促进商品、人才、资本等按照市场供求信息而自由流动。而统一大市场对任何一个国家而言，都将有助于资源的有效配置，助力经济发展。

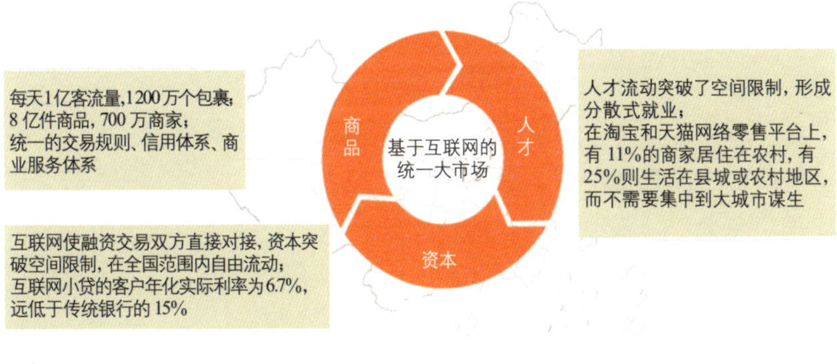

图 6-24　网络零售平台有助于中国形成国内的统一大市场

3. 带动其他产业之互联网转型

互联网技术具有基础性、通用性、高渗透性，随着技术扩散及应用，各个行业都将被逐步迁移到互联网。而作为离消费者需求最近、反映最敏感的消费品流通环节，自然成为了首先被互联网化的源头。

位于价值链前端的消费品流通之变革力量将被传导至生产、金融等领域，其转型将助力生产体系、金融体系乃至整体经济的转型。

位于前端的消费品流通借助互联网实现跨越式发展，将能最大限度地拉动居民消费，推动形成统一大市场以更有效地配置资源，并带动其他产业的互联网化，从而放大经济流量，促进收入增长，形成经济正循环，助力中国经济从要素投入增长向提升效率的经济发展方式转型！

附录1 消费品流通的定义

流通是指商品从生产领域到消费领域的转移过程，是商品经济运行引起的商流、物流、信息流和资金流的总和，包括批发、零售、物流仓储等行业[①]。

消费品指用于最终消费的商品，即和生产资料相对应的生活资料，这类商品直接被消耗掉，不参与企业生产过程，包括工业消费品、用于最终消费的农产品、数字化产品[②]。

数字化产品是指信息、计算机软件、视听娱乐产品等可数字化表示并可用计算机网络转输的产品或劳务。在数字经济时代，这些产品（劳务）可不必再通过实物载体形式提供，消费者可通过计算机网络传送和在线消费。包括分为内容性产品、交换工具、数字过程和服务等三种类型。内容性产品指表达一定内容的数字产品，主要有新闻、书刊、数据库、视频、音乐等表达形式。交换工具指代表某种契约的数字产品，如数字门票、数字化预定等。数字过程和服务主要指数字化的交互行为，如远程教育、网络游戏、交互式娱乐等。

① 流通的定义摘自《电子商务时代的流通组织创新》李骏阳，中国商务出版社，2005.6。

② 消费品定义参考消费的定义总结，数字化产品的定义参考以下原始资料整理．http://baike.baidu.com/view/1662492.htm，http://baike.baidu.com/view/1325166.htm.

附录 2　交易效率的界定

“经济效率”最先由经济学家杨小凯于 1988 年提出（Yang, 1988）。假若一个人购买一单位（元）商品时，他实际只得到 k 量（元）商品，那么这 $1-k$ 部分（元）便可称之为交易费用，而 k 部分（元）可称为该笔交易的交易效率。[①] 可见，交易效率和交易费用是一个硬币的正反两面，降低交易费用意味着提升交易效率。

但经济学家们对交易效率的概念并未达成共识，本文将交易效率界定为单位投入费用所完成的交易额，完成的交易额越高，则意味着交易效率越高。投入费用则包括事前的交易费用（起草、谈判和维护一项协议的费用等）、事后的交易费用（当交易偏离了所要求的准则而引起的不适应费用等）、运输仓储费用（为保障商品完好的贮藏费用和运输费用等）等为顺利实现交易的所有费用。

附录 3　中美交易效率对比测算方法

结论：2012 年，美国批发零售交易效率是中国的 1.56 倍：美国 1 元的批发零售业增加值所支撑完成的最终居民消费值是 6.04 元，中国为 3.86 元。

计算方法：交易效率 = 居民消费支出 / 批发零售业增加值

解释：批发零售业增加值为商品从生产方转移到消费者手中所消耗掉的社会资源，同等资源消耗所能带动的居民消费额的比较，即可认为是中美批发零售业交易效率比较。

数据来源：美国数据取自美国经济分析局（BEA）数据库；中

① 参见杨小凯、张永生，《新兴古典经济学与超边际分析》，中国人民大学出版社，2000 年，第 99 页。

国数据取自中国国家统计局《2013 中国统计年鉴》。

美国（亿美元）	2012	2011	2010	2009	2008
居民消费支出 Personal Consumption Expenditures	11496	107118	102019	98429	100055
批发零售业增加值 Value Added by Industry Wholesale trade+Retail trade	18470	17508	16750	16131	16727
交易效率	6.04	6.12	6.09	6.10	5.98

中国（亿元）	2012	2011	2010	2009	2008
居民消费支出 Personal Consumption Expenditures	190424	164945	140759	123585	111670
批发零售业增加值 Value Added by Industry Wholesale trade+Retail trade	49394	43445	35746	28985	26182
交易效率	3.86	3.80	3.94	4.26	4.27

附录 4　网络零售和实体零售的交易效率测算方法

结论：网络零售的交易效率是实体零售的 4 倍。

计算方法：交易效率 = 销售额 / 运营成本（或费用）

解释：线上线下零售企业（平台）万元成本投入能够实现商品销售额，如果同样的投入实现的商品销售额越多，则效率越高。

数据来源：线下数据以限额以上零售业数据为参考，数据来源于国家统计局《2012 中国统计年鉴》、《2012 中国第三产业统计年鉴》；线上数据以阿里集团数据为参考（只考虑淘宝和天猫平台的投入费用，未考虑淘宝和天猫平台上的商户所投入的费用），数据来源于美国雅虎财报披露阿里巴巴集团财务数据。

注释：由于阿里巴巴集团整体运营成本包含非网络零售部分，因此，计算得出的网络零售万元运营成本投入实现网络零售总额将偏小。

实体零售交易效率：选取限额以上零售企业的数据为代表

年份	限额以上零售企业销售费用 + 管理费用 + 财务费用（亿元）	限额以上零售企业商品销售额（商品销售）（亿元）	限额以上零售业万元成本投入实现零售总额（万元）
2009	3690.0	43331.6	11.7
2010	4559.2	57514.6	12.6
2011	5760.9	71824.9	12.5

网络零售交易效率：选取阿里巴巴集团的数据为代表

年份	阿里集团运营成本（营收－运营利润）（亿元）	淘宝销售额 + 天猫销售额（亿元）	网络零售万元运营成本投入实现网络零售总额（万元）
2009	52.5	2083	39.65
2010	89.2	4000	44.86
2011	127.5	6321	49.57

专题报告七

跨境电子商务的发展与影响

一、引爆：跨境电商开始爆发

2012 至 2013 年，跨境电商市场和业务迅猛发展。从当前各类数据汇总看，中国跨境电商业务的规模（仅指商品贸易货值，不含服务增值等）已经在 2013 年达到了 5000 亿美元的规模①，占我国进出口贸易额的 12% 左右②，并达到了 30% 以上的年增速③。

（一）跨境电商增长的总体形势

目前跨境电商的增长形势主要有以下四个方面：

一是“大”。跨境 B2B 领域体量大、覆盖广，保持了稳步增长态势。众多分析认为（商务部、艾瑞咨询、阿里集团内部统计等），B2B 业务占到跨境电商总额的大头。我国跨境电商目前以出口为主（出口占跨境总额的 90% 以上），且 B2B 业务仍然是市场主流。据艾瑞咨询估计，12 年跨境零售占整个跨境电商交易额的比例仅为 5%，有大约 95% 都是 B2B 交易。尽管部分 B2B 外贸平台企业有所下滑，但行业大势仍然明朗。当前，阿里巴巴国际 B2B 已经能覆盖到占中国出口额 10% 以上的出口企业，影响中国 2% 左右的出口额，服务全球 200 多个国家地区的 3000 万以上的注册买家，覆盖 40 个主要行业。B2B 贸易将在高效匹配和安全保障上精耕细作，

① 目前有两种估算：一是国内相关机构，如艾瑞咨询认为 2012 年达到 2.3 万亿人民币（占进出口约 9.6%，增速约 30%），2013 年中国电子商务中心认为交易额达到 3.1 万亿人民币（与艾瑞预测基本相符）。二是国外相关机构，如尼尔森认为，全球约有 1050 亿美元的跨境 B2C/ 零售交易额（中国市场相关交易额达到 300 亿美元）。

② 根据 2013 年粗略估计，交易额（货值）达到 5000 亿美元左右规模，忽略纳入统计的问题，跨境电商占比 =5000 亿美元 /4.16 万亿美元，即约为 12%。据艾瑞咨询估计，大约占比为 12.1%。据此本报告认为可以采信约 12% 的占比。

③ 商务部数据 2012 年到 2013 年，中国跨境电商增长率已经达到 25%，2013 年预计会有 30%—50% 的增长。中国电子商务中心认为年复合增长已经超过 30%。

向交易闭环化、纵深化、垂直和细分市场聚焦的方向发展。

二是“猛”。跨境 B2C（出口）增速猛、渗透快，进入重点国家的势头正盛，这种“直接”模式具有很强的生命力。国外消费者尤其俄罗斯、美国、巴西、以色列、西班牙等国的消费者大量网购中国商品。据分析，与中国有关的跨境网购年交易额已经突破 300 亿美元（目前主要是出口），约占全球跨境网购交易额的 1/3；其中中国面向美、英、德、澳、巴西这五大市场的 2C 零售出口或达到 100 亿美元的规模[①]。阿里全球速卖通平台年交易额增长，已经成为俄罗斯当地第一大电商平台，正积极渗透美国、巴西、西班牙等市场，2013 年下半年的日 GMV（峰值）已经达到亿人民币量级。淘宝海外业务在港台、东南亚地区，以及针对海外华人社会，都有较快的渗透和增长。据 Paypal 统计，2012 年中国大陆的 Paypal 大商家（年交易额 10 万美元以上，不含 ebay 卖家）交易增长 48%[②]。据尼尔森统计，2014 年到 2018 年，中国跨境零售业务将会有 300% 左右的增长[③]。

三是“新”。跨境电商服务突破大、创新多，极具发展潜力，有望成为“基础”和“咽喉”，对贸易效率具有很强的拉动作用。由于一站式服务对 B2B 的增值较大，阿里巴巴推出了一达通外贸综合服务，为外贸企业提供“通关、退税、结汇”的三大基础服务以及“物流、金融”增值服务。2010 年至 2013 年，阿里一达通进出口单量增长率连续 4 年超 100%，在 2013 年达到 10 万单量级，位列全国一般贸易出口前五位。此外，服务于跨境 B2C 电商的物流 / 供应链服务也有较大突破，各类跨境物流快递、小包服务，物流专线，海外仓等都有较大发展。据统计，每年大约有近 3 亿的电商快件通关量[④]。

四是“旺”。进口 2C 电商空间足、需求旺，国内消费者对国

---

① 根据尼尔森调研数据，2013 年跨境电子商务报告。

② 根据尼尔森调研数据，2013 年跨境电子商务报告。

③ 据 PayPal 2013 年 7 月发布的《PayPal 全球跨境电子商务报告》。

④ 来有为等，《我国跨境电子商务的发展形态和发展状况》，来自《中国经济时报》2014 年 6 月 15 日；据来有为等估计，有 70%—80% 的跨境快件来源于电商业务。

外商品的巨大需求亟待释放。中国消费者也在大量购买国外商品，有相当大的比例也是线上完成。据统计，国内消费者通过支付宝海淘消费的总金额同比增长 120% 左右（2012 年，高于国内网购总金额 60% 左右的增长速度）。根据中国电子商务研究中心的统计，海淘市场规模很可能从300亿左右增长到超过700亿人民币的规模，在 3 年内翻了一番还要多，进口包裹的数量过亿。据部分咨询机构估计，中国居民海外购物金额在 2012 年达到了 800 亿—1000 亿美元，对国外商品的需求旺盛。国家出台相关电商进口试点政策后（主要指 B2B2C 保税进口试点），进口电商有望阳光化、通关正规化，逐步走出代购和灰色通关盛行的不利局面，开始形成以试点城市为中心的跨境进口企业群。

（二）跨境电商的国家、行业、区域分布特征

从全球范围看，跨境电商的增长速度已经远超全球贸易额增速（当前，全球贸易额增速仅 3% 左右，但跨境 B2C 的年增长就超过 20%），中国跨境电商增速（年增长 30%）也大大超过贸易总体增速（年增长 8% 左右），跨境电商已经开始改变贸易的版图。国际各大知名跨境电商平台的流量不断增长，新兴市场国家数以亿计的消费者、中小企业（贸易、制造）以及服务商开始加入到以跨境电商平台为中心的商业生态系统中。据尼尔森和 Paypal 的相关研究，美国、英国、德国、澳大利亚、巴西有 7000 万以上的消费者参与跨境网购。

从国家分布看，目前中国跨境电商的主要出口目的国可以分为两大类，一是成熟市场国家（发达国家），二是新兴市场国家（见表 7-1）。成熟市场国家主要涵盖美国和欧洲市场（以英国、法国、德国为主），新兴市场则主要涵盖俄罗斯、巴西、印度等（近期也逐步扩展到墨西哥、印尼、土耳其、尼日利亚等）。综合表 7-1、表 7-2 的访问 / 买家来源情况可以看出 B 类和 C 类群体的国家分布。美国商业体系发达成熟（B 类用户较多较强），同时零售电商市场也有较大发展，因此对接 B2B 和 B2C 跨境电商业务的用户群体规模都较大；欧洲商业体系成熟，但消费型电商发展较慢，对接 B2C

表 7-1 跨境电商主要网站的全球访问情况

类别	全球排名	主要发达国家访问	新兴市场国家的访问
亚马逊（美国）	12	美国 60.9% 日本 3.2% 英国 2.3% 加拿大 2.2% 德国和澳大利亚各 1.2%	印度 3.9%， 墨西哥 1.6%， 巴西 1.3%， 中国 1%
Ebay（美国）	23	美国 57.5% 日本 3.0% 英国 2.2% 加拿大 2.1% 德国 1.2%	印度 3.2%， 俄罗斯 2.6%， 中国 1.6%， 墨西哥 1.6%， 巴西 1.5%
阿里巴巴国际站	71	美国 10.1%， 日本 2.8%， 英国 1.7%， 法国和西班牙各 1.5%， 德国 1.3%	印度 4.6%， 俄罗斯 3.0%， 巴西 2.1% （不含中国）
阿里全球速卖通	68	美国 7.4%， 西班牙 4.7%， 法国 2.2%， 日本 1.9%，	俄罗斯 12.4%， 巴西 9.3%， 印度 4.4%， 墨西哥 1.9%， 尼日利亚 1.8% （不含中国）
敦煌网	1149	美国 27.3%， 英国 4.4%， 日本 3.3%， 澳大利亚 2.5%， 加拿大 2.2%， 法国 2.0%， 荷兰 1.8%	印度 6.0%， 巴西 2.5% （不含中国）

据 Alexa 数据 Audience Geography，Where are this site's visitors located? 2014 年 6 月。

跨境电商的土壤弱于美国，B2B 市场仍有很大的空间。新兴市场国家由于商业基础设施不健全，传统零售业较弱，但具有庞大的潜在消费群体，因此有较大的空间逐步对接跨境 B2C；同时，在新兴市场国家，随着工业和分销体系的发展（部分国家还会承接产业转移，发展出全球供应商），也有很大的潜力承接跨境 B2B。

表 7-2 阿里巴巴国际站和全球速卖通的买家来源地和类目对比

特征	阿里巴巴国际站（B2B）	阿里全球速卖通（B2C）
买家主要来源地	美国、印度、英国、香港、澳大利亚、巴西、俄罗斯、加拿大	俄罗斯、巴西、西班牙、美国、法国
占比较高的商品类目	消费电子、机械、汽摩配、服装、家居	服装配饰、消费电子（主要是手机通讯）、时尚类（主要是美容美发）、珠宝手表、鞋子、汽配

表 7-3 阿里全球速卖通在俄罗斯和巴西的当地排名及其对比

国家	速卖通	ebay	Amazon
俄罗斯	17	31	112
巴西	20	59	36

从行业类目来看，无论对 B 还是对 C，消费电子几乎已经成为中国第一大跨境电商出口类目（见表 7-2）。对 B 类业务来说，还有机械、汽摩配、服装是买家较多的商品类目（阿里巴巴国际站数据，见表 7-2）。在 2C 业务方面，阿里全球速卖通的优势类目除消费电子外，还有服装配饰、时尚类、珠宝手表、鞋子、汽配等；Ebay 的五个最大销量的行业是电子、时尚、家居园艺、汽配及收藏品，增速较快的是家居园艺、汽配和时尚[①]。

从国内各省区的电商发展分布看，当前东部地区仍然是跨境电商发展的主流地区。据艾瑞咨询数据，广东占了交易额的 47% 以上，广东加上江、浙、沪能占到跨境电商总额的 70% 以上。据 ebay 报告（2013 年 11 月，使用 2013 年 9 月数据），最大销量的省、市、地区为广东、香港、上海、浙江、北京、台湾、江苏和福建。中西部地区跨境电商也有一定的发展，阿里国际站（B2B）的数据表明，湖南、河南、重庆、四川、陕西等中西部省市的供应商会员增速较快，显示了较大的潜力（增长均在 10% 以上）。据阿里巴巴研究院的外贸网商密度研究显示（表 7-4），外贸网商密度最高的 25 个城市，大部分分布在广东、浙江两省。

① 来自《ebay 大中华区跨境电商零售出口产业发展趋势报告》，2014 年 3 月。

表 7-4　外贸网商密度城市统计——密度最高的 25 个城市

排名	城市	省份（市）	排名	城市	省份（市）
1	深圳	广东	14	青岛	山东
2	金华	浙江	15	无锡	江苏
3	宁波	浙江	16	常州	江苏
4	广州	广东	17	珠海	广东
5	厦门	福建	18	苏州	江苏
6	中山	广东	19	湖州	浙江
7	东莞	广东	20	遵义	贵州
8	佛山	广东	21	潮州	广东
9	温州	浙江	22	泉州	福建
10	杭州	浙江	23	江门	广东
11	台州	浙江	24	上海	上海
12	绍兴	浙江	25	阳江	广东
13	嘉兴	浙江			

说明：外贸网商密度 = 外贸网商数量 / 人口数量。
资料来源：阿里研究院，2014 年 3 月。

二、生长：跨境电商模式与商业生态框架

（一）跨境电商的定义框架

值得说明的是，关于跨境电商的定义框架和统计方式有多种表述，总体上可以归为三类（见表 7-5）。第一类是以电商来辅助国际贸易的方式，思路是“贸易中心”的，将电商作为手段来实现贸易环节的电子化、数字化，这种定义方式重在描述跨境电商的技术动因和基础条件；第二类是用国际贸易来延伸电商的范围，以电商为中心，将本地电商平台的概念延伸到跨境电商平台，但其参与者和关系比较单一，缺乏跨境电商特异点；第三类则认为电商模式可以重组国际贸易，颠覆贸易链中间环节，但持这种视角的往往容易将跨境电商等同于跨境零售，忽略参与者的丰富性。有必要对跨境电子商务的定义加以梳理，才能得出较确切的分析框架。

在总结了以上三类跨境电子商务定义后，本文仍然从第三类视角来界定跨境电子商务，认为跨境电商是一种将重组传统贸易的新

表 7-5 跨境电子商务的各方定义

概念认知	侧重点	采纳方	定义、观点或描述	统计范围	适用的情境	存在问题
第一类：用电商来辅助国际贸易（贸易中心）	贸易环节数字化	商务部	跨境电子商务是生产和贸易企业通过电子商务手段将传统贸易中的展示、洽谈和成交环节数字化、电子化，最终实现产品进出口的新型贸易方式	针对贸易加总的、间接统计的跨境电商交易额，商家数，平台数	从进出口贸易出发，描述跨境电商的技术动因、基础条件、基本形式	传统贸易环节电子化仅仅是跨境电商的初级阶段
第二类：用国际贸易来延伸电商范围（电商中心）	使用电商平台达成跨境主体间的交易	部分学者和媒体	跨境电子商务是分属不同国家/关区的交易主体在电商平台上达成交易及其后续活动	直接统计的跨境电商平台的有关数据	反映电子商务应用延伸到不同国家/关区的主体	参与者与关系比较直接单一，没有指出跨境的特异点
第三类：用电商模式重组国际贸易（变革中心）	颠覆跨境贸易中间环节，直接面向海外买家销售，甚至直接 2C	Ebay 与 Paypal 的外贸电商报告、跨境零售出口报告，尼尔森报告等	通过互联网，突破传统外贸销售模式所受到的制约，将产品直接销售给全球商家或消费者	跨境电商卖家销售额，跨境网购消费额/零售出口额	反映当前较新锐的跨境电商模式对传统模式的替代	强调了买卖渠道，忽略了其他参与者类型、关系的丰富性、进出口双向性
	形成跨境一体的电商商业生态：含应用、服务、环境	阿里巴巴拟提出的定义	通过互联网达成进出口的 2B/2C 信息交换、交易等应用，以及与这些应用关联的各类服务和环境	参与者身份范围将涵盖 B 类、C 类，各种服务商；关系涵盖信息、交易与服务（金额统计需要更广）；环境考虑多国家/关区到全球范围	描述电商对跨境商业和贸易参与者、活动的整体重组趋势	广泛的跨境电商"应用、服务、环境"的生态系统尚在演进中

贸易模式，但不仅仅限于跨境零售。本文认为，跨境电子商务将贸易活动重组为跨境一体的电子商务生态，包含应用、平台和各类服务。从这个意义上说，跨境电子商务的定义是“通过互联网达成进出口的 2B/2C 信息交换、交易等应用，以及与这些应用关联的各类服务和环境”。

在这个定义中，参与者包含了 B 类、C 类用户（直接应用方），也包含可能的贸易监管机构 G，还包含各类服务商家。可以分为四个要素：一是应用，包含信息和交易相关的各类 2B/2C 应用，涵盖出口和进口；二是平台，主要是各类围绕应用的平台（含交易前的信息服务、交易服务等）；三是基础服务（物流、支付、贸易通关、检测验货等）和衍生服务（代运营、咨询培训、翻译、旺铺等），服务参与者可以包含平台商也可以是直接服务提供商、参与者，也应包含接入的监管机构及其相关企事业单位（这些机构会提供的监管便利化服务）；四是环境，主要涉及国家环境（文化/市场/法律差异）、技术环境（较新的趋势如移动互联网、云计算带来的 SaaS 等）、贸易规则/监管/政策环境（含海关、商检、税务、结算、进出口管制政策、国际规则等）。结合第一部分所总结的中国跨境电子商务发展现状，可以进一步认为，当前中国跨境电子商务正处在应用高速成长，服务不断扩展，环境面临突破的生态爆发时期。

可用该分析框架来全面分析阿里巴巴的跨境电子商务生态，从而进一步支持本文的跨境电商定义，并揭示跨境电商生态的基本模式（图 7-1）。阿里巴巴的发展已经初步形成国际 B2B（阿里巴巴国际站）、国际 B2C（阿里全球速卖通、淘宝海外、天猫进口）以及国际支付（国际支付宝 ESCROW 与支付宝跨境使用）、物流（菜鸟物流）与外贸综合服务（阿里一达通）等各类应用、平台、服务互动发展的跨境生态圈，开始形成丰富的参与者（买家、卖家、平台、服务商）以及复杂的关系（信息、交易、服务、监管）。类似的，行业内其他企业、平台、服务商也在形成跨境电商的业务模式和发展趋势。

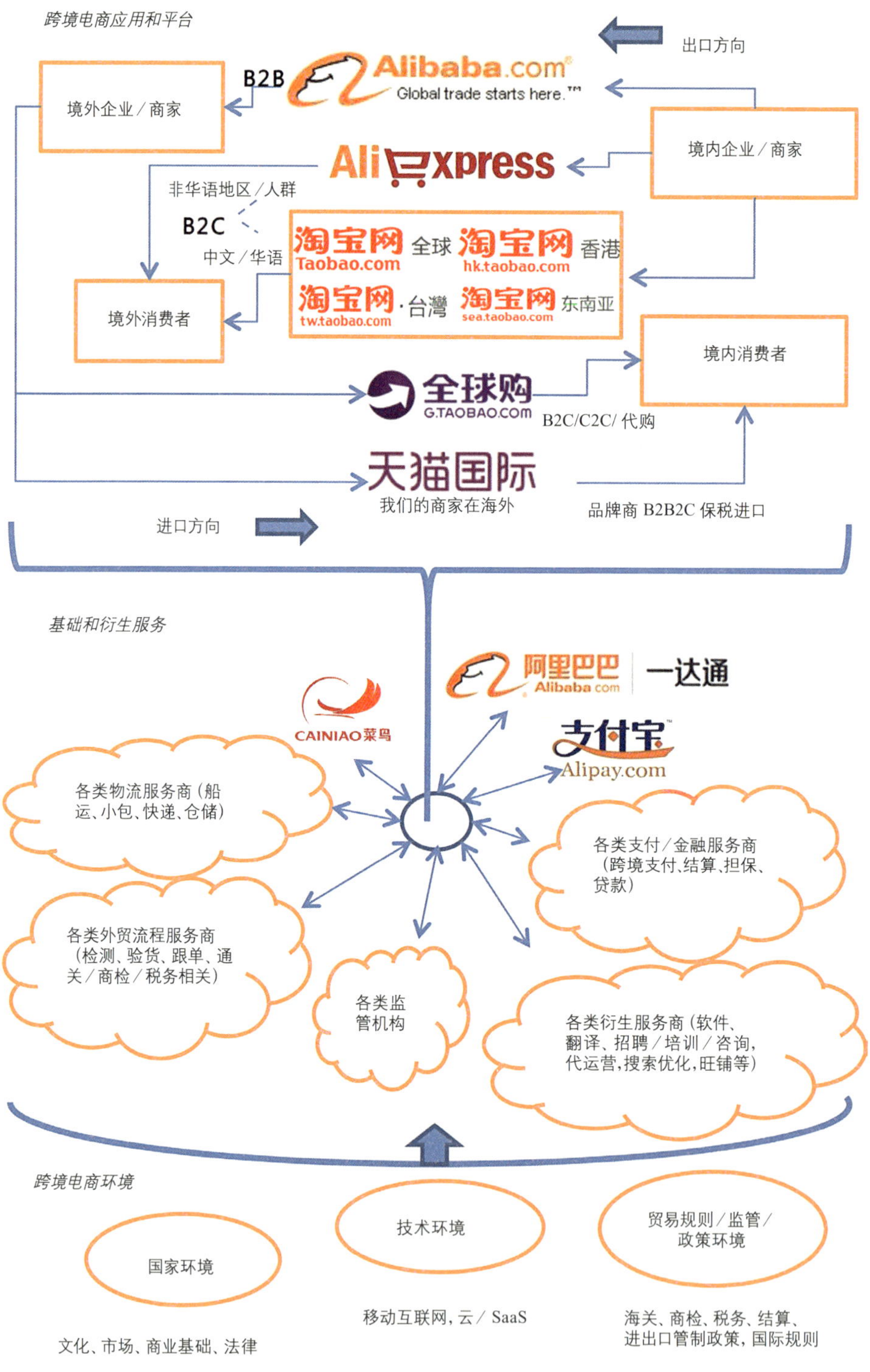

图 7-1　案例——阿里巴巴跨境电商生态圈

（二）跨境电商的模式分类

当前，跨境电商的主要应用和平台从业务模式上可以再分为以下四种：

1. B2B 出口应用和平台

B2B 出口模式的卖家主要是境内的生产商、贸易商，买家主要是境外的贸易商、批发零售商、生产商、网店主等。Alibaba.com 平台是目前全球最大的跨境 B2B 平台。平台为客户提供商品信息展示、交易撮合的基础服务，并开始打通外贸综合服务模式（后续的服务部分有详细说明）。Alibaba.com 平台自 1999 年成立以来经历了较快的发展，2009 年海外会员数（主要是买家会员）超过 1000 万，2011 年超过 2500 万，2012 年已经超过 3000 万，会员以欧美为主。2012 年，平台可直接影响中国外贸出口的约 1%；2013 年已经可以影响到 2%。主要活跃供应商分布在广东、浙江、上海、江苏、山东等省市，主要出口国包括美国、欧盟、澳洲、印度、俄罗斯等。平台的商品已经覆盖了 40 多个行业。

类似的国内 B2B 出口平台还有环球资源、中国制造网、敦煌网等。B2B 出口平台的业务模式可以再细分为三类：一是商品黄页加询盘 / 询价模式，二是小额批发模式，三是营销推广（P4P 广告、SEO 服务等）。从广义上说，涉及跨境贸易有关营销推广的部分搜索引擎、广告类平台，也可归为 B2B 出口模式。当前，B2B 的盈利模式主要还是会员制，但已经有其他新的业务和收费模式开始进入探索，如搜索关键词竞价、P4P 点击付费、其他贸易增值服务等。

目前，B2B 仍然是跨境电商的主流，也是可能对贸易经济带动面最大最广的业务模式。对于 B2B 模式来说，目前的关键成功因素仍然是高效匹配和安全保障（图 7-2）。高效匹配的困难来源于需求复杂性：B2B 的类目覆盖较广、商品类型复杂、型号多样、一定的定制性，实现高效匹配需要更加细分的产品 / 业务来承接；同时，买家和卖家区域分布、身份类型、经验 / 能力状况复杂，加剧了这种复杂性。由于 B2B 信用问题突出、建立跨国信任较难、链条较长，有时资金占用较多，在安全保障上（信用、质量、资金、物流）仍需要系统性突破。

B2B 平台主要将推动传统外贸线上化，才能形成业务闭环：从交易撮合到订单、物流、融资、结汇退税、交易保障等都能在线上进行。但在目前线下模式较为成熟的情形下，撬动线上化、建立业务闭环面临很大挑战。B2B 平台与外贸综合服务的打通或许是完善 B2B 业务闭环的关键，通过提供通关、结汇、退税、物流、金融的“一站式”纵深化服务，能一定程度上拉动企业在达成订单后仍然将后续行为留在平台上，完成闭环确认和数据积累（图 7-3）。

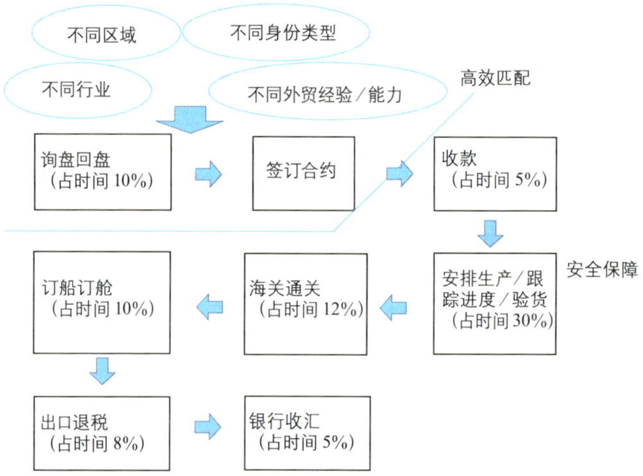

图 7-2　B2B 面对的复杂需求和长链条

资料来源：天下网商图媒体，根据阿里国际站和一达通相关资料整理，有改动。

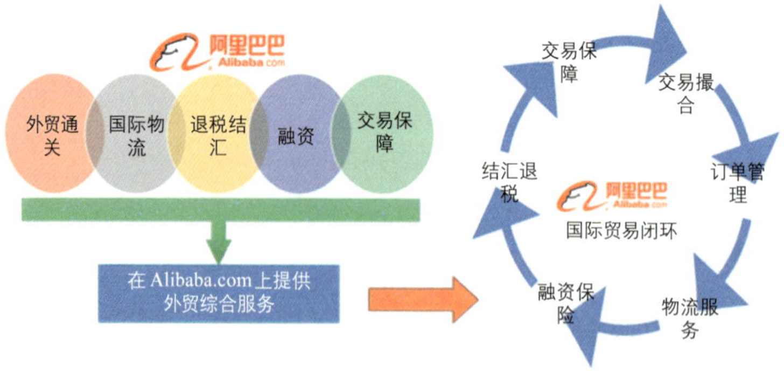

图 7-3　阿里巴巴打通 B2B 与外贸综合服务，形成业务闭环

2. B2C 出口应用和平台

B2C 出口模式的买家主要是境外的个人消费者，卖家主要是境内的贸易商 / 网店主，以及少量生产商等。B2C 平台为卖家将货物售卖给海外消费者提供信息展示和交易流程。以阿里全球速卖通（aliexpress.com）为代表的跨境 B2C 零售平台，主要服务于国内卖家与国外消费者之间的交易流程。通过这种模式，买家（消费者）能实现快速订货和在线下单支付。消费者能够直接选购中国商品、完成交易并收货，而不用通过中间批发商、零售商的环节来获得商品（见图 7-4）。速卖通通过搭建一个交易性的市场平台，撮合买卖家之间跨境达成交易，将中国商品跨境卖给全球消费者。自 2010 年 4 月上线以来，全球速卖通面向全球市场（英文以及多语言）高速发展，已经成为俄罗斯国内最大的网购平台，在巴西等国家也迅猛发展业务。

全球速卖通发展很快，战略路径的调整较为成功（图 7-5）。2011 年，全球速卖通看到 2C 市场潜力较大，从 2B 和 2C 混合型平台业务全面转型为 2C 平台业务，并确定了主打的国家市场。2013 年，速卖通单日交易额开始出现亿人民币数量级。目前，速卖通已经进入全球访问前 100 位的网站行列。

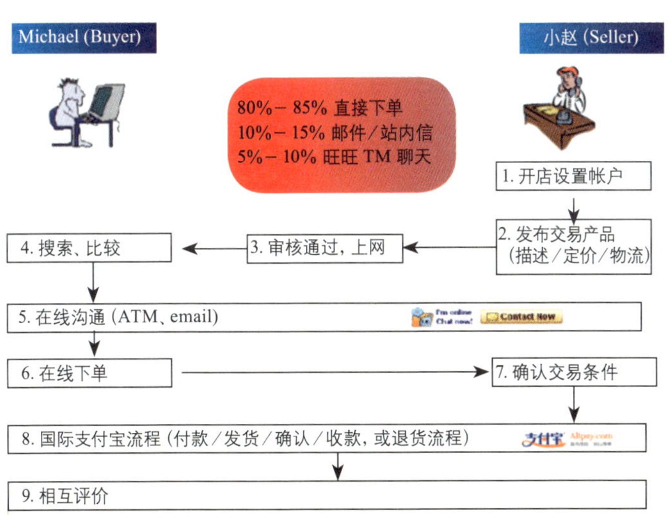

图 7-4　阿里全球速卖通 B2C 零售出口交易的流程

资料来源：速卖通对外培训资料。

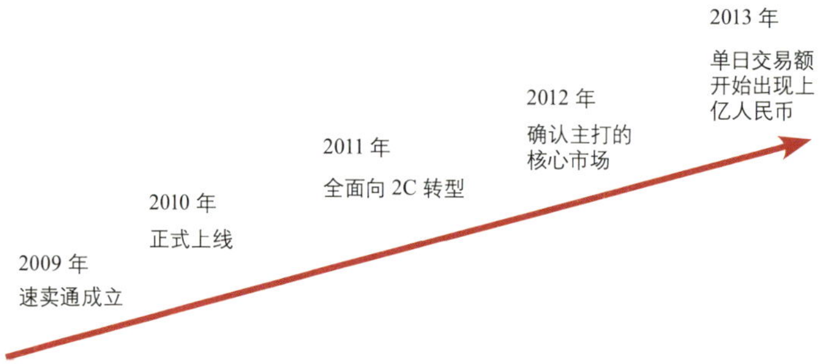

图 7-5　阿里全球速卖通（Aliexpress）的发展

在华语站点方面，淘宝针对海外华人群体的购物需求，以及港澳台地区的需求，还推出了淘宝全球、淘宝东南亚、淘宝香港和淘宝台湾，方便海外华人直接从淘宝购物。行业内的另一知名平台兰亭集势也采用了 B2C 的业务模式，其他的还有 DX 等平台（见表 7-6）。除本土网站之外，ebay 和亚马逊等网站也是跨境 B2C 零售业务的重要平台。据 ebay 大中华区报告，2012 年，ebay 大中华区年营业额过 10 万美元的商家有 3835 家，并处在不断增长中。

表 7-6　国内主要 B2C 跨境零售网站

网站平台	成立时间	Alexa 排名（2014 年初的大致情况）
DX	2006 年	1000 名左右
兰亭集势	2007 年	1500 名左右
阿里速卖通	2009 年	70 名左右

目前，跨境 B2C 零售业务发展势头很好。这种业务模式能绕过处在中间的批发零售商，将产品直接卖给海外消费者，具有交易和交货速度快、支付简便的特征。但跨境 B2C 零售对支付服务、物流服务的水平要求较高，支付和物流对购物体验有很大的影响。且该模式容易以个人物品 / 邮包 / 快递的形式通关，具有一定的贸易政策风险。在跨国纠纷处理、本地化支付和物流上也面临挑战。

3. 保税进口模式与平台

保税进口模式是一种 B2B2C 模式，这种模式首先是海外商家（品牌商或代理商）将货物运送到国内试点城市的保税区仓库（2B 部分），然后通过进口平台实现向消费者的交易，再从保税区行邮出关、寄送到消费者手中的模式（2C 部分）。在这种模式下，阿里巴巴推出了“天猫进口”平台，这一平台即将通过整合商品成交信息、用户支付信息、跨境物流信息打造一个服务于个人用户的全球网络直购的平台。平台大力发展海外品牌，以电子商务形式试水中国市场。平台通过“事前监管、事中监控、事后追溯”的方式，实现“信息流、资金流、物流”三流合一。跨境网购商品在交易、支付、物流过程中，为国内用户带来透明、阳光和便捷的跨境购物体验。国内还有其他平台商采用了这种进口模式，如跨境通、跨境购、万国优品等。围绕保税进口平台的供应链服务（向保税区运输、保税仓储、快递发货、监管对接）也在蓬勃发展中。在海关总署相关文件的规范下，保税进口模式当前依托于政府的保税进口政策，面向上海、重庆、宁波、郑州、杭州、广州这六个试点城市展开。

4. 代购 C2C 进口模式与平台

这种模式采用海外供货商 / 代购商 / 个人卖家供货，通过个人行邮或携带的方式发到国内消费者手中，可以看做一种 C2C 模式。这种模式主要是迎合了中国消费者为购买国外商品而进行海淘的趋势，C2C 进口平台为海淘的买卖双方提供了信息沟通和交易场景，及时反馈海外的商品价格、折扣信息。这种代购模式在跨境进口发展早期，具有很强的灵活性，能及时满足国内消费者对于海外部分商品的需求，发现国内外价差。近几年，较多的海淘服务和移动端海淘 app 不断涌现。但从长期看，代购模式有较多的灰色空间，而且较难形成较大的规模。

（三）跨境电商服务

同时，跨境电商基础服务和衍生服务也在围绕上述应用和平台展开。

1. 跨境支付服务

跨境支付服务目前主要是支持跨境 B2C 业务、2C 进口业务和 B2B 中的小额批发 / 交易业务。主要的支付方式是信用卡支付和第三方支付工具的账户支付（如 Paypal、国际支付宝 Escrow、个人支付宝账户等）。通过第三方支付工具的跨境支付还能提供相应的交易优化和保障服务，如对部分卖家提供提前放款服务（对于信誉比较好的卖家在买家没有收到货之前，提前把款放给卖家、提高卖家资金周转率）。目前，阿里小微金服（支付宝）能提供 B2C 出口平台以及部分个人网购进口提供支付服务。从国际上看，信用卡支付应用较为广泛，但存在费率较高、部分地区盗刷严重等问题；第三方跨境支付由于其对交易的保障和增值服务，将逐步获得用户更多的认可。

2. 跨境物流服务

从运输角度，跨境物流服务可以分为两部分：一是支持 B2B 较大额业务为主的海运、海运拼箱等业务；二是支持 B2B 小额以及 B2C 业务的小包、快递（如 EMS、全球四大快递）等业务。在物流的形式上也分为一般物流和专线物流两种模式。专线物流是针对某一个特定地区、线路开通的较高效的物流解决方案，如针对发往俄罗斯的小包，通过和中国邮政合作开通了“速邮宝”专线。类似的还有俄速通、燕文专线等。当前，除快递物流外，跨境仓储服务也逐步兴起，各类边境仓、海外仓等模式不断出现，帮助卖家提高海外物流体验、降低成本。

3. 外贸综合服务

外贸综合服务主要是为出口企业提供通关、结汇、退税的一站式服务，并在此基础上提供相应的物流、金融等增值服务的模式。外贸综合服务的实质是对接贸易监管机构（海关、税务、商检、外汇等），形成便利化的“单一窗口”。据第三方咨询机构统计，目前中小企业外贸环节时间占出口总周期的 1/3，成本开展占出口总成本的 1/3，外贸服务能力决定了几乎 50% 的外贸成交额。外贸综合服务能为 B2B 交易的买卖家提高通关效率、降低成本，更方便地实现一站式通关、结汇和退税。2013—2014 年，阿里巴巴一达通提供的外贸综合服务有爆发性的增长，对基础服务免费并提供补贴，积累了通关信用数据，正在开发更多的金融增值模式。

4. 外贸流程中不同环节的服务

这一部分的服务主要是围绕外贸过程中的验厂、检测验货、跟单等环节，以及一般的通关、货代业务等。这部分服务目前主要是线下贸易服务商开始服务跨境电商买卖家，有些还进入了线上服务市场。

5. 跨境电商衍生服务

跨境电商的衍生服务包括旺铺、代运营、搜索关键词优化、人员培训咨询等围绕电商应用的一系列相关服务。这部分服务在跨境电商的在线服务市场中较为活跃。

跨境电商的技术环境和政策环境部分将在本报告的后续部分进一步阐述。

三、溯源：国际商业生态的历史演进

上述跨境电商的生态已经在形成，但一个至关重要的问题是，国际商业生态是如何演进和重组到今天的形态的。从全球贸易发展阶段来看，经历了三个阶段的发展，这三个阶段的经济环境、基础设施、政策框架、生产技术都具有很大的不同，导致贸易的主导参与者、区域分布、商品订单特征发生了改变，进一步促使商业生态系统的组织形态发生了深刻重组，从第一阶段的多环节贸易链（基础设施由贸易各环节商家提供，分散性），到第二阶段的采购巨头集中协调（基础设施由巨头控制，其集中使用不可交易），发展到第三阶段的网络平台聚合（基础设施由平台服务商提供，可集中使用可交易）（见表 7-7）。

表 7-7 贸易发展阶段和跨境电商带来的生态重组

	阶段 1 进出口增长与市场开放时期	阶段 2 跨国公司贸易时期	阶段 3 网络平台时期
时间跨度	二战后至 80 年代	90 年代至新世纪初	新世纪初开始过渡，金融危机后加速，未来将全面进入的阶段
阶段标志	进出口增长与各国家/区域市场开放程度	FDI 流量；跨国公司内部贸易额占总贸易额比重；大型跨国公司贸易额等占总贸易额比重	网络平台上的贸易参与者数量、参与者贸易额占总贸易额比重
全球经济环境	二战后复苏、石油危机、外向型经济如日本和亚洲四小龙的发展，进出口增长迅猛	发达经济体对外投资快速发展，欧美日跨国企业整合全球，贸易进入稳定增长期	中国等新兴经济体崛起，大量中小草根企业成为跨国企业（如小产品的隐形冠军）；金融危机使得大型跨国企业和零售巨头采购下降，外贸中的小单、碎单大量出现
政策框架	全球：关贸总协定，促进商品贸易和市场开放； 中国：扩大开放，免税区、出口加工区、引进外资	全球：WTO，对 FDI 的促进； 中国：扩大开放港口和城市，关税和出口退税政策，放开进出口权，引进来和走出去并重	新的政策框架有待形成，如自由贸易区政策、网上贸易监管、保税进口通关等
基础设施进步	海运船舶进步，集装箱运输，电信互通	卫星和各种专网使用，港口和运输物流设施，国内运输与跨国运输的联通，银行跨国支付和结算	全球互联网发展，电子商务基础设施（信息、交易、支付），第三方、第四方物流设施与供应链服务，政府通关电子政务，无线和移动终端的发展
生产技术的驱动	部分环节的生产技术向部分欠发达国家转移，加工工业兴起	跨国公司对外协生产商进行技术转移，OEM 企业逐步学习升级为 ODM、OBM	将生产制造作为一种服务，柔性制造，按订单生产，未来的云制造和 3D 打印模式
主导参与者	生产商、进出口贸易商、批发零售采购商共同主导，环节间协调	跨国旗舰制造企业、跨国零售商等采购巨头主导贸易，采购巨头协调生产供应	网络平台汇聚各种规模的企业（包括中小企业、小零售商、网商卖家），中小企业在贸易中的自主权被释放，消费者开始成为参与者
商品订单特性	品类较少的标准化商品	各种品类规格大批量的零部件、半成品和最终产品	小批量高频（小单、碎单）、品类多样性、样品贸易、订制化
区域分布	除美国外其他发达国家比重上升，部分外向型经济崛起	发展中国家、地区融入发达国家主导的产品内/生产分工	新兴经济体崛起开始成为贸易中心，区域边界进一步打破、全球融合

续表

	阶段 1 进出口增长与市场开放时期	阶段 2 跨国公司贸易时期	阶段 3 网络平台时期
商业生态的形态及其效率来源	形成多环节的贸易链： 供应商、制造商、进出口贸易商、分销 / 批发商、零售商通过跨国市场交易完成整个贸易环节 基础设施提供：由贸易各环节商家提供，分散性	从贸易链到巨头集中协调的重组： 规模、集中采购、大批量物流等“巨头优势”（做大单），全球价值链分工环节细化，发挥每个环节的区位优势以及跨国大企业为中心的协调优势 基础设施提供：由巨头自建或控制，其集中使用不可交易	从集中协调到平台聚合的重组： 平台的规模、集中服务提供信息聚合优势和“巨头优势”，能有效统筹各类订单（多品类，小单、碎单样品单）、服务中小企业，也使消费者直接成为贸易参与者，形成全球动态分工的灵活性 基础设施提供：由平台服务商提供，可集中使用可交易
解释力较强的国际贸易理论	比较优势，弗农产品生命周期	全球价值链和生产网络，对外投资 OLI 折中理论	全球虚拟生产网络，商业生态系统，隐形冠军、新兴经济体跨国企业、天生跨国企业 (born global)
跨境电商的机会	前电商时代，贸易链催生跨国电信业务，以及跨国标准格式数据的交换	电商初生时代，外贸信息平台开始出现，贸易也大量借助跨国大企业主导的自营 B2B 电商进行	电商进入成熟的时代，外贸信息平台开始发展为跨国在线交易和综合服务，B2B 迎来新模式下的增长；B2 小 B 和 B2R 开始增长，跨境 B2C 开始显露趋势

说明：国际商业基础设施包含信息（通信、EDI、互联网）、支付、物流（海运、空运等）、外贸跨境流程（如通关）等。

这种贸易发展阶段带来的商业生态重组，也为跨境电商的发展带来了新的机会。

（一）阶段一：贸易链连接的生态

第二次世界大战后，随着战后复苏，国际贸易蓬勃发展。国家间贸易链连接形态更加显著。贸易链连接生态的主要参与者是贸易上下游各环节的参与者，如原材料供应商、生产商、出口贸易商、进口商、批发、零售商和消费者（见图 7–6）。在这个生态中，商家之间没有明确的中心，也没有紧密的关系，主要采用纯价格机制来协调。

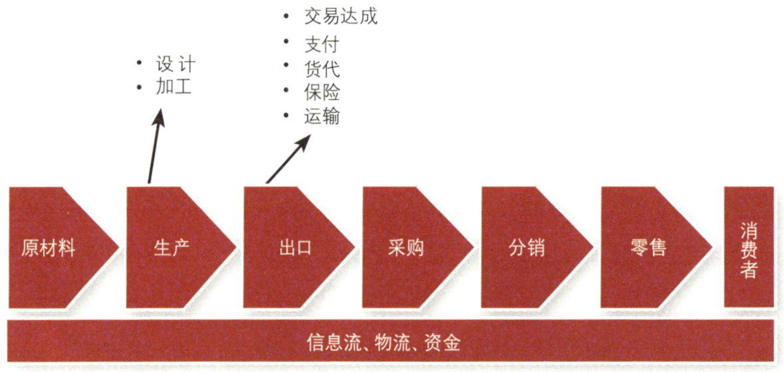

图 7-6　贸易链生态

促进贸易链生态形成和发展的重要原因是基础设施的改善和自由贸易规则的形成。具体来说，一是交通运输技术的发展。到 1980 年，集装箱装运的货物比例已经超过其他海运形式。从费用上说[①]，1920 年到 1990 年，美国港口装载费用降低了约 2/3；1930—1990 年，纽约到伦敦的 3 分钟通话费用从 245 美元左右降低到 3.3 美元左右。这使得贸易链上下游之间打通的成本大大降低，促进了大宗货物出口。二是关贸总协定框架下的贸易规则形成。各国开始参加自由贸易谈判，逐步开放市场。1950 年到 1990 年，世界商品贸易额增长了近 10 倍。随着贸易量增加和市场开放，除欧美外的外向型经济开始崛起，亚洲四小龙在这一时期高速发展，新加坡、中国香港等地区成为贸易中心。一些亚洲国家和地区出现大量进出口贸易商。中国也在这一时期参与国际经济，扩大开放，国内有大量的生产厂、加工厂与港澳的贸易进出口商进行对接。

在贸易链生态中，贸易活动的主导者来自多个环节。供应商、生产制造商、进出口贸易商、采购商、分销批发商等都需要相互协调，议价、交易。在这一阶段，信息技术主要的功能就是电信沟通，以及一些初步的标准格式数据交换。商业基础设施的占有 / 控制基本是分散在贸易链的各个环节的。

① 费用数据来自希尔《国际商务》。

（二）阶段二：跨国旗舰整合的生态

在这一阶段，随着跨国公司的扩张和进入全球各地市场，贸易的参与者拓展到全球更大范围内的生产、贸易、零售企业，跨国巨头与具有本地优势的企业都参与到分工中，跨国公司开始成为国际贸易的重要参与者和协调者。20 世纪 90 年代以后，跨国公司的扩张明显加快，1992 年到 2005 年之间，FDI 投资总流量增长了约五倍，同期贸易额仅增长了 140%[①]。

2000 年左右，跨国公司国际化进入新阶段，全球制造旗舰企业、全球零售采购巨头主导国际贸易。跨国公司的分支机构在 2000 年之后一度占到全球国内生产总值 (GDP) 的 1/10 和全球出口量的 1/3。2012 年，由跨国公司主导的全球价值链约占全球贸易的 80%。在中国市场上，贸易受发达国家跨国企业控制也逐步加深。2001 年，跨国公司出口已经占中国出口额的 51%。

在跨国公司生产制造巨头的控制下，形成了旗舰企业为中心协调的全球价值链，中小本地企业分化为各种 OEM，为 ODM 和 OBM 提供配套。产品内分工加深，零部件贸易量大增。跨国企业整合发展中国家的众多本地企业，形成全球生产网络（见图 7-7），在与跨国旗舰的合作中不断学习和升级（观点来自于已有的全球生产网络 / 制造网络的学者，如 Ernst、Yongjiang Shi 等）。中国企

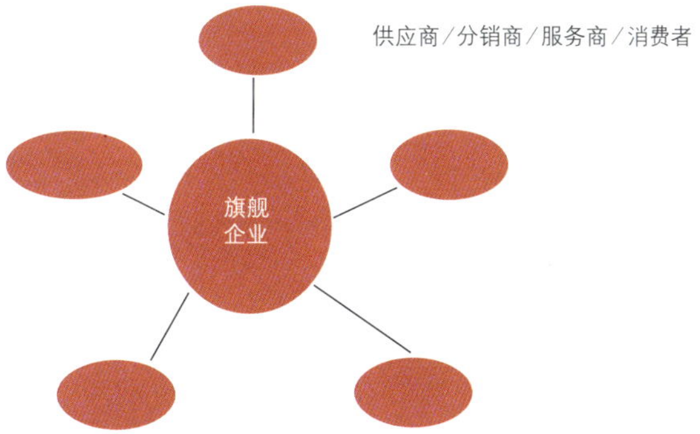

图 7-7　跨国旗舰企业整合的生态

① 数据来自《2002 年世界投资报告》。

业以 OEM 加入跨国公司分工网络，逐步学习、升级和走出去。在商业企业领域，则诞生了众多跨国采购巨头，如宝洁、沃尔玛等。这些零售 / 快销巨头都建立了全球和当地两层甚至多层的采购体系，形成了全球一体化可追踪的物流配送系统。

这一阶段主要的外部环境因素有以下两个方面：一是贸易规则的重新确立，WTO 在 1995 年正式成立，WTO 框架下的贸易规则不仅仅促进出口，而且促进了对外直接投资（FDI）。二是企业间 IT 系统的应用开始形成规模，大的跨国企业建立了自己的 EDI 到自营 B2B 系统、跨国采购系统，跨境电商信息平台开始出现。

在这一阶段，贸易生态的主要协调者是跨国旗舰企业，这些旗舰企业拥有较成体系的 IT 系统、物流体系，拥有较好的银行和支付关系，也具有较有实力的进出口业务和供应商管理的部门。跨国旗舰企业控制了跨国贸易中的商业基础设施，而且具有很强的规模和集中化的优势。众多供应商、分销商只有在跨国旗舰企业的集中协调下，才可能对接更多需求，实现高订单低成本，最大化自身的利润。

（三）阶段三：跨境一体的电商平台生态

当前，贸易链形态仍然存在，跨国公司的中心网络仍然在贸易中占据重要地位，但新的平台生态正在形成，主要有以下几个方面的驱动因素（见图 7-8）：

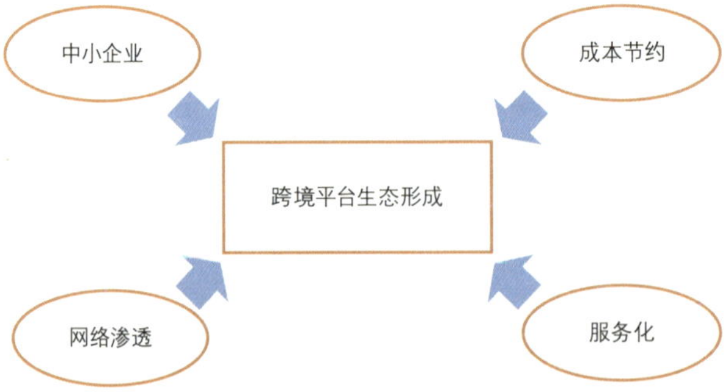

图 7-8　跨境平台生态形成的四大驱动因素

1. 贸易中的中小企业更加活跃，需要信息聚合、发现商机和平台保障

随着中国等发展中国家在贸易中的份额扩大，众多中小企业在贸易中的地位提升，众多分散的中小企业在支撑贸易发展。中国的中小制造企业成为世界制造业的关键组成部分。2012 年，我国对外贸易总额的约 60% 是由出口型中小企业创造的。2013 年，非国有企业的出口增幅（19.1%）大幅超过国有企业（-2.8%）与外资的出口增幅（2.1%）。从国内众多跨境电商出口平台来看，供应商基本都是中小民营企业甚至个体小卖家。这些中小企业需要通过平台才能更好地发展。据麦肯锡的观点显示，众多阿里巴巴国际站和速卖通的商家已经成为一定意义上的“小微跨国企业”[①]。

2. 从买家端来看，网络渗透大幅增加，消费者和企业纷纷“触网”

随着互联网快速增长，进行线上采购或购物的人群越来越大。1990 年全球只有近 100 万互联网用户，1995 年增加到 5000 万，2007 年达到 14.7 亿多（人口的 1/4），2012 年已经达到 24 亿。随着互联网采纳的增加，众多 IT 基础设施薄弱的中小买家也可以通过网站平台来实现全球寻源和采购，众多消费者有机会在网上选购全球商品。随着金砖国家互联网渗透率的大幅增加，更多的人和企业会加入到网上跨境贸易中来。

3. 贸易成本节约趋势明显

金融危机以来，传统跨国公司在世界范围内的扩张有所下降，贸易中的成本节约趋势明显、小单化交易成为趋势。2012 年全球外国直接投资下降了 18%，发展中国家吸收的直接外资有史以来首次超过发达国家。同时，为降低成本、响应低端需求，采购也更加小单化、碎片化。众多采购商开始寻找更低价格的商品和企业，需要借助平台的信息聚合来发现价低质优的商品和供应商。

① 麦肯锡报告《中国的数字化转型》（2014）。

4. 服务化趋势的驱动

价值网络化的治理方式兴起，众多价值活动被不断地分割、外包，原先企业内部的活动变为可在市场上交易的服务。随着一些 IT 应用的深化，可以更灵活地部署众多服务，如支付、物流、通关服务等。

在跨境平台的生态下，商业基础设施可以由平台提供：为平台上的买家、卖家提供信息搜寻、沟通、支付交易、物流等方面的服务。这些商业基础设施是可交易的，能以较低的成本供给中小企业，而不是由跨国旗舰企业独占的。因此，虽然参与贸易的买家卖家都非常小，但一样可以通过平台来获得低成本的基础设施，享受大企业才能有的优势。中小微企业通过平台，可以实现有效的跨国经营，大量的“中小微跨国企业”或“天生/初生跨国企业”将会涌现。它们将不再高度依赖于跨国大企业提供的国际化基础设施。

随着国际商业基础设施逐步演变为平台（双边或多边关系属性），借助平台服务，大量原贸易体系的末端参与者加入到围绕平台的生态中，贸易链将被更灵活的平台贸易网部分替代，跨国采购巨头（大宗贸易）的规模优势将不再独占。WTO 框架下的贸易格局正在改变，平台将形成便利的小额跨境贸易环境、对个人的贸易以及监管的“单一窗口”，传统针对大宗货物的贸易管制力会被冲击和重塑，“网上自贸区”将会形成。

从协调方式上看，将会呈现多种方式并存，逐步替代的态势（图 7–9）。线下贸易链的方式能起到松散的市场协调作用，仍将长期存在。跨国旗舰企业的中心化集中协调也将在长期内继续发展。而借助互联网，众多的中小企业、消费者将实现自组织的网状协调方式。平台不仅能提供规模化的基础设施，而且还能大大降低多方协调、沟通的成本。

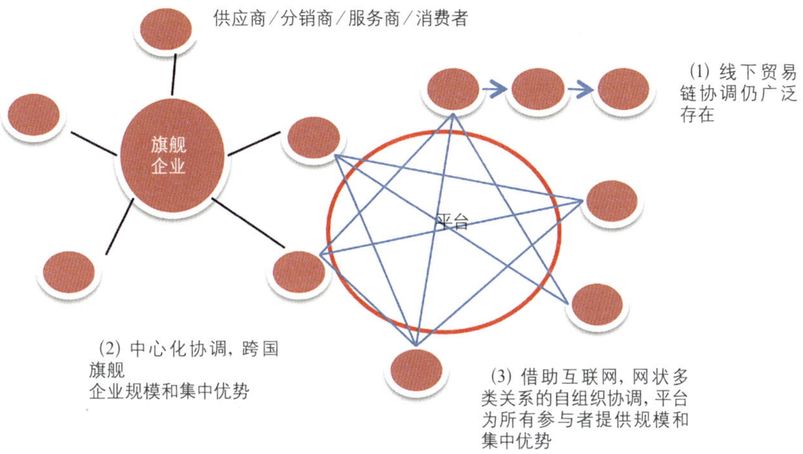

图 7-9　跨境一体的平台生态形成

四、涌现：跨境电商生态重组的趋势和新模式

（一）卖方趋势

据商务部统计，我国外贸中小企业大约为 500 万家，跨境电商平台企业已超过 5000 家，境内通过各类跨境电商平台开展跨境电子商务业务的外贸企业已超过 20 万家，有应用搜索引擎、广告、自营网站等手段的外贸企业 / 卖家的数量将会更大。

1．卖家升级：扩张、设计、品牌

从跨境电商卖家端来看，近年来扩张趋势非常明显，据 ebay 估计有超过 50% 的卖家对未来表示乐观，现在扩充现有产品品类和进入新品类的供应商都在 65% 以上[①]。据阿里巴巴国际站的调查，有超过 80% 的企业认为未来市场份额有望增加，而未来面临的挑战主要是同行业竞争、工人短缺和工人待遇水平的提高。

① ebay&paypal 跨境电子商务零售出口产业地图（2013 年 11 月）。

总体上看，卖家还有两个明显的升级趋势，一是品牌升级，二是设计升级。据阿里巴巴国际站调查，有36%的被调查供应商（样本是生产企业或工贸一体企业）选择同时向ODM和OBM升级，37%的企业选择向ODM升级，仅16%的企业主要进行工厂升级和提高生产效率。在品牌方面，据商务部调查[①]，2012年自有外贸品牌出口总额占到了全部出口额的39.7%，拥有品牌的企业大大增加、品牌竞争力不断增强。2013年广交会，品牌展区成交额已经占到了总成交额的36.35%。据阿里巴巴国际站调查（2012年），60%以上的供应商拥有注册商标，20%以上的供应商在海外有销售自有品牌的商品。在设计升级方面，据广交会方面的调查统计[②]，目前"设计促进贸易"已经成为趋势。据报道，2013年广交会促成展示、对接、论坛55场，125个设计机构参与，达成1.8万项设计意向对接，实质合作超3000项。

从以上可以看出，跨境电商的卖家会呈现进一步的扩张态势，并逐步向推出自主品牌和设计的方向升级。

2. 区域变化趋势与产业转移

目前，国内B2B供应商和B2C卖家主要分布在广东、浙江两省。尤其3C消费电子、服装类的70%—80%的货源都来自于这两个地区，集中度较高。从未来一段时间的增长趋势来看，广东仍将保持一定的增速，福建、浙江、江苏等地也将有明显增长（据Ebay和Paypal的研究显示，以及其他数据估计）。但在今后一段时间，产业转移、中西部地区的增长态势会逐渐显现。

据阿里巴巴国际站调查估计，有约30%的供应商（只含工贸一体或工厂）有产业转移（工厂迁移）意向，在部分行业有转移意向的企业更大（如服装类可能超过60%），但目前主要是在国内进行迁移。如部分企业在广东、浙江重新选择新地建厂，也有面向国

① 商务部调查统计，http://www.mofcom.gov.cn/article/ae/ai/201312/20131200437280.shtml.

② 广交会报导，http://www.cantonfair.org.cn/html/cantonfair/cn/info/2014—04/30183.shtml.

内其他地区转移（如向辽宁、广西、江西、湖南、安徽、河南等地区迁移），仅有少部分企业向越南、印尼、印度等国外地区迁移。据阿里巴巴国际站调查分析，转移的主要动因是获得充足工人、较低的劳动成本、关税优势（如国外）等，而企业不进行转移的主要考虑是新地区的工人效率以及原材料供应因素制约。

从未来趋势上看，中西部地区省市的供应商加快进入跨境电商业务的趋势已经显现。2014 年以来，阿里国际站来自湖南、河南、重庆的出口供应商数量的同比增速都较大（15% 以上）。同时，海外部分新兴国家、地区也开始承接中国的传统优势类目。据统计，越南的运动娱乐商品、建材增长很快，纺织、化工、3C 等类目也有较大的同比增长。印度的纺织、鞋类、农产品和礼品行业上升较大。

（二）买方趋势

1. 国家趋势

从总体上看，美国和欧盟仍然是跨境电子商务的主流买家市场，但金砖国家和其他发展中经济体正在迎来一次大幅增长的潮流，这些国家、地区的买家正在兴起。一是由于部分新兴发展中经济体的产业集中程度低，跨国旗舰的控制力较弱；二是新兴经济体的网络渗透率增长较快，人口红利开始显现；三是新兴经济体商家和消费者对价格的敏感度高；四是面向新兴经济体的部分配套服务开始发展，有利于完成交易。

从网民数量上，排在前十位的国家是中国、美国、印度、日本、巴西、俄罗斯、德国、印度尼西亚、英国、法国等，这些国家也是跨境电商的重要目的国。据尼尔森调查，俄罗斯的潜力主要来自 6000 万互联网用户、1500 万在线购物用户和较高的移动设备渗透率。尼尔森数据还显示，当前欧美市场仍然占据零售电商的大半市场（2012 年，欧洲 35.1%、北美地区占全球 33.1%），而亚太地区（占全球的 25.7%）、拉美地区（占全球的 4.8%）增长较有潜力。目前，除一般新兴国家以外，中东、尼日利亚、土耳其等地的买家成长性良好。

从速卖通近几年的发展可以看出，在平台建立的最初两年时间，美国的交易额都在俄罗斯之上（图 7-10）。在 2012 年中旬开始，速卖通的俄罗斯交易额增速开始加快，并逐步开始超过了美国。目前，速卖通来自美国的访问量最大，但来自俄罗斯的交易额最多。总体上看，国内主要跨境电商网站所面对的市场主要还是美国和欧洲发达国家，但俄罗斯、巴西等新兴市场的潜力已经不可忽视。

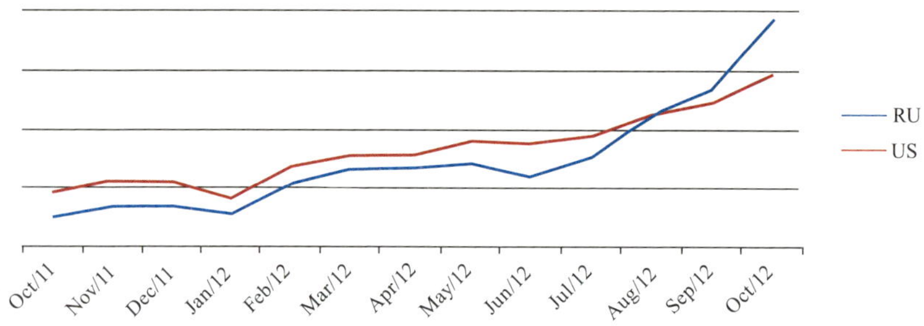

图 7-10 阿里全球速卖通对美交易额与对俄交易额的变动趋势（2011.10—2012.10）

从进口方向看，尼尔森认为，中国有超过 2 亿人未来可以适应海淘的购物方式，这部分人群是进口的巨大潜在市场。在婴儿用品、乳制品、箱包类奢侈品等领域，跨境进口都可能具有巨大的后续市场空间。

2. 买家构成和订单

随着当前各国零售电子商务的发展，B 类买家身份构成有了一定的变化，越来越呈现 B2b（小 B）的趋势。与之前相比，除贸易商、自有品牌生产商之外，创业型店主（零售店、网店）成为了跨境电子商务重要的 B 类买家：一是海外的小零售店主开始购买海外低价商品，如 4S 店店主购买海外汽摩配商品；二是网店店主类，如国外当地网站的店主，跨国采购商品以供本地销售等。据估计，在跨境 B 类交易中，目前 1 万美元以下的订单大量出现，不少订单在几千甚至几百美元。B 类跨境电商采购的高频、小单化趋势已经十分明显。据阿里巴巴国际站的市场调查，从 2010 年到 2013 年，客单价在 3000 美元以下的订单数量比重增加了约 20 个百分点。

（三）新业务模式的发展趋势

当前，跨境电商的业务正在发生进一步的深化和转型，主要分为以下几个方面的趋势：

1. 跨境 B2B 的深入发展：垂直行业、定制化和细分需求

跨境 B2B 网站未来的应用将走向不断细分和深入，不断精耕细作。一是部分网站开始在垂直行业领域不断深化，如 mfg 在机械相关行业的不断深入，并且重点聚焦定制化采购需求。阿里巴巴国际站也推出了买家主动发布采购需求 / 询价的 RFQ 业务，对行业定制化采购也提供了较大的便利。二是对需求的响应更加细分，如针对大宗贸易买家推出原厂制造商的认证和能力评估，满足部分客户对原厂采购的要求。

2. 跨境在线批发交易模式稳步提升

随着小单高频快速采购的增多，跨境小额在线交易模式的增长逐步加快。众多网站开始推出跨境小额交易的模式和服务。这种在线直接查询商品价格、下单、支付来完成现货贸易的方式，与以往的国际贸易路径有很大不同，是一种新型的 B2B 模式。敦煌网主要采用该模式，从 2006 年到 2012 年，实现了交易额从几十亿人民币到百亿人民币的突破。香港贸发局从 2012 年初开始设立小批量采购专区，2014 年 4 月开始设立在线交易小单区。跨境小额批发模式之所以兴起，除了小单化趋势、网店主群体加入之外，还由于消费者需求多样，需要商家进行多款式分批订货、实施较多的市场测试。目前，支持小额批发交易模式的支付工具和物流方案也逐步多样化、便利化。

除一般的在线批发交易外，跨境小额批发目前还有四个方面的新兴模式：一是支持网店主的 B2B2C 模式将更加支持国外 B2C 网店卖家的快速小单采购需求，打通线上服务；二是作为现货采购源，支持大企业、大采购平台的临时现货采购需求；三是品牌商、原厂的分销模式，能将品牌现货、原厂出产的大单拆分成小单交易，也

可以将小单交易汇聚为大单来订大批现货；四是提供一定的轻订制交易服务。

B2B2C 模式，尤其是涉及原厂的 M2B2C 模式，未来可能与一定的物流、营销服务相配合，目前可以看到以下两个方面的探索：一是海外仓支持模式（如出口易），如将原厂 / 品牌商大批货物先运输到海外仓储，再由零售平台网商进行网上小量进货、网上 B2C 销售、海外当地物流送达消费者的模式；二是营销服务模式，如在搜索引擎和其他网站进行品牌商品的广告营销，然后将广告链接给平台上的品牌批发 / 零售卖家。

3. 数据型业务异军突起

目前，数据在跨境贸易和跨境零售中的作用愈发重要：一方面，数据可以建立跨境信任，越来越多的 B 类交易网站开始引入国际认证数据、历史数据、海关数据等加强信任；另一方面，数据还可以增强对跨境贸易 / 零售趋势的判断，为用户提供国家、行业类目趋势信息。目前，数据型业务也可以分为这两类：一是信用体系类，提供用户信用分层的参考；二是趋势 - 预测 - 推荐类，为用户提供一定的国家、行业趋势预测，历史数据参考，以及基于数据进行一定的个性化推荐。当前提供数据服务的知名企业如 import genius，panjiva（两家主要提供海关数据等）以及 Terapeak（主要提供亚马逊和 ebay 的卖家数据分析）等。未来，海关数据、企业信息库、境内政府机构数据、电商平台数据的跨界校验、使用、挖掘将成为跨境电商的重要基础应用。各类数据的积累也为金融服务和业务闭环的形成提供了重要的依据。数据跨界应用不仅仅需要企业间充分协调，而且需要政府机构开放部分公共数据。

4. 社交网络在跨境电商中将扮演重要角色

在跨境电商领域，社交网络的作用愈发凸现，较多中国卖家将社交网络作为营销工具，吸引国外消费者或企业买家，如在 linkedin 和 Facebook 上进行营销活动。linkedin 目前拥有近 2 亿用户，拥有相当多的职业人士注册。2014 年 7 月，linkedin 收购了

B2B 营销公司 Bizo，借助 Bizo 的专业化营销方案来增强 linkedin 上的营销效果。

同时，社交网络同时还可以为卖家之间、买家之间的信息共享和行业交流提供平台（以论坛和小组形式为主，如阿里巴巴外贸圈），从而使买卖家及时获取和分享最新的行业采购和贸易资讯，并为各类衍生服务提供对接场所（如招聘、咨询、培训等）。

5. 移动端业务将不断增加

从全球范围看，欧美国家的智能手机渗透率基本上都已超过 50%，新兴市场国家的智能手机渗透率目前仍然具有增长潜力（印度在 10% 左右，俄罗斯和巴西达到 30% 以上）。据尼尔森估计，美国移动电子商务的份额（占美国全部电子商务交易额比重，主要口径是 2C 交易）从 2011 年的 9% 上升到 2012 年的 20%，美国移动支付在全球的份额达到了 1/3。据一些业内人士和咨询公司的估计，在跨境 B2C 零售和小额批发领域，移动端能带来流量的 20% 以及 10% 左右的交易额（根据 ebay 移动端发展和王树彤的大致估计）。根据移动端的特点，个性化推荐、物流 / 订单追踪、沟通社交、地点定位、照片视频拍摄等功能可能将进一步强化。随着多屏时代的到来，手机、Pad 和 PC 端的工作同步也将成为显著的趋势。

6. 跨境电商服务进一步多样化和综合化

跨境电商物流服务逐步从单一海运走向多种物流方式融合的阶段。据海关统计，2013 年船舶货运量下降 0.7%，而飞机货运量增加了 10.2%。随着跨境 B2C 零售的快速增长以及 B2B 业务的小单化，物流方式也将进一步多样。海运拼箱、快递、邮政小包等多种物流方式得到了发展。由于跨境电商的国家特性，针对不同国家的专线物流、通关服务等不断差异化和细分。

近期，海外仓储服务成了跨境电商的一项新兴物流业务。卖家可以将货物先批量运输到目的国进行仓储，再根据交易来逐单发货。据报道，ebay 的海外仓发货量已经占到其跨境电商发货的近 1/3，海外仓的库存价相比非海外仓可高出 50% 以上，但其销售转化率能比非海外仓高出3至5倍[①]。海外仓服务主要能为当地顾客提供本地化的物流、退换货和售后服务，能大大缩短交货期、有效改善当地顾客的体验。但海外仓容易受到目的国的一些政策的影响，不少物流服务企业开始采用边境仓等模式来规避。

随着跨境电商的发展，跨境物流和供应链管理也逐步开始在线化、延伸化。跨国物流/供应链在线化能实现运价可比较、货物可追踪，精准调度船运和仓储，安排合理的运输、通关衔接，最终优化物流成本、增加一站式服务水平。船运和货代/通关服务之间的关系愈发紧密，将有更深入的交叉和延伸。

跨境支付也在近期有了很大的发展。一是支付工具的多样化，未来第三方支付将会扩大份额。第三方支付提供的买家确认收货后的付款方式，能起到很好的保障效果。二是随着单证服务和支付服务结合，又产生了协同工作平台。通过协同工作/交易平台，买卖家能通过灵活的沟通方式来发送和审核各类发票、单据、贸易文档，并完成交易。此外，在跨境B2B业务中，贸易/供应链金融服务也是一个重要的服务突破口。众多贸易金融模式，如赊销、信用证贴现、授信贷款等都有新的探索。在线业务和数据积累将有利于信用体系的形成和风险控制。

今后一段时期，跨境电商服务的综合化将是一大发展趋势，"外贸综合服务"业务已经逐步兴起，即将爆发。外贸综合服务能将"通关、结汇、退税"结合起来，并提供金融和物流的增值服务。跨境电商的买卖家往往希望获得"一站式服务"来打通整个贸易流程，而不同服务间的数据互通，也有利于打通业务闭环。未来，更多的服务将形成"服务云"，支持更多的"应用端"产生价值。

7. 进口业务模式进一步规范和高效

进口业务未来将逐步走向透明、阳光和监管规范化。众多跨境电商企业和政府机构将进一步探索保税进口的通关模式、商检模式，打通全流程，解决"同批混合报关"问题，形成"一站式"和"单一窗口"服务，实现便利和高效。

---

① 来自亿邦动力的分析文章，http://www.ebrun.com/20140704/103483.shtml.

五、共演：跨境电商生态与中国进出口贸易环境

跨境电子商务的生态正在形成、爆发和发展，在生态演进中，进出口贸易环境在激发或制约着跨境电商的发展，也会不断受到塑造和突破。可以分为三个方面来分析这种共演关系：一是跨境电商对进出口贸易的贡献，二是贸易环境对跨境电商的影响，三是跨境电商未来对贸易环境的塑造和改变。

（一）跨境电商对进出口贸易的贡献

跨境电商对进出口贸易的贡献主要概括为以下四点：

第一，从渠道角度，跨境电商为中国企业出口拓宽了渠道。跨境电商平台上的多数企业都为中小微企业（如阿里巴巴平台上85%是我国东南沿海的制造业中小微企业），这些企业对出口渠道掌控力较弱，往往高度依赖于贸易公司以及跨国大采购商的订单。跨境电商平台为这些企业带来了低成本获得出口订单和拓展渠道的机会。部分企业通过平台绕过了传统中间商，直接寻找目的国的目标客户。据阿里巴巴国际站调查，2012年平台直接贡献的出口额（线上新单或线上客户的线下返单）占到平台供应商总出口额的1/10甚至更多，占到中国出口总额的1%—2%。

第二，从增收角度，跨境电商带来的出口增速高于总体出口增速。从跨境电商发展速度来说，30%的增速远高于总体出口额7%—8%的增长速度。从阿里巴巴国际站调查来看，2012年较2011年相比，网站带给中国供应商25%的出口收入增速，而同期民营企业出口增长率为21.1%。跨境电商不仅仅是线上替代线下的原有贸易，而且激发了企业买家的新单需求（更换供应商等）和海外个人消费者直接购买中国商品的需求。

第三，从平衡角度，跨境电商为降低贸易顺差、扩大进口提供了新模式。一方面，我国贸易顺差近年来仍然处于高位。2013年我国进口增长7.3%，出口则增长7.9%，贸易顺差仍达到2097.53亿

美元。另一方面，国内消费者消费海外商品的需求较大，还未得到有效释放。据估计，中国消费者对海外商品的购买在1—2年内将从1000亿美元增长到1400亿美元左右。这一部分需求的释放不可能仅仅依靠代购等模式来满足，而需要系统性的业务和监管。跨境进口模式也有利于降低国外商品在国内渠道的价位。

第四，从发展角度，跨境电商有利于形成中国的新出口竞争力来源，为中国赢得未来的贸易主导权。当前，随着劳动力成本的上升，中国制造的成本优势正在逐渐丧失。而跨境电商带来的商机拓展、成本节约可能带来新的优势。尤其是与跨境电商配套的外贸综合服务的发展，有效地响应了环节成本降低和集约化的需求，还能有效建立信用体系，最终实现用服务来支撑中国未来的出口竞争力。由于跨境电商的发展，中小微企业可以脱离跨国大企业而实现有效的跨国经营，将可能颠覆目前跨国公司主导的贸易格局。从这种意义上说，掌握跨境电商平台，将掌握未来世界贸易的部分主导权。

（二）贸易环境对跨境电商的影响

1. 国家间进出口形势和贸易关系的影响

我国与其他国家的贸易发展和贸易关系，很大程度上会对跨境电商的发展产生影响。如金融危机之后，发达国家的贸易小单化趋势明显，对跨境电商具有一定的拉动作用。当前，与美国贸易逐步复苏，与欧盟贸易出现不确定性，也反映在跨境电商平台的交易状况上。

同时，我国与俄罗斯贸易、拉美贸易仍在扩大但面临一定的风险，这对跨境电商的影响不容小视。自2000年以来，中国与拉美贸易一直保持年均增幅30%以上，2003年开始的10年里（2003—2012年）中拉贸易额增长近10倍。2013年，我国对俄罗斯的出口仍大幅增长（12.6%）。国内主要跨境电商平台上针对俄罗斯、巴西、阿根廷等地的交易十分繁荣，仍有很大空间。但这些国家/地区的监管政策常常有大幅波动，如调整税率、对报关查验规则的修改等。

另外，产业转移趋势也将影响跨境电商的发展。纺织、建材、鞋类、礼品等出口行业向东南亚或印度转移的趋势（具体产业转移的论述可以见上文的卖家趋势部分），这会对我国跨境电商的供应端产生影响。

2．监管方式和法律法规政策

贸易中的监管方式对跨境电商的发展也会产生较大的影响：

一是目前分散的监管机构会加大成本，海关、商检、税务、银行等有关机构的监管和服务分散，其效率很难满足跨境电商条件下小单快速通关和结算的需要，给中小外贸企业带来的成本较高、负担较重。

二是当前的监管模式很难适应“小而散、小而杂”的跨境电商卖家和对个人消费者的交易模式。在大宗贸易中，一批货物品类较为单一，一次报关即可完成；而在跨境电商中，对应一次报关的也许就是若干件不同类商品；很多小批量商品以快递、小包等方式运输，通关和商检覆盖的难度较大。在当前监管模式下，大量的小卖家也无法有效完成退税。

三是平台责任问题。随着外贸综合服务模式的发展，外贸综合服务企业为众多跨境电商卖家提供一站式服务。由于退税的需要，外贸综合服务企业承担了一定的货权责任，而且承担了“一托万”的违规风险。这种由服务企业承担主体责任的方式，不仅不利于发挥服务企业协助监督的责任，而且在一定程度上会纵容卖家逃避责任。在巨大海外需求的背景下，传统的市场监管制度和服务体系难以满足日益增长的消费需求。

四是进口监管的权衡。消费者的购买行为与大宗贸易进口不同，需求表现得分散而频繁。国家及海关对个人物品进口市场进行疏导和监管的主要难度在于缺乏高效低成本的管理方式。保税进口模式的监管方式目前仍在探索。同时，监管方式的改变对于海淘、代购等模式的发展具有较大的影响。

在法律法规政策层面，跨境电商现状与已有法律可能存在一定的冲突。近年来，出台了一系列有关的法律、法规和政策。由于跨境电商链条复杂、涉及多个政府职能部门，已有法律法规的精神存在不一致。多种跨境电商主体、不同模式（B2B 和 B2C、C2C，出口和进口等）、不同服务环节的要求也有很大不同。不同职能部门的已有法律法规政策也有必要进行统一的融合和调整。跨境电子商务征税的原则往往对跨境电商的影响很大，解决法律适用问题（如常设机构、居民征税、不同物流方式的征管、海外流转），才能有进一步的突破。

表 7-8　近年跨境电商相关的主要政策、法律、法规

涉及环节	政策、法律、法规
主体身份划分	《关于实施支持跨境电子商务零售出口有关政策的意见》
支付、结汇	《支付机构跨境电子商务外汇支付业务试点指导意见》
交易	《网络商品交易及有关服务行为管理暂行办法》以及《第三方电子商务交易平台服务规范》
通关、商检	《海关法》和《快件监管办法》
	《中华人民共和国海关企业分类管理办法》（署令 197 号）
	《中华人民共和国进出口商品检验法》
跨境零售出口全程	《国务院办公厅转发商务部等部门关于实施支持跨境电子商务零售出口有关政策意见的通知》（89 号文）
通关	《海关总署关于跨境贸易电子商务进出境货物、物品有关监管事宜的公告》（56 号文）

（三）未来跨境电子商务对贸易环境的改变

跨境电子商务的发展，也将对贸易的关系、监管、国际规则带来很大的改变。

第一，跨境电商将进一步稳固中国与欧美市场的贸易关系，扩大与新兴市场国家和广大发展中国家的贸易。跨境电商将中国制造的商品源源不断地输送到欧美企业和消费者手中，挖掘了新兴市场国家的网上采购和网络消费潜力。

第二，跨境电商将实现单一窗口监管，促进相关技术和数据基础设施的发展。跨境电子商务的发展，将推动明确政府监管平台的模式以及平台对交易方的责任，明确平台企业和外贸综合服务企业

的法律地位，促进形成政府、平台、企业之间的电子化、数据化监管方式，实现数据信息联通和信用体系共建，推动基于跨境电商的贸易便利化。

第三，跨境电商将促进国际新贸易规则和秩序的形成。跨境的发展将影响互联网时代的 WTO 规则，帮助中国企业取得新规则下的贸易主导权。跨境电商生态将实现“网上自贸区”。

将会有越来越多的多边框架和国际规则来解决跨境电商相关的多国海关、跨境物流、跨境支付的保障和规范问题。

专题报告八

电子商务促进农村经济和社会转型

一、经济社会转型视角下的我国农村电子商务

（一）农村经济社会转型："新农村建设"的目标与任务

我国正处于经济社会转型过程中。在我国当代语境下，简而言之，经济转型一般指的是我国经济"两个根本转变"的过程[①]；而社会转型指的是中国社会由传统社会向现代社会的转化过程。其中，经济转型是社会转型的基础，前者包含在后者之中。

必须强调指出，对于中国经济社会的现代化转型，我们的认识经历了由传统工业化向新型工业化的转变。也有研究者曾认为工业化、城镇化以及改革开放带来的市场化、国际化，成为实现中国社会现代化转型的必经之路。

然而，中国社会的现代化转型与发达国家不同，我们是在工业化任务尚未完成的情况下，便已经置身于全球信息革命的时代。如何理解信息化的历史要求，如何处理信息化与上述"四化"、特别是与工业化的关系，是我们不可回避的战略性问题。在信息革命时代，信息通信技术在中国经济社会转型中，可以也必将发挥越来越重要的作用。信息化不仅涉及手段，而且关涉目标。我国的经济社会转型不仅需要信息技术作为助力的手段，而且这一转型的目标本身也包含了信息化的要求，即不再只是由农业社会转向工业社会，而且要转向信息社会。国家业已提出"五化并举"、"两化融合"和"两化深度融合"的战略方针[②]，这是我们在当今信息化的时代，推进中国经济社会转型的必然选择。

"五化并举"、"两化融合"和"两化深度融合"，作为覆盖国家发展全局的战略任务，当然也适用于农村。不仅如此，从城镇化、工业化的某种角度上看，"五化并举"、"两化融合"更是农村经

① 两个根本转变，即资源配置方式由计划经济向社会主义市场经济转变，经济发展方式由粗放型向集约型转变。

② "五化"是指：工业化、信息化、城镇化、市场化、国际化；"两化"是指工业化和信息化。

济社会转型的任务。农村的经济社会转型是整个中国经济社会转型的基础和主体，换言之，农村经济社会转型的广度、深度和速度，影响着甚至决定着中国经济社会整体转型的状况。

2005年，中共十六届五中全会提出了加快社会主义新农村建设的战略任务，从而，也为现阶段我国农村经济社会转型制定了明确的目标与任务。这集中体现在国家新农村建设的“20字要求”，即“生产发展、生活宽裕、乡风文明、村容整洁、管理民主”，和“城市反哺农村”、城乡统筹等一系列战略部署上。毫无疑问，信息化在农村经济社会转型中应该发挥其应有的战略性的作用。

涉及“三农”的信息化，本身包含了非常丰富的内容。[①] 农村电子商务也会从多层面、多角度发挥助力农村经济社会转型的作用。虽然人们对涉农信息化、包括对涉农电子商务与农村经济社会转型之间关系的研究还有待深入，但从理论界到实践者，相关研究成果已开始出现。

（二）我国农村电子商务的发展

我国基于互联网的农村电子商务发展时间并不长。1994年12月，我国最早提出并投入建设的“金农工程”，按当时的设计，还是一种依托数据通信专线建立的、连接国内和一些国外农业信息数据库的农业综合管理和服务信息的专用网。此后，随着互联网技术和电子商务应用的发展，人们开始利用互联网开展涉农电子商务的探索，其主要标志就是在政府主导和大力推动下，一大批涉农电子商务网站从无到有地发展起来。据农业部的数据，到“十一五”末，我国农业网站达31000多家。[②]

进入21世纪，国家对解决“三农”问题更加重视，不断加大对农村、包括对农村信息化建设的资源投入力度，全社会对农村的

---

① 李广乾，《应用信息化促进新农村建设》，http://www.cnii.com.cn/20070520/ca418077.htm.

② 农业部官方网站，http://www.moa.gov.cn/ztzl/sewgh/sew/201112/t20111207_2424551.htm.

关注度也在不断提高。特别是近年，有越来越多的迹象表明，我国农村电子商务已开始进入一个新的发展阶段。其主要表现有三：

1．我国农村电子商务正在由政府主导向多元主体共同推动发展

一方面，政府各涉农主管部门仍一如既往或更加大力推动农村电子商务发展；另一方面，更多企业，包括通信运营商、电子商务平台服务商、信息技术解决方案提供商和其他非政府机构，在农村电子商务尤其是自下而上的农村电子商务发展中，正在发挥越来越明显的作用。特别是农民中的一些先行者通过开展农村电子商务，找到满足自身脱贫致富内在需求的实现途径，从而激发了越来越多的乡亲们从事农村电子商务的热情。这种由农民自发、自下而上的农村电子商务，正在与业已存在的由政府主导、自上而下的农村电子商务互补互促，形成新的发展格局。

2．原有涉农电子商务正突破长期徘徊于信息服务的状况，向交易服务深化拓展

农村电子商务交易的实现，不能仅靠信息流，而且还受到交易产品本身特性、成本、利润、批量、物流、支付等诸多因素的影响。我们在实地调研中欣喜地发现，随着一些地方农村电子商务条件逐步趋好，从事农村电子商务交易服务的探索日见增多，包括一些原来长期从事农村电子商务信息服务的主体，也开始向在线交易进军。

3．农村电子商务从原来侧重其经济意义，转向助力农村经济社会的全面转型

在世纪之村的案例中，农村信息化综合服务平台其实是从村务公开起步，后来才发展到开展电子商务的。在更多的案例中，农村电子商务不仅让农村从业者增加了收入，而且全面改善了他们的社会地位，推动当地农村社会发生了多方面的变化。

我们认为，农村电子商务进入新的发展阶段，其背后主要有如下三种驱动力联合发挥了重要作用：

一是自2005年以来国家确立并持续实施新农村建设战略，贯彻实行了“城市反哺农村”、城乡统筹发展的方针政策。在此背景下，不仅国家各涉农部门进一步加大对农村的建设性投入，而且越来越多的社会主体也开始尝试或进一步加强了在农村市场的战略部署。从而，农村电子商务的发展获得了更多的支持，特别是开展农村电子商务所需的信息基础设施、交通物流条件等进一步得到改善。

二是社会化的电子商务平台发展日趋成熟，电子商务服务业有长足进步。据阿里巴巴的数据，到2011年底，我国网购人数将近2亿，淘宝网卖家超过600万户，电子商务服务企业突破15万家，行业收入达1200亿元，支撑了超过3万亿元的电子商务交易规模。这一切，明显改善了草根农民开展电子商务的条件，为农民从事电子商务提供了便利。

三是电子商务应用从城市向农村的自然拓展。2011年，我国网民人数突破5亿[①]，网商规模突破8300万[②]，电子商务应用由城市向农村蔓延的条件日益成熟，农民中蕴藏的电子商务潜能越来越多地被激发出来。

案例 从“沙集现象”到“沙集模式”

一、“沙集现象”

“沙集现象”是为数众多的农民自发在网上开店，以电子商务增收，改变自身命运、促进当地经济社会转型的现象。它发生在苏北的贫困县睢宁县沙集镇。

以前，镇上的村民主要以务农和外出打工为主，少数留守的青壮劳力从事废旧塑料回收业。以东风村为例，全村1180户，人均土地不足一亩，而且多是盐碱地。村里的很多年轻人选择了外出打工，最多时外出打工的人数达2000人以上。

2006年，东风村的年轻人孙寒从县移动公司辞职，开起了第一家网店，从事简易拼装家具的网络销售及加工。经过短短5年，

① 见中国互联网络信息中心（CNNIC）2012年1月的统计报告。

② 见阿里巴巴研究中心2011年11月的网商发展报告。

村里的网店生意从无到有，自发性裂变式成长，网店模式被更多的村民学习、成功复制。截至 2010 年底，东风村共发展 600 户网商和 2000 余家网店。东风村的家具因为物美价廉，远销北京、上海等全国各地，甚至韩国、日本、中国香港的订单也源源不断，2010 年销售额达到 3 亿元。

沙集镇网销业依靠自组织的力量高速发展，在多个领域实现跨越：工厂规模从家庭院小作坊，到租赁几千平方米的标准化厂房。家具产品从板式简易拼装家具起步，到现在囊括实木和钢构家具，甚至能够提供个性化家具的定制服务。产品设计也经历了照抄、模仿、创新三个阶段，目前一些较大的网商已经拥有了自己的设计师，2010 年上半年，沙集镇网店注册的商标就达到了 60 余家。

沙集镇农民从事家具网销业，催生并带动了木材、物流、零配件、网商服务、电脑销售和维修等产业链上下游企业的产生和快速发展。现在，沙集镇内已经拥有家具生产厂 180 余家、物流快递企业 16 家、板材贴面厂家 6 家、家具配件门市 2 家、网店专业服务商 1 家。根据初步估算，2010 年，东风村平均每天运进 3000 张刨花板，物流企业从无到有，2010 年全年的快递费达到 3000 万元以上。

家具网销产业链还推动了电力、银行、电信等配套服务环境的发展。据我们调查，2010 年 1—9 月份，沙集镇的动力电比 2009 年同期增长 67%，主要驱动力是家具加工。东风村的农电网经过改造，已经由 2000 年的村级变压器 4 台 280 千伏安，升级到 2010 年的 27 台变压器 3390 千伏安。金融领域，农村信用社调整了贷款政策，在服务和利率上给予最大优惠。根据沙集镇邮政银行数据，从 2010 年 5 月 17 日到 10 月份，已经贷款 700 万元给当地网店；单户最大贷款额为 10 万元，5 户联保贷款额为 50 万元。

根据课题组抽样调查，沙集镇农民网销家具的平均利润率有 18% 左右，按照 2010 年 3 亿元的销售额，网商的利润总额可达到 5000 万元。没有加工厂的普通网店月均利润也可达每月 2000 元左右。就业缺口拉动了工人工资上升。如今普通木工的工资达到 90 元一天，而会设计、会使用现代化设备的木工每天能拿到 150—200 元。在网店工作的其他工人收入也水涨船高。2007 年，包装工人每天的工资是 20—25 元，已经涨到每天 30—40 元。从事网店客服工作的雇工，每月的平均工资收入也都在 1000 元以上。

农民通过开设网店，不仅提高了收入，还解决了就业和创业难题。曾经外出务工的年轻人基本都已返乡创办网店，而且村里还出现上千人的劳动力缺口。随着生意规模的扩大。农民网商除了雇用当地农民作为工人外，还雇用大批外地村民，有的甚至来自于徐州等大城市。根据项目组调查，平均每户雇用 6 个劳动力，镇上最大的网商雇工已达到 50 多人。有的网店人手不够，父母就直接为子女打工，做些简单包装和擦洗工作。过去年轻人出去打工后，村子里到处是“空巢”家庭，老人生病没人照顾、孩子上学没人接送，妇女独守空房，带来社会伦理等诸多方面的问题。而网销业的红火，吸引了众多外出打工农民和大学生返乡创业或就业。因此，沙集镇农村“留守”问题迎刃而解，家家户户合家团聚，生活快乐。

沙集镇不像其他一些发达地区，网销业是在相对发达的产业集群和特色资源基础上发展起来，而是完全由电子商务直接催生了本地的主要工业。因此，沙集网销案例具有很强的可复制性。

二、“沙集模式”

透过“沙集现象”，我们总结出“沙集模式”。沙集模式是农村经济中信息化带动产业化，产业化促进信息化的典型。具体讲，沙集模式的核心是“网络 + 公司 + 农户”。其中，农户是主体，公司是基础，网络是龙头。在“沙集模式”中，家庭经营的农户是发挥主导作用的主体，实体公司是农村产业化的基础，而电子商务平台所代表的互联网则是带动农村产业化的引领力量。沙集模式是信息化带动工业化，工业化促进信息化的现代化道路在农村的具体体现。

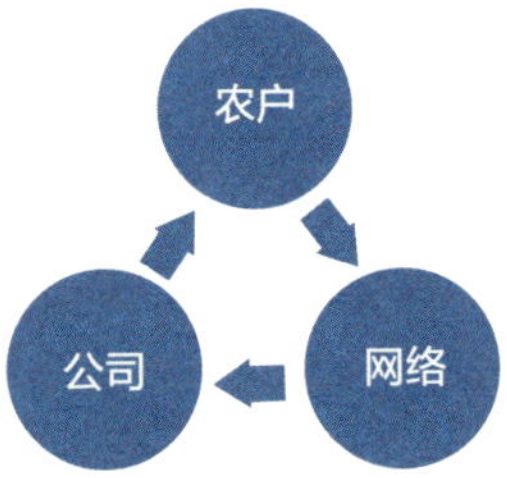

图 8-1 “沙集模式”示意图

沙集农户在自己家中，通过市场化的公共电子商务平台，可以直接去对接市场，规避信息弱势，解决信息不对称问题。并且，由于减少中间环节，产品定价更低，买卖双方互相受益。在本案例中，沙集农民就是通过电子商务平台了解买家信息，直接和全国各地的买家洽谈生意、推销产品、签订订单、进行客户服务。

“沙集模式”的主要特点体现在六个方面：一是以家庭为起步的基本单位；二是核心网商是返乡创业的农民工；三是具有自发性和自下而上的草根特征；四是信息化带动产业化；五是推动产业链和生态的建设；六是具有可复制性。

“沙集模式”直接改变了当地的产业结构，促进了农村经济转型。在从事网销业之前，废旧塑料回收加工是当地的支柱产业，东风村是名副其实的“破烂村”，村里有上百户农民从事废旧塑料回收加工业务。但是，废旧塑料回收业务面临污染环境、受宏观经济环境冲击大的问题。当塑料回收加工农户亲眼看见网络家具业的快速发展后，纷纷转型。村民比较过，从事网店生意不仅投入少、风险小，而且市场大、见效快。从 2009 年开始，东风村的网销产业已经超过了塑料产业，而且一些企业还在陆续转型。

网销使沙集农民分享到了现代科技进步所带来的商机。很多网商在从事网销业之前从没接触过电脑，在网销业的吸引下，纷纷自学成才。有的网商通过“一指禅”（一个手指打字），也能和用户在网上洽谈生意。网店雇用人员中，既有经验丰富的木工，也有刚走上社会的毛头小伙子，甚至是还有六七十岁的老人和残疾人。网店经营中，年轻人负责打理网店，老年人和残疾人同样可以从事简单的包装、打磨工作。农民们在网店生产经营中各得其所，既获得了丰厚的收入，又实现了个人的社会价值。

由于家家户户都忙着网店生意，因此村里没有闲人，农村社会面貌一新。老村支书王维科称之为“家家户户有事做，人人手里有猴牵”。几年来全村几乎没有出现过治安问题。根据派出所提供的数据，东风村自 2008 年起，治安案件数量明显减少，打架、偷盗等治安案件已经销声匿迹。镇上负责司法工作的孙主任说，2010 年前 9 个月，全镇调节村民纠纷 140 件，而东风村只有 2 件。

“沙集模式”的成功原因主要有以下几点：一是信息技术的普及和应用(基础设施建设提速，互联网快速普及、网购市场长足发展、物流和支付更加便捷、中介平台的引领作用)；二是选对了产品(市场需求大、门槛低并且生产和交易流程简单易学、适合长途配送、满足用户动手组装的乐趣)；三是有一群勤奋、开放、诚信的年轻人；四是农村特有的亲情关系和口碑传播发挥重要作用；五是当地政府的支持，政府充分肯定并高度重视、吸收网商参与相关决策、成立网络创业一条街和网络创业示范基地、解决网商资金和厂房困难。

虽然沙集家具网销业已经初具规模，但是其持续、健康发展也面临一些瓶颈问题，突出表现有：一是缺少龙头企业，项目建设生产水平整体不高，受网销政策影响大；二是存在产品同质化竞争，砸价现象时有发生、产品质量仍存隐患；三是缺乏人才，尤其是高端复合型人才；四是知识产权问题存在隐患；五是缺乏区域性战略布局；六是配套服务环境需要继续完善；七是一定程度上受到政府传统工业化观念的制约。

“沙集模式”受到了媒体、学者、政府等社会各界的广泛关注，温家宝总理亲自批示，要求“总结沙集经验”。在沙集镇当地，网销业也发生了一些可喜变化，新一届的网销协会正在酝酿成立，县政府即将建设专门的电子商务工业园，一批网商正在考虑未来的发展战略。不仅在沙集镇，周围的县市也纷纷掀起了从事网销业的热潮。

调研显示，近年，我国农村电子商务在以下方面取得了程度不同的进展：

首先，农村电子商务的能力建设取得明显进展。政府、企业和其他各类主体以及用户在信息网络设施、信息终端普及、信息资源开发、信息技术手段和应用系统建设、信息队伍建设等方面，持续不断地投入资源，包括国家采取“村村通”工程、“家电下乡”、“信息支农”等各类形式进行能力建设，明显改善了农村的信息化能力。尽管城乡数字鸿沟仍然存在，但农村信息化能力的进步，毕竟为农村电子商务的发展提供了必要的条件。

其次，涉农信息服务成绩显著。包括农产品供求和价格信息、市场预警、农业生产资料市场信息和监管信息等在内的、与农村电子商务密切相关的信息服务，在政府的大力倡导和支持下率先发展起来。其中，农业部相继建设了农业政策法规、农村经济统计、农业科技与人才、农产品价格等60多个行业数据库。① 近年，绝大多数的涉农网站开通了农业生产和农产品市场需求有关的信息发布与服务的栏目，比如，党委组织部系统建设的“农村党员干部远程教育网”，也与商务部合作开通了“新农村商网”，发布涉农商业信息。而这些涉农信息资源的开发和信息服务，对农村电子商务和线下交易，都具有积极的促进作用。

第三，涉农电子商务的在线交易有实质推进。在先行启动大宗农产品期货和现货的电子交易的基础上，近年，越来越多的涉农经营主体开始利用各种电子商务平台和渠道开展小宗交易活动。包括一些农民开始以不同方式接入某种电子商务平台，在线直接销售或促销当地的农副产品；也有农民以电子商务的方式采购所需的生产资料和生活资料，通过电子支付的方式实现交易。

第四，越来越多的农民在社会化的电子商务平台上开店创业，直接变身为网商。到2013年底在阿里平台上，注册地址在乡镇的农村卖家② 约为72万家③。他们中的成功者，为身边乡亲们利用网络脱贫致富，提供了看得见、学得会的示范，如同燎原的星火，正以点带面地吸引着更多农民投身到农村电子商务中来。

（三）农村电子商务与农村经济社会转型

农村电子商务的发展正在进入新的发展阶段。一方面，农村电子商务发展自身会出现越来越多的新气象；另一方面，它在推动农村经济社会转型方面的作用，也必将越来越多、越来越明显地表现

① 农业部官方网站，http://www.moa.gov.cn/ztzl/sewgh/sew/201112/t20111207_2424551.htm.

② 乡镇涉农卖家的统计口径是注册地址在县、旗或县级市，同时含有村、乡、镇、公所、苏木等关键字的卖家。

③《阿里农产品电子商务白皮书（2013）》，http://www.aliresearch.com/?m-cms-q-view-id-76127.html.

出来。不过，就目前现实情况看，农村电子商务与农村经济社会转型尽管客观上存在关联，但人们对此认识尚不充分，在相关政策的安排上也有值得改进之处。

加强对农村电子商务与农村经济社会转型关系的研究，探索和揭示二者间的规律，立足亿万农民追求美好生活的内在需求，调整和改进相关政策，对于以信息化助力新农村建设，加快我国农村经济社会的转型，是非常必要的。

二、农村电子商务在农村经济社会转型中的作用

调研显示，大力发展农村电子商务，不仅在提高农民收入、促进农村经济转型和“两化深度融合”上具有重大的经济意义，而且对于破解“三农”难题，推动农村社会转型，助力社会主义新农村建设目标的实现，也具有十分明显的社会价值。

当然，需要指出，农村经济社会转型是诸多因素共同作用的结果，而电子商务只是其中的一个因素。电子商务助力农村经济社会转型，在不同地方、不同案例中也有不同程度的表现，因此不能一概而论。比如，浙江义乌的青岩刘村早已不再是传统意义的农村，它的变化很难完全归为电子商务；另外，在世纪之村的案例中，电子村务/政务在推进农村社会转型中的作用，目前看起来比电子商务的作用还要明显。

案例：浙江义乌青岩刘村的电子商务发展

1.“房租经济”与刘文高

位于浙江省义乌市南郊的青岩刘村是一个只有1500人的小村子。2005年进行旧城改造时，村子里建起了200多幢5层高的新式农民房，并按照户籍给每家分配了面积可观的房屋。但同时青岩刘的村民们也失去了本就不多的土地，没有更多谋生手段的农民，只能依靠出租房屋来维持生计。当然青岩刘村在这方面有其独有的

优势，临近驰名中外的义乌日用百货批发市场，同时距义乌最大货运市场也仅有一路之隔。众多在批发市场上淘金的生意人都来到青岩刘村租住房屋，于是从2006年开始，村民们的房屋租金开始稳定下来，依靠房租经济，青岩刘的村民过着衣食无忧的生活。

2008年全球金融危机来袭，传统的批发经济受影响巨大。同时义乌日用百货批发市场为扩大规模，也另迁新址，这一切都对青岩刘村带来巨大影响。作为青岩刘村重要收入来源的房屋出现了滞租，租金一路下滑，原本悠闲的村民们开始焦急起来。如何帮助村民增加收入，带领青岩刘村完成转型，时任村支书的刘文高遇到了前所未有的挑战。

早年做过生意的刘文高，也是青岩刘村最早接触互联网的人，早在2003年，青岩刘村就通了网络，但大多村民日常上网仅以获取信息、休闲娱乐为主。为了解决自己市场摊位面积狭小，企业生产的产品无法全部展示的问题，刘文高率先给自己的企业建设了一个网站。但当时尚未有成熟的电子商务平台和网销环境，该网站一直仅限于产品展示的功能。“电子商务一定会有大爆发，只是当时还不成熟，缺少买家，没成气候，但肯定是将来发展的趋势！”刘文高一直坚持这个信念。

而今面对下滑的房租经济，刘文高开始在村里挨家走访，他发现当时村里一共有124家做淘宝网销生意的租客，在传统外贸批发受阻的大背景下，这些以内需为主要目标的淘宝客们没有受到丝毫影响，反倒是生意越发兴隆。于是刘文高就有了利用淘宝电子商务平台来改变村里的经济结构，促进青岩刘村转型的念头，通过发展电子商务，带动村民的房子出租，同时给失地村民提供就业、创业机会。

刘文高在村里成立了电子商务发展促进小组，装修了一个小办公室，隔出3间。他将当时的100多家淘宝网商集中起来，组成团队抱团发展，并请网上开店的成功卖家在当地居民和租户中无偿普及开网店创业的知识和经验。从2009年初，每个周六刘文高会召开淘宝网商们的“吹大牛”聊天会。改变了大家蜗居经营，互不了解的局面。之前各网店的经营同质化严重，在聊天后，大家开始共享货源，你进了货，我就不进了，省出资金再进别的货；之前的“宝贝”照片简陋，在聊天后，大家开始设计图片共享；同时，大家也开始分享建设网站和经营上的技术经验。

除了鼓励大家分享，刘文高还通过村里的力量去为网商们营造更好的发展环境。例如代表村里去跟电信谈判，实现了4兆光纤网络入户，无线网络全覆盖，还跟电信商定制了网商专用手机。当时在青岩刘村的各个物流公司服务水平也是参差不齐，为了获得更高利润，他们建立了价格联盟。这个时候刘文高就通过刚成立的网商协会，去和物流公司谈判，同时“逼迫”从物流商处获益的部分网商签协议，必须无条件遵守协会签署的任何协议。大家团结一心，很快就瓦解了快递公司的联盟。刘文高一直认为，完善产业链是对电子商务的最好扶持，因此他一直在着力将青岩刘村定位成一个网商孵化基地。

经过几年的努力，青岩刘村的“网商 + 房租经济”逐渐走向成熟。“一台电脑外加租间房子，就能来青岩村创业”的创业神话，吸引着来自全国各地的年轻人来到这里创业，这里就包括后来成为全球十佳网商的何洪伟和刘鹏飞。这些来自全国各地青年人在实现自己电子商务梦想的同时，也给青岩刘村民带来了可观的收入，青岩刘村的房租租金日渐攀高，30平方的地下室，月租金从3500元提高到6000元，1楼的门面房从6000—8000元翻番到13000—14000元。青岩刘村朝淘宝村的转型，给每个居民提高了3万元的年收入。

2. 打麻将与开网店

从2009年开始刮起的淘宝风，也被众多青岩刘村的村民看在眼里，通过村委会和网商协会组织的一次次分享，通过租客们日常经营的耳濡目染，通过每晚街道两旁繁忙的快递打包景象，本就对做生意高度敏感的村民也纷纷被“感化”，逐渐做起了电子商务。

“我们家里起码有10个网店掌柜。”青岩刘村村民吴月琴掰着手指头数起自家的租客。如今她自己也成了一家四钻网店的掌柜，和她的房客一样，主要卖起日用家居，“特地去上了培训班，学习电子商务。”现在，吴大姐会在网上卖东西了。电子商务与这个村子的结合，产生了奇妙的结果。

“原来年轻人就是打打麻将，玩玩游戏，但现在开始变了。”刘文高说。小庄是义乌本地人，原先特别喜欢玩网络游戏，看到身边的人开网店，他想反正都上网，他就打算一边开网店一边玩游戏。慢慢地，他整个生活因为网店而改变了，全身心地投入了网店经营，先是在青岩刘村租了个 40 平方米的仓库，随着网店壮大，他扩大店面到 350 平方米。最近，他大手笔地到青口工业园租了 3500 平方米的仓库。

一直住在青岩刘村的村民笑着说：“这里的白天静悄悄，都窝在家里做网上生意呢。”到下午 4 点多后，则会热闹起来，网店老板们把打包好的货搬出来，快递公司一家家地来收货，忙碌和热闹的景象一直要延续到晚上 9 点多。

3. 从青岩刘走向义乌 多生态网商体系形成

通过近几年的快速发展，青岩刘村集聚的网商数量已经从 2008 年的 100 多家，发展到了 2010 年的 2000 多家。网商营业额也从 2009 年的 8 个亿增加到了 2010 年的 20 多亿元，青岩刘村遂被外界冠以了“淘宝第一村”的称号。同时，网商也从青岩刘村走向了其所属的江东街道，走向了整个义乌市，目前，义乌全市淘宝集市店超过 4.5 万家，淘宝商城店超过 500 家。其中江东街道的网商数量仅占到义乌市的 37%，北苑、后宅、城西等街道快速崛起，成为网商的新兴集聚区，在整个义乌已经呈现出遍布发展的态势。

网商经营的行业也是百花齐放，逐渐突破了“日用百货”单一优势行业的局面，如今玩具、十字绣、假发、五金工具等都成为新的交易热点。如淘宝商城上共有 133 家十字绣店铺，而义乌就占 67 家，从事假发行业优势网商大多也在义乌。

青岩刘村的网商结构也发生了变化，从过去的单一的零售网商，发展出了专门为网商提供货物的混批网商，如汇齐思一家就涵盖了 1.3 万种商品、拥有 9.8 万个会员，同样万客商城和俏货批发也都走的这条路线，他们在市场和淘宝小卖家之间寻找到商机，搭起新的产业链。如今的青岩刘网商们也更加注重网络品牌建设、电子商务的渠道多元化发展、内贸外贸协调发展、批发零售兼营、线上和线下一起发展等。

电子商务服务业也在青岩刘村，以及整个义乌市快速兴起，快递、摄影、网络推广、仓储外包等电子商务服务业快速兴起，成为行业发展的新热点。现全市共有快递公司百余家，日发单过万的快递公司近 10 家。全市从事产品拍摄的网店摄影师已达上千人，部分影楼成了专业网店摄影公司。如夜行人电子商务公司开展商品摄影、图片处理、网店装修等业务，2010 年 5 月成立后，每月营业收入以 2—3 倍的速度增长。杭州等地的摄影机构也纷纷到义乌拓展业务，如杭州 F9 摄影部落的工作人员每个月都有 10 天以上的时间待在义乌。

青岩刘，这个淘宝村的村民们在探索富民强村的过程中，找到了电子商务这个全新的方式，并通过它打开了通向新商业文明的阶梯。由此，农村不再是原来意义上的农村，成为有志青年电子商务创业的孵化地；农民也不再是传统意义上的农民，更多的成为拥有新商业文明思维的商人。

尽管农村经济社会转型的原因相当复杂，然而，在上述案例中，电子商务推进农村经济社会转型中的作用依然是可以观察到的。这里，我们试从以下七个方面，讨论电子商务助力农村经济社会转型的作用。

（一）电子商务改变了农村从业者传统的社会身份

通过在网上开店持续从事电子商务经营，越来越多的村民放弃了几千年来“面向黄土背朝天”的劳动方式，改变了他们原来“日出而作、日落而息”的生活方式。他们用鼠标、键盘代替了锄头，按用户网络购物的时间调整自己的作息表，足不出户地在网上做生意，以网上订单组织生产和销售活动。从而，改变了他们传统的社会身份。比如，在沙集，越来越多的村民以家具网销、制作和其他相关活动为业，已从农民变身为网商、工人、物流服务商、客服等。在河南辉县、四川青川等地，农村网商通过相对稳定的购销关系和委托加工关系，变成了经纪人。在近年阿里巴巴组织的全球十大网商评选的入选者中就不乏此类案例，从 2009 年山西农民王小帮、到 2010 年青川返乡创业大学生赵海伶、再到 2011 年山东残疾农民孟宏伟，他们都属于农村网络营销经纪人群体的杰出代表。这个群体中的每个人都联系着一大批农户为自己供货，而他们自己则将主要精力放在了网络营销上。一些经营规模快速成长的农村网商，通过雇佣关系，变身为老板。农村网商给城里人、给知识分子发工资已不再罕见。

案例　中闽弘泰：茶山里飞出金凤凰

中闽弘泰农民专业合作社位于福建省安溪县西坪镇南岩村，当地是铁观音茶叶的主要产区，合作社负责人王大伟祖辈就是当地著名的制茶工匠。在过去，当地农民一年到头辛勤种植茶叶，每到收获季节，村民就将茶叶运到县城的批发市场，销售给本地的批发商，本地批发商再将茶叶销售到外地大型批发市场，如北京的马连道市场，销地大批发商再分销给中小批发商，然后进入零售门店，最终到达城市消费者手中。在这个交易流程中，中间环节很多，茶叶经过层层加价，最终售价已经比茶农的卖出价高了很多倍，大部分的利润被中间商攫取。

2009 年，中闽弘泰农民专业合作社开始通过电子商务的形式卖茶叶，在淘宝商城开设了中闽弘泰旗舰店，仅仅两三年的时间，中闽弘泰已经成长为淘宝网茶叶类目的领先品牌。在淘宝网首页输入“铁观音”，“茶叶”中闽弘泰无论是在品牌列表还是商品搜索结果，均排名第一位。2010 年中闽弘泰网店销售额突破 1000 万元，2011 年达到 3000 万元，2012 年 5000 万元，并先后被阿里巴巴集团评为 2011 年度农村网商特别奖、2012 年全球十佳网商。

相比销售额的变化，更大的变化在于，茶农拥有了交易的自主权。由于直接面对消费者，省去了中间环节，并且拥有自主品牌，因此中闽弘泰的利润率较以往有了大幅提升，带动了本村农民增收致富。

（二）提高了从业者和相关农户的经济收入

农村电子商务在取得实质发展的那些地方，事实上明显提高了当地参与者的收入水平。在河南辉县，农村网商通过开网店，让太行山里原来无人问津的山货卖出了好价钱，野生山楂收购价由每斤 1 元涨到 7 元，提高了山民收入；在河北清河、江苏沭阳、浙江义乌等地，农村网商开网店销售羊绒制品，做花木生意或小商品批发，通过薄利多销增收；沙集家具网销的平均利润率为 18%，其快速发展和细胞裂变式成长使当地出现招工难，一个大工的月薪可达到 6000 元。电子商务不仅让原来的贫困农户以网上创业、为网商打工脱贫，而且农民网商中涌现出了一批先富起来的老板。

（三）促进了农村经济和产业结构优化

电子商务促进了农村主导产业转型。例如，与沙集一河之隔，是宿迁的耿车镇。20 多年前，“耿车模式”闻名天下，沙集学耿车发展起基于农户的废塑回收加工业。虽然农户以此挣了钱，但对当地环境造成很大污染；今天，耿车学沙集，也在转废塑为网销，从传统工业化时代跨入信息化时代。

电子商务带动发展起一个由多元素配套构成的新的市场生态。沙集网商的产业链上包括了家具网销、生产、物流快递、原材料供应、配件购销、相关 IT 服务等；在义乌，不少村子已变得与城镇无异，青岩刘村原来人口只有 1000 多人，现在涌入上万外地人前来落户，从事网上网下的小商品经营，本地农民当起了房东。当地经济结构已经去农村化和商业中心化，电子商务在内小商品集散中心的市场生态，正是吸引外地创业者前往落户的重要原因。

（四）提高了农民组织化水平

农村电子商务的开展，有助于改善当地农民和农业生产组织化的状况。在世纪之村、娄底和吉林，以及杜千里等更多农村网商经纪人的案例中，农村电子商务的经营者们，担负着组织和汇聚农民原本分散的买卖需求的重任。他们利用不同的具体经营方式组织农民，或直接或间接地通过电子商务平台对接市场，从而改善了当地的经济结构。

1. 发展了乡镇，尤其是村级的信息点和信息员

世纪之村将自己的经营模式命名为 A2A，即区域对区域。其立意就为突破农民的分散性和低素质限制，用根植村级的加盟信息点和信息员，聚合农民分散的需求，开展涉农电子商务。调研表明，遍布村镇的原有商业、科技、文化、组织等网点，经过必要改造，可以成为发展农村电子商务的有力支点。

2. 发展了草根物流

由于自然条件和经济条件的限制，在许多农村地区，物流快递都难以深入覆盖到村。农民分散的需求，使市场化的物流快递经营者拓展其网络覆盖无利可图。“快递要到 30 里外的县城自取”，便是这些地方发展电子商务不得不面临的问题。在沙集、在杜千里等案例中，农民网商开始时为了省钱都是亲自送货到城里物流公司网点的。不过，一旦电子商务营业规模发展起来，物流快递状况便会逐步改善。在世纪之村等案例中，基于村级的信息点、信息员，则扮演了解决最后一公里问题的草根物流的角色。

3. 有助于发展农民专业合作组织

这主要是通过专业合作社和协会等方式实现的。在中闽弘泰的案例中，我们可以看到电子商务大大提升了他们专业合作社的营销、生产和管理水平。中农信达等一些电子商务公司更是专门为农民合作社开辟网上专栏、展开培训甚至搭建起农超对接、农校对接的平台；在义乌青岩刘和沙集的案例中，电子商务协会起到了组织网商、进而组织农民，支持农户特别是青年人网络创业的积极作用。

（五）助力农民返乡创业与就近就业

在我们了解的许多“自下而上式”的案例中，各地从事农村电子商务的领军人物和中坚力量，多为有较高文化、较多阅历的“农

二代”，他们或在外地接受过较高学历的教育，或有过在大城市、大企业打工的经历，或有过创业和管理的经验。当他们选择返乡通过电子商务创业并初见成效后，便引起周围乡亲们纷纷仿效，从而产生一种“滚雪球”的效应，带动更多的人返乡创业和就近就业。农村电子商务的这样一种普及效应，显然得益于农村“熟人社会”特有的有利于知识和技术传播的社会土壤。[①]

农村电子商务让更多的人返乡或留在农村发展，比如，在沙集的东风村，在有着“鸡毛换糖”传统的义乌，不仅原来外出打工者现在几乎都返乡创业和就业，而且还吸引周边村镇的农民前来就业，甚至吸引众多外地人前来落户。东风村路边的标语“出门打工东奔西跑，不如在家上网淘宝”，真实地反映出农民对进城打工和返乡开网店二者利弊权衡后的答案。东风村每家网商平均雇佣率为 6 人。而前来东风村农民网商中打工的周边农民，许多人也是通过打工来学习开网店创业的本领，然后回去开办自己的网店。这样的例子在当地比比皆是。

农民返乡创业和就近就业，带动了当地经济和社会的发展，使传统的农村显现出小城镇的雏形。其中，服务业的发展扮演了重要的角色。除了返乡人员带回新的劳动方式和生活方式，成为服务业发展的动力外，外来人口的进入和落户更是对当地服务业的发展起到直接推动作用。在此过程中，政府也发挥了积极作用。在沙集所在的江苏睢宁县，县委县政府就曾利用春节大量外出人员返乡的机会召集会议，让成功的农民网商现身说法，鼓励原来外出打工的农民留在当地开展电子商务。为了满足农民网商外聘和留住高端技术人才和管理人才的需要，当地政府已将公寓式房地产建设项目纳入电子商务园区规划之中。大量农村打工者返乡创业和就近就业，对于农村富余劳动力就地转化，对于我国探索新的城镇化道路提供了新的启发。

（六）明显改善了农民家庭生活质量和农村社会面貌

由外出打工到返乡创业的这批人，大都是农村中年龄、文化处

---

① 中国社科院信息化研究中心、阿里中心：《“沙集模式”调研报告》。

于最佳阶段的人群。他们返乡创业和就近就业，不用再背井离乡进城打工，直接给他们家庭生活质量带来明显改善。比如，沙集网商的发源地东风村有1100多户，4000多人，过去常年在外打工的有1500人，多的时候有2000多人。大量农民外出打工给当地造成“空巢家庭”、“空巢村”现象，老人没人管，孩子没人问，夫妻长期分居，带来了很多社会问题。村子里人去房空，据当地领导说，那时如果有人去世，想找4个抬棺材的青壮年都凑不全。平时村子里死气沉沉，社会治安也成问题。

现在，随着大量外出务工者返乡从事电子商务，使“空巢家庭”、“空巢村”带来的很多社会问题迎刃而解。村民家庭生活发生了巨大变化，沙集人将现在的生活归纳出“五不耽误”，即不耽误照顾老人、不耽误照看孩子等等，一家人在一起一边努力为自己的事业打拼，一边享受着天伦之乐。村镇面貌也因此焕然一新，治安状态大为改善。这不仅有利于和睦家庭、和睦乡里，而且也造福整个社会。外出打工者的回归，还为当地农村社会管理和公共事务注入了蓬勃生机。

（七）电子商务的发展提升了农民网商的素质和幸福感

农民开展电子商务，毕竟需要克服文化知识、劳动方式乃至思想方式上的限制。其诸多成功案例，纠正了人们关于农民文化水平低不适于从事电子商务的偏见，而且显示出包容性发展的特征，让越来越多的农民体会到实现人生价值的幸福感。在沙集农民网商中，不仅有朝气蓬勃见多识广的年轻一代，也有文化水平不高的农村妇女、年逾古稀的老人和残疾人。70岁的周为山不愿成为家人和社会的累赘，不久前还在经营网店，只是眼睛有疾，才离开电脑屏幕，专做线下管理工作。2010年底出席“农村电子商务暨‘沙集模式’高层研讨会”的代表去村里考察，20岁刚出头的段亮，在众多媒体记者、专家学者和高层官员的包围中，面对从县电视台到CCTV的数台摄像机，他向国家商务部的司长讲述自己的网店经营之道。腼腆的表情，自信的话语，让人动容。

山东嘉祥县的农民孟宏伟兄弟都有残疾，瘫痪的哥哥和失去一条胳膊的弟弟，在网上卖活牛羊卖出了国门，带动了当地 200 多家养殖户和上千人就业。曾轻生过的孟宏伟当选了 2011 年度全球十大网商，书写出不平凡的人生。草根农民网商创业，带给他们的不仅仅是经济收入，还有个人价值的实现、自信和尊严！

（八）农村经济社会的“转基因工程”

归结起来，农村电子商务助力农村经济社会转型的作用，改变着深层结构，体现在“细胞”，作用于“基因”。也就是说，这种助力转型的作用，已不仅限于农村经济社会活动的表层，而是如图 8-2 所示改变了深层结构，并体现在农村经济社会的“细胞”和“基因”上。

自农村实行分田到户家庭联产承包制度以来，农民一家一户分散的小生产如何对接大市场，一直存在着结构性的不足。农户要么直接对接市场，要么在“统分结合、双层经营”的“公司 + 农户”机制下，通过“公司”的中介去对接市场。以上两种农户对接市场的方式，都存在着明显的信息不对称问题，农户因其信息劣势带来经济和社会地位的弱势是明显的事实。本来“公司 + 农户”是为了解决农户直接对接市场时的困难提出来的，但在近 30 年的实践中，“公司 + 农户”的结构事实上并没有真正解决农户市场对接的问题。不仅如此，本应作为农户对接市场中介的公司，却利用自己的市场地位牵着农户的鼻子走，与农户争利，更有甚者，一些公司还在市

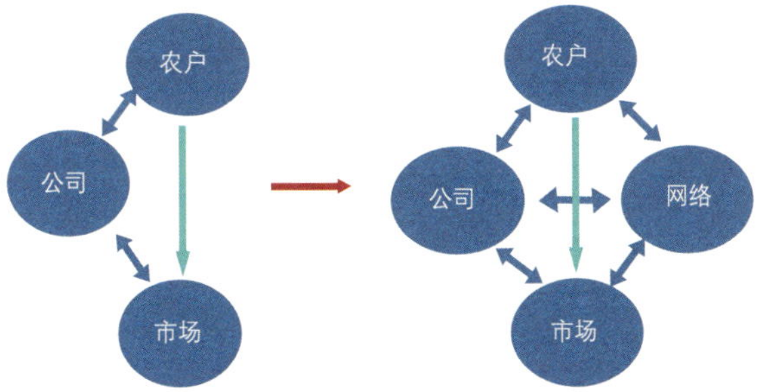

图 8-2　农村电子商务弥补了农民对接市场的结构性缺陷

场上兴风作浪，以致近年出现“蒜你狠”、“豆你玩”以及最近五常大米“卖难买贵”和“霸王订单”等现象，搞得民怨沸腾。

调研显示，“网络”的介入打破了“公司 + 农户”信息不对称的结构，为农户了解和把握市场变化、克服信息弱势，提供了一种新的可能和现实手段。他们既可以不通过传统公司的中介而直接对接大市场，也因掌握了更多的信息，在与中介公司打交道时有了更多的话语权。农村电子商务，不仅为农户带来交易半径、交易规模等方面的量变，而且更重要的是带来质变，即改变了农户对接大市场时在订单和定价上原有的权力对比格局。

电子商务的赋能，对于作为农村经济社会“细胞”的农民网商来说，已不再是一个外生的因素，不再是政府或 IT 公司推送给他们的可有可无的东西，而已经成为他们根据自己内在的需求主动选择的劳动方式和生活方式。电子商务与他们这些农村经济社会的新“细胞”已经不可分离。

电子商务的赋能影响之深，正在转变着农村经济社会发展的“基因”。它让农民网商及身边越来越多的乡亲们，收获到其祖辈从未有过的、由信息化所带来的感悟。在实地调研中，我们经常会为那些掌握了现代电子商务能力的农民网商的自信而感动。他们的感悟和自信，代表着信息时代我国农民新的发展观、资源观和价值观。其实质内容，用世纪之村潘春来董事长的话来说，就是“用智慧建设新农村”，以信息化“转变农民的收入方式”，“还农民以应有的平等与尊严”。

三、关于发展农村电子商务的政策建议

尽管我国农村电子商务正在进入新的发展阶段，并越来越显示出助力农村经济社会转型的作用，但从另一方面来看，农村电子商务在整体上仍处于发展初期，不仅地域分布极不平衡，而且其发展明显滞后于城市电子商务。目前，我国农村网民在全体网民中占比

为 26%[①]，而农村网商在全部个体网商中占比更小，仅为 10% 左右。[②] 在城乡二元结构下，要彻底克服农村尤其是边远农村长期形成的经济、社会、文化、科技、基础设施等发展滞后对电子商务的制约，绝非短期之功。这就更需要各类主体长期努力，共同推进，其中，尤其需要政府继续完善相关的制度和政策。

为此，我们主要有以下建议。

1. 确立以“两化融合”推进新农村建设的战略理念，以农村电子商务为主要的工作抓手

国家要新农村建设“20 字要求”的目标，推进农村经济社会转型，离不开信息化。要将信息化融入工业化、城镇化、现代化的目标和手段中。要通过推进农村电子商务发展“订单农业”，助力解决农民买难卖难问题，推动农村“生产发展”；鼓励农民以电子商务创业和就业，实现脱贫致富和“生活宽裕”；以电子商务推动农村产业结构转型升级，促进“村容整洁”环境优化；通过电子商务促进现代信息技术普及应用，提高农民素质，助力实现“乡风文明”和“管理民主”。

2. 继续大力缩小城乡差距，改善各类农村基础设施，将农村信息化放在更迫切、更优先的地位

除道路交通等硬件基础设施建设需继续加大力度外，要特别重视物流配送、商流组织“软”的方面，积极探索通过有效的商务模式、组织模式创新和信息化手段，克服农民需求分散性带来的困难；大力发展农村草根物流，解决“最后 / 最初一公里”问题。要高度重视近年我国城乡数字鸿沟有所拉大的现象，高度警惕当前各地“智慧城市”热进一步拉大城乡数字鸿沟的潜在危险，在务实推进城市信息化的同时，要将农村信息化放在更急迫、更优先的位置。

① 来自 CNNIC 的统计报告。
② 据淘宝网和天猫（原淘宝商城）提供的数据测算。

3. 要通过体制机制创新，整合政府相关资源和各市场主体的力量，更有效地推进农村电子商务

要进一步明确政府在农村电子商务发展中的职能定位，建议将政府资源聚焦于基础设施建设和公共服务，限制进入相关的竞争性环节；探索和总结旨在避免平台重复建设及有效发挥现有资源的“1+N”模式的经验；要将政府主导已建成的农村电子商务的体系，与广大农民脱贫致富的内在需求对接起来，与市场平台企业开展业务合作、股权合作甚至兼并重组，以市场规律实现资源配置合理化；要纠正农民科学文化素质较低难以从事电子商务的偏见，鼓励广大农民利用市场化平台开展电子商务经营；充分肯定和进一步发挥市场化电子商务平台的作用，鼓励和帮助他们进一步拓展农村市场，提升服务质量。

4. 进一步完善强农、惠农、富农的电子商务政策体系

要帮助农民和农村网商充分利用好国家和地方已有的农村电子商务政策，采取有效措施进行政策宣传，让广大农民知晓和理解这些政策；要将鼓励农村电子商务，纳入扶持农民返乡创业、大学生自主创业、乡镇下岗职工再就业、农村信贷、小微企业、农村扶贫等政策中来，破除政策落实中的人为障碍；要在农村电子商务产业生态发展、用地、融资、人才、信用体系建设等方面，继续探索新的扶持政策。

5. 改进农村电子商务的绩效考核体系

要加强和改进对政府出资兴建或支持的农村电子商务项目的绩效测评，尤其是 B2C、C2C 的项目绩效测评不能再仅以能力建设的工程指标为准，而应以农民的应用状况和经济社会效益为准。原则上，只要能够利用已有市场化平台开展电子商务的，政府就不应投资新建平台；对绩效测评结果不好的项目，也不应继续追加资金，而应督促项目责任者限期整改，提高运营绩效；对于整改无望的项目，应及早关停并转；对于以农村电子商务为名营私和造成较大损失者，应依法追究当事人的责任。

6. 着力激发农民中蕴藏的电子商务能量，加强对基层农村的调研、宣传和典型示范

农村经济社会转型真正成功的经验大多发自于草根，建议国家涉农主管部门切实加强基层农村电子商务调研，以及时发现、总结和推广基层创新经验。在“空巢村”造成的农村留守人口素质下降的情况下，要特别呵护新一代农民留在家乡创业的热情。要高度重视农村电子商务“领头羊”的示范作用，重点鼓励有上网经验的返乡大学生、务工人员和大学生村官等带头开展电子商务，鼓励引导各类电子商务专业人士到农村开展创业培训，鼓励成功的先行者现身说法，通过各种形式的宣传和农村“熟人社会”有利知识扩散的机制，促进农村电子商务尽快星火燎原。

7. 大力推动农村经济社会组织细胞和基因的转变

农村经济社会转型，根本上是作为农村经济社会最基本组织细胞的农户和农民的转型。要引导农户和农民提高自身的组织化水平和程度，提高他们及其组织的信息化意识、能力、水平和程度。建议政府主管部门以农村专业合作社、农村服务网点及机构、各类村民组织等为重点，以提高农户与农民的组织化率和信息化率为基础，纳入新农村建设的发展规划和工作部署，着力发挥农村电子商务推动农户和农民积极转变的作用。

8. 高度重视农村“两化融合”的领导力问题，扩大农村网商参与地方经济社会发展决策和公共事务管理的渠道

新农村需要新村官，新时代需要新领导。建议组织部门高度重视遴选、培养和使用农村已经、今后还会更多涌现的既有信息化能力，又熟知农村经济社会规律的优秀人才，特别要将农村“两化融合”实践中的领军人物，选拔到合适的领导岗位上来。要注意发挥农村网商这一新兴群体发展和改革需求动力足、见多识广、能力更强的特点，为他们参与地方经济社会发展决策和公共事务管理创造更好的制度化条件。

专题报告九

电子商务促进农产品流通创新

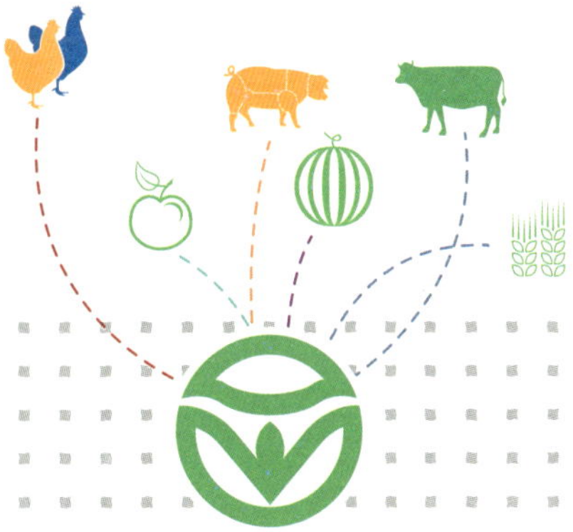

一、我国传统农产品流通模式存在的问题

（一）我国传统农产品流通模式

我国传统农产品流通的模式，大概分四种类型（见表 9-1）：

表 9-1　国内主要农产品流通模式

类别	渠道关系	商品附加值	物流半径	物流成本	组织程度	流通效率
生产者主导	中间环节少 极不稳定	低	极其有限	高	低	规模较小 效率低
零售商主导	较稳定	较高	有限	较低	较低	较高
批发市场主导	不稳定	较高	大	高	较高	低
龙头企业主导	契约约束 相对稳定	高	大	较低	产销关系 紧密	一般

1. 生产者主导的流通模式

该模式主要是在近距离的生产地市场进行销售，如农民通过集市销售农产品。这种流通模式的优点是中间环节少，农民可以直接面对消费者，收益能够及时得到兑现，但缺点是商品的附加价值没有挖掘，物流半径极其有限，单位物流的成本也很高，且还存在市场准入较为混乱，主体素质低、经营不规范，组织化程度低、竞争力较弱等问题。

2. 零售商主导的流通模式

该模式主要是零售商直接面对生产者收购，再面对消费者销售的农产品流通方式，如农超对接就是其典型的一种形式。这种流通模式有利于降低生产者的交易成本，零售商有时也会对产品进行分类、包装，甚至加工，一定程度上增加了这些农产品的附加值。但是，在这种流通方式中，生产者和零售商之间存在明显的信息不对称，农民的利益容易受到损害。

3. 批发市场主导的流通模式

这种流通模式依托于一定规模的农产品批发市场，将分散的农产品集中到批发市场上，由批发商收购，再通过零售商销售。在这种方式中，农产品的物流半径明显扩大，单位物流成本也有所降低。这些都有利于农产品的区域专业化生产，目前是我国农产品流通中的重要方式。

4. 龙头企业主导的流通模式

这种流通模式一般是由各地龙头企业依据合同收购分散农户的产品，经过加工包装后再配送给零售商销售。龙头企业对初级产品进行的加工、包装、保险等作业，明显提高了农产品的附加值。在这种模式中，农户与企业之间建立了紧密的产销关系，产销一体化经营得以实现。但是农户与龙头企业双方契约约束很脆弱，农民往往处在不利位置。[①]

整体来讲，我国传统的农产品流通模式呈现出“权力不平衡性”和“结构不对称性”，渠道权力严重向批发商、龙头企业等倾斜，农户谈判能力弱，利益得不到保障，渠道结构呈现出“两端小中间大”的不对称性，农户和零售终端规模小，中间流通环节纷杂，造成流通不畅，效率低下。

（二）我国传统农产品流通模式存在的问题

我国农产品流通成本居高不下，影响因素很多。其中，有些因素是由流通环节自身特点造成的，难以调整改变，例如前面讲的产销区分离、流通环节多等因素；有些因素则是外部因素造成的，应该而且可以得到消除，例如税费过高、流通设施落后等因素。归结起来有如下三方面问题较为突出：

---

① 洪涛，《中国改革开放与贸易发展道路》。

1. 农产品流通环节烦琐，流通效率低下

我国目前大部分的农产品都是经由经纪人—产地批发商—销地批发商—零售商的模式到达消费者手中，烦琐的环节使得农产品的流通成本逐级增加。以 1 斤苹果为例，它从果农手中 6 角钱卖出，但经过经纪人、果商、批发商、零售商等若干环节，最后到达消费者手中时，已经达到了 5 元钱（见图 9-1）。

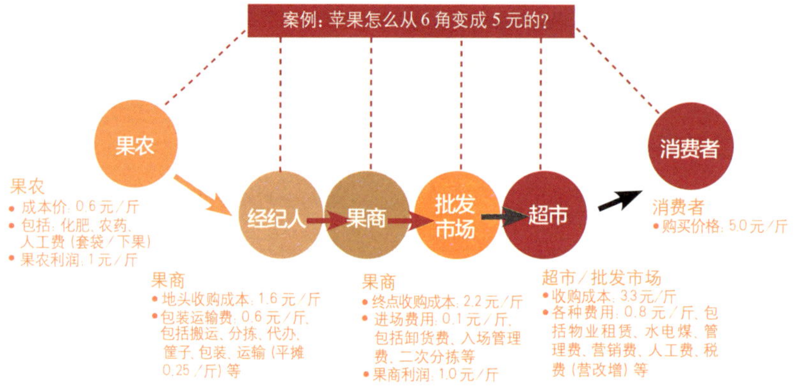

图 9-1　苹果怎么从 6 角变成 5 元的?

流通环节的烦琐也导致农产品流通领域损耗严重，我国肉类、水产品、果蔬的流通腐损率分别为 12%、15%、30%，仅果蔬一类每年损失就超过 1000 亿元，蔬菜的流通成本占总成本的比重达到 54%，我国蔬菜在流通环节的成本是世界平均水平的 2—3 倍。[①]

2. 农产品流通主体处于弱势或被动地位

从流通主体看，我国加入专业合作组织的农户在 10% 左右，而美国这一比例在 90% 以上，日本 99% 的农户都加入农协[②]，因此我国农产品流通的起始端还主要停留在个体农户。他们分散从事农业生产，缺乏组织，谈判地位弱，且很少与购买方建立稳定的供销关系，

① 我国鲜活农产品流通的特点及存在的问题 . http://wenku.baidu.com/view/e1740759804d2b160b4ec066.html.

② 中外农产品流通模式比较研究及启示 . http://www.docin.com/p-374512316.html.

形成真正利益共同体的更少。农民不可能充分掌握整个农产品流通市场的信息，不可能对价格的走势有明确的判断，往往只能被动接受运销商提出的价格，使得农产品流通中的风险大多数转嫁到农民身上。

同样在传统农产品流通的另一端，由于信息不对称，消费者对于商品的生产信息、流通信息知之甚少，更没有渠道和生产者进行交流，甚至消费者之间的交流也不便利，只能被动依赖中间商披露的信息。一旦发生食品安全事件，不能做到追溯，甚至还会出现以讹传讹，发生恐慌事件。

3. 农产品流通服务设施与体系落后或缺乏

农产品作为有生命的商品，它在流通的各个环节中都有其特殊性和专业性，必须依靠专业的服务体系及配套的服务设施才能使其高效运行。

从流通载体看，我国批发市场中大部分市场没有信息服务，仅有 17% 配有磁卡通信设备，21% 建有电子屏幕，34% 建有网络信息中心。批发市场的价格形成功能较差，市场公开竞价机制较落后。

从流通方式看，订单农业、连锁经营等现代流通方式发展滞后，农产品超市销售比例不足 10%，而日本这一比例达到了 75%，美国约 95%。

从流通设施看，肉类、水产品、果蔬冷链流通率分别只有 15%、23% 和 5%，而欧美发达国家鲜活农产品冷链流通率在 95% 以上。

从交易方式看，我国农产品最重要流通方式是批发市场主导的方式，主要采用“一对一”的现货交易，而美国采用拍卖、订单的交易方式，日本则主要采用拍卖的方式。

上述问题的背后，反映出的是我国农产品流通中广泛存在的小生产与大市场之间的矛盾，也是迅速提高的消费者需求与落后的服务支撑体系之间的矛盾，但更深层次的原因则是农产品特殊属性与我们 60 年来建立的工业化流通体系之间的不协调，我们一直希望改造农产品以期能适应规模化标准化的流通体系，而没有考虑是否可以创新我们的流通体系以适应农产品的特殊属性。信息经济的到来，以电子商务为代表的新型流通模式，为我们实现这一转变提供了可能。

二、新型农产品流通模式的主要创新

近二十年间，信息技术和互联网飞速发展，互联网延伸到实体经济并与之融合形成信息生产力，驱动全球经济新一轮的大发展、大变革。从农业生产力到工业生产力，再到信息生产力，每一次生产力的升级和变革都会引起经济和社会发生质的飞跃。农业社会创制人力工具，扩展人的体质功能；工业社会制造动力工具（如发明蒸汽机），超越人类体力极限；信息社会制造智能工具（如发明电子计算机），超越人类智力极限。因此，人类社会的演化是通过科技发展不断拓展自身体力和智力极限，从而提升生产力，进而形成与生产力相适应的生产关系，充分发挥个人与社会能量，推进经济、社会和文明发展的进程。

在信息经济蓬勃发展的大背景下，农产品的流通模式也在发生嬗变，以电子商务为主要形式的新型流通模式快速崛起，在流通的三个组成部分（主体、客体、载体）、四个基本要素（商流、物流、资金流、信息流）、组织方式和管理方式，以及对上下游产业的影响等几个方面都展示出了创新和变化。

（一）流通主体获得全面赋能，流通业态得到重新整合

在信息经济下，农产品流通的各类主体（包括生产者、经纪人、批发商、服务商、零售商、消费者等）均获得了全面赋能，应对以电子商务为主要形式的新型农产品流通模式的能力得到显著提高，整个农产品流通业态也正在重新整合。主要表现在下面几个方面：

1. 各类生产者积极变身，直接对接电子商务平台

作为农产品流通渠道的发端，生产者涵盖了农户、农业专业合作社、各类农场、种养殖基地等，在传统的流通渠道中，他们没有更多的话语权和议价能力，一直作为弱势环节而存在，即使大型农

场（如黑龙江农垦等）也是如此。在日本或韩国，由于农协的存在，这个状况稍有改观。信息经济的赋能使得生产者可以利用电子商务平台直接与消费者进行交易，从而改变了整个格局。

在近几年的涉农电子商务调研中，我们看到农民们正踊跃变身网商，将自家的农产品，或者收购来其他农户的农产品，去进行网络销售。他们已经从单一的生产者变为了“生产者 + 经纪人 + 批发商或零售商”。与传统他们在集市上售卖相比，他们面对的市场更大，议价能力也更强。如山西农民王小帮从 2006 年开始通过淘宝销售杂粮，2012 年完成销售额 450 万元。

农民专业合作社拥有更大的生产和组织能力，变身网商后，显示的力量更加强大。如福建省安溪县的中闽弘泰茶叶合作社 2009 年开始在淘宝上销售铁观音茶叶，2012 年销售金额达到了 5000 万元；山东省夏津县新民志远薯类蔬菜合作社则通过 B2B 平台，将红薯苗做成了大生意，卖到了全国及世界各地。

还有一类专业合作社或传统农产品加工企业，自己没有直接做网商，而是通过对接服务商的分销平台，也融入了电子商务大市场，从而使产业得到发展。典型案例如遂昌县绿都竹笋产销合作社。

案例　遂昌县绿都竹笋产销合作社

遂昌县绿都竹笋产销合作社（遂昌县羽峰食品厂）创立于 2006 年，是浙江省百强农民专业合作社。目前共有 130 多户农民参与，涵盖 2000 多亩竹林。合作社成立初期，以竹笋出口为主，受制于外商和外贸公司，定价权也不在自己手上，产品利润很低。2008 年国际金融危机爆发，出口受阻，生存状况更加恶化，遂昌当时有 13 家做出口的竹笋工厂，现在大多已经倒闭。

2011 年签约成为遂昌网店协会的供应商之后，绿都竹笋产销合作社对产品规格进行了重新规划，使之适合网购。2012 年，合作社年销售额 500 万元，其中电子商务部分接近 300 万元。未来合作社准备加大电子商务投入，筹建天猫店。传统的农产品生产小企业找到了新的腾飞翅膀。

2. 传统经纪人被动应变，在新型农产品流通模式中寻找机会

农产品经纪人在我国农产品流通体制从计划经济向市场经济转型过程中发挥过巨大作用，但是随着新世纪的到来，传统流通模式下的经纪人队伍也面临着素质参差不齐、营销水平不高、经营理念落伍等缺点，农产品经济人越来越被边缘化，信息经济的到来则给了他们新的机会。

陕西武功县水果经纪人魏引全，在 2012 年聚划算为解决当地苹果滞销的“聚果行动”中，负责从农户那里的按标准收果、分级和包装，尽管还是如常的收果和分拣，但是标准却是按照网销的标准。在新型流通方式中老魏找到了自身价值，“聚果行动”用 3 天时间将 80 吨滞销苹果销售一空。

3. 传统批发商主动求变，投身电子商务释放巨大力量

传统渠道的批发商（或渠道商）对市场上的变化高度敏感，信息经济的大潮对他们自然是首当其冲。同时他们又熟悉并掌握着农产品流通链条上最多的资源，一旦投身电子商务，将会释放出巨大的能量。

新发地批发市场的批发商缪玉东，近些年来尝试从线下做到线上，从 B2B 做到天猫，甚至小区实体店与体验式农场 O2O 方式，完成其在新型流通渠道中的布局。寿光种子批发商们，2008 年以来开始利用淘宝做生意，到目前接近有一半批发商已经触电上网，较好的交易额已经超过线下，最大的甚至搬出了市场，专职做网销。

4. 传统服务商谋求转型，农产品电子商务服务体系显露雏形

由于农产品流通的特殊性，行业里自古就存在出一支庞大的服务大军，从仓储到运输，从市场到配送。信息经济下，原有的服务体系开始重新整合，新生服务出现，新生力量也开始加入进来。

在浙江遂昌出现了“本地化电子商务综合服务商”，它为当地网商提供培训服务，帮助他们成长；它打通专业合作社与草根网商，使更多更好的农产品可以对接到电子商务大市场。同时一些传统的

服务商也开始转型，一些新型的服务项目开始出现，如随着大数据的普及，在美国就出现了天气意外保险服务商、农场云端管理服务商、土壤抽样分析服务商等[①]，同样在仓储、运输等领域，服务提供者也越来越专业化。

从图书批发市场的衰败，到电子批发市场的凋零，直至服装批发市场的求变，信息经济正在改变着一个又一个行业，传统农产品批发市场的未来似乎已经注定要发生激变。新发地农产品批发市场已开始搭建自己的电商平台，希望在新的流通模式中找到自己的位置。

案例：一个批发商的转型

于立江，山东烟台牟平果品公司副总经理。该公司下辖 40 多个合作社，年产 8000 多吨苹果。但随着连年苹果生产过剩以及近些年出口的受阻，利润持续下滑。果品贸易已经不太好维持。

如今电子商务的兴起使得于立江看到了转型的机会，今年他考虑利用自己的 8000 吨冷库专职为果农或淘宝卖家提供仓储服务，从批发服务商变身为仓储服务商。

5. 各类零售商积极探索，新型农产品流通方式百花齐放

零售商作为流通渠道的后端，最能感觉到信息经济下消费者的变化，他们的反应也最及时，各种新型的销售形式已经在零售领域实践和推广。

全食超市 (Whole Foods Market) 是美国零售业一道风景。随着沃尔玛超级购物中心等折扣连锁店的崛起，生鲜市场竞争空前激烈，但全食超市两位数的销售增长率远远超过了竞争对手。不做广告宣传，完全依靠顾客的口碑，则是全食商店成功的一个秘诀。同样国内农产品的零售终端也在悄然发生变化，近两年在京沪等地出现的农夫市集、生鲜宅配，都在对新型流通方式进行着探索。

① 大数据吹响智慧农业的号角 . http://www.china-cloud.com/yunzixun/yunjisuanxinwen/20130807_21011.html.

案例：沃尔玛的生鲜配送业务

沃尔玛 2013 年 5 月在深圳和广州的山姆会员网上商店推出了生鲜冷冻冷藏配送，并能实现当日达。商品将从山姆会员商店提货，第三方物流负责配送。未来，该模式还将在上海、杭州和苏州等地复制。

6. 消费者由被动变主动，在新型流通格局逐渐成为主导力量

迅速崛起的信息经济改变了人们生活的方方面面，消费者的收入水平、消费习惯发生了巨大变化。我国农产品消费结构正从传统的粮食、肉食、果蔬消费的 8 : 1 : 1 向 4 : 3 : 3 快速转变，鲜瓜果、蛋、奶和水产等农产品的市场需求潜力将进一步释放；同时，世界范围内的健康生活理念深入人心，农产品消费越来越注重安全和品质，消费者个性化的需求开始彰显，这些都反过来对流通方式产生影响。

互联网、移动互联、社交网络使消费者从孤陋寡闻变得见多识广，从分散孤立到相互连接、从消极被动到积极参与，最终扭转了产消格局，占据了主导地位，不断参与各个商业环节中。

以农产品作为生产资料的各类农产品加工企业，面对瞬息变换的市场，他们对原材料的要求则更加体现出“短平快”的特点，组织生产时也更加柔性化。

（二）新农人的崛起，农产品多元化流通主体增添生力军

随着信息经济时代的到来，一类新的群体正在成为农产品流通多元化主体中的一支生力军，这个群体就是“新农人”群体。

可以用三个“新”来认识和定义新农人，即农民的新群体、农业的新业态和农村的新细胞。“农民的新群体”，是说新农人是现今农民中的一个新兴群体，他们从事农产品的生产经营活动并以此为业；“农业的新业态”，是指他们在自己所从事的生产经营活动中，采用了明显区别于传统的农产品生产经营方式，对新的生产经营方式，他们并非偶尔为之，而是使之成为新的业态；“农村的新细胞”，是指他们以农村为自己生产、生活的主要场所，从而事实上成为农村社会经济“肌体”的新“细胞”。

新农人的构成是多样化的。其中，有本地农村人口，有外出一段时间的返乡者，也有大量的外来者，他们或来自外乡，或来自城市，其中较多的人具有其他职业背景，尤其包括了一批新知青。新农人从事农产品生产经营活动，主要依托种养大户、家庭农场、专业合作社、企业、协会等为组织载体。

新农人的主要行为特点如下：他们一是重信息，尤其关注自己周围的环境；二是重资源，较之其他农人群体，他们更加善用外部资源；三是重互利，他们明白以分享得收获的道理，更愿意开放共享资源；四是重创新，新农人在今天传统依然强大的环境下，走一条与旧农人不同的道路，只能摸索前行。

（三）流通客体中非标准农产品与电子商务拥有更强的契合性

农产品流通的客体包括有形商品、无形商品和要素商品，本课题将主要探讨有形农产品在信息经济下的革新。

从标准化程度上看，关系国计民生的大宗农产品[①]，大多已经形成了规模化的生产和自身的标准体系，它们与工业化的流通体系相适应，并借之走入生产与生活消费当中，在欧美发达国家如此，在中国也是这样。而另一类特色农产品则大多仍以非标准的状态存在，这类产品的卖难、买好难却是时常发生。

在信息经济下，两类农产品都在积极求变，以创新的方式探索着新型流通方式。标准化 / 大宗农产品更多表现在效率的提升，依托商流、物流、信息流、资金流的革新，大大提高了流通的效率。在大宗农产品流通方面，一些平台努力进行着流通模式的探索，如广西糖网、中农网等。

非标准 / 特色农产品则爆发出了更强的契合性，在新型流通模式中，建立了一套适应非标农产品的品牌和标准体系。由于在工业

① 大宗农产品系指生产量、消费量、贸易量、运输量等较大的关系国计民生的农产品。也可指在农业经济结构中占有较大权重，但并无明显优势的农产品。http://baike.baidu.com/view/2957609.htm.

化的流通体系中，大部分非标类的农产品都没有固定的标准，更无法建立相应的品牌，因此，他们很难找到自己适应的节奏和位置。但是在新型的流通模式中，草根的网商和服务商正在用自己的努力建立着适应新型流通方式的标准，而这样的标准又恰恰被新型的流通方式所接纳。

同样，在新型的农产品流通体系中，地域因素也可以成为品牌，如淘宝网特色中国遂昌馆，“遂昌”就是当地农产品的品牌，这个品牌涵盖了农业生产资料中最核心的土壤、空气、肥料和水源。同样生产者也可以作为品牌，如“盛叔家的白茶”盛叔就成为了茶叶的品牌，他的制茶工艺，他的认真诚恳，都成为消费者愿意埋单的原因。

非标农产品中，土特农产品和生鲜农产品是两个比较引人关注的类目，这两个分类在新型的流通渠道中，都得到了很好的实践。

在土特农产品方面，淘宝特色中国项目自 2012 年建立起近 20 个地方土特产专业市场，叫好又叫座。以贵州馆为例，在 2012 年 8 月 22 日的开馆活动中，当日共成交 3000 万元，比日常增长了 60 倍，其中茶叶售出 1.5 万份，薏米售出 1 万袋，野生核桃售出 1 万斤，蕨根粉售出 2 万包，土豆片售出 24 万包，贵州名酒售出 4 万瓶。

在生鲜农产品方面，除了草根网商依托淘宝等社会化平台进行的尝试实践外，近几年在一些中心城市也出现了很多专业做生鲜的 B2C 独立网站，如沱沱工社，2009 年成立，专注有机农业。生产与采购相结合，2012 年销售额做到 5000 万元；再如上海的菜管家，2010—2012 年销售额从 1200 万元增长到 5000 万元，客户数量从 1.8 万增加到 10 万。

（四）技术革新带来各类流通载体的日新月异

随着互联网基础设施的普及，云计算、物联网、移动互联网的兴起，农产品流通中的载体已经发生了巨大变革，从生产到物流，从零售到消费，都在发生着变化。

首先，物联网技术的普及，已经开始被广泛用到农业生产当中，使得生产与流通不再割裂，消费者透明溯源成为可能。

生产端上，农产品的组织在信息手段下更高效。即使是零散的农产品也能通过信息工具快速地发布到网商。如福建省南安市兰田村的村民，可以通过世纪之村平台，自主或通过便民服务点将产品发布上网。

信息化物流网络的建设，使得社会闲置的交通运力融入农产品物流体系成为可能。如云南城际班车的利用。

基于互联网的分销体系，不再需要更多的实体门店或市场，社区体验店、便利店提货点发展得越来越普及。

网店的形式也在更新，不再仅仅依靠电脑，地铁站的一张广告牌，或者一段二维码，都可使完成消费。

宅配的兴起也使得相关配套设施开始在小区出现，如生鲜冷藏箱，商品入箱后，会有二维码发给消费者，凭码开箱。

消费者的电脑或手机都可能成为信息流载体，客户跟踪服务成为可能，消费者评价又使得口碑传播成为新的营销方式。

（五）农产品流通中商流、物流、资金流与信息流的革新

信息经济除了给农产品流通的三个组成部分主体、客体和载体带来变化外，对于流通的四个要素也带来了全面的革新。

1. 信息流变成双向即时、网状连接与推拉互动

信息经济为流通载体带来了日新月异的变化，依附于一定载体之上的信息流也随之发生了全面的革新。主要表现在下面几点：

双向即时：过往被动的信息接受者，如今有条件去主动寻找信息，甚至开始生产信息；信息接收者可以和发送者进行即时的沟通和交流；信息发送者和接收者的界限变得模糊而具有同一性；

网状连接：如图 9-2，传统流通模式中链状的信息传播方式变成网状，原来不直接发生联系的主体，比如消费者和服务商也形成互动，甚至消费者之间的互动也直接影响到流通的发生；

推拉互动：新型模式下，信息接收者参与到信息的生产过程之

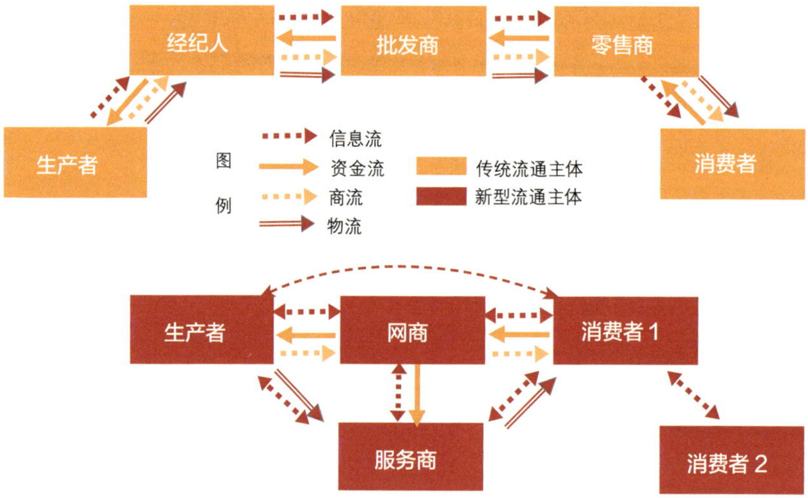

图 9-2　传统流通渠道与信息经济下的四流对比

中，能够随意选择时间、地点来接受信息。个性化的信息需求能够得到有效满足，而且还可以为接收者定制信息；

多媒体传播：既可传播文字、图形，又可传播声音、影像等。

案例“舌尖上的淘宝”

2012 年一部纪录片通过“荧屏 - 社交网络 - 淘宝网”的途径爆红。开播后 5 天，584 万多人上淘宝找零食特产，搜索次数达 471 万次，有 2005 万人浏览过相关美食页面，成交 729 余万件。食品类购买高峰，也逐渐从此前的 11 时和 16 至 17 时，向 22 至 24 时转移。

2. 资金流更加安全便捷，电子与无线方式逐渐普及

资金流的革新表现在下面几点：

电子支付：以计算机和通信技术为基础；集储蓄、信贷和非现金结算等多种功能为一体；使用安全、简便、迅速、可靠；通过网络进行；

电子现金：更方便、更有效；成本更低廉；交易成本与交易距离无关；人人都可以使用；不需要特殊认证；如比特币、莱特币；

手段上的创新：快捷支付、信用支付、扫码支付、声波支付等，让用户体验更好、更方便，如支付宝钱包、微信支付等；基于供应链和数据的阿里小贷产品，坏账率只有 0.9%，这在传统金融通道中是无法完成的。

3. 商流与物流实现分离，跨境逐渐成为趋势

在新型的流通模式下，商流与物流实现了分离，从而大大提高了社会效率。

线上线下的商流开始融合，在农产品流通的链条中，消费者之前的商流部分都可以在线上完成，最后消费者在线下得到兑付。

同时，跨境的农产品交易越来越普遍，美国的大樱桃、泰国的榴梿、阿拉斯加的鳕鱼通过天猫预售平台，很方便地走上国内消费者的餐桌。

案例　内蒙古土豆绕道山东进北京

国内最大的土豆产区内蒙古乌兰察布旗距北京不到 400 公里，但这里的大批土豆进京，需绕到 800 多公里外的山东寿光市，然后再“旅行”约 500 公里进京。外地蔬菜进京为何舍近求远？“集散地，能配菜，走货快。”来自内蒙古的小韩说，一车土豆直接进京，十天半月卖不完，成本高。寿光市场菜品多、买家多，一车土豆两三天卖完，返程配上其他高价菜运到北京卖，才有账可算。

新型流通模式下，商流与物流的分离，使得这种奔波的旅行不再出现。

4. 物流实现信息化、网络化与柔性化

物流作为四流中最为特殊的一种，其发生的革新也更加显著，除了因为载体进步所带来的自动化和智能化外，农产品物流的革新还主要体现在下面几点：

信息化：物流节点普遍实行信息化管理，信息流在物流过程中起引导和整合作用；网络化：一是物流配送系统的计算机通信网络，包括物流配送中心与零售商或生产者的联系要通过计算机网络，另

外与消费者之间的联系也要通过计算机网络通信；柔性化：根据消费需求“多品种、小批量、多批次、短周期”的特色，灵活组织和实施物流作业，提高物流动态调配能力。

新型农产品流通模式下，过往缺失的生鲜物流的标准，已经在草根网商和服务商的实践中，被重新创造。消费者在物流中的体验也被更加注重，如天猫物流在冷链运输中计划全程将温度展示给消费者。同时物流的革新，也使得它可以轻松应对瞬时爆发的海量业务，如每年的“双十一”购物节。

案例 菜鸟的“ 段式配送”

农产品（生鲜）电子商务，冷链是永远无法回避的问题，不仅仅需要建库房，同时还必须要有冷藏 + 冷冻的混合配送车辆，冷藏周转箱及恒温设备，以及末端宅配冷藏配送工具，否则再好的商品，送到客户那里都会成问题商品。目前在我国具备食品运输资质和冷链运输的物流企业中，大部分都没有能力去做“最后 1 公里”的配送，反之也是如此。菜鸟通过整合全国冷链物流的模式，集合了冷链公路货运、冷链中转中心、城市冷链配送公司，落地配公司等多种物流资源，形成新型“二段式配送”物流模式。

该模式解决了生鲜电商跨区销售难，生鲜电商商品保鲜难的问题，而且有效地控制了成本，成功支撑了美国车厘子、阿拉斯加海鲜的全球跨境电商 C2B 的冷链服务，帮助了商家和频道拓展，并为“双十一”“双十二”保驾护航，为 12 月菜鸟全面推动冷链物流平台奠定了基础。

（六）组织方式与制度的革新，农产品流通链条得到重新整合

信息经济也带来了农产品流通领域组织方式的变化，可以看到下面几点：

1. 流通主体不断向生产领域延伸，与合作社、生产基地等建立了稳定的产销关系。从图 9-3 我们看到，新型流通方式下的主体，

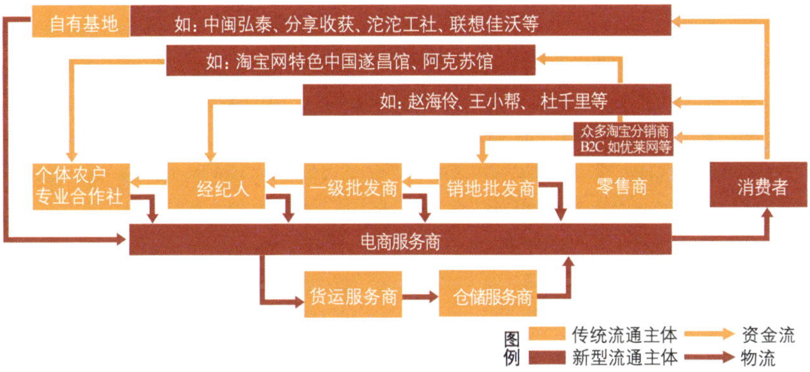

图 9-3　信息经济下，新型流通主体的整合与延伸

最初大多是从批发市场进货售卖的，如早期的优菜网。随着更多主体的加入，更多产地的流通主体开始向经纪人或农户、合作社直接拿到货源，如淘宝网商赵海伶、王小帮等；再后来一些拥有更多资源的主体也加入进来，他们开始掌握或控制生产基地，如分享收获、沱沱工社、联想佳沃等。这些由流通主体向生产领域延伸，与生产主体建立的稳定产销关系，为接下来引导和发展订单农业打下了基础。

2. 生产经营主体被电子商务赋能，也在努力向流通领域延伸。在新型流通模式下，通过信息化工具，生产经营主体得以直接面对消费者，从而获得了更强的议价能力。如福建省安溪县中闽弘泰茶叶合作社，通过淘宝网线上销售茶叶，从 2010 年到 2012 年，销售额实现了从 1000 万元到 5000 万元的跨越式递增。

流通主体与生产主体在农产品流通上下端的不断延伸，使得流通的链条变得更加高效，成本更节约。

3. 地域的界限被打破，农产品流通企业的组织形式完成升级。互联网的出现使得流通企业的跨地区兼并重组和投资合作更加便利，成本大大降低。如联想集团进军农业，旗下的佳沃在过去一年中，先后并购了青岛沃林蓝莓果业有限公司、四川中新农业科技有限公司以及智利的五家种植公司，已经成为国内最大的蓝莓全产业链企业和最大的猕猴桃种植企业。同时，佳沃还与智利水果企业 Subsole 公司、澳洲果蔬公司 Perfection Fresh 结成战略合作伙伴关系，从而初步完成了跨越南北半球的全球化业务布局。

同样基于互联网的分销体系，也在淘宝网上开花结果，如新疆阿克苏政府在全国招募分销商，建立线上果品销售体系。在这种分销体系中，物流与商流完全分离，分销商可以只负责商流、信息流，而物流则完全可以由分包商统一完成。

4. 自上而下体系与自下而上体系的融合。新中国成立后建立起来的农产品流通体系，实质上是一套由国家主导的自上而下的体系，如供销社体制系统，尽管在市场经济体制确立以后，越来越多的社会资本融入当中，但在意识上，工作方法上都还保留着自上而下的特色。信息经济提供的新型的流通模式中，我们看到了一套完全不同于以往的组织方式，越来越多的草根群体通过社会化的交易平台，或者社会资源通过自己搭建的平台，加入到农产品流通的体系当中，他们与传统体制进行竞争、交融，因此我们就看到了自上而下的体制与自下而上两种组织方式在信息经济下得到了进一步的融合。

（七）大数据带来管理方式的变革，标准和品牌概念得到创新

信息经济下的新型农产品流通方式，在管理方式上也发生了革新。

1. 信息网络与大数据

四流革新使得农产品信息网络的健全和完善成为可能，农产品的产量、消费量、价格、库存、成本、收益等经过大数据的处理被用在决策和管理当中。新型流通模式下，我国农产品批发市场的电子结算系统得以加快推广和完善，这包括了田头、产地、销地多级批发市场。上述流通节点交易数据的互联互通和信息共享，再加上零售环节的数据汇集，一个覆盖生产、流通、消费的农产品信息网络得以形成。同样农业数据开放也成为共识，如加拿大、印度、美国正在推动建设一个开放性的数据共享平台，届时各国的农业数据都可以汇集、共享。

2. 流通标准的创新

农产品标准化在国外发达国家已经基本实现普及，如日本早在 1997 年就制定了生鲜食品电子交易标准，但在我国却有很大的差距，且现存的农产品标准多为生产标准，流通标准存在缺失。在新型的流通方式下，通过现代流通综合示范区的创建，使得相关的流通标准（如商务部发布的番茄、青椒、黄瓜、鲜食马铃薯、洋葱、冬瓜、豇豆等有关农产品流通规范）得以贯彻和落实。如山西晋中示范区建成后，标准化销售专区经由率达到 10%，产地冷藏能力增加 30%，鲜活农产品损耗至少降低 10%，果蔬冷藏能力增加 30%，鲜活农产品损耗率至少降低 10%，果蔬冷链流通率达到 20%。①

对于标准和规范尚未覆盖的品类，新型流通模式下的主体们也在用草根智慧探索并更新着标准。如淘宝网遂昌馆在销售红提时，网商就在页面上约定了果实的酸度、甜度、硬度、挂霜与否等标准，承诺给消费者，从而获得了消费者在收到货品时的认可。

通过上述农产品流通标准和规范的创新，进而推进了农产品质量等级化、包装规格化、标识规范化。

3. 品牌概念的创新

通过流通标准的创新，又推进了流通品牌化的建设。我国农产品缺乏品牌一直是困扰传统农产品流通模式的一个难题，在新型流通模式下，农产品的品牌概念也不再仅是工业化的商品标识，地域、生产者都可以创新为品牌的概念和内涵。如淘宝网遂昌馆在打造的就是地域的品牌概念，商品的背后是遂昌优质的土、肥、水、气，它们成为消费者埋单的根本。同样在天猫平台上“盛叔家的白茶”，它的品牌概念则是消费者对盛叔种茶理念、制茶工艺的认可。

---

① 晋中农产品现代流通和农村市场体系建设综合示范区项目有序推进。http://news.163.com/13/1210/07/9FNES6Q700014JB6.html.

4. 政府职能与网络自组织

新型流通模式下，政府的服务型职能得到强化，更多的努力营造良好的软硬环境，而不再参与或干预市场行为，如浙江遂昌县政府。而同时网络的自组织管理成为新的方式，如淘宝网的商品评价体系使得 8 亿件商品、900 万卖家形成了大浪淘沙的生态系统。

（八）对上下游产业产生影响，为订单农业奠定基础

信息经济下农产品流通模式的创新，也给农产品相关的上下游带来了影响。

1. 预售：订单农业的尝试

传统流通模式中，对订单农业一直也在做着不同的尝试，如农超对接、农批对接等，但效果一般。大抵有几个原因，如门槛高、程序多、农民没有定价权、结算慢等。新型流通模式下，我们在淘宝、天猫等平台上都看到了许多尝试。

案例　淘宝网、天猫平台的预售和周期购产品

淘宝网特色中国新疆馆在 2012 年 10 月推出了“抢鲜购”活动，在成熟前一个月将鲜果挂上网销售，而后根据订单量再组织采摘，第一时间发给消费者。大大减少了果实的耗损，也提升了消费者的体验。淘宝新农业在贵州茶园做的订单茶叶，则是提前一年将若干茶树的茶叶预售出去，消费者可以通过物联网技术随时观察茶叶的生长情况，也可以随时组织好友来茶园体验旅游。茶农没了销售之忧，种植也更安心，可以更绿色更悉心地进行种植和培育。

而在 2013 年“双十一”期间，天猫推出的“周期购”产品，则将一些日用消费品，如牛奶、米、油、牙膏、牙刷等，打包成一年的量进行销售，而后再根据消费者的要求，按月或按季度的发送最时效产品上门，这个服务一推出大受欢迎。

2. 社区支持农业（CSA）

社区支持农业（CSA, Community Supported Agriculture）的概念起源于20世纪70年代的瑞士，并在日本得到最初的发展。当时的消费者为了寻找安全的食物，与那些希望建立稳定客源的农民携手，建立经济合作关系。在这种合作的基础上，CSA一方面看重在保育生态及资源下共同承担、相互分享的社区关系，看重社区中情感及文化的传递，另一方面则往往会推行健康农作法、永续生活及包括身、心、灵在内的整合的健康观念。

近些年，CSA的理念和实践在我国悄然兴起，与国外不同，我国的CSA从实践之初，就与信息经济有了结合。如清华女博士后石嫣创办的“分享收获”，除了按照传统方式招募志愿者与农民携手合作外，她还在淘宝上开设了网店，将收获的农产品与新型流通方式对接，使得这个小区域经济合作方式随着网络逐步扩大，将理念传播到更多的消费者，并与之分享成果。

三、农产品流通模式创新的作用与意义

（一）提高流通效率，节约社会成本

根据西方国家对流通效率的研究，在现代社会中流通效率表现在三个方面。第一，流通连结生产和消费，流通效率高可以减少流通过程中的价值损失，如鲜活商品的流通，流通效率越高，价值损失就越小。第二，经济是在生产和消费的循环中发展的，流通沟通在时空上分离的生产和消费，流通效率越高，经济发展就越快。第三，流通职能效率的提高，具有促进其他经济部门提高运行效率扩大经济效果的作用。

在传统农产品流通体系中，农产品从产地到消费者手中，需要经过“产地—经纪人—产地批发市场—销地批发市场—零售商—消费者”这样的流程，由于交易环节较多，层层加价，导致了交易效

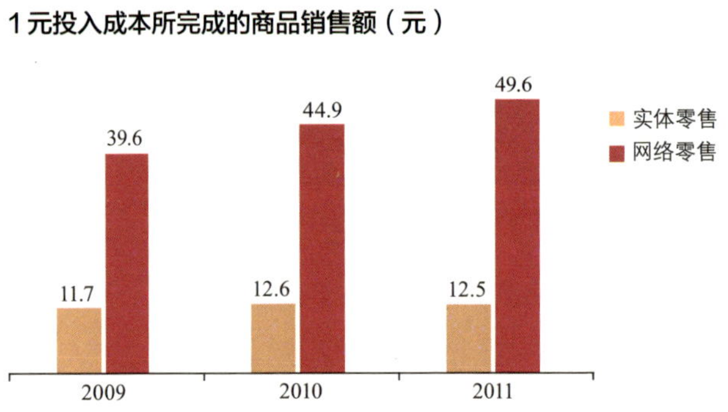

图 9-4　网络零售和实体零售流通效率比较

数据来源：国家统计局、雅虎财报、阿里研究中心分析。

率较低，农产品损耗大，也推高了农产品的终端售价。据估算，我国每年粮食流通损耗 2550 万吨，损耗率高达 15%，发达国家仅为 1%；水果蔬菜损耗 1.5 亿吨，损耗率高达 25%，美国仅为 1%-2%。

在信息时代，大规模信息平台（如淘宝网）的产生，消费者和生产者之间的信息不对称大大降低，使两者之间的直接交易这一人类最早的交易模式再度成为可能。交易技术的创新不仅降低了零售成本，而且形成了强大的市场集聚效应，交易效率得以突破。

据阿里研究院测算①，网络零售的流通效率是实体零售的 4 倍，同样 1 元的投入成本，实体零售完成的商品成交额是 10.9 元，网络零售能完成的商品交易额是 49.6 元。

由于新型农产品流通模式在流通效率上比传统模式有巨大的优势，放大到全社会，有望实现社会资源的巨大节约。我国农产品流通产业规模目前约为 10 万亿元，如果电子商务能够广泛采用到农产品流通的各个环节，可以节约相当可观的社会资源。

（二）改变农民弱势地位，提高农民收入

1. 农民在传统流通模式中的地位分析

在传统农产品流通模式下，农民不能直接面对消费者，必须通

① 阿里研究院，《新基础：消费品流通之互联网转型》，2013 年 11 月。

过批发市场和中间商，这样就使得农民不具备交易主体的地位，在整个流通体系中处于弱势。

农民不能成为交易主体有其客观原因。在我国，作为商品部分的农产品的主要销售对象不是产区农村，而是城市和地理跨度较大的销区农村，这样农产品流通需要长距离运输。没有成规模、有实力的流通组织，很难完成这样的流通任务。我国广阔的地域，为农产品提供了巨大的潜在市场，但也增加了流通的难度。同时，小生产与大市场的矛盾是制约我国农业市场化发展的最大障碍，农户规模小，单家独户还没有能力承担起实现商品流通的重任。

这就决定了农民在农产品流通体系中处于受制于人的地位。目前，我国农民自己的销售组织还较小，即使在一些专业生产区域内也未形成农民自己的经销队伍和网络，而是依靠外在力量从事经销。这些经销商虽然也多由农民分化形成，但他们往往不再具有农民的身份和角色，是专业化的商人。他们与农民是商品交易关系，不代表农民的利益。在市场行情不好时，他们为了保障利益不受损失，压低收购价格，最大限度地将风险转嫁给农民。即使在行情好时，农民所得的利润也远远不及商贩的利润。这样，农民只能获得有限的农业生产利润，商业利润大量流失，从事农产品经营的商人则赚取了大量的商业利润。

相对分散无序、缺乏实力的农户，出售商品时经常要面对有一定组织的、实力较强的经销商，与之相比，农民信息闭塞，不能全面了解市场及价格行情，交易中处于不利的地位，他们很少直接介入到流通领域，以地头交易为主，没有机会与市场的前沿接触，不可能正确把握市场的脉搏。农产品极度分散的销售方式，容易导致恶性竞争，特别是市场饱和以后，农民竞相降价，最终是农民自身利益受损。

要改变农民在流通体系中的地位，生产者成为流通主体非常关键。例如在美国，农民合作组织就是农产品流通的主体，20世纪中叶，美国农民开展现代合作运动。美国的合作社专业性强，一个合作社只围绕一两种农产品展开业务。在农产品生产环节上的合作社数量很少，在销售、加工、储运和生产资料供应等环节的合作社数量最多。

合作社实行跨区域经营，一些大的合作社发展成为跨国集团，在美国甚至世界都占有重要地位，例如兰德莱克奶制品合作社的黄油年销售额占美国市场的 1/3。

2. 农民在新型农产品流通模式下的角色变化

在信息时代，互联网技术和大平台的出现，使得农民直接面对消费者成为可能，这样就从根本上改变了农民在流通体系中的角色和地位。

部分农民一跃成为市场的交易主体。通过淘宝网等平台，农民转型为卖家，可以直接与消费者进行沟通和交易，从而极大地增强了议价权，提升了收入水平。同时，由于能够接触到终端消费者，也增强了农民对市场信息的敏感性，很大程度上避免了生产种植的盲目性。根据阿里研究院发布的《农产品电子商务白皮书（2012）》，截至 2012 年 12 月底，淘宝网（含天猫）上正常经营的注册地在农村（含县）的网店数为 163.26 万个，其中村镇级的为 59.57 万个，农民网商群体已经初具规模。

部分农民尽管没有直接面对消费者，但也从新型流通模式带来的扁平化中受益。例如在浙江省遂昌县，当地网店协会创立了“合作社 / 企业—分销平台—淘宝卖家”的分销体系，作为生产者的农民合作社和农产品加工企业，虽然没有成为网商，但通过成为网店协会的供应商，只需要通过分销平台（不加价）、分销卖家两个环节，农产品就可以到达消费者手中，依然获得了比传统模式下更高的受益。例如在今年的红提收获季节，遂昌网店协会组织了网络红提团购活动，参与活动的合作社的红提批发价，比当地市场平均水平高了 20% 左右，电子商务真正做到了“让好产品卖出好价钱”。

（三）提升食品安全水平，满足个性化需求

食品安全是农产品流通的大事，也是关系整个农业的生存之本。新型农产品流通模式，在加强食品安全监控、提升食品安全水平方面具有重要作用。

食品安全溯源系统的建立，使得农产品电商能完成食品供应、流通、消费等诸多环节的信息采集、记录与交换，当食品质量在任一环节出现问题时，可以通过食品标签上的溯源码进行联网查询，查出该食品的生产企业、食品的产地、具体农户等全部流通信息，明确事故方相应的法律责任。

例如，目前淘宝网已经对卖家发布平台进行优化，要求食品类目下新发布的包装商品，卖家必须填写资料中的生产许可证编号、品名、厂名、厂址、联系方式、保质期、生产日期、进货日期、数量、供货商、规格、包装方式、产地、配料表、食品添加剂等字段。建立网络食品安全追溯制度后，“三无”产品得到了有效控制，出现食品安全问题，可以追根溯源。而对消费者而言，商品信息更为透明，特别是消费者最关心的食品保质期、产地等一目了然，从而做出正确的购买决定，筑牢食品安全防线。

各地在农产品电子商务食品安全领域做出积极探索。例如在浙江遂昌，一套“政府 + 农户 + 合作社 + 网店协会 + 淘宝网”的多方负责的品控机制已经开始实行，通过政府、农户、合作社、网店协会、淘宝网的几方联动，遂昌实现了农产品在售前、售中和售后三个环节的全方位品质控制。政府为遂昌馆产品做出背书，实行多方负责的监管机制：

政府指导下的地方土特产行业生产和加工标准；

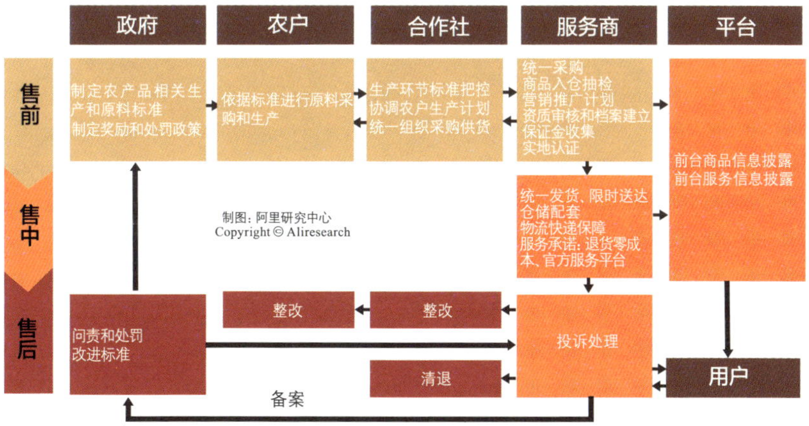

图 9-5　遂昌农产品品质流程控制体系

基地核查，实名认证，全程抽检和备案，源头可追溯；

联网联保，品质担保金。

同时，新型农产品流通模式还有利于满足消费者日益丰富的个性化农产品需求。一方面，网络零售平台拥有海量的商品，消费者有了更广泛的选择，无论是东北的木耳、海南的热带水果、新疆的干果，还是国外的农产品，都可以在网络零售平台上随时买到。根据阿里研究院发布的《农产品电子商务白皮书（2012）》，截至2012年12月底，淘宝网平台上共有专售农产品的网店数量为26.06万家，涉及农产品数量1004万个。

另一方面，创新的销售模式的产生，也使得更多的个性化需求得以满足。例如，淘宝特色中国地方馆，是专门以原产地为特色的土特产直销平台。当新疆的阿克苏苹果送达买家手中，还伴有露水的清甜，这是新疆馆所带来的惊喜；当人们能放心地品尝遂昌土猪肉的鲜美，而不用担心安全问题，这是因为遂昌馆创新了非标类产品的食品安全保障机制；当游客能在目的地充分地享受本地化的吃、住、行、游、购、娱，这是特色中国地方馆在本地生活网销化上的突破。淘宝网“特色中国”打造的，恰恰就是聚合了各种生活上的需求。从这里，“淘”出来的不仅是原汁原味的当地特产和当地生活，更是一种充满地方特色和地域风情的“中国味”。

（四）提高农业生产市场化程度，促进现代化农业服务体系的发展

新型农产品流通模式有利于提高农业生产的市场化程度。农业市场化，是指农业资源配置方式由以政府分配为主，向以市场配置为主转化，同时让价值规律在农业的产供销等环节发挥基础性作用的过程。农业市场化经营的组织形式，主要有以下几种：“公司+农户”、股份合作经营组织、民营农场。无论以上哪种组织形式，新型农产品流通体系都可以提高农业生产的市场化程度，帮助农民实现从生产自由向交易自由的转变。

新型农产品流通模式，还有利于现代化农业服务体系的发展。在浙江遂昌，当地在遂昌网店协会的基础上，2011 年 3 月成立了遂网电子商务有限公司。遂网公司的本质是本地化电子商务综合服务商，它搭建了麦特龙分销平台，将供应商的优质农产品做成产品包放在分销平台上，网商将产品拿到网店里销售，平台则负责统一配送和物流。

遂昌电子商务的快速发展，反过来也促进了当地电子商务服务业的成长，除了遂网公司这样的本地电子商务综合服务商，物流、快递、电信等支撑性服务商和摄影、网店装修等衍生性服务商也在遂昌蓬勃发展起来。与此同时，使用淘宝平台所提供的营销、数据分析等在线化服务的网商比例也逐月提高。

（五）促进农业的转型及国家新四化建设

新型农产品流通模式对我国农业转型升级具有重要的意义。随着信息经济时代的到来，互联网新商业基础设施的快速安装，信息新要素的快速发育和大量投入，以及消费者作为交易主体的全面赋能，共同为信息经济的高速发展注入了充足的燃料。融合了信息经济基因的新农业生态正在萌生、涌现和演化，现代农业及生物技术、消费者对安全食品的要求、互联网基础设施成为驱动力，正推动农业再次升级。

新型农产品流通模式还有助于推进国家的新四化建设。李克强总理指出，解决好农业和粮食问题，要放在发展的全局中来统筹。工业化、信息化、城镇化、农业现代化，是实现我国现代化的基本途径，这“新四化”相互联系、相互促进。工业化与信息化是发展到一定阶段的“孪生子”，其深度融合是产业升级的方向与动力；城镇化蕴含着最大的内需潜力，是现代化建设的载体；而农业现代化则是整个经济社会发展的根本基础和重要支撑。

四、发展新型农产品流通模式面临的挑战

1. 新型农产品流通的支撑体系建设需要加强

新型农产品流通模式正处于方兴未艾的初始阶段，其支撑和服务体系还有待进一步完善。具体而言，主要是冷链物流体系和流通监管体系存在不足。

无论是从我国经济发展的消费内需来看，还是与发达国家相比，我国冷链都尚未形成完整的体系。欧美日本等发达国家农产品进入冷链系统流通的在90%以上，而我国目前进入冷链系统的蔬菜类比重只占到全部蔬菜的5%，肉类只占到15%，水产品也只有23%。即使是使用冷链运输的产品，在从产地到流入集贸市场拆散零卖的过程中冷链也存在中断的现象，并不完整。冷链建设的不足，制约了新型农产品流通模式的迅速普及，限制了农产品电子商务的发展。例如，遂昌馆在做土猪肉团购的时候，受限于冷链物流不支持大规模配送，只能限长三角地区用户在线下单，3天2万斤猪肉一售而空，表明市场需求还是非常巨大的。

2. 新型农产品流通的监管服务体系有待完善

当前农产品流通监管体系，更多地适用于标准化农产品（如粮食、禽蛋奶等），而对于非标准化农产品（蔬菜、生肉）则不太匹配。国家需要对非标准化农产品的监管进行创新，摸索出适合对路的新型监管体系。在政策安排合理化的基础上，还要积极推进相关政府部门的职能改革，梳理相关利益单位的定位和职能，对权力进行合理化配置。

案例　江苏牛蒡网购产业的　策难题

在江苏沛县和丰县生产牛蒡，被誉为“中国牛蒡之乡”。但从2002年起，保健食品的帽子，一直制约着牛蒡产业的发展。除在农特产专营店外，牛蒡加工产品一直缺席以超市为代表的主流销售渠道。近年来，牛蒡茶在淘宝网上开始热销，年销售额最高达2000

万元，但由于政策限制，遭遇职业举报者敲诈，在今年年初，大多数生产企业和网店集体陷入了经营困境。今年8月28日，牛蒡根终于被国家卫计委列为普通食品原料管理，从而为牛蒡网购打开了政策监管之门。

江苏牛蒡网购产业的这个案例表明，监管法规的发展，往往落后于实体市场和电子商务发展，政策需要与时俱进，才能切实保障农民利益和产业发展需要。

3. 提升政府和农产品生产经营主体对新型流通模式的认知

尽管农产品电子商务发展如火如荼，但整体而言，政府和农产品生产经营主体对新型农产品流通模式的认知程度还很不够。

提升政府对农产品新型流通模式的认知，非常关键。农产品不同于其他商品，它同三农密切相关，关系到国计民生、社会稳定和谐，因此农产品流通必须要得到政府的支持。各级政府部门应该充分认识到，相对快速发展的农产品电子商务，传统的农产品流通模式已经体现出种种不足和弊端，必须加快模式转变，在这个转变过程中，要坚持发挥市场在资源配置中的决定性作用，尊重市场。

农产品生产经营主体对新型农产品流通模式的认知不足，重点体现在中西部地区，这主要取决于地区电子商务发展成熟程度。在东部地区，电子商务发展水平高，新型流通模式对传统产业的渗透度也高，农产品已经成为新兴的电子商务增长点。而在中西部地区，受限于当地的电子商务发展水平较低，很多农产品生产者对新型流通模式不够了解，转型步伐较为迟缓。

不过，中西部也有先行者。在甘肃成县，当地是国家林业局认定的“核桃之乡”，在县委书记的带头下，成县成立了电子商务协会，通过微博、微信、淘宝等平台进行核桃销售，为农民打开了一条新的致富之门。

4. 传统农产品流通模式既有利益链条亟待打破

农业领域的革新不同于电子产品，很多传统和利益链条需要打破。例如在2013年9月，聚划算曾经尝试和经销商合作，准备以预售的形式，将德国大闸蟹引入中国进行销售。最终由于鲜活农产品通关问题，这次团购未能成行，聚划算给予每位已下单消费者“退款 + 赔偿”的方式进行补偿。不过，据组织该次团购的经销商反映，自从发起团购以后，公司受到了来自多方面的压力，原因是海外农产品侵犯了既得利益者，因此遭到了反击。

5. 传统农产品流通模式既有资源亟待有效利用和盘活

传统农产品流通模式中存在许多重要的资源，如供销社、粮库、物流体系、经纪人、批发市场等，在向新型流通模式转变的过程中，这些资源如何被新型流通方式吸收和利用，也是一个值得深入思考的问题。